LA CIENCIA DEL DERECHO PROCESAL CONSTITUCIONAL

ESTUDIOS EN HOMENAJE A HÉCTOR FIX-ZAMUDIO
EN SUS 50 AÑOS COMO INVESTIGADOR DEL DERECHO

Eduardo Ferrer Mac-Gregor
Arturo Zaldívar Lelo de Larrea
(Coordinadores)

LA CIENCIA DEL DERECHO PROCESAL CONSTITUCIONAL

Estudios en homenaje a Héctor Fix-Zamudio
en sus 50 años como investigador del Derecho

HOMENAJE VENEZOLANO

Presentación
Allan R. Brewer-Carías

UNIVERSIDAD NACIONAL AUTÓNOMA DE MÉXICO

FUNDACIÓN DE ESTUDIOS DE DERECHO ADMINISTRATIVO

EDITORIAL JURÍDICA VENEZOLANA

Caracas, 2012

Primera edición, 2012

©   Editorial Jurídica Venezolana

Depósito Legal: lf54020093401483
ISBN: 978-980-365-134-3

Editorial Jurídica Venezolana
Avda. Francisco Solano López, Torre Oasis, P.B., Local 4, Sabana Grande,
Apartado 17.598 – Caracas, 1015, Venezuela
Teléfono 762.25.53, 762.38.42. Fax. 763.5239
Email fejv@cantv.net
http://www.editorialjuridicavenezolana.com.ve

Diagramación, composición y montaje
por: Francis Gil, en letra
Times New Roman 11, Interlineado 13, Mancha 21 x 12.5

La edición consta de 500 ejemplares

La Universidad Nacional Autónoma de México agradece el generoso aporte de la Fundación Mezerhane, para la edición de esta obra.

Sumario General

CAPITULO I
INDEPENDENCIA JUDICIAL

CAPITULO II
JUSTICIA CONSTITUCIONAL

CAPÍTULO III

JUSTICIA INTERAMERICANA

APÉNDICE

PRESENTACIÓN A LA EDICIÓN VENEZOLANA

Allan R. Brewer-Carías[*]

Esta parte venezolana de la magna obra en homenaje al querido amigo Héctor Fix-Zamudio, que apareció publicada en México, en septiembre de 2008, bajo el título *La ciencia del derecho procesal constitucional. Estudios en homenaje a Héctor Fix-Zamudio en sus 50 años como investigador del derecho*[1] se edita en Venezuela, gracias a la iniciativa de nuestro también querido amigo Eduardo Ferrer Mac-Gregor, y a la acogida que tuvo el proyecto por parte de la Fundación Editorial Jurídica Venezolana.

Este libro, así, con el mismo título de la obra general, contiene los ensayos de los juristas venezolanos que participaron en aquella majestuosa obra, a manera de un modesto y sentido *Homenaje Venezolano*.

Para su mejor comprensión en nuestro país, hemos reproducido el *Prólogo* de la obra general, escrito por el profesor Héctor Fix-Fierro, hijo del homenajeado y actual director del prestigioso Instituto de Investigaciones Jurídicas de la Universidad Nacional Autónoma de México, donde el profesor Fix-Zamudio ha cumplido lo fundamental de su larga vida académica. También publicamos el *Prefacio* de los coordinadores de la obra, Eduardo Ferrer Mac-Gregor y Arturo Zaldívar Lelo de Larrea, donde se detalla el contexto y contenido de los doce tomos de la obra general en la que participaron 433 juristas de 37 nacionalidades. Hemos agregado, además, una breve semblanza del homenajeado y una epístola que preparó el profesor Carlos Ayala Corao para esa ocasión especial.

---

[*] Profesor de la Universidad Central de Venezuela

[1] Ferrer Mac-Gregor, Eduardo, y Zaldívar Lelo de Larrea, Arturo (coords.), México, UNAM-Marcial Pons-Instituto Mexicano de Derecho Procesal Constitucional, 2008, XII tomos.

En la obra general, participaron destacados constitucionalistas y procesalistas venezolanos de distintas generaciones, que en diversas épocas y circunstancias han tenido relación con el homenajeado, cuyas colaboraciones aquí se publican, sistematizadas en tres capítulos, relativos a la *Independencia Judicial,* la *Justicia Constitucional,* y la *Justicia Interamericana.*

Al final hemos incorporado, a manera de *Apéndice,* tres estudios publicados por el profesor Fix-Zamudio, relativos a diversos aspectos del derecho venezolano. El primero, sobre el Reglamento del Consejo de la Judicatura de 5 de octubre de 1973, y los otros dos, referidos al proceso de amparo venezolano en una dimensión comparativa con el juicio de amparo mexicano y, en general, con el amparo latinoamericano. Cabe destacar, que además de estos ensayos, Fix-Zamudio publicó otros ocho en Venezuela, si bien dedicados al ordenamiento mexicano y latinoamericanos.[2]

En lo personal debo decir que conocí a Héctor Fix-Zamudio hace décadas, y en particular, mi amistad y admiración por su obra quedó marcada con motivo de la preparación del curso que di en la Universidad de Cambridge, Inglaterra en 1985-1986 sobre *Judicial Review in Comparative*

---

2   Véanse, "La protección procesal de las garantías individuales en América Latina. (Conclusiones)", *Repertorio Forense,* Tomo 3, 2° Trimestre. Caracas, 1967, p. 77; y en *Revista de la Facultad de Derecho,* N° 31-32. Universidad de Carabobo. Enero 1967-Diciembre Valencia, 1969, p. 151; "En torno a los problemas de la metodología del derecho", en *Revista de la Facultad de Derecho,* N° 15, Mérida, Venezuela, diciembre de 1967, pp. 5-49; "Breves reflexiones sobre el asesoramiento jurídico y procesal como institución de seguridad social" en *Libro Homenaje a Luis Loreto con ocasión de los 50 años de habérsele conferido el título de abogado de la República 1922-1972,* Ediciones de la Contraloría General de la República de Venezuela, Caracas, 1975, pp. 577-611; "El sistema presidencial y la división de poderes en el ordenamiento mexicano" en *Homenaje a Manuel García Pelayo,* Tomo 1, Universidad Central de Venezuela, Facultad de Ciencias Jurídicas y Políticas, Caracas, 1980, pp. 223-315; "Algunas tendencias predominantes del constitucionalismo Latinoamericano Contemporáneo", *El Nuevo Derecho Constitucional Latinoamericano. IV Congreso Venezolano de Derecho Constitucional.* Volumen I. Caracas, 1996, p. 41; "Reflexiones comparativas sobre las Cortes Europea e Interamericana de Derechos Humanos", en *Gobernabilidad democrática y derechos humanos,* Nueva Sociedad, Caracas, 1997, pp. 61-89. "La justicia constitucional y la judicialización de la política", *Constitución y Constitucionalismo hoy. Cincuentenario del Derecho Constitucional Comparado de Manuel García-Pelayo.* Caracas, 2000, p. 557; y "Breve introducción al concepto de leyes orgánicas constitucionales", *Visión Iberoamericana del Tema Constitucional.* Fundación Manuel García-Pelayo. Caracas, 2004, p. 479.

Law, habiendo sido sus escritos ya en aquella época, una importantísima y exhaustiva fuente referencial comparativa sobre el tema del control de constitucionalidad. Desde entonces he tenido la fortuna de cultivar su amistad debido a nuestros numerosos encuentros académicos.

Sea esta obra un reconocimiento de la comunidad jurídica venezolana a Héctor Fix-Zamudio, amigo y jurista ejemplar, cuyo talento y magisterio han influido de manera importante en el derecho público de nuestro tiempo.

PRÓLOGO

Héctor Fix-Fierro[*]

HÉCTOR FIX-ZAMUDIO
Y EL INSTITUTO DE INVESTIGACIONES JURÍDICAS
DE LA UNAM[*]

Apenas hay palabras para expresar el orgullo que significa para mí -como hijo, como discípulo, como jurista mexicano, y como sucesor del homenajeado en la dirección del Instituto de Investigaciones Jurídicas de la UNAM- escribir unas palabras de presentación para esta obra que debe considerarse excepcional por muchos motivos, lo que el lector descubrirá fácilmente. Tampoco las hay para describir la gran dificultad que significa este empeño, que fácilmente puede fracasar en mi caso, por exceso o por defecto, en la ponderación de los méritos académicos y personales de Héctor Fix-Zamudio y de todo lo que le debe nuestro Instituto. Ésa es una tarea que otros habrán de realizar con mejor fortuna. Por ello, deseo intentar una reflexión distinta, que estoy seguro que él mismo aprobaría, pues siempre ha insistido en que sus méritos son compartidos. Me pregunto entonces lo siguiente: ¿cuáles son los factores "estructurales" y "culturales", y no solamente personales o circunstanciales, que ayudan a explicar por qué Héctor Fix-Zamudio representa mejor que nadie los valores académicos y éticos que cultiva el Instituto de Investigaciones Jurídicas? Y ¿por qué su figura y el Instituto han llegado a tener la influencia y el prestigio del que gozan actualmente en el mundo jurídico-político de México e Iberoamérica, principalmente?

En un interesante y provocador ensayo sobre la profesión jurídica mexicana y lo que llaman sus "estrategias internacionales", dos sociólo-

[*] Director del Instituto de Investigaciones Jurídicas de la UNAM.

[*] Agradezco los benevolentes y útiles comentarios de Jacqueline Martínez, Sergio López-Ayllón y Juan Vega.

gos del derecho, Yves Dezalay y Bryant Garth, identifican al Instituto de
Investigaciones Jurídicas de la UNAM (IIJ) como una institución formada por académicos que, por carecer de capital político y social, decidieron
invertir en el "derecho puro", es decir, en la revaloración del derecho como elemento autónomo del Estado, a partir de una concepción más técnica, abierta e internacional de los estudios jurídicos.[1] Dezalay y Garth señalan que Héctor Fix-Zamudio es la "figura clave" en el Instituto, y dicen
de él lo siguiente:

> Durante su periodo como director, el IIJ pasó de ser un pequeño centro a la
> sombra de la Facultad de Derecho de la UNAM a convertirse en una institu-
> ción académica independiente y con más prestigio... Fix-Zamudio no pro-
> venía de una familia rica o bien relacionada; en cambio, decidió invertir
> plenamente en las ideas de la investigación jurídica de tiempo completo, la
> selección meritocrática y la apertura hacia los enfoques del exterior. Todav-
> ía activo en el IIJ, Fix-Zamudio mismo dio el tono y guió con el ejemplo,
> logrando considerable reconocimiento por su obra académica, especialmen-
> te en el campo del amparo.[2]

Más adelante, Dezalay y Garth señalan que varios miembros del IIJ,
pertenecientes a una nueva generación, se incorporaron al gobierno en
distintos momentos:

> ...el Instituto de Investigaciones Jurídicas había utilizado su producción
> académica para incrementar su prestigio relativo, y su estatus de elite con-
> tribuyó a atraer a algunos de los más talentosos y ambiciosos estudiantes de
> derecho, e incluso a algunos de los mejor relacionados... Sin embargo, en
> contraste con Héctor Fix-Zamudio, una nueva generación se ha aprovecha-
> do de los fenómenos internacionales y sus inversiones en el derecho para
> desarrollar una nueva política del derecho dentro de la elite gobernante del
> Estado.[3]

---

1 Dezalay, Yves y Bryant G. Garth, "De elite dividida a profesión cosmopolita. Los
abogados y las estrategias internacionales en la construcción de la autonomía del derecho en México", en Fix-Fierro, Héctor (ed.), *Del gobierno de los abogados al imperio de las leyes. Estudios socio-jurídicos sobre educación y profesión jurídicas en
el México contemporáneo*, México, UNAM, 2006, pp. 206 y ss. (la versión original
de este ensayo se publicó en 1995 como documento de trabajo de la *American Bar
Foundation*).

2 *Ibidem*, p. 207.

3 *Ibidem*, p. 228.

Con independencia de que se comparta o no la visión que tienen Dezalay y Garth de las "estrategias" de los académicos del Instituto para influir en la política del derecho, subsiste el hecho de que muchos de sus miembros, antiguos y actuales, han participado en la construcción y la reforma de algunas de las más importantes instituciones jurídicas del Estado mexicano a partir de la década de los ochenta. Resulta evidente que este hecho no se puede explicar únicamente por los méritos personales de los participantes, así como tampoco por las relaciones personales o políticas que hayan tenido con el grupo gobernante respectivo. Sin embargo, Dezalay y Garth sí apuntan a la interrelación de algunos de los factores explicativos, y sobre ellos conviene hacer una reflexión más amplia.

Dezalay y Garth sitúan en la gestión de Héctor Fix-Zamudio como director del IIJ (1966-1978) el inicio de la profesionalización de la investigación jurídica. En efecto, hasta mediados de la década de los sesenta no existía en nuestro país una carrera académica institucionalizada en el campo del derecho. Había muy pocos profesores de tiempo completo en las escuelas y facultades de derecho, por lo que los autores de los libros y manuales jurídicos más conocidos o prestigiados eran casi siempre profesores que tenían despacho propio o laboraban en alguna institución del sector público. Por tanto, no existía propiamente una carrera académica con dedicación exclusiva, porque la inversión que requería el "derecho puro" era de muy largo plazo y muy incierta, mucho más que ahora, en que las condiciones que la hacen posible han mejorado notablemente.

Varios factores institucionales y circunstanciales contribuyeron a la *profesionalización de la investigación jurídica* en el IIJ. En primer lugar, la autonomía del IIJ respecto de la Facultad de Derecho, que se reconoció en 1948, fue un elemento crucial. Hasta el día de hoy la investigación jurídica no ha logrado institucionalizarse ni profesionalizarse plenamente en nuestro país. En las escuelas de derecho, tanto públicas como privadas, la investigación es escasa, ya sea porque en general no se considera una actividad "rentable" y útil, o bien, porque los profesores de tiempo completo (los "profesores-investigadores") son absorbidos casi totalmente por las actividades docentes.

En segundo lugar, durante el rectorado del doctor Ignacio Chávez (1961-1966) se inició en la Universidad Nacional un programa de formación del personal académico, programa que continuó bajo el rectorado del ingeniero Javier Barrios Sierra (1966-1970). Este programa permitió el ingreso al IIJ de varios jóvenes becarios, muchos de los cuales realizaron posteriormente estudios de posgrado en el extranjero. Para todos ellos, Héctor Fix-Zamudio es, y sigue siendo, "El Maestro Fix", con independencia de que hayan sido sus discípulos directos. A la distancia, resulta claro que esos jóvenes investigadores no conformaron simplemente un grupo de edades próximas, sino una verdadera *generación* -la primera generación como tal del Instituto- que compartía, y en mucho comparte todavía, una misma idea de la investigación y de las tareas de la política jurídica, en gran medida bajo el ejemplo y guía del Maestro Fix.[4] Y si bien muchos de ellos desempeñaron importantes funciones públicas en las décadas siguientes, varios han regresado a la vida académica en el IIJ. No hay duda de que debemos al Maestro Fix y a esa generación la creación del fuerte sentido de comunidad y pertenencia que caracteriza al Instituto y que comparten las nuevas generaciones, a pesar del considerable crecimiento de la planta académica en estos años.[5]

En tercer lugar, una clave del éxito del Instituto radica en la *continuidad*. En un país donde la vida de las instituciones es todavía bastante precaria, en parte porque existe escasa continuidad en los programas y las

---

4   En una perspectiva sociológica, el concepto de "generación" tiene varios significados. Uno de ellos, que se remonta a Wilhelm Dilthey y Karl Mannheim, designa a un grupo que comparte una "posición" socio-histórica similar, lo que trae consigo una cierta identidad del pensamiento, la acción y el sentimiento. Así, las generaciones, o grupos dentro de ellas, pueden conformar en cierto modo actores colectivos en el acontecer socio-histórico. Véase Majce, Gerhard, voz "Generation" en Endruweit, Günter y Gisela Trommmsdorff (eds.), *Wörterbuch der Soziologie*, Stuttgart, Enkedtv, 1989, vol. 1, pp. 233 y 234. En el caso de esta primera generación del IIJ que nos ocupa, quedaría por explorar si sus integrantes pretendían lograr objetivos de cambio jurídico-institucional, y las razones por las que pensaban que podrían lograrlo a través de la labor académica.

5   Así lo revela una encuesta realizada en febrero de 2007 entre los investigadores del Instituto. A la pregunta "¿Qué tanto se siente usted parte de la comunidad del Instituto de Investigaciones Jurídicas?", 79.9% contestó que "mucho" y 16.3% que "algo". Curiosamente, fue más elevado el porcentaje de quienes dijeron sentirse "parte de la UNAM" (95.1%), pero eso quizá pueda explicarse por el hecho de que es más fácil identificarse con un ente abstracto, y sobre todo, porque la pregunta no se refería a la "comunidad" de la Universidad.

Respecto al crecimiento de la planta académica, en 1966 había solamente cuatro investigadores de tiempo completo. En 1980 ya eran 26; en 2000, el número se había elevado a 71, y en la actualidad son más de 90. Véase *XL aniversario del Instituto de Investigaciones Jurídicas*, México, UNAM, 1980 e *Instituto de Investigaciones Jurídicas. Sexagésimo aniversario*, México, UNAM, 2000.

políticas institucionales, el Instituto destaca por haber mantenido una misma orientación general de su quehacer. La continuidad no se refleja exclusiva, ni siquiera primordialmente, en el crecimiento constante de la planta académica, del número de eventos académicos y de títulos publicados. Sin duda esto ha ocurrido y de manera muy notable,[6] pero ello se debe, en parte al menos, a los procesos naturales de crecimiento de la sociedad y, por tanto, de los recursos dedicados a la educación superior. El valor más profundo de la continuidad radica sobre todo en la posibilidad de realizar proyectos de largo aliento, así como en la de innovar y construir sobre la base de lo existente.[7]

La continuidad y el creciente prestigio de una carrera en la investigación jurídica han sido, en cuarto término, un elemento que favorece la renovación generacional. Después de esa primera generación, entre mediados de la década de los ochenta y mediados de los noventa ingresó en el Instituto una nueva generación, y en estos momentos está incorporándose otra más. Cada una de estas generaciones se ha caracterizado por una formación cada vez más sólida y amplia, con estudios en distintos países del extranjero (España, Italia, Francia, Alemania, principalmente), lo que ha permitido la considerable ampliación de las redes y los contactos académicos del Instituto, dentro y fuera del país.[8]

---

6   Véanse los informes anuales de labores del director del IIJ, publicados a partir de 1980 en el *Boletín Mexicano de Derecho Comparado* (consultables en *www. bibliojuridica.org*).

7   Menciono como ejemplos de tales proyectos, entre otros, la *Constitución Política de los Estados Unidos Mexicanos comentada* (1985, con 19 ediciones hasta 2006), el *Diccionario Jurídico Mexicano* (1982, dos ediciones y numerosas reimpresiones), la *Enciclopedia Jurídica Mexicana* (2002) y la *Latinoamericana* (2006), y los *Derechos del pueblo mexicano* (obra patrocinada por la Cámara de Diputados del Congreso de la Unión, también con varias ediciones).

8   Esta actividad de expansión se ha manifestado, sobre todo, en la celebración de numerosos convenios de colaboración con instituciones nacionales y extranjeras, mediante los cuales se acuerdan diversas formas de cooperación académica, como la realización de congresos y otros eventos, la publicación de revistas y libros en coedición, la elaboración de estudios y análisis jurídicos, la impartición de diplomados y cursos de maestría y doctorado, etcétera.

En relación con lo anterior, resulta indispensable mencionar que la fundación del Instituto Iberoamericano de Derecho Constitucional en México en 1975, así como el hecho de que la presidencia la han ocupado dos juristas mexicanos -Héctor Fix-Zamudio y Jorge Carpizo- y de que su sede se encuentra en el propio IIJ, ha resulta-

Hemos dicho que Dezalay y Garth insisten en la importancia de que en el Instituto se haya cultivado lo que ellos llaman el "derecho puro", o "autónomo", a partir de una visión más abierta e internacional de los estudios jurídicos. En realidad, ésta ha sido la vocación explícita del Instituto -que nació en 1940 con el nombre de Instituto de Derecho Comparado de México-, pues sus fundadores pretendían contribuir al perfeccionamiento del orden jurídico nacional a través del método comparativo. Esta visión, que puede parecer evidente en la actualidad, no lo era de ningún modo entonces en aquel tiempo, no sólo por las considerables dificultades de acceso al derecho extranjero, sino porque en el medio jurídico mexicano se iba introduciendo un creciente nacionalismo -reflejo del clima nacionalista imperante en el país- que propiciaba su aislamiento frente al exterior. Quizá no sea casualidad que haya sido un distinguido profesor español, don Felipe Sánchez Román, a quien se debe la iniciativa directa de fundar el Instituto, pero las autoridades de la entonces Escuela Nacional de Jurisprudencia sabían de la importancia que tenía contar con un instituto de estudios jurídicos de esta naturaleza y, sobre todo, estaban conscientes del avance del "nacionalismo jurídico" y sus peligros. En su discurso con motivo de la inauguración del Instituto el 7 de mayo de 1940, don Manuel Gual Vidal, director de la Escuela, señaló que la fundación del Instituto estaba referida "a la situación de México en el continente, a nuestras relaciones de espíritu, de idioma y de tradiciones jurídicas, y por otra parte, al hecho, también comprobado y doloroso, de que México se haya venido apartando cada vez más de las corrientes de ese derecho".[9] Y continuó diciendo:

> México, sin concurrir a los congresos que en Sudamérica se han celebrado; México, sin hacer estudios de derecho comparado, como no sea por el esfuerzo individual y personal de algunos estudiosos de la materia; México, que a pesar de tener el mérito de ser cabeza en este movimiento, ha abandonado hoy el movimiento mismo. Y lo encontramos totalmente aislado, sin conocer la legislación de otros países con los que nos liga la tradición jurídi-

---

do crucial para cimentar el prestigio académico del IIJ en el continente americano y en Europa occidental.

9 Véase "Discurso del Lic. Manuel Gual Vidal, Director de la Escuela Nacional de Jurisprudencia, en la inauguración del Instituto de Derecho Comparado de México el 7 de mayo de 1940", en Alcalá-Zamora y Castillo, Niceto (ed.), *XXV Aniversario del Instituto de Derecho Comparado de México (1940-1965)*, México, UNAM, 1965, p. 140.

ca, desorientado por las diversas influencias que han sufrido esos países. Es, pues, propósito definido y concreto del Instituto de Derecho Comparado de México, hacer una revisión de esos problemas, estudiar el derecho de otros países, pero especialmente del continente americano, con la tendencia, nada más la tendencia... de llegar a la unificación, en cada una de sus materias, del derecho americano.[10]

Puede decirse que, entre los investigadores del Instituto, fue Héctor Fix-Zamudio quien mejor recibió, de manos de su maestro más cercano y querido, don Niceto Alcalá-Zamora y Castillo (1906-1985), y quien más profundizó, desde sus primeros trabajos, esta herencia fundacional, misma que muy pronto lo puso en contradicción con los juristas que rechazaban las "teorías jurídicas extranjerizantes" que se cultivaban en el Instituto. Entre ellos destaca don Ignacio Burgoa Orihuela, quien era un reconocido profesor de la Facultad de Derecho de la UNAM y autor de un prestigioso manual sobre el juicio de amparo mexicano.[11] No se trataba de una mera diferencia de criterio jurídico, de la dilucidación de teorías jurídicas "correctas" o "falsas", sino de una visión particular sobre el derecho y los estudios jurídicos mismos, y quizá en ello haya influido la mayor o menor distancia de los participantes frente al *establishment* jurídico-gubernamental de entonces. En todo caso, los comparatistas del Instituto no creían estar haciendo nada extraordinario, pues simplemente consideraban que había que tomar en cuenta los avances generales de la ciencia jurídica para entender mejor el derecho nacional. Después de todo, los creadores de las instituciones jurídicas nacionales más importantes habían sido juristas profundamente interesados en las experiencias de otras latitudes, y ellos mismos estaban conscientes de estar adaptando lo que creían mejor de esas experiencias para la solución de los problemas nacionales. Se entiende, por ello, que los representantes del nacionalismo jurídico

---

10   *Idem.* El licenciado Gual Vidal insistió en su discurso en que la fundación del Instituto pretendía contribuir también a la unificación del derecho nacional, igualmente a través de los estudios comparados.

11   La reacción del profesor Burgoa, expresada, sin decir nombres, en el prólogo a su obra más conocida, resulta tanto más explicable, por cuanto Héctor Fix-Zamudio proponía -desde su tesis de licenciatura (1955), intitulada *La garantía jurisdiccional de la Constitución mexicana. Ensayo de una estructuración procesal del amparo*, y recogida más tarde en su libro *El juicio de amparo*, México, Porrúa, 1964- utilizar los conceptos de la teoría general del proceso -elaborada principalmente por juristas alemanes, italianos y españoles- para abordar la más nacional de las instituciones jurídicas mexicanas.

hayan percibido como muy incómoda una actitud intelectual que, por ser meramente académica y no ideológica, constituía una crítica demoledora de los mitos y prejuicios que sostenían.

Irónicamente, ha sido esa herencia "extranjerizante" la que ha contribuido, con el tiempo, a hacer de Héctor Fix-Zamudio el estudioso de las instituciones jurídicas mexicanas, como el juicio de amparo, más conocido en el extranjero, y del Instituto de Investigaciones Jurídicas, un participante relevante en los procesos de reforma jurídica nacional. Fue en el Instituto donde se empezaron a estudiar, y de manera principal por el propio Maestro Fix, algunas de las instituciones que estaban teniendo gran desarrollo en el extranjero durante la segunda posguerra, como el *ombudsman*, el consejo de la judicatura, y los tribunales constitucionales,[12] las que más tarde se incorporarían en el derecho mexicano cuando se advirtió que resultaban imprescindibles para la renovación de la vida pública del país.

Todos los elementos anteriores, como ya se dijo, no son suficientes para entender por qué varios miembros del Instituto tuvieron un destacado papel en la preparación y elaboración de algunas de las reformas más importantes de las décadas de los ochenta y noventa. Además de las capacidades individuales y las relaciones personales que pudieron haber influido, se requiere un contexto social y político que explique la necesidad del cambio jurídico e institucional. En efecto, a partir de 1982 y con más fuerza en la década de los noventa, se produce una profunda transformación de las normas e instituciones del derecho mexicano, como consecuencia de la necesidad de encauzar, acompañar y consolidar jurídicamente la liberalización y la apertura de la economía mexicana, así como el proceso de democratización política.[13] Pero no se trataba de dar sim-

---

12 En todos estos temas tiene Héctor Fix-Zamudio importantes obras precursoras en la doctrina mexicana, que se remontan a la década de los sesenta.

13 De la amplia bibliografía que existe sobre los cambios jurídicos de estos años véase, desde una perspectiva más socio-jurídica, López-Ayllón, Sergio, *Las transformaciones del sistema jurídico mexicano. La encrucijada entre tradición y modernidad*, México, UNAM, 1997; López-Ayllón, Sergio y Fix-Fierro, Héctor "«¡Tan cerca, tan lejos!» Estado de derecho y cambio jurídico en México (1970-2000)", en Fix-Fierro, Héctor *et al.* (eds.), *Culturas jurídicas latinas de Europa y América en tiempos de globalización*, México, UNAM, 2003, pp. 503-603. Véase también Cossío Díaz, José Ramón, *Cambio social y cambio jurídico*, México, ITAM-Miguel Ángel Porrúa, 2001.

plemente "forma jurídica" a los cambios políticos y económicos, sino que en este proceso el derecho empezó a asumir nuevas funciones de regulación y legitimación, hasta el punto en que puede hablarse del surgimiento de un nuevo modelo o paradigma de derecho, y de una verdadera "transición jurídica", para calificar al proceso que le da origen y al contexto en el que se desarrolla.[14]

Cabe preguntarse ahora si la intervención de Héctor Fix-Zamudio y de otros miembros del Instituto en el proceso de cambio jurídico han tenido alguna orientación en particular, o si carece de un claro hilo conductor. Considérese, en este sentido, que los integrantes del Instituto participaron en la creación, reforma o desarrollo, entre otras, de las siguientes instituciones: la Defensoría de los Derechos Universitarios de la UNAM (1985); la Comisión Nacional de los Derechos Humanos (1990); el Tribunal Federal Electoral (1990, ahora Tribunal Electoral del Poder Judicial de la Federación); el Tribunal Superior Agrario (1992); la Suprema Corte de Justicia de la Nación (1987 y 1994) y el Consejo de la Judicatura Federal (1994); el Instituto Federal Electoral (1990); el Instituto Federal de Acceso a la Información (2002); el Consejo Nacional para Prevenir la Discriminación (2004). Además, varios miembros (o ex miembros) del Instituto han intervenido en otros importantes proyectos de reformas constitucionales y legales (incluyendo los más recientes), tanto federales como de algunas entidades federativas, entre las que destacan varias en materia de procuración e impartición de justicia (como la introducción de los "juicios orales").

La mayoría de las instituciones y reformas mencionadas tienen un elemento en común: los *derechos humanos* en un sentido amplio.[15] Indepen-

---

14 Sobre el concepto de transición en el campo del derecho, véase Fix-Fierro, Héctor y López-Ayllón, Sergio, "Legitimidad contra legalidad. Los dilemas de la transición jurídica y el Estado de derecho en México", *Política y Gobierno*, México, vol. VIII, núm. 2, segundo semestre de 2001, pp. 347-393, y "Cambio jurídico y autonomía del derecho: un modelo de la transición jurídica en México", en Caballero Juárez, José Antonio y Serna de la Garza, José María (eds.), *Transición y Estado de derecho en México*, México, UNAM, 2002, pp. 95-137. Véanse también los demás ensayos reunidos en este último volumen, así como en González, María del Refugio y López-Ayllón, Sergio (coords.), *Transiciones y diseños institucionales*, México, UNAM, 1999.

15 En un sentido general, quizá habría que agregar aquí la *democracia*, pero se trata de un concepto menos unívoco, respecto del cual seguramente habría menos consenso entre los miembros del Instituto en cuanto a sus modalidades y alcances concretos.

dientemente de la necesidad "objetiva" de estudiar y promover estos derechos en el mundo contemporáneo, ante la naturaleza del régimen político entonces imperante, pero también debido a los ancestrales rezagos del país en la materia, en la elección de los derechos humanos, como instrumento de la política jurídica, radica una decisión estratégica (consciente o no) de gran fuerza y legitimidad, no sólo porque ese discurso es capaz de desarmar preventivamente cualquier resistencia política directa (¿quién puede estar abiertamente en contra de los derechos humanos?), sino también porque se trata de figuras que naturalmente están insertas en un contexto más amplio que el del Estado-nación.[16]

Como ya se ha señalado, tanto desde la perspectiva de los derechos humanos como desde el punto de vista del proceso más amplio de transición jurídica en México, el derecho acrecienta su relevancia no sólo como instrumento de la regulación social (en particular de la económica), sino también como factor de la legitimidad política. Ante el desgaste de los viejos modelos políticos (el presidencialismo), el sistema jurídico parece ofrecer una nueva legitimidad, caracterizada por la despolitización y la racionalización de los conflictos, así como por la imparcialidad de sus decisiones. En términos weberianos, se trata de la legitimidad que genera la legalidad (aunque deba ser una legalidad no puramente formal). Esto permite entender por qué la justicia en general, y los jueces y tribunales en particular, asumen una nueva relevancia en el nuevo modelo de derecho.[17]

Por ello, me concentro en el eje de los derechos humanos, considerando que su defensa incluye la promoción de la democracia.

En cuanto a otros campos distintos de los derechos humanos, conviene mencionar que dos antiguos miembros del Instituto ejercieron importantes responsabilidades como asesores jurídicos en las negociaciones del Tratado de Libre Comercio de América del Norte, entre México, los Estados Unidos y Canadá (1991-1993), pero en general el IIJ ha tenido una orientación menos fuerte hacia los temas económicos y, en general, del derecho privado.

16   Esta es una de las razones por las que Dezalay y Garth hablan de "estrategias internacionales"

17   Sobre la legitimidad que ofrece el derecho en un contexto de transición, véase Fix-Fierro, Héctor y López-Ayllón, Sergio, "Legitimidad contra legalidad. Los dilemas de la transición jurídica y el Estado de derecho en México", *Política y Gobierno*, *cit.*, nota 14.

Lo anterior requiere todavía un elemento más de explicación. Puesto que la transición jurídica mexicana no se produjo mediante ruptura, hay necesidad de legitimar internamente al nuevo derecho, sobre todo ante los antiguos operadores jurídicos, que tienen que entenderlo y aplicarlo en un contexto social más exigente. Es por ello que se recurre a la doctrina, cuya función es la de explorar y vincular al orden jurídico positivo con modelos filosóficos y teóricos más amplios, pero también a las capacidades operativas de los juristas académicos, pues ellos no sólo se han apropiado de esos nuevos modelos, sino que ofrecen la ventaja -la legitimidad, en una palabra- de estar desvinculados de los intereses creados y las prácticas habituales del viejo sistema. Es en este contexto que se revela, en todas sus dimensiones, la importancia de la profesionalización y la institucionalización de la investigación jurídica que se ha logrado en el IIJ. En su lenguaje, tomado fundamentalmente de la sociología de Pierre Bourdieu (1930-2002), Dezalay y Garth dirían que, en el marco de los imperativos económicos y políticos que impone la globalización, el capital académico se transforma en capital jurídico-político, el que otorga tanta mayor influencia a sus detentadores cuanto más deseado es por una elite que desespera por recuperar, a través del derecho, parte de la legitimidad perdida.

Quiero terminar estas líneas en un tono más personal, que sólo puede ser de gratitud hacia Héctor Fix-Zamudio. Lo que el Instituto, la ciencia jurídica mexicana y la vida institucional del país le deben, se refleja, aunque pálidamente, en los párrafos anteriores. Él ha sido ejemplo constante y guía certera para todos nosotros; ha sido, en suma, el ancla de las generaciones del Instituto. La lista particular de lo que yo debo agradecerle, en cambio, es mucho más larga, pero para ello me faltan, y me sobran nuevamente, las palabras. Porque en mi vida yo he cosechado mucho de lo que no he sembrado, le pido ahora, con emoción, que reciba este homenaje como parte de la cosecha de lo que ha sembrado durante más de cincuenta años, y que todos deseamos que sean muchos más.

PREFACIO

Eduardo FERRER MAC-GREGOR
Arturo ZALDÍVAR LELO DE LARREA

En el año de 1956 aparecen los primeros trabajos de Héctor Fix Zamudio: "Derecho procesal constitucional",[1] "La garantía jurisdiccional de la Constitución mexicana",[2] "El proceso constitucional",[3] "Estructura procesal del amparo"[4] y "La aportación de Piero Calamandrei al derecho procesal constitucional".[5] En octubre de ese mismo año ingresó al entonces Instituto de Derecho Comparado (hoy de Investigaciones Jurídicas) de la Universidad Nacional Autónoma de México.

A cincuenta años de distancia se advierte la trascendencia de aquellas primeras publicaciones que representan el inicio de una brillante carrera académica. Y es por ello que en el año de 2006 comentamos con el doctor Diego Valadés, en aquel momento director del Instituto de Investigaciones Jurídicas de la UNAM, la conveniencia de conmemorar las *bodas de oro* académicas del maestro Fix-Zamudio. El doctor Valadés no sólo acogió con beneplácito la idea sino que nos encomendó la delicada labor de la coordinación del proyecto, que luego respaldó con entusiasmo el actual director de ese Instituto, el doctor Héctor Fix-Fierro.

Se decidió que la obra homenaje tuviera como eje temático al *derecho procesal constitucional,* debido a que esa disciplina ha constituido una de sus preocupaciones fundamentales desde sus primeros ensayos y por representar su principal forjador en los últimos cincuenta años. Así, la presente obra se suma a los dos homenajes anteriores. El primero, publicado

---

1   *La Justicia*, t. XXVII, núms. 309 y 310, enero y febrero de 1956, pp. 12300-12313 y 12361-12364.

2   *Foro de México*, núm. XXXV, febrero de 1956, pp. 3-12.

3   *La Justicia,* núm. 317, t. XXVII, septiembre de 1956, pp. 12625-12636.

4   *La Justicia*, núm. 318, t. XXVII, octubre de 1956, pp. 12706-12712.

5   *Revista de la Facultad de Derecho de México*, t. VI, núm. 24, octubre-diciembre de 1956, pp. 191-211.

por el propio Instituto de Investigaciones Jurídicas de la UNAM en 1988, conmemorando sus treinta años de investigación en las ciencias jurídicas;[6] y el segundo, publicado una década después, en 1998, por la Corte Interamericana de Derechos Humanos, en reconocimiento a su destacada trayectoria en esa jurisdicción internacional.[7]

La labor de convocatoria y de recepción de los trabajos no fue sencilla. En principio se tuvo en consideración una lista inicial de los juristas más cercanos al doctor Fix-Zamudio, que nos proporcionó gentilmente la señora Evangelina Suárez, su eficiente secretaria de hace casi veinte años. Posteriormente la lista fue creciendo de manera importante debido a los muchos juristas que deseaban participar y que se enteraron del proyecto.

El resultado es el que el lector tiene en sus manos; la participación de más de cuatrocientos juristas a nivel mundial, en la que se unen académicos, profesores, jueces, servidores públicos, discípulos y condiscípulos de varias generaciones, lo que permite un enfoque plural y amplio de la materia central de la obra y también de otras disciplinas jurídicas.

Para mayor claridad sistemática, la obra se divide en doce tomos, distribuidos en cuarenta y seis capítulos, referidos en su mayoría a las temáticas de estudio de la *Ciencia del Derecho Procesal Constitucional* en su concepción amplia. De esta forma, la obra se compone de los siguientes tomos y capítulos:

TOMO I: TEORÍA GENERAL DEL DERECHO PROCESAL CONSTITUCIONAL

Capítulo I: Teoría general del derecho procesal constitucional

TOMO II: TRIBUNALES CONSTITUCIONALES Y DEMOCRACIA

Capítulo II: Tribunales, cortes y salas constitucionales

Capítulo III: Tribunal Constitucional y jurisdicción ordinaria

Capítulo IV: Tribunales constitucionales y democracia

TOMO III: JURISDICCIÓN Y CONTROL CONSTITUCIONAL

Capítulo V: Justicia y control constitucional

---

6   Estudios en homenaje al doctor Héctor Fix-Zamudio, en sus treinta años como investigador de las ciencias jurídicas, México, UNAM, III ts., 1988.

7   *Liber amicorum: Héctor Fix Zamudio*, San José, Corte Interamericana de Derechos Humanos, II ts., 1998.

Previamente a estos cuarenta y seis capítulos, en el tomo I aparece una breve semblanza y el *curriculum vitae* del doctor Fix-Zamudio. Asimismo, se incorpora un capítulo denominado *Epistolario*, que contiene setenta y cuatro "cartas" que escribieron para esta emotiva ocasión los juristas y discípulos cercanos al Maestro.

A continuación señalamos los cuatrocientos treinta y tres juristas, de treinta y siete nacionalidades que participan en la obra, por orden alfabético de países y autores:

ALEMANIA: Rainer *Grote*, Peter *Häberle*, Mathias *Herdegen*, Norbert *Lösing*, Dieter *Nohlen*, Nicolas *Nohlen* y Hans-Peter *Schneider*.

ANDORRA: Antoni *López Montanya*.

ARGENTINA: Víctor *Abramovich*, Alberto *Alvarado Velloso*, Karina *Ansolabehere*, Roland *Arazi*, Víctor *Bazán*, Roberto Omar *Berizonce*, Pedro J. *Bertolino*, Mario *Cámpora*, Walter F. *Carnota*, Juan *Cianciardo*, Christian *Courtis*, Alberto Ricardo *Dalla Vía*, Diego A. *Dolabjian*, Edgardo Alberto *Donna*, Enrique *Falcón*, Gustavo *Ferreyra*, Lucas *Giardelli*, Osvaldo Alfredo *Gozaíni*, Ricardo *Haro*, Juan Carlos *Hitters*, Adelina *Loianno*, Gualberto *Lucas Sosa*, Pablo *Manili*, Antonio *María Hernández*, Augusto M. *Morello*, Eduardo *Oteiza*, Jorge Walter *Peyrano*, Oscar *Puccinelli*, Humberto *Quiroga Lavié*, Guido *Risso*, Adolfo Armando *Rivas*, Jorge A. *Rojas*, Néstor Pedro *Sagüés*, María Sofía *Sagüés*, Gustavo *Szarangowicz*, Sebastián Diego *Toledo*, Fernando *Toller*, Carlos *Vallefín*, Jorge Reinaldo *Vanossi*, Alejandro C. *Verdaguer*, Rodolfo L. *Vigo*, Eugenio Raúl *Zaffaroni* y Alberto *Zuppi*.

BÉLGICA: Marcel *Storme*.

BOLIVIA: Jorge *Asbun*, René *Baldivieso Guzmán* y José Antonio *Rivera Santivañez*.

BRASIL: José *Afonso da Silva*, José Carlos *Barbosa Moreira*, Paulo *Bonavides*, Antônio Augusto *Cançado Trindade*, Ivo *Dantas*, Paulo Roberto de *Gouvêa Medina*, Ada *Pellegrini Grinover* y André *Ramos Tavares*.

CABO VERDE: Jorge Carlos *Fonseca*.

COLOMBIA: Jaime *Araujo Rentería*, Ramiro *Bejarano Guzmán*, Mario *Cajas Sarria*, Jaime *Córdoba Triviño*, Juan Carlos *Esguerra Portocarrero*, Ana *Giacomette Ferrer*, Diana *Guarnizo*, José Gregorio *Hernández Galindo*, Alexei *Julio Estrada*, Diego *López Medina*, Hernán Alejandro *Olano García*, Julio César *Ortiz Gutiérrez*, Néstor *Osuna Patiño*, Jairo *Parra Quijano*, Carlos *Restrepo Piedrahita*, Ernesto *Rey Cantor*, Luis Carlos *Sáchica Aponte*, Juan Carlos *Upegui Mejía* y Rodrigo *Uprimny*.

Costa Rica: Gilbert *Armijo*, Sergio *Artavia B.*, Rubén *Hernández Valle*, Ernesto *Jinesta L.*, Luis Paulino *Mora Mora*, Luis Fernando *Solano Carrera*, Ma. Auxiliadora *Solano Monge*, y Manuel E. *Ventura Robles*.

Cuba: Beatriz *Bernal Gómez* y Andry *Matilla Correa*.

Chile: Andrés *Bordalí Salamanca*, José Luis *Cea Egaña*, Juan *Colombo Campbell*, Cecilia *Medina Quiroga*, Enrique *Navarro Beltrán*, Humberto *Nogueira Alcalá*, Miguel *Otero Lathrop*, Diego *Palomo*, Marisol *Peña Torres*, Hugo *Pereira Anabalón*, Lautaro *Ríos Álvarez* y Francisco *Zúñiga*.

Ecuador: Hernán *Salgado Pesantes* y Santiago Efraín *Velázquez Coello*.

El Salvador: Enrique *Anaya*, Roberto *Cuéllar M.*, Florentín *Meléndez* y Manuel *Montecinos*.

España: Eliseo *Ajá*, Miguel Ángel *Alegre Martínez*, José *Almagro Nosete*, Manuel *Aragón Reyes*, Pedro *Aragoneses Alonso*, Rafael de *Asís Roig*, Manuel *Atienza*, Lorena *Bachmaier Winter*, Mónica *Beltrán Gaos*, Juan María *Bilbao Ubillos*, José *Bonet Navarro*, Joaquín *Brage Camazano*, Lorenzo M. *Bujosa Vadell*, Rafael *Bustos Gisbert*, Raúl *Canosa Usera*, Marc *Carrillo*, José Luis *Cascajo Castro*, Faustino *Cordón Moreno*, Luis M. *Cruz*, Pedro *Cruz Villalón*, Isabel *Davara F. de Marcos*, Miguel Ángel *Davara Rodríguez*, Francisco Javier *Díaz Revorio*, José Julio *Fernández Rodríguez*, Francisco *Fernández Segado*, Víctor *Ferreres Comella*, Ángela *Figueruelo Burrieza*, Eduardo *García de Enterría*, Marina *Gascón Abellán*, Vicente *Gimeno Sendra*, Jesús María *González García*, Jesús *González Pérez*, Pablo *Gutiérrez de Cabiedes Hidalgo de Caviedes*, Jorge *Lozano Miralles*, Rafael *Márquez Piñero*, Augusto *Martín de la Vega*, Fernando *Martín Díz*, José *Martín Ostos*, Juan *Montero Aroca*, Pablo *Morenilla*, Víctor *Moreno Catena*, Julio *Muerza Esparza*, Andrés de la *Oliva Santos*, Andrés *Ollero*, Emilio *Pajares Montolío*, Luciano *Parejo Alfonso*, Antonio-Enrique *Pérez Luño*, Javier *Pérez Royo*, Pablo *Pérez Tremps*, Joan *Picó I Junoy*, Luis *Prieto Sanchís*, Francisco *Ramos Méndez*, Fernando *Rey Martínez*, Juan Luis *Requejo Pagés*, Miguel *Revenga Sánchez*, Pedro *Rivas*, Sonia *Rodríguez Jiménez*, Patricia *Rodríguez-Patrón*, Fdo. Francisco *Rubio Llorente*, Carlos *Ruiz Miguel*, Pedro *Serna*, Javier *Tajadura Tejada*, Isabel *Tapia Fernández*, Antonio *Torres del Moral*, José Luis *Vázquez Sotelo*, Pedro de *Vega* y Carlos *Vidal Prado*.

ESLOVENIA: Arne Marjan *Mavčič* .

ESTADOS UNIDOS: Martín *Shapiro* y Robert F. *Williams*.

FRANCIA: Jean-Claude *Colliard*.

GRECIA: Konstantinos D. *Kerameus*.

GUATEMALA: Mario *Aguirre Godoy*, Larry *Andrade-Abularach*, Mauro *Chacón Dorado* y Jorge Mario *García Laguardia*.

HONDURAS: Francisco Daniel *Gómez Bueso*.

INGLATERRA: John Anthony *Jolowicz*.

ISRAEL: Stephen *Goldstein*.

ITALIA: Italo *Augusto Andolina*, Paolo *Biavati*, Michelangelo *Bovero*, Federico *Carpi*, Alfonso *Celotto*, Sergio *Chiarloni*, Giuseppe de *Vergottini*, Luigi *Ferrajoli*, Tania *Groppi*, Paolo *Grossi*, Pierfrancesco *Grossi*, Ricardo *Guastini*, Luca *Mezzetti*, Marco *Olivetti*, Lucio *Pegoraro*, Alessandro *Pizzorusso*, Giancarlo *Rolla*, Roberto *Romboli*, Antonio *Ruggeri*, Michele *Taruffo*, Vincenzo *Vigoritti* y Gustavo *Zagrebelsky*.

LITUANIA: Egidijus *Jarašiūnas* y Stasys *Stačiokas*.

MACAU: Paulo *Cardinal*.

MÉXICO: Juan Manuel *Acuña*, Jorge *Adame Goddard*, Horacio *Aguilar Álvarez de Alba*, Miguel de Jesús *Alvarado Esquivel*, Emilio *Álvarez Icaza Longoria*, Walter *Arellano Hobelsberger*, Gonzalo *Armienta Calderón*, Juan *Federico Arriola*, Elisur *Arteaga Nava*, César *Astudillo*, Carlos *Báez Silva*, Daniel A. *Barceló Rojas*, Arturo *Bárcena Zubieta*, Manuel *Barquín Á.*, José *Barragán Barragán*, Luis de la *Barreda Solórzano*, Manuel *Becerra Ramírez*, Adriana *Berrueco García*, Ingrid *Brena Sesma*, Luis *Broderman Ferrer*, Rodolfo *Bucio Estrada*, Néstor de *Buen Lozano*, José Antonio *Caballero*, José Luis *Caballero Ochoa*, Enrique *Cáceres Nieto*, Miguel *Carbonell*, Jaime *Cárdenas*, Jorge Ulises *Carmona Tinoco*, Jorge *Carpizo*, Constancio *Carrasco Daza*, Manlio Fabio *Casarín León*, Milton Emilio *Castellanos Goût*, Juventino V. *Castro y Castro*, Cynthia *Chanut Esperón*, David *Cienfuegos*, Germán *Cisneros Farías*, Rafael *Coello Cetina*, Víctor Manuel *Collí Ek*, Lorenzo *Córdova Vianello*, Edgar *Corzo Sosa*, José Ramón *Cossío Díaz*, José de Jesús *Covarrubias Dueñas*, Óscar *Cruz Barney*, Osmar Armando *Cruz Quiroz*, Francisco José *De Andrea S.*, Enrique *Díaz Aranda*,

José Hugo Augusto *Díaz-Estúa Avelino*, Luis *Díaz Müller*, Juan *Díaz Romero*, Javier *Dondé Matute*, Ma. Macarita *Elizondo Gasperín*, Miguel *Eraña Sánchez*, Rafael *Estrada Michel*, Jorge *Fernández Ruiz*, Eduardo *Ferrer Mac-Gregor*, Héctor *Fix-Fierro*, Imer B. *Flores*, José Fernando *Franco González Salas*, Flavio *Galván Rivera*, José *Gamas Torruco*, Máximo *Gámiz Parral*, Marco César *García Bueno*, Gumesindo *García Morelos*, Sergio *García Ramírez*, José Alfredo *García Solís*, Paula María *García-Villegas Sánchez-Cordero*, Raymundo *Gil Rendón*, Mara *Gómez Pérez*, Alonso *Gómez Robledo*, Genaro David *Góngora Pimentel*, Juan Luis *González Alcántara y Carrancá*, Carlos *González Blanco*, Héctor *González Chévez*, Jorge Alberto *González Galván*, Nuria *González Martín*, Manuel *González Oropeza*, Raúl *González Schmal*, José de Jesús *Gudiño Pelayo*, Juan Carlos *Gutiérrez*, Rodrigo *Gutiérrez*, Juan de Dios *Gutiérrez Baylón*, Iván Carlo *Gutiérrez Zapata*, Manuel L. *Hallivis Pelayo*, Ma. del Pilar *Hernández*, María Amparo *Hernández Chong Cuy*, Alfonso *Herrera García*, Carla *Huerta*, Francisco *Ibarra Palafox*, Olga *Islas de González Mariscal*, Alfredo *Islas Colín*, Patricia *Kurczyn Villalobos*, Mauricio *Lara Guadarrama*, Leoncio *Lara Sáenz*, José Manuel *Lastra Lastra*, Gerardo *Laveaga*, Andrés *Lira González*, Sergio *López-Ayllón*, Miguel Alejandro *López Olvera*, Margarita Beatriz *Luna Ramos*, Ana Laura *Magaloni Kerpel*, Daniel *Márquez*, Raúl *Márquez Romero*, Fabiola *Martínez Ramírez*, Edgardo *Martínez Rojas*, Mario *Melgar Adalid*, Ricardo *Méndez Silva*, Jorge *Meza Pérez*, Javier *Mijangos y González*, Gonzalo *Moctezuma Barragán*, César de Jesús *Molina*, Cecilia *Mora-Donatto*, Carlos A. *Morales-Paulín*, Jorge *Nader Kuri*, José Ramón *Narváez*, Carlos F. *Natarén*, César *Nava Escudero*, Salvador Olimpo *Nava Gomar*, Santiago *Nieto Castillo*, Alfonso *Oñate*, Jorge R. *Ordóñez E.*, José Emilio Rolando *Ordóñez Cifuentes*, Lina *Ornelas Núñez*, J. Jesús *Orozco Henríquez*, José *Ovalle Favela*, Ruperto *Patiño Manffer*, Raúl *Pérez Johnston*, Valeriano *Pérez Maldonado*, Carlos *Pérez Vázquez*, Raúl *Plascencia Villanueva*, José Luis *Prado Maillard*, Elvia Arcelia *Quintana Adriano*, Alejandro *Quijano Álvarez*, Karla I. *Quintana Osuna*, Emilio *Rabasa Gamboa*, Laura M. *Rangel Hernández*, Gabriela *Ríos Granados*, José *Roldán Xopa*, Alberto *Saíd*, Pedro *Salazar Ugarte*, Javier *Saldaña*, Luis Gerardo *Samaniego Santamaría*, Alfredo *Sánchez Castañeda*, Olga *Sánchez Cordero de García Villegas*, Rubén *Sánchez*

Gil, Ulises *Schmill*, Ricardo J. *Sepúlveda I.*, José Ma. *Serna de la Garza*, Fernando *Serrano Migallón*, Dora María *Sierra Madero*, Juan Carlos *Silva Adaya*, Fernando *Silva García*, José Luis *Soberanes Fernández*, Humberto *Suárez Camacho*, Evangelina *Suárez Estrada*, Julio *Téllez Valdés*, Karla Beatriz *Templos Núñez*, Rodolfo *Terrazas Salgado*, Pedro *Torres Estrada*, Francisco *Tortolero Cervantes*, José Juan *Trejo Orduña*, Jean Claude *Tron Petit*, Gonzalo *Uribarri Carpintero*, Diego *Valadés*, Clemente *Valdés*, Salvador *Valencia Carmona*, Sergio Armando *Valls Hernández*, Francisco *Vázquez-Gómez Bisogno*, Rodolfo *Vázquez*, Juan *Vega Gómez*, Ernesto *Villanueva*, Jorge *Witker* y Arturo *Zaldívar Lelo de Larrea*.

NICARAGUA: Iván *Escobar Fornos* y Francisco *Rosales Arguello*.

PANAMÁ: Arturo *Hoyos* y Sebastián *Rodríguez Robles*.

PARAGUAY: Jorge *Silvero Salgueiro*.

PERÚ: Samuel B. *Abad Yupanqui*, Ernesto *Blume Fortini*, Edgar *Carpio Marcos*, Susana Ynes *Castañeda Otsu*, Luis *Castillo Córdova*, Jorge *Danós Ordóñez*, Francisco *Eguiguren Praeli*, Eloy *Espinosa-Saldaña Barrera*, Gerardo *Eto Cruz*, Domingo *García Belaunde*, Diego *García Sayán*, Víctor *García Toma*, Carlos *Hakansson Nieto*, César *Landa*, Juan *Monroy Gálvez*, José F. *Palomino Manchego*, Carlos *Parodi Remón*, Elvito A. *Rodríguez Domínguez* y Fernando *Vidal Ramírez*.

POLONIA: Krystian *Complak*.

PORTUGAL: Jorge *Miranda*.

REPÚBLICA DEMOCRÁTICA DEL CONGO: Jean *Cadet Odimba*.

REPÚBLICA DOMINICANA: Eduardo *Jorge Prats* y Olivo A. *Rodríguez Huertas*.

SUDÁFRICA: Wouter L. *de Vos*.

URUGUAY: Augusto *Durán Martínez*, Eduardo G. *Esteva Gallicchio*, Jaime *Greif*, Héctor *Gros Espiell*, Ángel *Landoni Sosa* y Leslie *Van Rompaey*.

VENEZUELA: Alirio *Abreu Burelli*, Carlos *Ayala Corao*, Alberto *Baumeister Toledo*, Alberto *Blanco-Uribe Quintero*, Allan R. *Brewer Carías*, Jesús M. *Casal H.*, José Vicente *Haro García*, Ricardo *Henríquez La Roche*, Michael *Núñez Torres* y Mariolga *Quintero Tirado*.

35

Como podrá advertir el lector, se trata de un esfuerzo colectivo a nivel mundial. La calidad y cantidad de los trabajos sólo pudo haberse logrado por la autoridad moral e intelectual del convocante, que tanto ha contribuido al desarrollo del derecho público de nuestro tiempo y especialmente a la consolidación de la *Ciencia del Derecho Procesal Constitucional*.

A nombre del Instituto de Investigaciones Jurídicas de la Universidad Nacional Autónoma de México, de la editorial Marcial Pons y del Instituto Mexicano de Derecho Procesal Constitucional, agradecemos a cada autor su entusiasta colaboración. Con profunda admiración y cariño la comunidad jurídica internacional se une para honrar a uno de los juristas de habla hispana más querido, respetado y reconocido en el mundo, con motivo de sus cincuenta años (1956-2006) de continua y fructífera labor intelectual.

¡Enhorabuena *Maestro* Héctor Fix-Zamudio!

Ciudad de México, Primavera de 2008

SEMBLANZA DEL
MAESTRO HÉCTOR FIX-ZAMUDIO

Eduardo Ferrer Mac-Gregor

Héctor Fix-Zamudio nació en el centro histórico de la ciudad de México el 4 de septiembre de 1924. Su abuelo paterno, Lucien Fix, llegó de Francia en el siglo XIX. Es el primer hijo del matrimonio de don Felipe Fix y Ruiz de Velasco originario de Cuernavaca, Morelos, y doña Ana María Zamudio Cantú, que procedía de Ciudad Victoria, Tamaulipas. Sus hermanos menores se llamaron Graciela, Jorge y René. Le sobrevive su hermana Margarita, con quien mantiene una estrecha relación.

Estudió principalmente en escuelas públicas. La primaria la realizó en dos instituciones: una anexa a la Normal de Maestros y otra denominada República de Brasil. La secundaria en la Escuela Secundaria número 4: Moisés Sáenz, ubicada en Santa María la Ribera, en pleno centro de la ciudad de México. En esa época tuvo como maestros a José Calvo (literatura española), Ofelia Garza de del Castillo (español) y Carlos Pellicer (historia universal), que influyeron en su formación humanista.

El bachillerato lo cursó en la Escuela Nacional Preparatoria en el Antiguo Colegio de San Ildefonso, también en el centro histórico de la ciudad de México (1940-1942). Fue en esa época donde definió su clara vocación por la historia y el derecho, al optar por el bachillerato en el área de "Humanidades". Influyeron sensiblemente en su formación Erasmo Castellanos Quinto (literatura universal), Joaquín Ramírez Cabañas (historia), Hilario Medina (historia universal), Agustín Yáñez (literatura), Adolfo Menéndez Samará (introducción a la filosofía) y Juan Sánchez Navarro (introducción a la historia del derecho).

Estudió derecho en la Escuela Nacional de Jurisprudencia (hoy Facultad de Derecho) de la UNAM (1942-1949). Entre sus maestros figuran juristas de la talla de Juan Sánchez Navarro y Peón (introducción al estudio del derecho), Javier de Cervantes (derecho romano), José Castillo

Larrañaga (derecho procesal), Mario de la Cueva (teoría del Estado), Manuel Marván (derecho del trabajo), José Campillo Sáinz (derecho del trabajo), José Castro Estrada (derecho administrativo), Leopoldo Aguilar (derecho civil), Salvador Azuela (derecho constitucional), Antonio Martínez Báez (derecho constitucional), Antonio Carrillo Flores (derecho administrativo) y Vicente Peniche López (juicio de amparo). Desde estudiante afloró su predilección por el estudio del juicio de amparo, asistiendo como oyente a las clases impartidas por Alfonso Noriega Cantú.

Se tituló con mención honorífica el 18 de enero de 1956, con la tesis denominada *La garantía jurisdiccional de la Constitución mexicana. Ensayo de una estructuración procesal del amparo,* que había concluido en 1955. El jurado del examen estuvo integrado por Lucio Cabrera Acevedo, José Castillo Larrañaga, Mariano Azuela Rivera y Niceto Alcalá-Zamora y Castillo. Dedicó cinco años a la elaboración de este trabajo, que fue dirigido por los procesalistas José Castillo Larrañaga y Niceto Alcalá-Zamora y Castillo. Este último jurista español, radicado por más de treinta años en México (1946-1976), influyó en su dedicación a la investigación y docencia. Fix-Zamudio se convirtió en uno de sus principales discípulos dentro de la honda escuela que forjó.

Su inicial trabajo tuvo una gran repercusión en los años siguientes. Lo publicó parcialmente en diversas revistas en ese mismo año (1956) y luego de manera íntegra como parte de su primer libro: *El juicio de amparo* (México, Porrúa, 1964). Constituye, por una parte, el primer estudio sistemático sobre la ciencia del derecho procesal constitucional como disciplina jurídico procesal. Por la otra, inicia la etapa que él mismo denomina como de "reivindicación procesal del amparo", entendiendo que la máxima institución procesal mexicana debía estudiarse fundamentalmente como proceso constitucional y no sólo como institución política.

En 1960 casó con María Cristina Fierro González, originaria de la ciudad de México. Compañera inseparable que durante cuarenta y tres años apoyó su trayectoria en funciones judiciales y como investigador jurídico. Tuvieron cuatro hijos: Héctor Felipe, María Cristina, Carlos Enrique e Imelda; y seis nietos: Valentina, Fabián, Markel, Verena, Adrián y Héctor Daniel. Su familia ha representado un estímulo permanente de aliento en sus labores académicas. Su primogénito, Héctor Fix-Fierro, siguiendo los pasos de su padre, es un reconocido investigador y actualmente director del Instituto de Investigaciones Jurídicas de la UNAM.

Realizó sus estudios de posgrado en la División de Estudios Superiores de la Facultad de Derecho de la propia UNAM (1964-1965), obteniendo el grado de doctor el 1° de marzo de 1972, con la mención *Magna Cum Laude*. El jurado estuvo integrado por Niceto Alcalá-Zamora y Castillo, en calidad de director, Luis Recaséns Siches, Alfonso Noriega Cantú, Antonio Carrillo Flores y Antonio Martínez Báez. Su tesis de grado fue ampliada en los años siguientes y publicada en España con el nombre de *La protección procesal de los derechos humanos ante las jurisdicciones nacionales* (Madrid, Civitas, 1982).

Su actividad profesional se ha bifurcado en dos senderos: la función judicial y la actividad académica. Han sido sus dos "vocaciones", como él mismo lo ha señalado. Siendo estudiante laboró durante breve tiempo en una notaría e ingresó a la Suprema Corte de Justicia de la Nación el 8 de junio de 1945, como auxiliar en la Secretaría de Acuerdos de la Segunda Sala. Durante diecinueve años laboró en el Poder Judicial de la Federación, ocupando diversos cargos judiciales: actuario con funciones de secretario de Juzgado de Distrito (1957), secretario de Tribunal Colegiado de Circuito (1956-1957), hasta secretario de Estudio y Cuenta adscrito al Tribunal Pleno de la Suprema Corte de Justicia de la Nación (1958-1964). Renunció el 30 de julio de 1964 para dedicarse de tiempo completo a la enseñanza e investigación jurídicas. Esa decisión vocacional marcó su futuro académico, que ha mantenido a pesar de ofrecimientos en varias ocasiones para ocupar el cargo de ministro de la Suprema Corte de Justicia de la Nación.

Ingresó como investigador por contrato al Instituto de Derecho Comparado (hoy de Investigaciones Jurídicas) en octubre de 1956 y de tiempo completo en agosto de 1964. Fue director de ese Instituto por doce años (1966-1978) y designado *investigador emérito* del mismo por el Consejo Universitario en 1987. Ha sido miembro del Sistema Nacional de Investigadores (SNI) desde su creación en 1984, e *investigador emérito* del mismo sistema desde 1996.

Como universitario ha tenido una destacada participación en momentos difíciles de la UNAM, al redactar las bases jurídicas que llevaron a superar el conflicto laboral de 1972. Contribuyó a los festejos de la autonomía universitaria en 1979 y a la creación de la Defensoría de los Derechos Universitarios en 1985. Formó parte de la Junta de Gobierno de la UNAM (1981-1988).

Ha sido profesor de la asignatura Juicio de Amparo en su *alma mater,* la Facultad de Derecho de la UNAM, durante treinta y dos años ininterrumpidos (1964-1996). Además de impartir cátedra en la División de Estudios de Posgrado de la misma Facultad (1966-1994), ha impartido cursos y participado en numerosos congresos y seminarios en universidades nacionales y del extranjero.

Es miembro de un importante número de asociaciones científicas nacionales e internacionales, destacando la Academia Mexicana de Ciencias; El Colegio Nacional; la Academia Internacional de Derecho Comparado; la Asociación Internacional de Derecho Procesal; la Unión de Profesores para el Estudio del Derecho Procesal Internacional; la Academia Nacional de Ciencias Morales y Políticas de Argentina; el Instituto Iberoamericano de Derecho Procesal; el Instituto Iberoamericano de Derecho Procesal Constitucional (presidente honorario desde 2003) y el Instituto Iberoamericano de Derecho Constitucional, del cual fue Presidente titular (1975-1992) y actualmente presidente *honorario vitalicio* (desde 1992).

Entre sus principales premios y distinciones destacan: el Premio de la Academia de la Investigación Científica (1963); el Premio Nacional de Historia, Ciencias Sociales y Filosofía (1982); el Premio Internacional conferido por la UNESCO sobre la enseñanza de los derechos humanos (1986); la Medalla al Mérito Universitario en el campo de la investigación (1990); el Premio Universidad Nacional en Investigación en Ciencias Sociales (1992); el Premio Nacional de Jurisprudencia, otorgado por la Barra Mexicana, Colegio de Abogados (1994); la Medalla Belisario Domínguez, otorgada por el Senado de la República (2002), y el Premio Internacional "Justicia en el Mundo" otorgado por la Unión Internacional de Magistrados (Madrid, 2004).

Ha recibido el doctorado *Honoris Causa* por la Universidad de Sevilla, España (1984); la Universidad de Colima, México (1992); la Universidad Externado de Colombia (1998); la Pontificia Universidad Católica de Perú (2001); la Benemérita Universidad Autónoma de Puebla (2002); la Universidad Complutense de Madrid (2003); la Universidad Los Andes en Huancayo, Perú (2007), y el Centro de Investigación y Desarrollo del Estado de Michoacán (2007).

Durante más de cincuenta años sus investigaciones, siempre caracterizadas por la utilización del método histórico comparativo, se han centrado en tres ejes fundamentales: el derecho procesal, el derecho constitucional y los derechos humanos. De manera particular, representa el principal forjador de una nueva disciplina jurídica que se encuentra en la actualidad en pleno desarrollo: *la ciencia del derecho procesal constitucional,* que da nombre precisamente a la presente obra colectiva en su honor y en la que participan más de cuatrocientos juristas de treinta y siete nacionalidades.

Tiene más de cuatrocientas publicaciones, entre las que figuran libros, artículos, ensayos monográficos, traducciones, prólogos y presentaciones, en el ámbito nacional como internacional. Autor de más de veinte libros: *Tres estudios sobre el mandato de seguridad brasileño (et al.,* 1963); *El juicio de amparo* (1964); *Veinticinco años de evolución de la justicia constitucional. 1940-1965* (1968); *Constitución y proceso civil en Latinoamérica* (1974); *Los tribunales constitucionales y los derechos* humanos (1980, 2a. ed., 1985); *Metodología, docencia e investigación jurídicas* (1981, 13a. ed., 2006); *La protección jurídica y procesal de los derechos humanos ante las jurisdicciones nacionales* (1982); *Introducción a la justicia administrativa en el ordenamiento mexicano* (1983); *Latinoamérica: Constitución, proceso y derechos humanos* (1988); *Protección jurídica de los derechos humanos. Estudios comparativos* (1991, 2a. ed., 1999); *Derecho procesal* (con José Ovalle Favela, 1991, 2a. ed., 1993); *Ensayos sobre el derecho de amparo* (1993, 3a. ed., 2003); *Justicia constitucional, ombudsman y derechos humanos* (1993, 2a. ed., 2001); *Comentarios a la Ley de la Comisión de Derechos Humanos del Distrito Federal* (1995); *El Poder Judicial en el ordenamiento mexicano* (con José Ramón Cossío, 1996, 3a. reimp., 2003); *El consejo de la judicatura* (con Héctor Fix-Fierro, 1996); *México y la declaración de derechos humanos* (coord., 1999); *México y la Corte Interamericana de Derechos Humanos* (2a. ed., 1999); *Derecho constitucional mexicano y comparado* (con Salvador Valencia Carmona, 1999, 5a. ed., 2007); *Introducción al derecho procesal constitucional* (2002); *Función constitucional del Ministerio Público. Tres ensayos y un epílogo* (2004); *Estudio de la defensa de la Constitución en el ordenamiento mexicano* (1994, 3a. ed., 2005); y *El derecho de amparo en el mundo* (coord. con Eduardo Ferrer MacGregor, 2006).

En el ámbito internacional destacó como juez de la Corte Interamericana de Derechos Humanos (1986-1998), siendo su presidente durante dos periodos consecutivos (1990-93 y 1995-97); y miembro de la Subcomisión para la Prevención de Discriminaciones y la Protección de Minorías de la ONU (suplente desde 1988 y titular 1998-2001), en Ginebra, Suiza.

El maestro Héctor Fix-Zamudio tiene innumerables discípulos entre los cuales se encuentran los principales juristas de nuestro país. Su escuela se ha extendido allende las fronteras y su pensamiento está presente en los cambios legislativos, jurisprudenciales e institucionales de Latinoamérica. Es considerado en la actualidad el jurista mexicano más reconocido en el mundo y uno de los humanistas iberoamericanos de mayor influencia, querido y respetado, en el derecho público de nuestro tiempo.

EPÍSTOLA

Carlos AYALA CORAO[*]

DOCTOR HÉCTOR FIX-ZAMUDIO
INSTITUTO DE INVESTIGACIONES JURÍDICAS,
UNAM MÉXICO, DISTRITO FEDERAL

Querido maestro Fix-Zamudio

Para mí fue nuevamente un inmenso placer saludarlo y sostener una conversación, como siempre tan amena, el pasado martes 31 de julio en su oficina en el Instituto de Investigaciones Jurídicas de la UNAM en México.

Este fue un nuevo encuentro, en el cual conversamos, como siempre, sobre temas personales, familiares, sociales, académicos, políticos e internacionales, entre otros. Sin embargo, constato que durante más de veinte años nuestras conversaciones sobre temas académicos se han centrado en los ejes de derechos humanos, sus mecanismos de protección en el derecho interno e internacional, la organización de la justicia constitucional en tribunales constitucionales especializados, la figura de los defensores del pueblo y sus equivalentes y sobre temas conexos con el derecho procesal constitucional.

Confieso, sin embargo, que estos temas siempre han tenido como eje final la democracia como derecho y como forma política de participación ciudadana.

Maestro Fix-Zamudio, su obra jurídica es una referencia obligatoria en los estudios jurídicos del mundo contemporáneo. Decir lo contrario sería pecar no solo por falsedad sino por ignorancia. Pero igual de relevante es su generosidad, su amabilidad y, sobre todo, la sencillez y calidez de su personalidad.

---

*   Profesor en las universidades Católica "Andrés Bello" y Central de Venezuela.

Quizá usted no lo recuerde -de hecho no tiene por qué recordarlo-, pero la primera vez que lo conocí fue con ocasión de una conferencia que usted dictó en el Consejo Supremo Electoral en Caracas en 1982. Entonces era yo un joven abogado regresando de mis estudios de posgrado. En esa conferencia magistral usted cautivó la atención de los jóvenes venezolanos que lo escuchamos. En ella usted se refirió a la organización del Estado de derecho para hacer prevalecer la Constitución y los derechos fundamentales; y sobre todo el tema del pluralismo político como elemento esencial de una democracia. De allí, usted derivó las condiciones necesarias del pluralismo como las garantías de creación y trabajo de los partidos políticos, los métodos electorales y la justicia electoral imparcial, entre otros temas claves.

Confieso que desde entonces usted como maestro mexicano y latinoamericano alimentó en mí una pasión por el estudio del derecho constitucional latinoamericano y por los temas del derecho procesal constitucional, incluidos el amparo y los recursos de inconstitucionalidad.

Más tarde en ocasión de su trabajo como juez en la Corte Interamericana de Derechos Humanos y mi posterior incorporación como miembro de la Comisión Interamericana de Derechos Humanos, nos permitió relacionarnos en nuestras funciones como integrantes de órganos de protección internacional de las personas.

Además de ello, mi participación en los congresos del Instituto Iberoamericano de Derecho Constitucional y mi incorporación en la Directiva del mismo como presidente del capítulo venezolano, nos ha permitido compartir mesas y exposiciones en diversos eventos a lo largo de los años.

Pero aparte de nuestra relación académica quiero recordar en esta oportunidad la mejor experiencia de conocimiento personal que hemos tenido. Se trata del viaje por México que hicimos en el verano de 1993 con usted y María Cristina junto a Carmen mi esposa. Recuerdo que se trataba de un diplomado en derecho constitucional organizado por la Universidad Cuauhtémoc en sus sedes en diversas ciudades: Guadalajara, Puebla, Querétaro, San Luis Potosí y México, Distrito Federal. Recuerdo igualmente la peculiaridad de que otro grupo con Germán Bidart iba dictando sus clases días antes que nosotros y detrás de nosotros creo que iba Domingo García Belaúnde. El hecho es que a Carmen y a mí nos tocó el privilegio de tratarlos personalmente, desayunar, comer y cenar juntos, tomar buses y aviones, esperar en aeropuertos y, sobre todo, compartir y conversar mucho tiempo.

Recuerdo el cariño con el que María Cristina se dirigía a usted para conversar algo, ya sea de la ropa o del peinado, o qué sé yo, como suelen hacer las esposas. Usted siempre respondía tan caballero y obediente. También recuerdo lo mucho que nos impresionó a Carmen y a mí, verlo desayunar en el hotel de San Luis Potosí, para luego verlo almorzar feliz y tranquilamente unas carnitas con salsas y tortitas en el restaurante del aeropuerto. Allí fue donde aprendí la diferencia entre el "almuerzo" mexicano de media mañana y nuestro almuerzo de las 12:30 o 1:00 pm; pero, sobre todo, porqué los mexicanos suelen "comer" a las 2:30 o 3:00 pm. y cenar hacia las 9:00 pm.

En fin maestro, en ese viaje pude conocer de cerca la faceta familiar y humana del gran jurista, y le digo lo que más me impresionó; igualmente su simpatía, sencillez, generosidad y amabilidad.

Al final del viaje tuvimos un encuentro en su casa, en el cual usted tuvo la amabilidad de presentarme a su hijo Héctor Fix-Fierro, quien estaba regresando de realizar estudios en el exterior. Casualmente el martes pasado, antes de encontrarme con usted en su cubículo en el Instituto, tuve la dicha de saludar y conversar un rato con él, quien para dicha del Instituto representa mejor tradición familiar y académica de la familia Fix-Zamudio.

Finalmente me despido como siempre, no con un adiós sino con un hasta luego.

Su buen amigo y alumno

Caracas, 4 de agosto de 2007

CAPITULO I
INDEPENDENCIA JUDICIAL

1. NORMAS INTERNACIONALES Y JURISPRUDENCIA SOBRE INDEPENDENCIA JUDICIAL

Alirio ABREU BURELLI[*]

I. INTRODUCCIÓN

A partir de 1945, y como consecuencia del desarrollo del derecho internacional y de la profunda reflexión suscitada en sectores políticos, filosóficos, jurídicos, y en la humanidad en general, por los horrores de la Segunda Guerra Mundial, los Estados han adoptado numerosos tratados, de diversa índole, con el propósito de lograr un nuevo orden internacional basado en la justicia, en el reconocimiento de la dignidad del ser humano, en la cooperación internacional y en la paz.

El jurista español Carlos Villán Durán, quien fue alto comisionado de las Naciones Unidas para los Derechos Humanos, se ha referido a estas circunstancias al señalar:

> Desde 1945 hasta la fecha la Organización de las Naciones Unidas (ONU), sus organismos especializados -OIT, UNESCO- y algunos de sus órganos subsidiarios -ACNUR- así como las Organizaciones regionales -como el Consejo de Europa, la OEA o la OUA-, han desarrollado un complejo entramado institucional y normativo sobre el que se ha construido un sistema de protección internacional de los derechos humanos compuesto por normas sustantivas y procesales. Este nuevo ordenamiento jurídico, compuesto por 150 tratados internacionales y protocolos, así como otras normas de derecho

---

[*] Ex juez de la Corte Interamericana de Derechos Humanos.

internacional (DI), es lo que se denomina derecho internacional de los derechos humanos.

Conforme a la definición del propio Villán Durán,

> el Derecho Internacional de los Derechos Humanos es el sistema de principios y normas que regula un sector de las relaciones de cooperación institucionalizada entre Estados de desigual desarrollo socioeconómico y poder, cuyo objeto es el fenómeno del respeto de los derechos humanos y las libertades fundamentales universalmente reconocidas, así como el establecimiento de mecanismos para la garantía y protección de tales derechos y libertades, los cuales se califican de preocupación legítima y, en algunos casos, de interés fundamental para la actual comunidad internacional de los Estados en su conjunto.

La virtud esencial de los esfuerzos posteriores a la Segunda Guerra Mundial dirigidos a establecer un nuevo orden moral fue la de la universalidad de los compromisos que en tal sentido han contraído los Estados, contenidos en textos de innegable valor jurídico. Ello no quiere decir que con anterioridad no hubieran existido manifestaciones muy importantes en relación con los derechos de la persona humana, en general, y de las garantías judiciales, entre ellas la de la independencia judicial. Entre tales manifestaciones cabe mencionar instrumentos muy antiguos: la "Carta Leonesa", conjunto de leyes aprobadas en León en 1188, en las cuales se establecieron garantías individuales y procesales de la libertad personal y de la idoneidad de los jueces. La Carta Magna, adoptada en Inglaterra en 1215, consagró un conjunto de principios y normas consuetudinarios y los expresó en la forma de un cuerpo de previsiones específicas para situaciones locales y presentes, no como declaraciones generales y universales. La trascendencia de la Carta Magna fue inmensa, tanto en la posterior evolución institucional inglesa como en el desenvolvimiento y consolidación de los derechos del hombre. El Acta de Habeas Corpus, de 1679, consagró y reglamentó el recurso de amparo de la libertad personal. Las Constituciones de los Estados Unidos de Norteamérica (1787), de Francia (1790) y las Constituciones políticas de los países latinoamericanos a raíz de su independencia de la dominación española, establecieron un sistema democrático de gobierno fundado en la garantía de la igualdad de todos los seres humanos, de las libertades individuales y en la separación de los poderes públicos.

Los instrumentos sobre derechos humanos pueden dividirse, según el *Manual internacional de los derechos humanos*, en tres grandes categorías. La primera consiste en las grandes declaraciones de 1948: la Declaración Universal de Derechos Humanos y la Declaración Americana de Derechos y Deberes del Hombre. Dichos instrumentos comparten tres categorías fundamentales: 1. Reconocen una amplísima gama de los derechos fundamentales, incluidos los de carácter civil, político, social, económico y cultural. 2. No son tratados internacionales, y en el momento de su elaboración carecían de carácter vinculante. 3. Hoy día son considerados por los órganos internacionales competentes como manifestaciones del derecho internacional consuetudinario, vinculante para todos los Estados partes en las Naciones Unidas y en la OEA, respectivamente.

La segunda categoría consiste en los tratados universales y regionales en materia de derechos humanos, en particular el Pacto Internacional sobre Derechos Civiles y Políticos y el Pacto Internacional sobre Derechos Económicos, Sociales y Culturales en el sistema universal, y la Convención Americana sobre Derechos Humanos y el Protocolo Adicional a la Convención Americana en materia de derechos económicos, sociales y culturales, en el sistema interamericano. Estos instrumentos, con pocas excepciones, consagran los mismos derechos plasmados en las grandes declaraciones de 1948. No obstante, como fueron elaborados con el propósito de ser vinculantes, definen el contenido, el alcance y los límites de estos derechos en forma precisa y pormenorizada. En el sistema universal, los dos pactos internacionales (el PIDCP y el PIDESC) y la Declaración Universal son conocidos colectivamente como la Carta Internacional de Derechos Humanos, en reconocimiento a su lugar especial en el derecho internacional de los derechos humanos.

La tercera categoría consiste en los demás instrumentos sobre derechos humanos dedicados a derechos o principios específicos, o los derechos de determinados sectores de la sociedad humana, como los niños, los indígenas, los trabajadores migrantes, las personas con discapacidad, los presos, y tantos otros. En esta amplísima categoría es posible distinguir muchas subcategorías. Para nuestros propósitos, las más relevantes son la subcategoría de tratados, por una parte, y la subcategoría que agrupa los demás instrumentos que carecen de valor contractual. Dichos instrumentos -que son numerosos- se conocen bajo diferentes denominaciones, entre ellas la declaración, principios básicos, reglas mínimas, reglas, principios, directrices. Existen más de setenta instrumentos universales sobre derechos humanos, sin contar los protocolos ni los instrumentos del derecho internacional humanitario, derecho internacional penal o derecho internacional social.[1]

La contribución más importante de la jurisprudencia de los tribunales internacionales y de la doctrina jurídica universal, como interpretación y desarrollo de los tratados internacionales sobre derechos humanos, es la de considerar que muchos de los derechos y garantías contenidos en dichos tratados, como los relativos a la independencia judicial, pertenecen al dominio del *ius cogens*, entendido éste como el conjunto de normas imperativas de obligatorio cumplimiento por los Estados y que no pueden ser derogadas o desconocidas por éstos sino en virtud de disposiciones más favorables en el reconocimiento de los derechos de la persona humana.

II. INSTRUMENTOS UNIVERSALES

1. *Carta de las Naciones Unidas (1945)*

Si bien no contiene disposiciones específicas sobre independencia judicial, establece, en el literal c) del artículo 76, los objetivos básicos del régimen de administración fiduciaria en acatamiento de lo dispuesto en el artículo 1o. de dicha Carta, especialmente del ordinal 3o., según el cual los pueblos de las Naciones Unidas se comprometen a "realizar la cooperación internacional en la solución de problemas internacionales de carácter económico, social, cultural o humanitario y en el desarrollo y estímulo del respeto a los derechos humanos y a las libertades fundamentales de todos sin hacer distingos por motivos de raza, sexo, idioma o religión".

2. *Declaración Universal de los Derechos Humanos (1948)*

En su artículo 10 proclama que "toda persona tiene derecho, en condiciones de plena igualdad, a ser oída públicamente y con justicia por un tribunal independiente e imparcial, para la determinación de sus derechos y obligaciones o para el examen de cualquier acusación contra ella en materia penal".

---

1 Categorías de los tratados sobre derechos humanos tomado de O'Donell, Daniel, *Derecho internacional de los derechos humanos*, Oficina en Colombia del Alto Comisionado de las Naciones Unidas para los Derechos Humanos, pp. 55-57.

3. *Pacto Internacional de Derechos Civiles y Políticos (1966)*

Este instrumento, a través del cual los Estados aceptaron someterse a normas de carácter vinculante relativas a derechos humanos, contiene, en el artículo 5, una disposición general, sobre la aplicación de derechos no contemplados en dicho Pacto: "2. No podrá admitirse restricción o menoscabo de ninguno de los derechos humanos, fundamentalmente reconocidos o vigentes en un Estado Parte, en virtud de leyes, convenciones, reglamentos o costumbres, so pretexto de que el presente Pacto no los reconoce o los reconoce en menor grado". El artículo 14 dispone que "todas las personas son iguales ante los tribunales y cortes de justicia. Toda persona tendrá el derecho a ser oída públicamente y con las debidas garantías por un tribunal competente, independiente e imparcial, establecido por la ley, en la sustanciación de cualquier acusación de carácter penal formulado contra ella o para la determinación de sus derechos u obligaciones de carácter civil...".

4. *Principios básicos relativos a la independencia judicial*

Adoptados por el Séptimo Congreso de las Naciones Unidas para la Prevención del Delito y el Tratamiento del Delincuente, celebrado en Milán, entre el 26 de agosto y 6 de septiembre de 1985:

1. La independencia de la judicatura será garantizada por el Estado y proclamada por la Constitución o legislación del país. Todas las instituciones gubernamentales y de otra índole respetarán y acatarán la independencia de la judicatura.

2. Los jueces resolverán los asuntos que conozcan con imparcialidad, basándose en los hechos y en consonancia con el derecho, sin restricción alguna y sin influencias, alicientes, presiones, amenazas o intromisiones indebidas, sean directas o indirectas.

3. La judicatura será competente en todas las cuestiones de índole judicial y tendrá autoridad exclusiva para decidir si una cuestión que le haya sido sometida está dentro de la competencia que le haya atribuido la ley.

4. No se efectuarán intromisiones indebidas o injustificadas en el proceso judicial ni se someterán a revisión las decisiones judiciales de los tribunales. Este principio se aplicará sin menoscabo de la vía de revisión judicial efectuada por autoridades administrativas.

5. Toda persona tendrá derecho a ser juzgada por tribunales de justicia ordinarios con arreglo a procedimientos legalmente establecidos. No se crearán tribunales que no apliquen normas procesales debidamente establecidas para sustituir la justicia ordinaria.

6. El principio de independencia de la judicatura autoriza y obliga a la judicatura a garantizar que el procedimiento judicial se desarrolle conforme a derecho, así como el respeto de los derechos de las partes.

7. Cada Estado miembro proporcionará recursos adecuados para que la judicatura pueda desempeñar debidamente sus funciones.

8. En consonancia con la Declaración Universal de Derechos Humanos, los miembros de la judicatura gozarán de las libertades de expresión, creencias, asociación y reunión, y en su ejercicio se conducirán de manera que se preserve su independencia.

9. Los jueces gozarán del derecho a constituir asociaciones de jueces (as) u otras organizaciones que tengan por objeto representar sus intereses, promover su formación profesional y defender la independencia judicial, así como el derecho a afiliarse a ellas.

10. Las personas seleccionadas para ocupar cargos judiciales serán personas íntegras e idóneas y tendrán la formación o las calificaciones jurídicas apropiadas. Todo método utilizado para la selección de personal judicial garantizará que este no sea nombrado por motivos indebidos.

11. La ley garantizará la permanencia en el cargo de los jueces por los periodos establecidos, su independencia y su seguridad, así como una remuneración, pensiones y condiciones de servicio y de jubilación adecuados.

12. Se garantizará la inamovilidad de los jueces, tanto de los nombrados mediante decisión administrativa como de los elegidos, hasta que cumplan la edad para la jubilación forzosa o expire el periodo para el que hayan sido nombrados o elegidos.

13. El sistema de ascensos de los jueces, cuando exista, se basará en factores objetivos, especialmente en la capacidad profesional, la integridad y la experiencia.

14. La asignación de casos a los jueces dentro del Tribunal de que formen parte es asunto interno de la administración judicial.

15. Los jueces estarán obligados por el secreto profesional con respecto a sus deliberaciones y a la información confidencial que hayan obtenido en el desempeño de sus funciones, a menos que se trate de audiencias públicas.

16. Sin perjuicio de cualquier procedimiento disciplinario o derecho de apelación, ni del derecho a recibir indemnización del Estado, los jueces go-

zarán de inmunidad personal con respecto a las acciones civiles por daños realizados en el ejercicio de sus funciones.

17. Toda acusación o queja formulada contra un juez por su actuación judicial y profesional se tramitará con prontitud e imparcialidad con arreglo al procedimiento pertinente. El juez tendrá derecho a ser oído imparcialmente.

18. Los jueces sólo podrán ser suspendidos o separados de sus cargos por incapacidad o comportamiento que los inhabilite para seguir desempeñando sus funciones.

19. Todo procedimiento para la adopción de medidas disciplinarias, la suspensión o separación del cargo se resolverá de acuerdo con las normas establecidas de comportamiento judicial.

20. Las decisiones que se adopten en los procedimientos disciplinarios, de suspensión o de separación del cargo estarán sujetas a una revisión independiente.

5. *Estatuto de Roma de la Corte Penal Internacional (1998)*

El artículo 40 dispone lo relativo a la independencia de los magistrados integrantes de dicho tribunal, en los términos siguientes:

1. Los magistrados serán independientes en el desempeño de sus funciones. 2. Los magistrados no realizarán actividad alguna que pueda ser incompatible con el ejercicio de sus funciones judiciales o menoscabar la confianza en su independencia. 3. Los magistrados que tengan que desempeñar sus cargos en régimen de dedicación exclusiva no podrán desempeñar ninguna otra ocupación de carácter profesional. 4. Las cuestiones relativas a la aplicación de los párrafos 2 y 3 serán dirimidos por mayoría absoluta de los magistrados. El magistrado al que se refiera una de estas cuestiones no participará en la adopción de la decisión.

III. INSTRUMENTOS REGIONALES

1. *Sistema europeo*

Convención de Salvaguardia de los Derechos del Hombre y de las Libertades Fundamentales (1950)

En su artículo 6º reconoce que "toda persona tiene derecho a que su causa sea vista equitativa y públicamente en un plazo razonable, por un tribunal independiente e imparcial, establecido por la Ley, quien decidirá sobre sus derechos y obligaciones civiles o sobre el fundamento de cualquier acusación en materia dirigida contra ella...".

2. Sistema interamericano

A. Carta de la Organización de Estados Americanos (1948)

Establece como uno de los principios que deben orientar la conducta de los Estados, el reconocimiento de que "Todos los seres humanos, sin distinción de raza, sexo, nacionalidad, credo o condición social, tienen derecho al bienestar material y a su desarrollo espiritual en condiciones de libertad, dignidad, igualdad de oportunidades y seguridad económica".

Si bien la Carta no contiene normas específicas sobre derechos humanos, dispone en su artículo 144 que "mientras no entre en vigencia la convención interamericana sobre derechos humanos, la actual Comisión Interamericana velará por la observancia de esos derechos".

B. Declaración Americana de los Derechos y Deberes del Hombre (1948)

Los Estados reconocen como derechos fundamentales del hombre: artículo XVIII: derecho a la justicia; artículo XXV: derecho de protección contra detención arbitraria; artículo XXVI: derecho a un proceso regular. Estos derechos y garantías requieren de la existencia de tribunales independientes e imparciales, establecidos con anterioridad a los hechos que van a ser juzgados y regidos por leyes. "Toda persona acusada de delito tiene derecho a ser oída, con las debidas garantías y dentro de un plazo razonable, por un juez competente y conforme a leyes preexistentes".

C. Convención Americana sobre Derechos Humanos ("Pacto de San José de Costa Rica" 1969)

Dispone en el artículo 8.1, bajo el título, "Garantías judiciales", que "toda persona tiene derecho a ser oída, con las debidas garantías y dentro de un plazo razonable, por un juez o tribunal competente, independiente e imparcial, establecido con anterioridad por la ley, en la sustanciación de cualquier acusación penal formulada contra ella, o para la determinación de sus derechos y obligaciones de orden civil, laboral, fiscal o de cualquier otro carácter".

3. *Sistema africano*

Carta Africana de los Derechos Humanos y de los Pueblos ("Carta de Banjui" 1981)

En su artículo 7° la carta reconoce que

1. Toda persona tiene derecho a que su causa sea oída. Este derecho comprende:

   a) el derecho a someter a las jurisdicciones nacionales competentes todo acto que viole los derechos fundamentales que le son reconocidos y garantizados por las convenciones, leyes, reglamentos y costumbres en vigor;

   b) el derecho a la presunción de inocencia hasta que su culpabilidad sea establecida por una jurisdicción competente;

   c) el derecho a la defensa, que comprende el de hacerse asistir por un defensor a su elección;

   d) el derecho a ser juzgado en un plazo razonable por una jurisdicción imparcial.

En el artículo 26 de la Carta, los "Estados partes (asumen) el deber de garantizar la independencia de los tribunales y de permitir el establecimiento y perfeccionamiento de instituciones nacionales apropiadas encargadas de la promoción de los derechos y libertades garantizadas por la presente Carta".

IV. ALGUNAS RECOMENDACIONES SOBRE INDEPENDENCIA JUDICIAL EMITIDAS POR ÓRGANOS INTERNACIONALES NO JURISDICCIONALES

Los órganos universales o regionales de protección de los derechos humanos pueden emitir recomendaciones sin que éstas constituyan jurisprudencia, en sentido estricto. Sin embargo, su valor jurídico es innegable en la interpretación y aplicación de los instrumentos internacionales sobre la materia.

El Comité de Derechos Humanos consideró en el caso Bahamonde contra Guinea Ecuatorial, que una situación en que las funciones y competencias del poder judicial y del poder ejecutivo no son claramente distinguibles o en las que este último puede controlar o dirigir al primero es incompatible con el concepto de un tribunal independiente e imparcial, a tenor de lo dispuesto en el párrafo 1 del artículo 1 del Pacto. La decisión del Comité en el caso González del Río resalta la importancia subjetiva de la independencia judicial. El Comité, en su decisión, 'recuerda que el derecho a ser juzgado por un tribunal independiente e imparcial es un derecho absoluto que no puede ser objeto de excepción alguna'. En el caso concreto 'algunos de los jueces involucrados en su caso habían hecho mención de las implicaciones políticas que entrañan...) y habían justificado sobre esta base la falta de acción de los tribunales...'. Esta actitud -cabe destacar que no hubo referencia alguna a presiones o injerencias- fue declarada incompatible con el derecho a ser oído por un tribunal independiente e imparcial.[2]

La Comisión Interamericana de Derechos Humanos ha señalado que "la independencia del Poder Judicial es un requisito imprescindible para la vigencia práctica de los derechos humanos en general". En el caso Carranza contra Argentina, la Comisión reafirmó el principio de inamovilidad de los jueces, al expresar:

> Este sistema crea estabilidad en la magistratura; si el juez ha de ser removido, dicha remoción debe llevarse a cabo en estricta conformidad con los procedimientos establecidos en la Constitución, como salvaguarda del sistema democrático de gobierno y Estado de Derecho. El principio se basa en la propia naturaleza especial de la función de los tribunales y garantiza la independencia de los jueces frente a las demás ramas del gobierno y ante los cambios político-electorales.

En el caso Lizardo contra República Dominicana, la Comisión hace énfasis en que "el desacato a las órdenes judiciales y la impunidad de los autores del mismo es una interferencia indebida en la independencia de los tribunales de justicia".

---

2   *Derecho internacional de los derechos humanos*, Bogotá, Oficina en Colombia del Alto Comisionado de las Naciones Unidas, abril de 2004.

V. JURISPRUDENCIA DE LA CORTE INTERAMERICANA DE
DERECHOS HUMANOS SOBRE INDEPENDENCIA JUDICIAL

1. *Garantías judiciales y protección judicial*

En relación con la independencia judicial, la Corte Interamericana de Derechos Humanos ha invocado en algunas de sus decisiones la jurisprudencia de la Corte Europea, así como diversos instrumentos internacionales, entre los cuales cabe destacar: la Declaración Universal de los Derechos Humanos, París, 10 de diciembre de 1948; el Pacto de los Derechos Civiles y Políticos, diciembre de 1966; los Principios Básicos relativos a la independencia de la judicatura, adoptados por el Séptimo Congreso de las Naciones Unidas sobre Prevención del Delito y Tratamiento de Delincuente, celebrado en Milán entre el 26 de agosto y el 6 de septiembre de 1985; la Carta Democrática Interamericana, aprobada en septiembre de 2001. Asimismo, en algunos casos ha recurrido al derecho nacional. En la sentencia del 31 de enero de 2001, en el caso del Tribunal Constitucional, la Corte invocó los artículos 3 y 201 de la Constitución de Perú, así como los artículos 1 y 13 de la Ley Orgánica de dicho Tribunal.

La Corte ha considerado reiteradamente que las normas constitucionales, legales o convencionales sobre independencia judicial son de naturaleza imperativa (*ius cogens*), y deben ser observadas y respetadas en todo procedimiento o trámite penal, civil, laboral, administrativo o de cualquier índole que decida sobre derechos de la persona por ser, la independencia del juez y de los tribunales, fundamento esencial del debido proceso. A tal fin la Corte se basa en el principio 6, establecido por la Organización de las Naciones Unidas sobre Independencia de la Judicatura, que autoriza y obliga a los jueces a garantizar que el procedimiento judicial se desarrolle conforme a derecho, así como el respeto al derecho de las partes. La independencia del Poder Judicial, como consecuencia de la separación de poderes en un sistema democrático, la independencia de los jueces, como derecho de éstos en el ejercicio de sus funciones, y el derecho de los ciudadanos al acceso a la justicia y a las garantías judiciales, han sido materia tratada tanto en sus opiniones consultivas como en sus sentencias.

Las opiniones consultivas y las sentencias de la Corte al respecto han estado generalmente fundadas en los artículos 8.1 y 25, en relación con los artículos 1.1 y 2 de la Convención.

El articulo 8.1 dispone que "toda persona tiene derecho a ser oída, con las debidas garantías y dentro de un plazo razonable, por un juez competente, independiente e imparcial, establecido con anterioridad, en la sustanciación de cualquier acusación penal formulada contra ella o para la determinación de sus derechos y obligaciones de orden civil, laboral, fiscal o de cualquier otro carácter".

El citado artículo 8 consagra los lineamientos del *debido proceso*, o *derecho de defensa procesal*. Para que exista debido proceso legal, ha dicho la Corte, es preciso que un justiciable pueda hacer valer sus derechos y defender sus intereses en forma efectiva y en condiciones de igualdad procesal con otros justiciables.

La falta de independencia judicial, que implica necesariamente la falta de imparcialidad, y, por ende, la violación del artículo 8 de la Convención, constituye una evidente carencia de igualdad para uno de los litigantes.

> Para alcanzar sus objetivos, el proceso debe reconocer y resolver los factores de desigualdad de quienes son llevados ante la justicia. Es así como se atiende el principio de igualdad ante la ley y los tribunales y la correlativa prohibición de discriminación. La presencia de condiciones de desigualdad real obliga a adoptar medidas de compensación que contribuyan a reducir o eliminar los obstáculos y deficiencias que impidan o reduzcan la defensa eficaz de los propios intereses. Si no existieran esos medios de compensación, ampliamente reconocidos en diversas vertientes del procedimiento, difícilmente se podría decir que quienes se encuentran en condiciones de desventaja disfrutan de un verdadero acceso a la justicia y se benefician de un debido proceso legal en condiciones de igualdad con quienes no afrontan esas desventajas.[3]

La riqueza conceptual del artículo 8, en referencia, ha sido insistentemente destacada y desarrollada por la Corte. En tal sentido, ha expresado que

> ...considera que el artículo 8 de la Convención debe interpretarse de manera amplia de modo que dicha interpretación se apoye tanto en el texto literal de esa norma como en su espíritu y debe ser apreciado de acuerdo con el artículo 29 inciso c) de la Convención según el cual ninguna disposición de la misma debe interpretarse con exclusión de otros derechos y garantías in-

---

3 Opinión consultiva OC-16 (octubre 1999), casos: *Comunidad Indígena Yakie Axa*, 17 de junio de 2005; Herrera Ulloa, sentencia del 2 de julio de 2004.

herentes al ser humano que se deriven de la forma democrática representativa de gobierno.[4]

El artículo 25 dispone que

1. Toda persona tiene derecho a un recurso sencillo y rápido o a cualquier otro recurso efectivo ante los jueces o tribunales competentes, que la ampare contra actos que violen sus derechos fundamentales reconocidos por la Constitución, la ley o la presente Convención, aun cuando tal violación sea cometida por personas que actúen en ejercicio de sus funciones oficiales. 2. Los Estados se comprometen: a) a garantizar que la autoridad prevista por el sistema legal del Estado decidirá sobre los derechos de toda persona que interponga tal recurso; b) a desarrollar las posibilidades del recurso judicial, y c) a garantizar su cumplimiento, por las autoridades competentes, de toda decisión en que se haya estimado procedente el recurso.

La Corte ha sostenido que los recursos que los Estados deben ofrecer conforme al artículo 25 de la Convención deben ser sustanciados de conformidad con las reglas del *debido proceso legal*; todo ello dentro de la obligación general a cargo de los mismos Estados de garantizar el libre y pleno ejercicio de los derechos reconocidos por la Convención a toda persona que se encuentre dentro de su jurisdicción.

La inexistencia de un recurso efectivo contra las violaciones a los derechos reconocidos por la Convención constituye una trasgresión de la misma por parte de Estado en el cual semejante situación tenga lugar. En ese sentido -dice la Corte-, debe subrayarse que para que tal recurso exista no basta con que esté previsto por la Constitución o la ley o con que sea formalmente admisible, sino que se requiere que sea realmente idóneo para establecer si se ha incurrido en una violación a los derechos humanos y proveer lo necesario para remediarla.

No pueden considerarse efectivos aquellos recursos que, por las condiciones generales del país o incluso por las circunstancias particulares de un caso dado, resulten ilusorios. Ello puede ocurrir, por ejemplo, cuando su inutilidad haya quedado demostrada por la práctica, porque el Poder Judicial carezca de la independencia necesaria para decidir con imparcialidad o porque falten los medios para ejecutar sus decisiones; por cualquiera otra situación que configure un cuadro de denegación de justicia, como sucede cuando se

---

4   Entre otros: caso: *Blake*, sentencia del 24 de julio de 2004.

incurre en un retardo injustificado en la decisión; o por cualquier causa, no se permita al presunto lesionado en acceso al recurso judicial.[5]

La independencia de los tribunales corresponde al principio básico de que toda persona tiene derecho a ser juzgada por tribunales ordinarios con arreglo a los procedimientos legales establecidos. Por tanto, la independencia de la judicatura, como órgano, es fundamento esencial de la justicia que debe impartir el Estado,[6] así como la independencia personal de los jueces es indispensable para asegurar su imparcialidad y hacer posible que éstos puedan ejercer sus funciones con autonomía y sin presiones,[7] y ambas -independencia de la judicatura e independencia de los jueces- garantizan el derecho al debido proceso de toda persona sometida a juicio de cualquier naturaleza.

2. *Garantías judiciales en situaciones especiales*

En relación con las garantías judiciales en situaciones especiales, como la suspensión de garantías y los estados de emergencia, la Corte ha asociado los principios de independencia del órgano Judicial, así como de los jueces, a la eficacia y validez de dichas garantías y a la obligación de los Estados de proveer recursos internos eficaces.

En la opinión consultiva "El hábeas corpus bajo suspensión de garantías" (artículos 27.2, 25.1 y 7.6 de la Convención Americana sobre Derechos Humanos) OC-8/ 87, del 30 de enero de 1987, la Corte consideró que:

> Las garantías deben ser no sólo indispensables sino judiciales. Esta expresión no puede referirse sino a medios judiciales idóneos para la protección de tales derechos, lo cual implica la intervención de un órgano judicial independiente e imparcial, apto para determinar la legalidad de las actuaciones que se cumplen dentro del estado de excepción.

---

5   Opinión consultiva OC 9/87, del 6 de octubre de 1987. Casos: *"Niños de la Calle"*, sentencia del 19 de noviembre de 1999; Tribunal Constitucional, sentencia del 31 de enero de 2000.

6   La Carta Africana, por ejemplo, en su artículo 26, impone a los Estados partes el deber de garantizar la independencia de los tribunales.

7   El doctor Luis Paulino Mora Mora sostiene que la independencia es un *derecho humano* de los jueces. Véase *Libro homenaje al Dr. Héctor Fix-Zamudio*, San José, Corte Interamericana de Derechos Humanos, 1998, t. II.

Si esto es desde todo punto de vista procedente, dentro de un Estado de Derecho, el ejercicio del control de legalidad de tales medidas por parte de un órgano judicial autónomo e independiente que verifique, por ejemplo, si una detención, basada en suspensión de la libertad personal, se adecua a los términos en que el estado de excepción la autoriza. Aquí el hábeas corpus adquiere una nueva dimensión fundamental.

Igualmente, declaró la Corte en la citada opinión consultiva, que en lo relativo a la suspensión de garantías o declaración de estados de emergencia en los casos de guerra, peligro público u otra emergencia, es preciso remitirse al artículo 27 de la Convención Americana. La Corte recuerda que si se ha decretado debidamente la suspensión de garantías, ésta no debe exceder la medida de lo estrictamente necesario, y que resulta "ilegal toda actuación de los poderes públicos que desborde aquellos límites que deben estar precisamente señalados en las disposiciones que decretan el estado de excepción". Las limitaciones que se imponen a la actuación del Estado responden a la "necesidad genérica de que en todo estado de excepción subsistan medios idóneos para el control de las disposiciones que se dicten, a fin de que se adecuen razonablemente a las necesidades de la situación y no excedan de los límites estrictamente impuestos por la Convención o derivados de ella".

Agregó la Corte que

...los procedimientos de hábeas corpus y de amparo son aquellas garantías judiciales indispensables para la protección de varios derechos cuya suspensión está vedada por el artículo 27.2 y sirven, además, para preservar la legalidad en una sociedad democrática. Las garantías judiciales indispensables para la protección de los derechos humanos no susceptibles de suspensión, según lo dispuesto en el artículo 27.2 de la Convención, son aquellas a las que se refieren expresamente en los artículos 7.6 y 25.1, consideradas dentro del marco y según los principios del artículo 8, y también las inherentes a la preservación del Estado de Derecho, aún bajo la legalidad excepcional que resulta de la suspensión de garantías

En la opinión consultiva *Garantías Judiciales en Estados de Emergencia* (artículos 27.2, 25 y 8 de la Convención Americana sobre Derechos Humanos), OC-9/87, del 6 de octubre de 1987, la Corte declaró:

20. La Corte examinará en primer lugar qué son, de conformidad con la Convención, "las garantías judiciales indispensables" a las que alude el artículo 27.2 de la misma. A este respecto, en anterior ocasión, la Corte ha definido, en términos generales, que por tales garantías deben entenderse

"aquellos procedimientos judiciales que ordinariamente son idóneos para garantizar la plenitud del ejercicio de los derechos y libertades a que se refiere dicho artículo (27.2) y cuya supresión o limitación pondría en peligro esa plenitud...

Asimismo, ha subrayado que "el carácter judicial de tales medios implica la intervención de un órgano judicial independiente e imparcial, apto para determinar la legalidad de las actuaciones que se cumplan dentro del estado de excepción.

3. *Independencia, imparcialidad y competencia*

La Corte ha considerado que la imparcialidad y la competencia de los jueces no pueden ser separadas del concepto de independencia.

La independencia es fundamental para asegurar la imparcialidad de los tribunales y de los jueces. La Corte Europea, citada por la Corte Interamericana, ha señalado que la imparcialidad tiene aspectos tanto subjetivos como objetivos, a saber:

> Primero, el tribunal debe carecer, de una manera subjetiva, de prejuicio personal. Segundo, también debe ser imparcial desde un punto de vista objetivo, es decir, debe ofrecer garantías suficientes para que no haya duda legítima al respecto. Bajo el análisis objetivo, se debe determinar si, aparte del comportamiento personal de los jueces, hay hechos averiguables que podrán suscitar dudas respecto de su imparcialidad. En este sentido, hasta las apariencias podrán tener cierta importancia. Lo que está en juego es la confianza que deben inspirar los tribunales a los ciudadanos en una sociedad democrática, y sobre todo, en las partes del caso.[8]

La imparcialidad de un tribunal implica que sus integrantes no tengan un interés alguno directo, una posición tomada, una preferencia por alguna de las partes y que no se encuentren involucrados en la controversia.

"El juez o tribunal debe separarse de una causa sometida a su conocimiento cuando exista algún motivo o duda que vaya en desmedro de la integridad del tribunal como un órgano imparcial. En aras de salvaguardar la administración de justicia se debe asegurar que el juez se encuentre

---

8 Corte Europea, caso: *Pabla KY vs. Finlandia*, sentencia del 26 de junio de 2004, y caso Morris *vs.* Reino Unido, sentencia del 26 de febrero de 2002.

libre de todo perjuicio y que no exista temor que ponga en duda el ejercicio de las funciones jurisdiccionales".[9]

La Corte Interamericana ha considerado que el derecho a ser juzgado por un juez o tribunal imparcial es una garantía fundamental del debido proceso, como igualmente lo es el derecho a ser juzgado por tribunales de justicia ordinarios con arreglo a procedimientos legalmente previstos. El principio de independencia está vinculado, en algunos casos, a la competencia del tribunal. En tal sentido, ha dicho la Corte que el Estado no debe crear tribunales que no apliquen normas procesales debidamente establecidas para sustituir la jurisdicción que corresponda normalmente a los tribunales ordinarios, pues la garantía del debido proceso puede estar amenazada. La actuación de tribunales militares en asuntos ajenos a su competencia ha sido reiteradamente considerada por la Corte como violatoria de la garantía del debido proceso. En el caso *Cantoral Benavides vs. Perú*, la Corte se pronunció en el sentido de que el proceso adelantado contra el señor Cantoral Benavides por la justicia militar violó lo dispuesto en el artículo 8.1 de la Convención Americana, referente al enjuiciamiento por juez competente, independiente e imparcial. En consecuencia, dijo la Corte, el hecho de que Cantoral Benavides hubiera sido puesto a disposición de un juez penal militar, no satisfizo las exigencias del artículo 7.5 de la Convención. Asimismo, la continuación de la privación de su libertad por órdenes de los jueces militares constituyó una detención arbitraria, en los términos del artículo 7.3 de la Convención. En la misma sentencia, la Corte consideró:

> Es necesario señalar que la jurisdicción militar se establece en diversas legislaciones para mantener el orden y la disciplina dentro de las fuerzas armadas. Por ello, su aplicación se reserva a los militares que hayan incurrido en delitos o faltas en el ejercicio de sus funciones y bajo ciertas circunstancias... El traslado de competencias de la justicia común a la justicia militar y el consiguiente procesamiento de civiles por el delito de traición a la patria en este fuero, como sucede en este caso, supone excluir al juez natural para el conocimiento de estas causas. Al respecto, la Corte ha dicho que "cuando la justicia militar asume competencia sobre un asunto que debe conocer la justicia ordinaria, se ve afectado el derecho al juez natural y, a fortiori, el

---

9   Caso: *Palamara Iribarne*, sentencia del 22 de noviembre de 2005.

debido proceso, el cual, a su vez, se encuentra íntimamente ligado al propio derecho a la justicia".[10]

En un Estado democrático de derecho, la jurisdicción militar ha de tener un alcance restrictivo y excepcional y estar encaminada a la protección de intereses jurídicos especiales, vinculados con las funciones que la ley asigna a las fuerzas armadas. Así, debe estar excluido del ámbito de la jurisdicción militar el juzgamiento de civiles, y sólo debe juzgar a militares por la comisión de delitos o faltas que por su propia naturaleza atenten contra bienes jurídicos propios del orden militar. Por lo que respecta a la afirmación sobre la parcialidad y dependencia de la justicia militar, es razonable -dice la Corte- considerar que los funcionarios del fuero militar que actuaron en el proceso encaminado a investigar los sucesos de "El Frontón" carecían de la imparcialidad e independencia requeridas por el artículo 8.1 de la Convención para investigar los hechos de una manera eficaz y exhaustiva y sancionar a los responsables de los mismos. "Como ha quedado establecido, los tribunales que conocieron los hechos relacionados con dichos sucesos, 'constituyen un alto Organismo de los Institutos Armados', y militares que integraban dichos tribunales eran, a su vez, miembros de las fuerzas armadas en servicio activo, requisito para formar parte de los tribunales militares. Por tanto, estaban incapacitados para rendir un dictamen independiente e imparcial".[11]

Asimismo, dijo la Corte:

> En un caso como el presente (Lori Berenson Mejía vs. Perú)[12] la imparcialidad del juzgador resulta afectada por el hecho de que las fuerzas armadas tengan la doble función de combatir militarmente a los grupos insurrectos y juzgar e imponer penas a los miembros de dichos grupos. En otra oportunidad (caso Cantoral Benavides) este Tribunal ha constatado que, "de conformidad con la Ley Orgánica de la Justicia militar, el nombramiento de los miembros del Consejo Supremo de Justicia Militar, máximo órgano dentro de la justicia castrense, es realizado por el Ministro del sector pertinente. Los miembros del Consejo Supremo Militar son quienes, a su vez, determinan los futuros ascensos, incentivos profesionales y asignación de funciones de sus inferiores. Esta constatación pone en duda la independencia de los jueces militares." En virtud de lo anterior, la Corte entiende que los tribuna-

---

10 Caso: *Castillo Petruzzi y otros vs. Perú*, sentencia del 30 de mayo de 1999.

11 Caso: *Durand y Ugarte vs. Perú*, sentencia del 16 de agosto de 2000.

12 Caso: *Lori Berenson Mejía vs. Perú*, sentencia del 25 de noviembre de 2004.

les militares que juzgaron a la presunta víctima por traición a la patria no satisfacen los requerimientos inherentes a las garantías de independencia e imparcialidad establecidas por el artículo 8.1 de la Convención Americana, como elementos del debido proceso legal.

Además de la gravedad de la intervención ilegítima de tribunales militares, la Corte ha destacado que en algunos procesos se ha producido, simultáneamente, la actuación de "jueces sin rostro".

En el ya mencionado caso Lori Berenson Mejía, la Corte señaló que

> "...la circunstancia de que los jueces intervinientes en procesos por delitos de traición a la patria hubieran sido 'sin rostro', determinó la imposibilidad de que el procesado conociera la identidad del juzgador y, por ende, valorara su idoneidad. Esta situación se agrava por el hecho de que la ley prohíbe la recusación de dichos jueces".

4. Funciones jurisdiccionales encomendadas a otros órganos del poder público no judiciales

En relación con las funciones jurisdiccionales encomendadas excepcionalmente a órganos no judiciales, la Corte ha dicho que si bien es cierto que en razón de la separación de los poderes públicos que existe en el Estado de derecho, la función jurisdiccional compete eminentemente al Poder Judicial, otros órganos o autoridades públicos pueden ejercer funciones del mismo tipo. Es decir, según la Corte, cuando la Convención se refiere al derecho de toda persona a ser oída por un "juez competente" para la "determinación de sus derechos", esta expresión se refiere a cualquier autoridad pública, sea administrativa, legislativa o judicial, que a través de sus resoluciones determine derechos y obligaciones de las personas. Por tal razón, la Corte considera que cualquier órgano del Estado que ejerza funciones de carácter materialmente jurisdiccional tiene la obligación de adoptar resoluciones apegadas a las garantías del debido proceso legal en los términos de la Convención Americana.

Ha declarado, por tanto, la Corte, que en materias que conciernen con la determinación de derechos y obligaciones de orden civil, laboral, fiscal o de cualquier otro carácter, el artículo 8 no especifica garantías mínimas, como lo hace en el numeral 2 al referirse a materias penales. Sin embargo, el concepto de debidas garantías se aplica también a esos órdenes, y, por ende, en ese tipo de materias al individuo que tiene derecho al debido proceso que se aplica en materia penal. Y agrega que "si bien el artículo 8 de la Convención Americana se titula 'Garantías judiciales', su aplicación no se limita a los recursos judiciales en sentido estricto 'sino al conjunto de requisitos que deben observarse en las instancias procesales' a efecto de que las personas puedan defenderse adecuadamente ante cualquier tipo de acto emanado del Estado que pueda afectar sus derechos".

De conformidad con el principio de separación de los poderes públicos reconocido en las Constituciones y leyes en los Estados democráticos, si bien la función jurisdiccional compete eminentemente al Poder Judicial, otros órganos o autoridades públicas pueden ejercer funciones del mismo tipo. Es decir, que cuando la Convención se refiere al derecho de toda persona a ser oída por un *juez* o *tribunal competente* para la determinación de sus derechos, esta expresión se refiere a cualquier autoridad pública, sea administrativa, legislativa o judicial, que a través de resoluciones determine derechos y obligaciones de las personas. Por esta razón, la Corte considera que cualquier órgano del Estado que ejerza funciones de carácter materialmente jurisdiccional tiene la obligación de adoptar resoluciones apegadas a las garantías del debido proceso legal en los términos del artículo 8 de la Convención Americana.[13]

En el citado caso Tribunal Constitucional, relativo a la destitución arbitraria de tres magistrados de ese Tribunal, la Corte consideró que el respeto a los derechos humanos constituye un límite a la actividad estatal, lo cual vale para todo órgano o funcionario que se encuentre en situación de poder, en razón de su carácter oficial, respecto de las demás personas. Es, así, ilícita toda forma de ejercicio del poder público que viole los derechos reconocidos por la Convención. Esto es aún más importante cuando el Estado ejerce su poder sancionatorio, pues éste no presupone la actuación de las autoridades con un total apego al orden jurídico, sino además la concesión de las garantías mínimas del debido proceso a todas las personas que se encuentren bajo su jurisdicción, bajo las exigencias establecidas en la Convención.

Por haberse producido la destitución de los jueces por órgano del Poder Legislativo a través de un juicio político, la Corte hace énfasis en que las "garantías judiciales" contenidas en el artículo 8.1 de la Convención no

---

13   Caso: *Tribunal Constitucional*, sentencia del 31 de enero de 2001.

se limitan a actuaciones judiciales en sentido estricto, sino al conjunto de requisitos que deben observarse en las instancias procesales.[14]

La actuación judicial posterior en el caso no reparó las infracciones cometidas en el juicio político, pues la Corte estimó que el fracaso de los recursos interpuestos contra la decisión del Congreso que destituyó a los magistrados del Tribunal Constitucional se debió a apreciaciones no estrictamente jurídicas, por el hecho de que quienes integraron el Tribunal Constitucional y conocieron del amparo de los magistrados destituidos fueron las mismas personas que participaron o se vieron involucradas en el procedimiento de acusación constitucional en el Congreso, lo que produjo graves dudas sobre la independencia e imparcialidad de los juzgadores.

> En razón de lo anterior -dijo la Corte- de conformidad con los criterios y exigencias esgrimidas por este Tribunal sobre la imparcialidad por parte del juez, puede afirmarse que en la decisión de los amparos en el caso en análisis no se reunieron las exigencias de imparcialidad por parte del Tribunal que conoció los citados amparos. Por lo tanto, los recursos intentados por las presuntas víctimas no eran capaces de producir el resultado para el que habían sido concebidos y estaban condenados al fracaso, como en la práctica sucedió.

Cabe agregar que en materia de destitución de jueces la Corte ha invocado "Los Principios Básicos de las Naciones Unidas Relativos a la independencia de la Judicatura":

> La independencia de la judicatura será garantizada por el Estado y proclamada por la Constitución o la legislación del país. Todas las instituciones gubernamentales y de otra índole respetarán y acatarán la independencia de la judicatura.

> Toda acusación o queja formulada contra un juez, por su actuación judicial y profesional se tramitará con prontitud e imparcialidad con arreglo al procedimiento pertinente. El Juez tendrá el derecho a ser oído imparcialmente. En esa etapa inicial, el examen de la cuestión será confidencial, a menos que el juez solicite lo contrario.

La Corte hace énfasis en que se garantice la independencia de cualquier juez en un Estado de derecho y, en especial, la del juez constitucional, en

---

14 Criterio que ya había sostenido en la opinión consultiva OC/87, del 6 de octubre de 1987.

razón de la naturaleza de los asuntos sometidos a su conocimiento. Como lo señalara la Corte Europea en el caso Langborger (27 de enero de 1989), la independencia de cualquier juez requiere de una duración establecida en el cargo y de la garantía contra presiones externas.

Alude la Corte a los artículos 93 y 201 de la Constitución peruana y, particularmente, al artículo 13 de la Ley Orgánica del Tribunal Constitucional, que establecen que los miembros de dicho Tribunal "no están sujetos a mandato imperativo, ni reciben instrucciones de ninguna autoridad. Gozan de inviolabilidad. No responden por los votos u opiniones emitidas en el ejercicio de su cargo. También gozan de inmunidad".

En el caso Ricardo Baena y otros *vs*. Panamá, la Corte ratificó que

> en cualquier materia, inclusive en la laboral y administrativa, la discrecionalidad de la administración tiene límites infranqueables, siendo uno de ellos el respeto a los derechos humanos. Es importante que la actuación de la administración se encuentre regulada, y ésta no puede invocar el orden público para reducir discrecionalmente las garantías de los administrados. Por ejemplo, no puede dictar actos administrativos sancionatorios sin otorgar a los sancionados las garantías del debido proceso. Es un derecho humano obtener todas las garantías que permitan alcanzar decisiones justas, no estando la administración excluida de cumplir este deber. Las garantías mínimas deben respetarse en el procedimiento administrativo y en cualquier otro procedimiento cuya decisión pueda afectar los derechos de personas. La Corte Europea se ha pronunciado sobre este tema, señalando que... los principios enunciados en el párrafo 2 (artículo 6.2) y 3 (a saber los incisos a, b y c de la Convención Europea de Derechos Humanos, se aplican *mutatis mutandi* a los procesos disciplinarios de la misma forma que se aplican a los casos en que una persona es acusada por una infracción de carácter penal. La justicia, realizada a través del debido proceso legal, como verdadero valor jurídicamente protegido, se debe garantizar en todo proceso disciplinario, y los Estados no pueden sustraerse de esta obligación argumentando que no se aplican las debidas garantías del artículo 8 de la Convención Americana en el caso de sanciones disciplinarias y no penales. Permitirle a los Estados dicha interpretación equivaldría a dejar a su libre voluntad la aplicación o no del derecho a toda persona a un debido proceso. Los Directores generales y las juntas directivas de las empresas estatales no son jueces o tribunales en un sentido estricto; sin embargo, en el presente caso las decisiones adoptadas por ellas afectaron derechos de los trabajadores, por lo que resultaba indispensable que dichas autoridades cumplieran con lo estipulado en el artículo 8 de la Convención.

Por último, y dentro de otras numerosas decisiones de la Corte sobre el control jurisdiccional de actos del poder público, cabe señalar la sentencia en el caso Yatama *vs.* Nicaragua (13 de junio de 2005), en la cual declaró:

> No existía ningún recurso contra la decisión que adoptó el Consejo Supremo Electoral el 15 de agosto de 2000, por lo cual ésta no podría ser revisada, en el caso de que hubiera sido adoptada sin observar las garantías del proceso electoral previsto en la Ley Electoral ni las garantías mínimas previstas en el artículo 8.1 de la Convención, aplicables a dicho proceso.
>
> Si bien la Constitución de Nicaragua ha establecido que las resoluciones del Consejo Supremo Electoral en materia electoral no son susceptibles de recursos ordinarios o extraordinarios, esto no significa que dicho Consejo no deba estar sometido a controles judiciales, como lo están los otros poderes del Estado. Las exigencias derivadas del principio de independencia de los poderes del Estado no son incompatibles con la necesidad de consagrar recursos o mecanismos para proteger los derechos humanos.
>
> Independientemente de la regulación que cada Estado haga respecto del órgano supremo electoral, éste debe estar sujeto a algún control jurisdiccional que permita determinar si sus actos han sido adoptados al amparo de las los derechos y garantías mínimas previstos en la Convención Americana, así como los establecidos en su propia legislación, lo cual no es incompatible con el respeto a las funciones que son propias de dicho órgano en materia electoral. Ese control es indispensable cuando los órganos supremos electorales, como el Consejo Supremo Electoral en Nicaragua, tienen amplias atribuciones, que exceden las facultades administrativas, y que podrían ser utilizada, sin un adecuado control, para favorecer determinados fines partidistas. En ese ámbito, dicho recurso debe ser sencillo y rápido, tomando en cuenta las particularidades del procedimiento electoral.

Al igual que en los casos Tribunal Constitucional, Comunidad Mayagma Sumo Awas Tigni *vs.* Nicaragua (sentencia del 31 de agosto de 2001) Cantos *vs.* Argentina (sentencia del 28 de noviembre de 2002, en el citado caso Yatama *vs.* Nicaragua, la Corte consideró "que la obligación a cargo de los Estados de ofrecer, a todas las personas sometidas a su jurisdicción, un recurso judicial efectivo, que cuenten con las garantías del debido proceso, contra los actos violatorios de sus derechos fundamentales. Dispone, además, que la garantía allí consagrada se aplica no sólo respecto de los derechos contenidos en la Convención, sino también de aquellos que estén reconocidos por la Constitución o por la ley".

En una sentencia reciente (periodo de sesiones, 17 a 30 de septiembre de 2006), la Corte, en el caso Claude Reyes y otros *vs*. Chile, declaró, por mayoría de votos, que la negativa de un funcionario administrativo de suministrar una información bajo el control del Estado violó, además del artículo 13 de la Convención, el artículo 8.1 de la misma, lo cual representa, sin lugar a dudas, una interpretación novedosa en esta materia vinculada a las garantías judiciales en todo estado o grado previstos para la determinación de un derecho. Ratificó la Corte, en dicha sentencia, que el artículo 8.1 de la Convención no se aplica solamente a jueces y tribunales judiciales.

> Las garantías que establece esta norma deben ser observadas en los distintos procedimientos en que los órganos estatales adoptan decisiones sobre la determinación de los derechos de las personas, ya que el Estado también otorga a autoridades administrativas, colegiadas o unipersonales, la función de adoptar decisiones que determinan derechos.
>
> De esta forma, las garantías contempladas en el artículo 8.1 de la Convención son aplicables al supuesto en que alguna autoridad pública, no judicial, adopte decisiones que determinen tales derechos, tomando en cuenta que no le son exigibles aquellas propias de un órgano jurisdiccional, pero sí debe cumplir con aquellas garantías destinadas a asegurar que la decisión no sea arbitraria.
>
> Como ha quedado probado, frente a la solicitud de información bajo control del Estado planteada por los señores, el Vicepresidente Ejecutivo del Comité de Inversiones Extranjeras decidió negar una parte de la información. Como ha sido analizado por este Tribunal, la referida decisión que adoptó dicho funcionario afectó negativamente el ejercicio del derecho a la libertad de pensamiento y de expresión de los señores Marcel Claude Reyes y Arturo Logton.
>
> En el presente caso la autoridad administrativa encargada de resolver la solicitud de información no adoptó una decisión escrita debidamente fundamentada, que pudiera permitir cuáles fueron los motivos y normas en que se basó para no entregar parte de la información en el caso concreto y determinar si tal restricción era compatible con los parámetros dispuestos en la Convención, con lo cual dicha decisión fue arbitraria y no cumplió con la garantía de encontrarse debidamente fundamentada protegida en el artículo 8.1 de la Convención.

La Corte concluye que la referida decisión del mencionado funcionario administrativo, al negarse a suministrar parte de información bajo el control del Estado, violó, además del artículo 13, el artículo 8.1 de la Convención en relación con el artículo 1.1 de dicho tratado, en perjuicio de las víctimas del caso.

Cabe señalar que la jurisprudencia de la Corte Interamericana ha tenido amplia recepción en el derecho interno de los Estados americanos, no sólo en la jurisprudencia, sino igualmente en reformas legales. Pueden citarse, sólo como ejemplos, el acatamiento de Costa Rica (caso Herrera Ulloa y "La Nación") al reformar la legislación sobre el recurso de casación; de Chile (casos "La Última Tentación de Cristo" y "Claude Reyes y otros") al derogar las leyes sobre censura previa y sobre el delito de desacato; de Perú (caso "Barrios Altos") al dejar sin efecto las leyes de autoamnistía.

El principio de la independencia judicial asociado a los conceptos de debido proceso y protección judicial es una importante contribución de la Corte en el desarrollo y aplicación de las garantías judiciales.

CAPITULO II
JUSTICIA CONSTITUCIONAL

1. *Control difuso de la constitucionalidad*

2. EL CONTROL DIFUSO DE LA CONSTITUCIONALIDAD EN VENEZUELA: EL ESTADO ACTUAL DE LA CUESTIÓN

José Vicente HARO GARCÍA[**]

SUMARIO: I. *Introducción.* II. *El control difuso de la constitucionalidad en el marco del sistema venezolano de justicia constitucional.* III. *Rasgos generales del control difuso de la constitucionalidad en Venezuela.* IV. *La revisión de sentencias de control difuso de la constitucionalidad por parte de la Sala Constitucional del Tribunal Supremo de Justicia.* V. *Reflexiones finales.*

I. INTRODUCCIÓN

En Venezuela, el sistema de justicia constitucional comprende el control concentrado de la constitucionalidad, el control difuso de la constitucionalidad y el amparo constitucional.

Como consecuencia de ello hemos señalado en el pasado que en Venezuela todo juez de la República es intérprete de la Constitución, es decir, juez constitucional, mientras que la Sala Constitucional del Tribunal Supremo de Justicia es el "máximo y último intérprete de la Constitución".[1]

---

* Profesor de Derecho Constitucional Facultad de Derecho de la Universidad Católica Andrés Bello. Secretario de Coordinación de la Junta Directiva de la Asociación Venezolana de Derecho Constitucional.

1 Haro García, José Vicente, "La justicia constitucional en Venezuela y la necesidad de un tribunal federal constitucional (una propuesta para la Asamblea Nacional Constituyente)", *Revista de Derecho Administrativo*, núm. 6, mayo-agosto de 1999, pp. 51 y ss.; *id.*, "La justicia constitucional en Venezuela y la Constitución de 1999", *Revista de Derecho Constitucional*, núm. 1, septiembre-diciembre de 1999, pp. 135 y ss.; *id.*, "El mecanismo extraordinario de revisión de sentencias definitivamente firmes de amparo y control difuso de la constitucionalidad previsto en el artículo 336, numeral 10, de la Constitución", *Revista de Derecho Constitucional*, núm. 3, julio-diciembre de 2000, pp. 231 y ss.

Aunque el control difuso de la constitucionalidad tiene una larga tradición en Venezuela porque ha estado expresamente consagrado desde 1897 en el Código de Procedimiento Civil y, según algunos autores, estaba implícitamente reconocido desde la Constitución de 1811, su primera consagración expresa con rango constitucional es la que hace la Constitución de 1999.

Desde la entrada en vigencia de la Constitución de 1999 el control difuso de la constitucionalidad ha tenido cierto desarrollo. Por este motivo hemos decidido referirnos a este tema, para lo cual dividiremos nuestra exposición en tres partes: *a)* el control difuso de la constitucionalidad en el marco del sistema venezolano de justicia constitucional; *b)* rasgos generales del control difuso de la constitucionalidad en Venezuela; *c)* la revisión de sentencias de control difuso de la constitucionalidad por parte de la Sala Constitucional del Tribunal Supremo de Justicia.

II. EL CONTROL DIFUSO DE LA CONSTITUCIONALIDAD EN EL MARCO DEL SISTEMA VENEZOLANO DE JUSTICIA CONSTITUCIONAL

La Constitución de 1999 al rediseñar nuestro sistema de justicia constitucional reafirmó la coexistencia en el ordenamiento jurídico venezolano de los métodos difuso y concentrado de control de la constitucionalidad, así como del amparo constitucional.

Así, el Constituyente le dio rango constitucional al control difuso en el artículo 334 del texto fundamental indicando que:

> Todos los jueces o juezas de la República, en el ámbito de sus competencias y conforme a lo previsto en esta Constitución y en la ley, están en la obligación de asegurar la integridad de la Constitución. En caso de incompatibilidad entre esta Constitución y una ley u otra norma jurídica, se aplicarán las disposiciones constitucionales, correspondiendo a los tribunales en cualquier causa, aun de oficio, decidir lo conducente.

Además, en los artículos 266, 334, 335 y 336 de la Constitución se creó una Sala Constitucional dentro del Tribunal Supremo de Justicia para el ejercicio del control concentrado de la constitucionalidad, a la cual se le asignó el papel y las competencias que, en general, tiene cualquier corte o tribunal constitucional en el derecho comparado.

Aunado a lo anterior, la Constitución en su artículo 27 consagró el amparo constitucional como un derecho-garantía, indicando expresamente que "toda persona tiene derecho a ser amparada por los tribunales en el goce y ejercicio de los derechos y garantías constitucionales, aun de aquellos inherentes a la persona que no figuren expresamente en esta Constitución o en los instrumentos internacionales sobre derechos humanos...".

De esta manera, el sistema de justicia constitucional venezolano comprende los métodos difuso y concentrado de control de la constitucionalidad, así como el amparo constitucional.

III. Rasgos generales del control difuso de la constitucionalidad en Venezuela

1. Naturaleza jurídica

El control difuso de la constitucionalidad en Venezuela tiene la misma naturaleza jurídica que tiene el control difuso en el derecho comparado. Por eso y para explicar su naturaleza jurídica lo más preciso es acudir a la definición que sobre este instituto jurídico dio el jurista italiano Mauro Cappelletti, quien señaló, en resumidos términos, que el control difuso es un *poder-deber* de todos los jueces de desaplicar normas inconstitucionales que en principio son aplicables a casos concretos que les corresponde conocer y decidir, y aplicar preferentemente con la Constitución.[2]

En virtud de lo anterior, el control difuso de la constitucionalidad no puede considerarse como una facultad discrecional de los jueces.

La Sala Constitucional del Tribunal Supremo de Justicia ha seguido la tesis de que el control difuso de la constitucionalidad es un *poder-deber* de los jueces. Entre las diversas sentencias que se han pronunciado en este sentido cabe resaltar la número 620/2001, del 2 de mayo de 2001, recaída en el caso Industrias Lucky Plas, C. A.

---

2   Capelletti, Mauro, El control judicial de la constitucionalidad de las leyes en el derecho comparado, UNAM, Facultad de Derecho, 1966, p. 39.

2. *Forma como se ejerce el control difuso de la constitucionalidad*

El control difuso de la constitucionalidad se ejerce en Venezuela de la misma forma que, en términos generales, se ejerce en el derecho comparado.

Por eso, para explicar la forma como se ejerce el control difuso en Venezuela nos permitiremos citar la explicación que al respecto dio el autor italiano Mauro Cappelletti:

> ... se razona, en sustancia, de la siguiente manera: los jueces están obligados a interpretar las leyes a fin de aplicarlas a los casos concretos que cotidianamente se someten a su decisión; uno de los cánones más obvios de la interpretación de las leyes, es aquél según el cual, cuando dos disposiciones legislativas contrastan entre sí, el juez debe aplicar la que tenga preeminencia; tratándose de disposiciones de igual fuerza normativa, la preeminencia será indicada por los usuales criterios tradicionales: *Lex posterior derogat legi priori; Lex specialis derogat legi generali*, etcétera, pero estos criterios carecen de validez cuando el contraste se presenta entre disposiciones de diversa fuerza normativa; y así, la norma constitucional, cuando la Constitución es "rígida", más bien que "flexible", prevalece siempre sobre la disposición ordinaria contrastante, del mismo modo, por ejemplo, que la propia ley ordinaria prevalece sobre el reglamento, es decir, en la terminología alemana, las *Gesetze* (leyes) prevalecen sobre los *Verordnungen* (reglamentos); ergo, se concluye, que cualquier juez, encontrándose en el deber de decidir un caso en el cual tenga relevancia una norma legislativa ordinaria opuesta a la norma constitucional, debe desaplicar la primera, y aplicar, por el contrario, la segunda.[3]

Otra explicación útil por su claridad para describir cómo funciona el control difuso de la constitucionalidad en Venezuela está contenida en la sentencia de la Sala Constitucional número 833/2001, del 25 de mayo de 2001, caso Instituto Autónomo Policía Municipal de Chacao. En la referida sentencia esa Sala Constitucional señaló que:

> Dicho control se ejerce cuando en una causa de cualquier clase que está conociendo el juez, éste reconoce que una norma jurídica de cualquier categoría (legal, sublegal), es incompatible con la Constitución. Caso en que el juez del proceso, actuando a instancia de parte o de oficio, la desaplica (la suspende) para el caso concreto que está conociendo, dejando sin efecto la

---

3   *Ibidem*, p. 38.

norma en dicha causa (y sólo en relación a ella), haciendo prevalecer la norma constitucional que la contraría. Por lo tanto, el juez que ejerce el control difuso, no anula la norma inconstitucional, haciendo una declaratoria de carácter general o particular en ese sentido, sino que se limita a desaplicarla en el caso concreto en el que consideró que los artículos de la ley invocada, o hasta la propia ley, coliden con la Constitución.

En resumen, puede señalarse que en Venezuela, el control difuso de la constitucionalidad es ejercido por los jueces de la siguiente forma: cuando un juez en un caso concreto que le corresponde conocer y decidir se percata de que una norma que en principio debe aplicar a ese caso concreto colide con una norma o principio constitucional, debe desaplicar la norma legal en referencia y aplicar, en su lugar, la norma o principio constitucional.

El profesor Jesús María Casal ha precisado que el control difuso de la constitucionalidad debe ser ejercido por los jueces luego de un análisis detenido de la norma o principio constitucional involucrado, así como de la significación del precepto legal objeto de control. Además, el profesor Casal ha explicado cómo debe ser el análisis que debe hacer un juez antes de ejercer el control difuso de la constitucionalidad, explicación que nos permitimos transcribir a continuación:

> La inconstitucionalidad de la norma legal no ha de ser admitida por el juez a la ligera, sino después de un serio análisis del principio o regla constitucional, así como de la significación del precepto legal. Antes de desaplicarlo ha de explorarse, sin forzar el sentido de la disposición legal, la existencia de una solución interpretativa que la haga compatible con la Constitución. Esta interpretación conforme a la Constitución no ha de equipararse completamente a la que debe llevar a cabo la Sala Constitucional en el ámbito de sus atribuciones, pues ésta posee poderes más amplios para reinterpretar y adaptar la norma legal a la Constitución, estableciendo, con efectos *erga omnes*, la significación que ha de recibir a fin de no entrar en conflicto con la norma suprema. Si no resulta diáfana, en el ámbito del control difuso, la interpretación conforme con la Constitución del precepto legal, ha de procederse a su desaplicación, correspondiendo a la Sala Constitucional, en su oportunidad, el ejercicio de la facultad de revisión que le otorga el numeral 10 del artículo 336 de la Constitución.[4]

---

4   Casal, Jesús María, *Constitución y justicia constitucional*, 2a. ed., Caracas, Universidad Católica Andrés Bello, 2004, pp. 166 y 167.

En definitiva, con fundamento en lo anterior, puede acotarse que el control difuso de la constitucionalidad debe ser ejercido por los jueces de la república luego de un análisis detenido de la norma legal objeto de control y de las normas o principios constitucionales en relación con los cuales se hace su examen. Ese análisis debe comprender un ejercicio de interpretación de la norma legal que pueda hacerla compatible con la Constitución, pero si es imposible hacer esa interpretación sin forzar el propio contenido y sentido de la norma legal, debe procederse a su desaplicación por la vía del control difuso.

Por ello, la decisión en que se ejerza el control difuso de la constitucionalidad debe ser una decisión expresa y motivada en la que se haga un examen de la norma legal y de las razones por las cuales se desaplica a un caso concreto. En esta línea se ha pronunciado la sentencia de la Sala Constitucional número 565/ 2005, del 22 de abril de 2005, recaída en el caso Frank Wilman Prado Calzadilla, en la cual se señaló que la decisión en materia de control difuso debe ser una decisión expresa y que, por tanto, no es aceptable una especie de "control difuso tácito de la constitucionalidad". Dicha sentencia señaló que:

> No puede reputarse como sobreentendida la inconstitucionalidad de una norma legal que -en principio- goza de una presunción de legitimidad. Por el contrario, el ejercicio judicial del mecanismo de protección de la Constitución en comentario, debe contener un análisis expreso que justifique la desaplicación para el caso concreto de una norma legal que pretende ser cuestionada.

3. *Objeto del control difuso de la constitucionalidad*

En un importante análisis que el profesor Jesús María Casal ha realizado sobre el control difuso de la constitucionalidad en Venezuela ha sugerido examinar su objeto con referencia al tipo de normas que puede comprender ese control.[5] Siguiendo esa misma sistemática y parte de la explicación del profesor Casal, a continuación nos referiremos a las normas que pueden ser objeto del control difuso de la constitucionalidad en Venezuela.

---

5   *Ibídem*, pp. 158 y ss.

A. *Leyes u otras normas jurídicas de rango legal*

Pueden ser objeto del control difuso de la constitucionalidad todas las leyes y normas jurídicas de rango legal, tales como leyes nacionales, decretos leyes, leyes estadales y ordenanzas municipales.[6]

B. *Reglamentos y otros actos normativos de rango sublegal*

Conforme a lo establecido en la jurisprudencia de la Sala Político Administrativa del Tribunal Supremo de Justicia, pueden ser objeto de control difuso de la constitucionalidad los reglamentos dictados por la administración pública en tanto tengan carácter normativo.[7] En este sentido se han pronunciado las sentencias 756/2002, de la Sala Político Administrativa del Tribunal Supremo de Justicia, del 30 de mayo de 2002, caso Preparados Alimenticios Internacionales (PAICA) C.A., así como 1064/2002 dictada por esa misma Sala el 13 de agosto de 2002, caso Almacenadora Mercantil C.A.[8]

En todo caso, ha señalado la jurisprudencia de la Sala Constitucional que no pueden ser objeto del control difuso de la constitucionalidad los actos singulares del Poder Público por carecer de naturaleza normativa. Así lo ha reseñado la sentencia de la Sala Constitucional número 833/2001, del 25 de mayo de 2001, caso Instituto Autónomo Policía Municipal de Chacao.[9]

C. *Leyes derogadas*

Ha indicado el profesor Casal que también pueden ser objeto del control difuso de la constitucionalidad las leyes derogadas "si ha de resolverse una causa que, a pesar de la derogación de la ley, está sometida a sus preceptos, en virtud de la ultratividad de la ley".[10]

---

6   *Idem.*
7   *Idem.*
8   *Idem.*
9   *Ibídem*, p. 159.
10   *Ibídem*, p. 161.

D. *Leyes afectadas de inconstitucionalidad sobrevenida*

La jurisprudencia de la Sala Constitucional ha considerado que pueden ser objeto del control difuso de la constitucionalidad las leyes preconstitucionales que adolezcan de inconstitucionalidad sobrevenida en virtud de lo establecido en la disposición derogatoria única de la Constitución de 1999, según la cual quedó derogada la Constitución de la República de Venezuela decretada el 23 de enero de 1971 y el resto del ordenamiento jurídico mantendrá su vigencia en todo lo que no contradiga la nueva Constitución. Esta tesis ha sido sostenida en las sentencias de la Sala Constitucional, números 1225/2000, del 19 de octubre de 2000, caso Ascáder Contreras Uzcátegui, y 1421/2001, del 22 de noviembre de 2000, caso Juan Luis Ybarra Riverol.[11] Las referidas sentencias fueron ratificadas por la decisión 2588/2001 de la Sala Constitucional, del 11 de diciembre de 2001, caso Yrene Aracelis Martínez Rodríguez.

En todo caso, mediante sentencia 312/2002, del 20 de febrero de 2002, caso Tulio Álvarez, la Sala Constitucional señaló que es de su competencia exclusiva declarar con efectos *erga omnes* la derogatoria por inconstitucionalidad sobrevenida de una norma legal.[12]

E. *Normas contractuales*

La Sala Constitucional ha señalado que el control difuso podría incluir normas contractuales. Así lo expresó la sentencia 833/2001, del 25 de mayo de 2001, caso Instituto Autónomo Policía Municipal de Chacao.[13]

El profesor Casal considera que es discutible la extensión del concepto de ley para incluir las normas contractuales dado que los contratos carecen de efectos generales o normativos y son suscritos por particulares generalmente. Casal propone que la contradicción entre normas contractuales y normas constitucionales sea canalizada jurídicamente por medio

---

11   *Idem.*

12   *Ibidem*, p. 163.

13   *Idem.*

de los principios del derecho civil que imponen límites a la autonomía de la voluntad, como lo señala el artículo 6° del Código Civil.[14]

Parece ser acertada la observación del profesor Casal. Las normas contractuales, esto es, las cláusulas contractuales, no gozan de las características propias de las normas legales o reglamentarias, tales como generalidad y abstracción.

4. *Parámetro de control en el examen de constitucionalidad en el control difuso*

Según el profesor Casal, el parámetro de control en el control difuso de la constitucionalidad es la Constitución vigente, incluyendo los tratados internacionales sobre derechos humanos suscritos y ratificados por Venezuela, así como los derechos inherentes a la persona no reconocidos expresamente ni en el texto constitucional ni en dichos tratados, todo ello en virtud de lo establecido en los artículos 22 y 23 de la Constitución.[15]

Según el profesor Casal, el parámetro de control comprende tanto las disposiciones expresas de la Constitución, así como los principios que de éstas se deducen, tal como ocurre en el control concentrado de la constitucionalidad.[16]

No obstante, como el propio profesor Casal comenta, la jurisprudencia de la Sala Constitucional ha señalado que en ejercicio del control difuso de la constitucionalidad no puede un juez interpretar principios constitu-

---

14 *Idem.* El artículo 6° del Código Civil señala que "no pueden renunciarse ni relajarse por convenios particulares las leyes en cuya observancia estén interesados el orden público o las buenas costumbres".

15 Casal, Jesús María, *op. cit.*, nota 4, p. 164. Los citados artículos constitucionales establecen lo siguiente: Artículo 22. "La enunciación de los derechos y garantías contenidos en esta Constitución y en los instrumentos internacionales sobre derechos humanos no debe entenderse como negación de otros que, siendo inherentes a la persona, no figuren expresamente en ellos. La falta de ley reglamentaria de estos derechos no menoscaba el ejercicio de los mismos". Artículo 23. "Los tratados, pactos y convenciones relativos a derechos humanos, suscritos y ratificados por Venezuela, tienen jerarquía constitucional y prevalecen en el orden interno, en la medida en que contengan normas sobre su goce y ejercicio más favorables a las establecidas por esta Constitución y en las leyes de la República, y son de aplicación inmediata y directa por los tribunales y demás órganos del Poder Público".

16 Casal, Jesús María, *op. cit.*, nota 4, p. 164.

cionales y con base en esa interpretación ejercer el control difuso de la constitucionalidad.[17] Así se ha expresado en la sentencia 833/2001, del 25 de mayo de 2001, caso Instituto Autónomo Policía Municipal de Chacao.

La referida sentencia parece haberse convertido en doctrina reiterada de la Sala Constitucional como lo demuestra la sentencia 932/2001 del 1° de junio de 2001, caso Diego Alfonso Bolívar Giraldo, en la cual se señaló que "la atribución conferida a todos los jueces de la república, prevista en el artículo 334 de la Constitución, está reservada para los supuestos en los cuales sea evidente la infracción en sentido estricto de normas de orden constitucional, o cuando exista incompatibilidad entre una disposición legal y la Constitución".

Esa doctrina ha sido ratificada mediante sentencias de números 1912, del 11 de julio de 2003, caso Puertos de Sucre S. A., y 2785/2003, del 24 de octubre de 2003, caso Ángel Rosalino González. La última de las referidas sentencias señaló que el "control difuso constitucional que puede efectuar cualquier juez de la República dentro del proceso, se limita a desaplicar la norma legal que colide objetivamente con una disposición constitucional, no estando dado a los jueces, interpretar las normas legales y constitucionales por deducir una contradicción entre ellas".

No obstante lo establecido por la doctrina de la Sala Constitucional, el profesor Casal acertadamente ha apuntado que el control difuso establecido en el artículo 334 de la Constitución supone que los jueces "realicen, de ser necesario *motu propio* -ante la ausencia de una interpretación vinculante de la Sala Constitucional-, la interpretación de la Constitución, de la cual inevitablemente forman parte los principios constitucionales, incluso los no escritos, pero fácilmente reconocibles en el texto constitucional".[18]

No cabe duda de que en este aspecto la jurisprudencia de la Sala Constitucional se ha excedido. La Sala Constitucional ha pretendido limitar el examen de la constitucionalidad que deben hacer los jueces en el marco del control difuso de la constitucionalidad. El criterio que al efecto ha creado la Sala Constitucional no tiene fundamento alguno en el derecho venezolano.

---

17   *Idem.*

18   *Idem.*

Aunque parezca obvio afirmarlo a estas alturas de evolución de nuestro derecho constitucional, conforme a lo establecido en el artículo 7° de la carta magna, todas las normas y principios de la Constitución tienen eficacia normativa, de allí que hayamos afirmado que el referido dispositivo constitucional consagra el principio de supremacía y fuerza normativa de la Constitución en el marco del ordenamiento jurídico venezolano.[19]

Si todas las normas y principios establecidos en la Constitución tienen carácter normativo, debe deducirse que son coercibles, es decir, obligatorios para todos los órganos que ejercen el poder público y para los particulares, lo cual incluye a todos los jueces de la República. Por ello, todos los jueces de la República están en la obligación de darle eficacia a los principios consagrados en la Constitución en el ámbito de sus competencias. De allí que todos los jueces pueden y deben necesariamente interpretar y aplicar tales principios a los casos concretos que les corresponde conocer y decidir, cuando no exista una interpretación vinculante de la Sala Constitucional conforme a lo establecido en el artículo 335 de la Constitución.

Si de la interpretación de principios constitucionales un juez deduce que una norma -que en principio debe aplicar a un caso concreto-, es contraria a tales principios, el juez está en el deber de desaplicar esa ley a ese caso concreto y aplicar preferentemente la interpretación que se deriva de esos principios constitucionales.

Concluir que los jueces no pueden ejercer el control difuso de la constitucionalidad a partir de una interpretación de principios constitucionales es menoscabar indebidamente el principio de supremacía y fuerza normativa de la Constitución consagrado en el artículo 7° de la carta magna.

Es necesario recordar que ha sido la propia Sala Constitucional la que ha reconocido que en Venezuela todos los jueces "son tutores de la integridad de la Constitución". Así lo expresó la sentencia 848/2000, de la Sala Constitucional, del 28 de julio de 2000, caso Luis Alberto Baca. En el mismo sentido, mediante sentencia 97/2005, del 2 de marzo de 2005, caso Banco Industrial de Venezuela C.A., esa Sala ha señalado que "todo juez de la República es juez constitucional".

---

19   Haro García, José Vicente, "La justicia constitucional en Venezuela y la Constitución de 1999", *cit.*, nota 1, pp. 135 y ss.

No obstante, si se parte de la base de que los jueces de la República no pueden desaplicar normas contrarias a interpretaciones que se deriven de principios constitucionales, tendríamos que llegar al absurdo de afirmar que todo juez de la República es medio juez constitucional o un cuasi-juez constitucional, pues, hay una parte de la Constitución, nada más y nada menos que aquella referida a los principios constitucionales, que no pueden garantizar por la vía del control difuso de la constitucionalidad.

Lo anterior nos lleva a concluir que si todos los jueces de la República deben garantizar la integridad de la Constitución y deben considerarse jueces constitucionales, entonces todos los jueces de la República pueden ejercer, incluso en virtud de la interpretación de principios constitucionales, el control difuso de la constitucionalidad.

5. *Órganos que pueden ejercer el control difuso de la constitucionalidad en Venezuela*

A. *Todos los jueces de la República y todas las salas del Tribunal Supremo de Justicia, incluyendo la Sala Constitucional*

Los órganos que pueden ejercer el control difuso de la constitucionalidad son todos los jueces de la República, incluyendo todas las Salas del Tribunal Supremo de Justicia como lo señala el artículo 334 de la Constitución.[20]

Recientemente la propia Sala Constitucional ha señalado que ella no puede ejercer el control difuso de la constitucionalidad, que sólo puede ejercer el control concentrado de la constitucionalidad. Así lo ha señalado la sentencia de la Sala Constitucional, número 2294/2004, del 24 de septiembre de 2004, caso Henry León Pérez y otra, la cual contó con los votos salvados de los magistrados Iván Rincón Urdaneta y Jesús Eduardo Cabrera, quienes consideraron que la Sala Constitucional sí puede ejercer el control difuso de la constitucionalidad.

El problema ha surgido a partir de la disposición contenida en el segundo párrafo del artículo 5° de la Ley Orgánica del Tribunal Supremo de Justicia que entró en vigencia el 19 de mayo de 2004, el cual establece lo siguiente: "De conformidad con la Constitución de la República Boliva-

---

20   Casal, Jesús María, *op. cit.*, nota 4, p. 165.

riana de Venezuela, el *control concentrado* de la constitucionalidad sólo corresponderá a la Sala Constitucional en los términos previstos en esta Ley, la cual *no podrá conocerlo incidentalmente* en otras causas, sino únicamente cuando medie un recurso popular de inconstitucionalidad...". (Cursivas nuestras).

No obstante, no consideramos que la referida disposición pueda interpretarse como una prohibición para la Sala Constitucional de ejercer el control difuso de la constitucionalidad. Lo que la referida norma prohíbe es otra forma de control de la constitucionalidad, esto es, que dentro de un caso concreto que a la Sala Constitucional le corresponda conocer y decidir (que no sea un procedimiento de control concentrado de la constitucionalidad), al percatarse esa Sala que una norma que debe aplicar a ese caso concreto es una norma que colide con la Constitución, ella pueda declarar con efectos *erga omnes* la nulidad de esa disposición legal.

Eso es lo que se prohíbe. Es decir, la Sala Constitucional no podría en un caso concreto declarar la nulidad con efectos *erga omnes* de una disposición legal, a menos que se trate de una acción directa de inconstitucionalidad contra esa disposición legal.

Para entender esta prohibición debe recordarse que mediante sentencia 2.588/2001, del 11 de diciembre de 2001, caso Yrene Aracelis Martínez Rodríguez, la Sala Constitucional creó la llamada "incidencia de constitucionalidad" en virtud de la cual esa Sala se atribuyó la competencia para declarar la nulidad con efectos *erga omnes* y pro futuro de una norma legal que, en principio, debía aplicar a un caso concreto. Ese caso se trató de la inconstitucionalidad sobrevenida de la norma que se derivaba de la lectura del artículo 42.24 y 43 de la Ley Orgánica de la Corte Suprema de Justicia que establecía como competencia de la Sala Político Administrativa conocer del recurso de interpretación de leyes. En ese caso concreto la Sala Constitucional en lugar de ejercer el control difuso de la constitucionalidad declaró la invalidez sobrevenida "-y en consecuencia la derogación- con efectos generales de la norma que se deriva de la lectura conjunta de los artículos 42.24 y 43 de la Ley Orgánica de la Corte Suprema de Justicia, en el sentido de que la Sala Político Administrativa mantiene un monopolio en cuanto a la interpretación de normas contenidas en instrumentos de rango legal".

La llamada incidencia de inconstitucionalidad fue también ejercida por la Sala Constitucional mediante sentencia 806/2002 de la Sala Constitucional, del 24 de abril de 2002, caso Sintracemento, en la cual se declaró nula con efectos generales y pro futuro la norma contenida en el artículo 43 de la Ley Orgánica de la Corte Suprema de Justicia, en lo que respecta a que la competencia establecida en el artículo 42.29 de la misma Ley sólo la ejerce la Sala Político Administrativa del Tribunal Supremo de Justicia.

Antes de las referidas sentencias la Sala Constitucional parecía tener claro cómo ejercer el control difuso de la constitucionalidad, pues hay sentencias en las cuales se ejerció esa competencia sin declarar la nulidad *erga omnes* de la norma sujeta a control. Así lo demuestra, por ejemplo, la sentencia 194/2001, del 15 de febrero de 2001, caso Hilario Sequera Mazzey, en la cual la Sala Constitucional desaplicó, para ese caso concreto, la norma contenida en el último aparte del artículo 67 de la Constitución del Estado Trujillo por violar el principio de la reserva legal al establecer una modalidad de control previo de la constitucionalidad de las leyes estadales.

Si tenemos en cuenta los antecedentes antes mencionados referidos a los casos Sintracemento e Yrene Aracelis Martínez Rodríguez, pareciera que la norma contenida en el segundo aparte del artículo 5° de la Ley Orgánica del Tribunal Supremo de Justicia no tiene por objeto prohibir a la Sala Constitucional ejercer el control difuso de la constitucionalidad sino que dicha Sala se abstenga de ejercer el control concentrado de la constitucionalidad (en lugar de un control difuso) en el marco de un proceso concreto que le corresponda conocer y decidir que no se refiera a una acción directa de inconstitucionalidad contra una norma legal.

B. *Los tribunales arbitrales*

De conformidad con lo establecido en la sentencia de la Sala Constitucional, 833/2001, del 25 de mayo de 2001, caso Instituto Autónomo Policía Municipal de Chacao, los tribunales arbitrales también pueden ejercer el control difuso de la constitucionalidad.

C. *¿Puede la administración pública ejercer el control difuso de la constitucionalidad?*

Como bien lo ha señalado la jurisprudencia de la Sala Constitucional, el control difuso de la constitucionalidad sólo puede ser ejercido por órganos jurisdiccionales. Así, la sentencia 833/2001, caso Instituto Autónomo Policía Municipal de Chacao, del 25 de mayo de 2001, señaló que:

> Conforme a lo expuesto, la defensa y protección de los derechos fundamentales corresponde a todos los jueces, los que los ejercen desde diversas perspectivas: mediante el control difuso y, otros, mediante el control concentrado; pero todo este control corresponde exclusivamente a actos netamente jurisdiccionales, sin que otros órganos del poder público, ni siquiera en la materia llamada cuasi-jurisdiccional, puedan llevarlo a cabo. El artículo 334 constitucional es determinante al respecto.

Ese criterio había sido establecido en la sentencia 331/2001, del 13 de marzo de 2001, caso Henrique Capriles Radonsky, y fue confirmado recientemente mediante sentencia 752/2005, del 5 de mayo de 2005, caso Corporación Maraplay, C.A.

No obstante lo anterior, se ha señalado que la administración pública podría verse obligada a ignorar una norma legal o sublegal cuando sea lesiva de derechos constitucionales en virtud de lo establecido en el artículo 25 de la Constitución.[21]

Debemos precisar que en tal caso no se trataría del ejercicio de un control difuso de la constitucionalidad por parte de la administración pública. El control difuso por definición implica que el mismo sea ejercido por órganos jurisdiccionales, no por órganos administrativos, de allí que, la administración pública si bien pudiera abstenerse de aplicar una norma a un caso concreto por considerarla violatoria de derechos constitucionales con fundamento en el artículo 25 de la Constitución, no debe concluirse que está ejerciendo un control difuso de la constitucionalidad, en el sentido correcto del término.

Lo mismo debe señalarse con relación a lo establecido en la disposición transitoria decimoctava de la Constitución, que se refiere a los órganos administrativos y judiciales que deben garantizar los principios establecidos en el artículo 113 de la Constitución (libre competencia). Dicha disposición establece, entre otras cosas, lo siguiente:

> La ley establecerá que los funcionarios o funcionarias de la administración pública y los jueces o juezas llamados o llamadas a conocer y decidir las controversias relacionadas con las materias a que se refiere el artículo 113

---

21 *Idem.*

de esta Constitución, observen, con carácter prioritario y excluyente, los principios allí definidos, y se *abstengan de aplicar* cualquier disposición susceptible de generar efectos contrarios a ellos. (Cursivas nuestras).

Aunque la citada disposición constitucional establezca que los funcionarios administrativos encargados de garantizar la aplicación de los principios establecidos en el artículo 113 de la Constitución (referidos en términos muy generales a la libre competencia), puedan abstenerse de aplicar cualquier disposición susceptible de generar efectos contrarios a tales principios, ello no significa que debe considerarse que tales funcionarios pueden ejercer el control difuso de la constitucionalidad. Como señalamos antes, el control difuso implica por definición que sea ejercido por un juez de la República como se deriva del artículo 334 de la Constitución. Lo que sugiere la citada disposición transitoria con respecto a la posibilidad que tendrían los funcionarios de la administración pública debe entenderse como una facultad distinta, con sentido y alcance distinto a lo que es en puridad de términos el control difuso de la constitucionalidad.

6. *Alcance del examen de la norma en el control difuso de la constitucionalidad*

El control difuso de la constitucionalidad de normas jurídicas abarca el control difuso de la norma en su totalidad, de una parte de la norma, así como de sus implicaciones interpretativas y aplicativas.[22]

Pueden presentarse casos en los cuales una norma contenida en una ley analizada *in abstracto* en relación con la Constitución debe aplicarse a un caso concreto porque no contraviene el texto fundamental, pero al realizar esa aplicación a determinados supuestos de hecho o situaciones jurídicas (por ejemplo, a un determinado grupo de personas o a una categoría concreta de sujetos), dicha aplicación resulta inconstitucional. Por ello, hemos sostenido que el control difuso de la constitucionalidad es un mecanismo de control abstracto de la constitucionalidad pero también puede

---

22   *Ibídem*, p. 169.

funcionar como un mecanismo de control concreto de la constitucionalidad.[23]

Lo anterior quedó demostrado en la sentencia de la Corte Primera de lo Contencioso Administrativo, del 5 de mayo de 1997, caso Pepsi Cola, Coca Cola, en la cual se desaplicó la norma contenida en el artículo 54 de la Ley para Promover y Proteger el Ejercicio de la Libre Competencia a la empresa Pepsi Cola, considerando que la aplicación de dicha norma a la situación jurídica concreta de esa empresa podía originarle una violación de su derecho a la defensa.[24]

Otro caso en la misma perspectiva se decidió mediante sentencia de la Corte Primera de lo Contencioso Administrativo, del 25 de julio de 2002, caso Mercedes Colmenares y otros, en la cual se desaplicó la prohibición de acumulación de procesos cuando en uno de ellos hubiere vencido el lapso de promoción de pruebas, prevista en el ordinal 4° del artículo 81 del Código de Procedimiento Civil. Según reseña el profesor Casal,

La mencionada Corte no consideró que este precepto fuera inconstitucional per se, sino tan sólo en relación con la causa concreta en curso, dada la imperiosa necesidad de acumular un proceso que ya se encontraba en estado de sentencia con otro que estaba aún en sustanciación, de cuya resolución dependía la suerte del primero, en aras del adecuado ejercicio del control judicial y, en consecuencia, de la cabal satisfacción del derecho al debido proceso y a la tutela judicial efectiva.[25]

Esta tesis parece no haber tenido recepción en la sentencia de la Sala Constitucional, número 2785/2003, del 24 de octubre de 2003, caso Angel Rosalino González, en la cual se señaló que "El control difuso constitucional que puede efectuar cualquier juez de la República dentro del proceso, se limita a desaplicar la norma legal que colide *objetivamente* con una disposición constitucional, no estando dado a los jueces, interpretar las normas legales y constitucionales por deducir una contradicción entre ellas". (Cursivas nuestras).

---

23 Haro García, José Vicente, "El sentido y alcance del control difuso de la constitucionalidad", *Revista de Derecho Administrativo*, Caracas, núm. 4, enero-junio de 2001, pp. 275 y ss.

24 *Idem.*

25 Casal, Jesús María, *op. cit.*, nota 4, p. 160.

En sentido contrario apunta la sentencia 2848/2004 de la Sala Constitucional, del 9 de diciembre de 2004, en la cual se aceptó la posibilidad de cuestionar la constitucionalidad de la interpretación o aplicación de una norma legal a un caso concreto (artículo 98 del Código Penal) aunque por la vía del control concentrado de la constitucionalidad.

7. *Efectos de la decisión en el control difuso de la constitucionalidad*

En el derecho comparado, los efectos de la decisión en control difuso de la constitucionalidad son interpartes.[26] Ese mismo efecto se le ha reconocido en el derecho venezolano a la decisión que ejerce el control difuso. Así lo ha señalado la Sala Constitucional mediante sentencia 833/2001, del 25 de mayo de 2001, caso Instituto Autónomo Policía Municipal de Chacao. En dicha sentencia se señaló lo siguiente: "el juez que ejerce el control difuso, no anula la norma inconstitucional, haciendo una declaratoria de carácter general o particular en ese sentido, sino que se limita a desaplicarla en el caso concreto en el que consideró que los artículos de la ley invocada, o hasta la propia ley, coliden con la Constitución". Lo mismo fue ratificado por la sentencia número 1717/2002, del 26 de julio de 2002, caso Importadora y Exportadora Chipendele C.A. Mediante sentencia 1717/2002 de la Sala Constitucional, del 26 de julio de 2002, caso Importadora y Exportadora Chipendele C.A., ratificada por sentencia número 2975/2003, del 4 de noviembre de 2003, caso Pizza 400 C. A., se ha determinado que si la Sala de Casación Civil del Tribunal Supremo de Justicia realiza el control difuso de la constitucionalidad de una norma jurídica, dicha sentencia sólo tendrá efectos *inter partes* a pesar de lo establecido en el artículo 321 del Código de Procedimiento Civil, es decir, ese fallo no será vinculante para los demás jueces de la jurisdicción civil.[27]

En todo caso debe señalarse que si la sentencia mediante la cual se ejerce el control difuso es dictada por la Sala Constitucional el fallo podría tener efectos vinculantes más allá del caso concreto en lo que se refiere

---

26 Capelletti, Mauro, *op. cit.*, nota 2, p. 38.

27 El artículo 321 del Código de Procedimiento Civil establece que "Los Jueces de instancia procurarán acoger la doctrina de casación establecida en casos análogos, para defender la integridad de la legislación y la uniformidad de la jurisprudencia. Aquí lo jueces no están obligados a seguir la jurisprudencia de Casación".

a la interpretación que allí se haga de principios y normas constitucionales, todo ello en virtud de lo establecido en el artículo 335 de la Constitución.

IV. LA REVISIÓN DE SENTENCIAS DE CONTROL DIFUSO DE LA CONSTITUCIONALIDAD POR PARTE DE LA SALA CONSTITUCIONAL DEL TRIBUNAL SUPREMO DE JUSTICIA

1. *La articulación entre el control difuso y el control concentrado de la constitucionalidad en Venezuela.*

Con objeto de garantizar la uniformidad de las interpretaciones de la Constitución y configurar a nuestro sistema de justicia constitucional como un verdadero sistema mixto e integral, la Constitución de 1999 estableció dos mecanismos eficaces para la articulación, vínculo, conexión o coordinación entre el método concentrado de control de la constitucionalidad, el control difuso y el amparo constitucional.[28]

Esos dos mecanismos son los siguientes:

> a)   El efecto vinculante para las otras salas del Tribunal Supremo de Justicia y todos los tribunales de la República, de las interpretaciones que establezca la Sala Constitucional sobre el contenido o alcance de las normas y principios constitucionales (artículo 335 de la Constitución).

> b)   La revisión, por parte de la Sala Constitucional, de las sentencias definitivamente firmes de amparo y control difuso de la constitucionalidad (artículo 336, numeral 10, de la Constitución).

Mediante estos dos mecanismos el Constituyente procuró garantizar la uniforme interpretación y aplicación de la Constitución y con ello articular los distintos métodos de control constitucional presentes en nuestro sistema de justicia constitucional, todo lo cual apunta también a mantener una coordinación entre la jurisdicción constitucional y la jurisdicción ordinaria en la protección de los derechos fundamentales.[29]

---

28   Haro García, José Vicente, "El mecanismo extraordinario de revisión de sentencias definitivamente firmes de amparo...", *cit.*, nota 1, pp. 231 y ss.

29   *Idem.*

2. *La revisión de sentencias de control difuso de la constitucionalidad y de amparo*

Actualmente, la revisión de sentencias de control difuso de la constitucionalidad además de estar prevista en el artículo 336, numeral 10, de la Constitución, está prevista en el artículo 5° numeral 16, de la Ley Orgánica del Tribunal Supremo de Justicia.

Como ha puesto de manifiesto el profesor Casal, debe darse un tratamiento diferente a la revisión en el caso de sentencias de amparo y a la revisión en el caso de sentencias de control difuso, pues, estas últimas no deben quedar al simple criterio discrecional y selectivo de la Sala Constitucional,[30] que es el criterio que se ha establecido en general para la revisión a partir de la sentencia 93/2001, caso Corpoturismo.

La distinción que debe hacerse entre esos dos tipos de revisión parece haber sido acogida por la Sala Constitucional en su sentencia 1998/2003, del 22 de julio de 2003, caso Bernabé García, en la cual se señaló que "es necesaria la distinción entre las decisiones definitivamente firmes en las cuales se aplica el control difuso de la Constitución y el resto de las sentencias que pueden ser objeto de revisión, ya que el tratamiento debe ser distinto".

Lo anterior fue ratificado con mayor claridad en la sentencia 3126/2004, del 15 de diciembre de 2004, caso Ana Victoria Uribe Flores, en la cual la Sala Constitucional señaló expresamente lo siguiente:

> ... los fallos de desaplicación de normas, que sean definitivamente firmes, son revisables a través del mecanismo extraordinario que prevé el número 10 del artículo 336 de la Constitución, caso en el que la discrecionalidad de que goza la Sala para aceptar la solicitud no es la misma que la existente en el supuesto de los fallos definitivamente firmes de amparo.

En definitiva, como ha sugerido la doctrina y la propia jurisprudencia de la Sala Constitucional, en el caso de la revisión prevista en el artículo 336 numeral 10 de la Constitución y en el artículo 5° numeral 16, de la Ley Orgánica del Tribunal Supremo de Justicia, debe distinguirse entre los fallos de control difuso de la constitucionalidad y los fallos de amparo constitucional. En el caso de las sentencias definitivamente firmes de

---

30 Casal, Jesús María, *op. cit.*, nota 4, p. 171.

control difuso de la constitucionalidad la Sala Constitucional no posee la discrecionalidad que ella se ha atribuido mediante la sentencia 93/2001 recaída en el caso Corpoturismo. En esos casos la Sala Constitucional debe revisar necesariamente la decisión y verificar si ha sido correcta la desaplicación de una norma realizada mediante control difuso por el juez de causa. En otras palabras la Sala Constitucional debe revisar todas y cada una de las sentencias definitivamente firmes en las que un juez ha ejercido el control difuso de la constitucionalidad.

3. *Sentencias de control difuso de la constitucionalidad que pueden ser objeto de revisión*

Las sentencias de control difuso de la constitucionalidad que pueden ser objeto de revisión son las sentencias definitivamente firmes en que se haya desaplicado una norma legal por colidir con una norma o principio constitucional.

Se ha señalado que "la alusión a las sentencias definitivamente firmes «de control de constitucionalidad de leyes o normas jurídicas» contenida en dicho precepto (artículo 336, numeral 10, de la Constitución) se refiere, lógicamente, a aquellas en que se haya ejercido el control difuso de la constitucional, bien para afirmar, bien para negar la compatibilidad de la norma con la carta magna" (el paréntesis es nuestro).[31]

No compartimos la tesis de que sentencias definitivamente firmes de los tribunales en que se haya puesto en duda la constitucionalidad de una ley, pero no se haya ejercido el control difuso también deba o pueda ser objeto de revisión. En nuestra opinión, sólo pueden ser objeto de revisión por la Sala Constitucional aquellas sentencias en que se haya ejercido efectivamente el control difuso de la constitucionalidad, es decir, aquellas en que se haya desaplicado una norma por colidir con una norma o principio constitucional. En este sentido parece apuntar la sentencia 430/2003 de la Sala Constitucional, del 27 de febrero de 2003, caso Olga Ramos Cortez.[32]

---

31   *Ibídem*, p. 170.

32   Para tener una apreciación de cómo se trata este asunto en el derecho comparado es útil observar lo que sucede en el ordenamiento español sobre este particular, con la aclaratoria de en que ese ordenamiento existe un sistema de control concentrado de la constitucionalidad de la ley. En dicho país, conforme a lo establecido en el artícu-

Por otra parte, debe insistirse en que las sentencias de control difuso de la constitucionalidad que pueden ser revisables son aquellas que tengan carácter definitivamente firme, como lo exige la Constitución en su artículo 336, numeral 10, y la Ley Orgánica del Tribunal Supremo de Justicia en su artículo 5° numeral 16.

Sin embargo, hay varias sentencias en las cuales la Sala Constitucional ha revisado sentencias de primera instancia que aplicaron el control difuso de la constitucionalidad que no estaban definitivamente firmes. La mayoría de dichas sentencias contó con el voto salvado del magistrado Pedro Rondón Haaz. A título de ejemplo pueden citarse las sentencias 3509/2003, caso Orlando José Gutiérrez, del 16 de diciembre de 2003 y 2085/2004, del 10 de septiembre de 2004, caso Rubén Darío González Melo.

No obstante, mediante sentencia 3126/2004, del 15 de diciembre de 2004, caso Ana Victoria Uribe Flores, la Sala Constitucional reafirmó que sólo son objeto de revisión aquellas sentencias de control difuso de la constitucionalidad que estén definitivamente firmes:

> Lo importante de toda esta reseña es que los fallos de los que conoce esta Sala son sólo aquellos que estén definitivamente firmes. Ningún fallo que sea aún susceptible de recurso puede ser objeto el mecanismo extraordinario de revisión; lo contrario sería desconocer expresa disposición constitucional.

> Además, en el caso del control difuso de la constitucionalidad, la limitación de la revisión de la Sala a las sentencias definitivamente firmes tiene especial sentido.

A pesar de lo antes señalado, esa misma sentencia entró en contradicción con los párrafos antes citados y expuso lo siguiente:

> En otros términos, el control de esta Sala se realizará respecto de aquellos fallos en los que efectivamente se haga un pronunciamiento definitivamente firme sobre la desaplicación de una norma por control difuso, independientemente de que el juez de alzada confirme o no el fallo que sobre esta materia dicte el tribunal de la primera instancia.

---

lo 63 de la Constitución Española, sólo procede la cuestión de constitucionalidad cuando un órgano judicial considere, en algún proceso, que una norma con rango de ley, aplicable al caso, de cuya validez dependa el fallo, *pueda ser contraria a la Constitución*. En tal caso el tribunal debe plantear la cuestión ante el Tribunal Constitucional en los supuestos, en la forma y con los efectos que establece la ley.

Lo anterior no impide que, cuando así lo amerite, la Sala haga uso de su poder de actuación de oficio, previsto en el artículo 18, sexto aparte, de la Ley Orgánica del Tribunal Supremo de Justicia, y decida conocer de un asunto relativo a la constitucionalidad de una norma legal aun antes de la firmeza de los fallos. Será la Sala, como es natural, la única con el poder de determinar la necesidad de esa actuación de oficio, lo que se juzgará atendiendo a las circunstancias particulares de cada caso.

No obstante lo expuesto, la Sala Constitucional no puede revisar sentencias que hayan ejercido el control difuso de la constitucionalidad si no están definitivamente firmes. Lo contrario, como lo reconoce tímidamente la propia Sala Constitucional en la sentencia antes citada, es abiertamente contrario a la Constitución.

4. Alcance de la facultad de revisión de sentencias definitivamente firmes de amparo constitucional

A. Cuando el control difuso de la constitucionalidad haya sido realizado por otra sala del Tribunal Supremo de Justicia

El artículo 5° numeral 22, de la Ley Orgánica del Tribunal Supremo de Justicia establece como una de las competencias de la Sala Constitucional: "Efectuar, en Sala Constitucional, examen abstracto y general sobre la constitucionalidad de una norma previamente desaplicada mediante control difuso de la constitucionalidad por una Sala del Tribunal Supremo de Justicia, absteniéndose de conocer sobre el mérito y fundamento de la sentencia pasada con fuerza de cosa juzgada".

Además, de conformidad con uno de los apartes del artículo 5° de la Ley Orgánica del Tribunal Supremo de Justicia, cuando cualquiera de las salas del Tribunal Supremo de Justicia haga uso del control difuso de la constitucionalidad, únicamente para un caso concreto, deberá informar a la Sala Constitucional sobre los fundamentos y alcances de la desaplicación adoptada para que ésta proceda a efectuar un examen abstracto sobre la constitucionalidad de la norma en cuestión, absteniéndose de revisar el mérito y alcance de la sentencia dictada por la otra sala, la cual seguirá conservando fuerza de cosa juzgada. "En caso que el examen abstracto de la norma comporte la declaratoria total o parcial de su nulidad por inconstitucional, la sentencia de la Sala Constitucional deberá publicarse en la Gaceta Oficial de la República Bolivariana de Venezuela y en la Gaceta Oficial del estado o municipio, de ser el caso".

Las anteriores disposiciones han llevado a la Sala Constitucional a distinguir sus facultades en el marco de la revisión, diferenciando entre la revisión de sentencias de los tribunales de instancia en que se haya ejercido el control difuso de la constitucionalidad y la revisión de sentencias de otras Salas del Tribunal Supremo de Justicia que hayan ejercido dicho control.

En efecto, mediante sentencia 3126/2004, del 15 de diciembre de 2004, caso Ana Victoria Uribe Flores, señaló la Sala Constitucional lo siguiente:

> Se trata de una diferencia enorme: los fallos de instancia (definitivamente firmes) son revisables y, de ser procedente, anulables, con lo que el fondo se decide nuevamente, si fuera necesario; los fallos de las otras Salas de este alto tribunal quedan inalterados: sólo se activa el mecanismo de control abstracto de la constitucionalidad, desvinculado ya de un caso concreto, de manera similar a lo que habría ocurrido en caso de impugnación directa.

> "Ya lo ha sostenido la Sala en su abundante jurisprudencia: sus poderes de revisión sobre fallos definitivamente firmes, incluidos los de otras Salas del máximo tribunal, han sido definidos por esta misma Sala, pero están sometidos a los límites que imponga el legislador". Como se observa, la Ley Orgánica del Tribunal Supremo de Justicia, si bien aún se espera la sanción de una ley para la jurisdicción constitucional, restringe el poder de la Sala cuando la desaplicación la ha efectuado una de las otras salas que integran el órgano que se encuentra en la cúspide del Poder Judicial. (Entrecomillado nuestro).

La sentencia antes citada es particularmente significativa. En ésta se reconoce que la Ley Orgánica del Tribunal Supremo de Justicia limitó las potestades de revisión de la Sala Constitucional. Esto es un avance importante aunque, como veremos después, la jurisprudencia de la Sala Constitucional en el mismo ámbito de la revisión no ha respetado o reconocido otras limitaciones que le ha impuesto la Ley Orgánica del Tribunal Supremo de Justicia.

Una de las tareas más importantes de la Ley Orgánica del Tribunal Supremo de Justicia era limitar el espectacular alcance que la Sala Constitucional le ha dado a la revisión de sentencias más allá de lo establecido en el artículo 336, numeral 10, de la Constitución. La revisión de sentencias definitivamente firmes por parte de la Sala Constitucional debe ser expresa y detalladamente regulada y limitada por la ley, y no debe seguir sometida a los amplios criterios que ha establecido la jurisprudencia de la Sala Constitucional. La Ley Orgánica del Tribunal Supremo de Justicia no cumplió ese cometido, ahora ésa es una pendiente que debe atender la Ley Orgánica de la Jurisdicción Constitucional.

Al margen de la digresión anterior, lo cierto es que la Ley Orgánica del Tribunal Supremo de Justicia limitó la revisión de sentencias de control difuso de la constitucionalidad en caso de que dicho control haya sido ejercido por alguna de las salas del Tribunal Supremo de Justicia. En tal caso, la Sala Constitucional no podrá revisar la sentencia dictada por otra sala en lo que se refiere a la decisión de fondo para el caso concreto, sólo podrá hacer un examen abstracto de la constitucionalidad de la norma que ha sido previamente desaplicada por la otra sala a fin de determinar si debe o no ser anulada con efectos *erga omnes*.

Sin embargo, cabe destacar que en jurisprudencia posterior (sentencia 1596/2006, del 10 de agosto de 2006, caso Globovisión, entre otras), la Sala Constitucional ha señalado que si mediante la revisión ésta llegase a considerar que un fallo de otra sala del Tribunal Supremo de Justicia ha ejercido erróneamente el control difuso de la constitucionalidad, aunque ésta (la Sala Constitucional) no puede revocar la decisión de fondo del asunto o del caso, sí puede ordenar a la sala que haya ejercido dicho control a los fines de que dicte un nuevo fallo atendiendo al criterio expuesto por la Sala Constitucional en la decisión que se pronuncie al efecto.

B. *Cuando el control difuso de la constitucionalidad haya sido realizado por cortes o tribunales de la República distintos a las salas del Tribunal Supremo de Justicia*

En caso de que el control difuso de la constitucionalidad haya sido realizado por cortes o tribunales de la República distintos a las salas del Tribunal Supremo de Justicia, la jurisprudencia ha señalado que la Sala Constitucional tiene la facultad de revisar el fallo totalmente, es decir, revisar, incluso, el fondo de la decisión para el caso concreto donde se ejerció el control difuso de la constitucionalidad y podría, de ser necesario, dictar un nuevo fallo de fondo. Así quedó determinado por la sentencia 3126/2004, del 15 de diciembre de 2004, caso Ana Victoria Uribe Flores.

Ahora bien, si el control difuso de la constitucionalidad ha sido realizado por cortes o tribunales de la República distintos a las salas del Tribunal Supremo de Justicia, la Sala Constitucional no puede, al revisar el fallo, declarar la nulidad con efectos *erga omnes* de la norma que fue previamente desaplicada a un caso concreto. Así se deriva de lo establecido en el artículo 5° párrafo 3, de la Ley Orgánica del Tribunal Supremo de Justicia, al cual nos hemos referido *supra*.

En todo caso, consideramos que los problemas de inseguridad jurídica que se pudieran originar por interpretaciones contradictorias establecidas por jueces de la República en las sentencias de control difuso de la constitucionalidad dictadas por tribunales distintos a las salas del Tribunal Supremo de Justicia, se evitan por la vía del carácter vinculante que deben tener las interpretaciones que establezca la Sala Constitucional sobre las normas y principios constitucionales conforme a lo establecido en el artículo 335 de la Constitución.

5. *El deber de los jueces de informar a la Sala Constitucional sobre las sentencias en que hayan ejercido el control difuso de la constitucionalidad a los efectos de su revisión por dicha Sala*

La jurisprudencia de la Sala Constitucional ha establecido la obligación de los jueces de remitir a dicha Sala las sentencias en que hayan ejercido el control difuso de la constitucionalidad que tengan carácter definitivamente firme, todo ello con objeto de ejercer la revisión a que se refiere el artículo 336, numeral 10, de la Constitución.

Ante todo debe aclararse que el informe en referencia no es en sí una forma de articulación entre el control concentrado y el control difuso de la constitucionalidad, antes bien, representa una forma de poner en práctica la revisión de sentencias de control difuso de la constitucionalidad prevista en los artículo 336, numeral 10, de la Constitución y 5° numeral 16, de la Ley Orgánica del Tribunal Supremo de Justicia.

Por otra parte, hay que aclarar que los jueces tienen la referida obligación sólo en lo que se refiere a las sentencias definitivamente firmes en que hayan ejercido el control difuso de la constitucionalidad, no así en sentencias de amparo constitucional que podrían ser revisadas por la Sala Constitucional a tenor de lo establecido en el artículo 336, numeral 10, de la Constitución. Así lo ha establecido la sentencia 1998/2003, del 22 de julio de 2003, caso Bernabé García, ratificada en este punto por la sentencia 3126/2004, del 15 de diciembre de 2004, caso Ana Victoria Uribe Flores.

Sobre la necesidad de que un juez que ejerza el control difuso informe a la Sala Constitucional sobre la desaplicación de una norma, remitiendo copia de la decisión y anexando copia de los autos a los fines de la revisión correspondiente, se pronunció inicialmente la sentencia de la Sala Constitucional número 1225, del 19 de octubre de 2000, caso Ascánder Contreras Uzcátegui. Con mayor precisión ese deber fue establecido mediante sentencia de la Sala Constitucional 2508/2001, del 30 de noviembre de 2001, caso Juan Francisco Angulo Durán y otros.

La Sala Constitucional ha señalado que en el deber de los jueces de informar sobre los fallos en que haya ejercido el control difuso de la constitucionalidad "está implícito el deber de informar si el fallo en cuestión es un fallo definitivamente firme", pues, para que proceda la revisión debe tratarse de una sentencia definitivamente firme, según lo establecido en el artículo 336, numeral 10, de la Constitución. Ese criterio fue expresado en la sentencia 3080/2002, del 3 de diciembre de 2002, caso Rodolfo Guevara Acurero, ratificada mediante sentencia 2626/2003, del 30 de septiembre de 2003, caso Giovanny Hernández Terán y otros.

Además, la Sala Constitucional ha señalado que el juez debe remitir no sólo copia del fallo, sino también de todo el expediente. Así se desprende de la sentencia 488/2001, del 6 de abril de 2001, caso Delu Holender.

La Sala Constitucional ha llegado a señalar que si el juez correspondiente no remite la información necesaria para determinar si el fallo donde se ejerció el control difuso es o no una sentencia definitivamente firme, tal negativa será considerada como desacato. Así lo señaló en sentencia 2790/2003, del 24 de octubre de 2003, caso Thais del Carmen Negrete. En el mismo sentido apunta la sentencia 2156/2004, del 14 de septiembre de 2004, caso Miguel Antonio Lara García, en la cual se advirtió al juez de la causa sobre su responsabilidad legal en caso de que existiera contumacia en informar a la Sala sobre la sentencia en que se desaplicó una norma por vía del control difuso.

A pesar de que el deber que tienen los jueces de informar sobre los fallos en que hayan ejercido el control difuso de la constitucionalidad no está expresamente establecido en la nueva Ley Orgánica del Tribunal

Supremo de Justicia, después de la entrada en vigencia de dicha Ley la Sala Constitucional ha ratificado esa obligación de los jueces en sentencia 3126, del 15 de diciembre de 2004, caso Ana Victoria Uribe Flores, en la cual estableció al respecto lo siguiente:

> Para la determinación de la firmeza del fallo, la Sala ordena, a partir de la de publicación del presente fallo, que la remisión la efectúe, con la mención debida a ese carácter, el órgano judicial que quede encargado del archivo del expediente de manera definitiva, único que puede dar fe de que ya contra la decisión no procede recurso alguno; bien porque ya fueron ejercidos los existentes o precluyeron los lapsos para ello.

Igualmente, mediante sentencia 2085/2004, del 10 de septiembre de 2004, caso Rubén Darío González Melo, se ratificó el deber de los jueces de informar sobre las decisiones en que ejerzan el control difuso a pesar de que la Ley Orgánica del Tribunal Supremo de Justicia no establece nada al respecto y sólo exige informe a las salas del Tribunal Supremo cuando alguna de ellas haya ejercido ese control. Tal criterio fue reiterado mediante sentencias 2793/2004, del 6 de diciembre de 2004, caso Akram El Nimer Abou Assi, y 2930/2004, del 13 de diciembre de 2004, caso Tairon José Arencibia.

Como ya hemos apuntado, cuando el control difuso de la constitucionalidad haya sido ejercido por una sala del Tribunal Supremo de Justicia, dicha sala deberá informar de la decisión a la Sala Constitucional para que ésta realice el examen abstracto de la constitucionalidad de la norma. Así lo establece el artículo 5° párrafo 5, de la Ley Orgánica del Tribunal Supremo de Justicia.

Si el juez o la sala, según sea el caso, no remite el fallo a la Sala Constitucional, la Ley Orgánica del Tribunal Supremo de Justicia permite que la Sala Constitucional se "avoque" al conocimiento del fallo de oficio. El tercer párrafo del artículo 5° de la Ley Orgánica de la Ley Orgánica del Tribunal Supremo de Justicia establece en este sentido lo siguiente:

> De conformidad con lo previsto en la Constitución de la República Bolivariana de Venezuela, todo tribunal de la República podrá ejercer el control difuso de la constitucionalidad únicamente para el caso concreto, en cuyo supuesto dicha sentencia estará expuesta a los recursos o acciones ordinarias o extraordinarias a que haya lugar; quedando a salvo en todo caso, que la Sala Constitucional haga uso, de oficio o a instancia de parte, de la competencia prevista en el numeral 16 de este artículo y *se avoque* a la causa para revisarla cuando ésta se encuentre definitivamente firme.

Independientemente de lo anterior, siempre existe la posibilidad de que una de las partes en el proceso concreto donde se haya ejercido el control difuso decida solicitar la revisión del fallo.

6. *La revisión no tiene efectos suspensivos sobre la ejecución de sentencias en que se haya ejercido el control difuso de la constitucionalidad*

Aunque se ha sugerido establecer que la revisión se pueda ejercer antes de la ejecución del fallo con la posibilidad de suspenderlo mientras la Sala Constitucional decide en un lapso no superior a dos o tres meses, al cabo de los cuales si no hay una decisión de la Sala el fallo se podría ejecutar y el procedimiento ante la Sala se convertiría en un procedimiento de control abstracto de normas,[33] la Sala Constitucional ha ratificado que la revisión no tiene efectos suspensivos mediante sentencia 325/2005 del 30 de marzo de 2005 recaída en el caso Alcido Pedro Ferreira y otros.

7. *Sobre la forma en que la Sala Constitucional debe ejercer la revisión de sentencias de control difuso de la constitucionalidad: debe hacer un examen detenido y motivado sobre la constitucionalidad de la norma que fue desaplicada en el fallo revisado*

Sobre la forma en que la Sala Constitucional debe ejercer la revisión de fallos en que se haya ejercido el control difuso, hay que señalar que esa Sala debe hacer un examen detenido y motivado sobre la constitucionalidad o no de la norma que fue desaplicada por vía del control difuso. No cabe en este sentido que la Sala Constitucional apele a la supuesta discrecionalidad que tiene para revisar o no las sentencias a tenor de lo establecido en el artículo 336, numeral 10, de la Constitución, ello sólo procede -aunque con las reservas y comentarios que ya hemos realizado en otro lugar-, en el caso de revisión de sentencias definitivamente firmes de amparo constitucional.[34]

La jurisprudencia de la Sala Constitucional muestra algunos aciertos y desaciertos en esta materia.

---

33 Casal, Jesús María, *op. cit.*, nota 4, p. 172.

34 Haro García, José Vicente, "El mecanismo extraordinario de revisión de sentencias definitivamente firmes de amparo...", *cit.*, nota 1, pp. 231 y ss.

Mediante sentencia 1555/2003, del 11 de junio de 2003, caso Juvenal Aray y otros, la Sala Constitucional se limitó a señalar que el fallo de la Sala de Casación Social del Tribunal Supremo de Justicia que desaplicó a un caso concreto el artículo 320 del Código de Procedimiento Civil era un fallo que no implicó "en el caso bajo examen la vulneración o desconocimiento por parte de la Sala de Casación Social de alguna norma o principio incorporado al texto constitucional o de algún criterio vinculante de esta Sala Constitucional". En esa sentencia, la Sala Constitucional se limitó a realizar la revisión conforme a los criterios expuestos en la sentencia Corpoturismo (núm. 93/2001, del 6 de febrero de 2001), sin entrar a realizar un verdadero examen de la constitucionalidad o no de la norma contenida en el artículo 320 del Código de Procedimiento Civil a la luz de lo expuesto en su fallo por la Sala de Casación Social en relación con los principios establecidos en los artículos 26, 257, 334 y 335 de la Constitución.

No obstante, en otro caso contenido en la sentencia 1998/2003, del 22 de julio de 2003, asunto Bernabé García, la Sala Constitucional dio un buen ejemplo de cómo debe ser la revisión de sentencias de control difuso. Allí se hizo un análisis detenido sobre la constitucionalidad o no del artículo 62 del Reglamento de la Ley Orgánica del Trabajo que desaplicó mediante control difuso un juez superior. Lo mismo sucedió en otro caso contenido en las sentencias 340/2004, del 9 de marzo de 2004, asunto Germán Macero Beltrán, así como la 607/2004, del 21 de abril de 2004, asunto Juan Martínez y otro.

Sin embargo, cabe advertir que aun después de la entrada en vigencia de la Ley Orgánica del Tribunal Supremo de Justicia, la Sala Constitucional ha ratificado la aplicación de los criterios establecidos en la sentencia del caso Corpoturismo a los casos de revisión de sentencias. Así lo señaló la sentencia 1992/2004, del 8 de septiembre de 2004, dictada en el caso Peter Hofle Szabo. Esa sentencia expresó lo siguiente:

> ... observa la Sala que la competencia para conocer en revisión de una sentencia dictada por otro tribunal de la República, quedaría en principio delimitada con fundamento en el numeral 16 del artículo 5° de la ley que rige las funciones de este alto tribunal, a los siguientes supuestos: las sentencias definitivamente firmes de amparo constitucional, y las sentencias de control difuso de la constitucionalidad de leyes o normas jurídicas, dictadas por los demás tribunales de la República.

Sin embargo, la disposición constitucional estudiada (artículo 336.10) sigue teniendo supremacía sobre la tantas veces comentada Ley Orgánica del Tribunal Supremo de Justicia, por lo que los cuatro (4) supuestos que posee la Sala de manera extraordinaria, excepcional, restringida y discrecional, como potestad para revisar sentencias en desarrollo del numeral 10 del artículo 336 de la Constitución y que se encuentran regulados en la sentencia del 6 de febrero de 2001 (caso Corporación de Turismo de Venezuela), siguen vigentes y en dichos casos procederá la revisión de oficio o a instancia de parte. Así se decide.

Al respecto, no podemos dejar de señalar que es sumamente cuestionable que la Sala Constitucional pretenda seguir aplicando a la revisión de sentencias los criterios establecidos en la sentencia Corpoturismo, especialmente cuando ella misma ha reconocido mediante la sentencia 3126/2004, del 15 de diciembre de 2004, caso Ana Victoria Uribe Flores, que la Ley Orgánica del Tribunal Supremo de Justicia impuso límites a la facultad de revisión de esa Sala.

V. Reflexiones finales

El control difuso ha tenido cierto desarrollo en Venezuela desde la entrada en vigencia de la Constitución de 1999. Aspectos importantes de esa modalidad de control de la constitucionalidad han tenido que ser desarrollados por la jurisprudencia de la Sala Constitucional a falta de una regulación legal detallada en la materia. Quizá la deficiencia más importante de la Ley Orgánica del Tribunal Supremo de Justicia promulgada en 2004 ha sido precisamente la pobre regulación que ha hecho de los diversos mecanismos de control de la constitucionalidad, entre ellos, del control difuso.

La Sala Constitucional ha mostrado una evidente tendencia a desbocarse. Así lo demuestra su jurisprudencia en materias como la revisión, el avocamiento y el recurso de interpretación constitucional. El peligro de esa tendencia es que se ha distorsionado el sentido de importantes aspectos del sistema venezolano de justicia constitucional. Señalar, como lo ha hecho la Sala Constitucional en su jurisprudencia, que los jueces no pueden ejercer el control difuso de la constitucionalidad con base en la interpretación de principios constitucionales es, sin duda, una distorsión del sentido y alcance que tiene y ha tenido históricamente el control difuso de la constitucionalidad en Venezuela, pero lo más grave es que representa una violación abierta y grotesca de la Constitución.

El poder de la Sala Constitucional tiene límites: la Constitución y las leyes que regulan su funcionamiento y competencias, entre éstas, la Ley Orgánica del Tribunal Supremo de Justicia. La Sala Constitucional no puede seguir actuando como si su poder no tuviera límites.

Como lo indicamos al tiempo en que entró en vigencia la Constitución de 1999, si bien el texto constitucional establece los principios y la regulación necesaria para el fortalecimiento de la justicia constitucional en Venezuela, se hace indispensable trabajar en una la Ley Orgánica de la Jurisdicción Constitucional que permita garantizar la eficacia y adecuado funcionamiento de ese sistema.[35]

Pero lo anterior, como también hemos señalado en el pasado,[36] no es suficiente, es necesario que los magistrados de la Sala Constitucional en su actuación mantengan *self-restraint* (autocontrol) y prudencia, cualidades éstas que hoy en día constituyen verdaderos parámetros de actuación de las salas y tribunales constitucionales en el derecho comparado.

---

35 Haro, José Vicente, "La justicia constitucional en Venezuela y la Constitución de 1999", *cit.*, nota 1, pp. 192 y 193.

36 *Ibidem*, p. 193.

2. Juicio de Constitucionalidad

3. FIGURAS EMBLEMÁTICAS DE LA JUSTICIA CONSTITUCIONAL EN VENEZUELA

Mariolga QUINTERO*
Alberto BLANCO-URIBE QUINTERO**

SUMARIO: I. *Introducción*. II. *Las formas de ejercicio de la justicia constitucional en Venezuela*. III. *Las figuras emblemáticas de la justicia constitucional en Venezuela*. IV. *Aspectos específicos de estas figuras emblemáticas*.

I. INTRODUCCIÓN

Uno, si no el más trascendente, de los grandes problemas que ha debido afrontar el constitucionalismo contemporáneo es el de la defensa judicial y/o jurisdiccional de la Constitución y, con ella, particularmente de los derechos humanos fundamentales, vale decir, pura y simplemente, de la libertad, o del libre desenvolvimiento de la personalidad, en un Estado constitucional y democrático, sin que al respecto importe si liberal o social.

Muchas han sido las denominaciones con las cuales se ha querido cobijar al conjunto de mecanismos jurisdiccionales o no, cuya finalidad es la de garantizar la supremacía constitucional y, con ella, esencia vital, la libertad del ser humano, como síntesis de todos y cada uno de los derechos fundamentales de los que como simple ser humano resulta titular

---

*   Profesora de Derecho procesal civil en pregrado y en la Especialización de Derecho procesal en las universidades Central de Venezuela y Católica Andrés Bello.

** Profesor de Derecho constitucional en la Universidad Central de Venezuela, miembro del Instituto Venezolano de Estudios de Derecho Procesal (Invedepro) y del Instituto Iberoamericano de Derecho Procesal.

("todo hombre nace libre e igual", reza la Declaración de los Derechos del Hombre y del Ciudadano, Revolución francesa, 1789).

Así, hemos leído acerca de las denominaciones de "justicia constitucional", "jurisdicción constitucional", "derecho procesal constitucional", "derecho constitucional procesal", "control de constitucionalidad", etcétera, con sus respectivos propugnadores y detractores, con pretensiones omnicomprensivas de todo el fenómeno garantista de la libertad, con vista tanto de las herramientas no jurisdiccionales dadas por figuras como el mediador, el ombudsman, el defensor del pueblo y otras, como de los mecanismos propiamente jurisdiccionales, sean judiciales o no, dentro de los cuales se suelen citar la acción de amparo constitucional, el *habeas corpus*, el *habeas data*, la acción o recurso de inconstitucionalidad, el control difuso de constitucionalidad, la cuestión de inconstitucionalidad, el control previo de la constitucionalidad de leyes o tratados internacionales, los recursos de interpretación constitucional, los recursos por omisión legislativa, y tantas otras figuras, cuyo conocimiento en algunos sistemas jurídicos se acuerda monopolísticamente a un órgano estatal autónomo e independiente de las otras ramas del poder público, generalmente llamado tribunal, corte o consejo constitucional; mientras que en otros se estiman competencia propia del Poder Judicial, sea que conozcan de ellos todos o algunos de los jueces o tribunales según los casos, o solamente la corte o tribunal supremo de justicia.

Nosotros, sin más (por no ser tema de estudio en esta oportunidad), estimamos apropiadas y sinónimas las apelaciones de derecho procesal constitucional y de justicia constitucional, por ser, sin duda, generales, en el entendido de que el enfoque de esta nueva ciencia es eminentemente adjetivo o procesal, pero con un objeto muy preciso, a saber, que mediando la matización de la teoría general del proceso, por medio de lo que se conoce como la constitucionalización del proceso, lo que se persigue es asegurar la supremacía de la Constitución,[1] como requisito indispensa-

---

1   *Artículo 7°* de la Constitución venezolana: "La Constitución es la norma suprema y el fundamento del ordenamiento jurídico. Todas las personas y los órganos que ejercen el Poder Público están sujetos a esta Constitución".

Artículo 19 de la Constitución venezolana: "El Estado garantizará a toda persona, conforme al principio de progresividad y sin discriminación alguna, el goce y ejercicio irrenunciable, indivisible e interdependiente de los derechos humanos. Su respeto y garantía son obligatorios para los órganos del Poder Público de conformidad con la Constitución, los tratados sobre derechos humanos suscritos y ratificados por

ble para el logro de los fines del Estado,[2] hacia la materialización de los valores de libertad plena y de justicia real.[3]

En este orden de ideas, la transformación, tan importante en nuestro ámbito sociopolítico y jurídico iberoamericano, que tuvo lugar en pleno siglo XX y que nos condujo de un constitucionalismo nominal, donde la Constitución no traducía otra cosa que un mero desideratum de principios y voluntades de orden político, a ser juridizado mediante leyes emanadas de los parlamentos, al actual constitucionalismo normativo, que entiende al texto fundamental o carta magna como una auténtica ley suprema que, por lo tanto, ha de ser efectiva, coercitiva, directa y preferentemente aplicada como tal (como refuerzo complementario del carácter rígido propio de la mayor parte de las Constituciones que se circunscriben en la concepción racional normativa), representó sin duda uno de los grandes pasos de la humanidad, en su búsqueda hacia el perfeccionamiento de las formas democráticas de legitimidad del poder público.

No obstante, el establecimiento real del Estado constitucional y democrático de derecho indefectiblemente pasaba por conceder algún tipo de solución a la gran pregunta que se estaban formulando una y otra vez los constitucionalistas: ¿cómo garantizar judicial y/o jurisdiccionalmente la vigencia plena y efectiva de la Constitución, en particular respecto a la adecuación del resto del ordenamiento jurídico, y en especial de las leyes y demás actos jurídicos con rango y fuerza de ley, a sus preceptos?

Y dos fueron los mecanismos ideados a ese fin, cuya versión venezolana ahora presentamos.

---

la República y las leyes que los desarrollen". Artículo 137 de la Constitución venezolana: "La Constitución y la ley definirán las atribuciones de los órganos que ejercen el Poder Público, a las cuales deben sujetarse las actividades que realicen".

2   *Artículo 3°* de la Constitución venezolana: "El Estado tiene como fines esenciales la defensa y el desarrollo de la persona y el respeto a su dignidad, el ejercicio democrático de la voluntad popular, la construcción de una sociedad justa y amante de la paz, la promoción de la prosperidad y bienestar del pueblo y la garantía del cumplimiento de los principios, derechos y deberes consagrados en esta Constitución".

3   *Artículo 2°* de la Constitución venezolana: "Venezuela se constituye en un Estado democrático y social de Derecho y de Justicia, que propugna como valores superiores de su ordenamiento jurídico y de su actuación, la vida, la libertad, la justicia, la igualdad, la solidaridad, la democracia, la responsabilidad social y en general, la preeminencia de los derechos humanos, la ética y el pluralismo político". Artículo 257 de la Constitución venezolana: "El proceso constituye un instrumento fundamental para la realización de la justicia".

II. LAS FORMAS DE EJERCICIO DE LA JUSTICIA CONSTITUCIONAL EN VENEZUELA

Solamente a manera de ilustración, que nos permita apreciar adecuadamente el extendido de la justicia constitucional o del derecho procesal constitucional en Venezuela, según el marco emanado del ordenamiento jurídico puesto en vigencia con la Constitución de 1999, hoy vigente, y desarrollado por la Ley Orgánica del Tribunal Supremo de Justicia de 2004, antes de entrar en la materia propia que nos hemos propuesto destacar, de manera descriptiva, pero ampliada con los criterios jurisprudenciales, en las secciones ulteriores, a continuación se hace el siguiente inventario.

De este modo, de acuerdo con las previsiones constitucionales y legales, el contenido y alcance de la justicia constitucional o del derecho procesal constitucional en Venezuela vienen determinados por las atribuciones reconocidas al Poder Judicial y al llamado poder ciudadano, mediando la consagración simultánea de garantías tanto jurisdiccionales (y en nuestro caso también judiciales), como no jurisdiccionales, por la institución del defensor del pueblo. Veamos:

Siguiendo lo establecido en la Constitución, por el título V "De la organización del poder público nacional", capítulo III "Del Poder Judicial y del sistema de justicia", sección segunda "Del Tribunal Supremo de Justicia", encontramos que el artículo 262 instituye, dentro del Tribunal Supremo de Justicia, la denominada Sala Constitucional, verdadera jurisdicción constitucional del país, con tan amplias facultades como las que gozan los tribunales constitucionales en el derecho comparado, allí donde existen separados del Poder Judicial y de las otras ramas del poder público. De hecho, para que no haya dudas al respecto, el artículo 266, numeral 1 y aparte final, le confiere el ejercicio de la jurisdicción constitucional, mediando indispensable remisión al título VIII "De la protección de la Constitución", capítulo I "De la garantía de la Constitución", donde el artículo 334, *in fine*, dispone que: "Corresponde exclusivamente a la Sala Constitucional del Tribunal Supremo de Justicia como jurisdicción constitucional, declarar la nulidad de las leyes y demás actos de los órganos que ejercen el Poder Público dictados en ejecución directa e inmediata de la Constitución o que tengan rango de ley".

Asume, pues, nuestro constituyente, en el dispositivo previamente trascrito, la más clásica definición de "jurisdicción constitucional", en estricto sentido, aunque de naturaleza judicial, que sin duda viene complementada por la norma del sucesivo artículo 335:

> El Tribunal Supremo de Justicia garantizará la supremacía y efectividad de las normas y principios constitucionales; será el máximo y último intérprete de la Constitución y velará por su uniforme interpretación y aplicación. Las interpretaciones que establezca la Sala Constitucional sobre el contenido o alcance de las normas y principios constitucionales son vinculantes para las otras Salas del Tribunal Supremo de Justicia y demás tribunales de la República.

Sin embargo, el detalle de lo que en definitiva significa el ejercicio de la jurisdicción constitucional, por parte de la Sala Constitucional del Tribunal Supremo de Justicia, viene compilado en el artículo 336, pero de forma ejemplificativa (o como "mínimo minimorun"), pues se deja al legislador la posibilidad de conceder otras facultades:

> Son atribuciones de la Sala Constitucional del Tribunal Supremo de Justicia:
>
> 1. Declarar la nulidad total o parcial de las leyes nacionales y demás actos con rango de ley de los cuerpos legislativos nacionales que colidan con esta Constitución.[4]
>
> 2. Declarar la nulidad total o parcial de las Constituciones y leyes estadales, de las ordenanzas municipales y demás actos de los cuerpos deliberantes de los Estados y Municipios dictados en ejecución directa e inmediata de la Constitución y que colidan con ésta.[5]

4　*Artículo 5°* numeral 6, de la Ley Orgánica del Tribunal Supremo de Justicia: "Declarar la nulidad total o parcial de las leyes nacionales y demás actos con rango de ley de la Asamblea Nacional, que colidan con la Constitución de la República Bolivariana de Venezuela, mediante el ejercicio del control concentrado de la constitucionalidad. La sentencia que declare la nulidad total o parcial deberá publicarse en la Gaceta Oficial de la República Bolivariana de Venezuela, determinando expresamente sus efectos en el tiempo".

5　*Artículo 5°* numeral 7, de la Ley Orgánica del Tribunal Supremo de Justicia: "Declarar la nulidad total o parcial de las Constituciones y leyes estadales, de las ordenanzas municipales y demás actos de los cuerpos deliberantes de los Estados, Municipios y del Distrito Capital, dictados en ejecución directa e inmediata de la Constitución y que colidan con ella, mediante el ejercicio del control concentrado de la constitucionalidad. La sentencia que declare la nulidad total o parcial deberá publicarse en la Gaceta Oficial de la República Bolivariana de Venezuela y en la Gaceta Oficial Estadal o Municipal que corresponda, determinando expresamente sus efectos en el tiempo".

3. Declarar la nulidad total o parcial de los actos con rango de ley dictados por el Ejecutivo Nacional que colidan con esta Constitución.[6]

4. Declarar la nulidad total o parcial de los actos en ejecución directa e inmediata de la Constitución, dictados por cualquier otro órgano estatal en ejercicio del Poder Público.[7]

5. Verificar, a solicitud del presidente o presidenta de la República o de la Asamblea Nacional, la conformidad de la Constitución con los tratados internacionales suscritos por la República antes de su ratificación.[8]

6. Revisar, en todo caso, aun de oficio, la constitucionalidad de los decretos que declaren estados de excepción dictados por el presidente o presidenta de la República.

7. Declarar la inconstitucionalidad de las omisiones del legislador o la legisladora nacional, estadal o municipal, cuando haya dejado de dictar las normas o medidas indispensables para garantizar el cumplimiento de la Constitución, o las haya dictado en forma incompleta, y establecer el plazo y, de ser necesario, los lineamientos de su corrección.[9]

---

6 *Artículo 5°* numeral 8, de la Ley Orgánica del Tribunal Supremo de Justicia:

"Declarar la nulidad total o parcial de los actos con rango de ley dictados por el Ejecutivo Nacional, que colidan con la Constitución de la República Bolivariana de Venezuela, mediante el ejercicio del control concentrado de la constitucionalidad. La sentencia que declare la nulidad total o parcial deberá publicarse en la Gaceta Oficial de la República Bolivariana de Venezuela".

7 *Artículo 5°* numeral 9, de la Ley Orgánica del Tribunal Supremo de Justicia:

"Declarar la nulidad total o parcial de los actos dictados por cualquier órgano en ejercicio del Poder Público, en ejecución directa e inmediata de la Constitución de la República Bolivariana de Venezuela, cuando colidan con ésta y que no sean reputables como actos de rango legal".

8 *Artículo 5°* numeral 10, de la Ley Orgánica del Tribunal Supremo de Justicia:

"Verificar, a solicitud del Presidente o Presidenta de la República o de la Asamblea Nacional, la conformidad con la Constitución de la República Bolivariana de Venezuela, de los Tratados Internacionales suscritos por la República antes de su ratificación".

9 *Artículo 5°* numeral 12, de la Ley Orgánica del Tribunal Supremo de Justicia:

"Declarar la inconstitucionalidad de las omisiones del Poder Legislativo Municipal, Estadal o Nacional cuando haya dejado de dictar las normas o medidas indispensables para garantizar el cumplimiento de la Constitución de la República Bolivariana de Venezuela, o las haya dictado en forma incompleta, y establecer el plazo y, de ser necesario, los lineamientos generales esenciales para su corrección, sin que ello implique usurpación de funciones de otro órgano del Poder Público, o extralimitación de atribuciones".

8. Resolver las colisiones que existan entre diversas disposiciones legales y declarar cuál de éstas debe prevalecer.

9. Dirimir las controversias constitucionales que se susciten entre cualesquiera de los órganos del Poder Público.

10. Revisar las sentencias de amparo constitucional y de control de constitucionalidad de leyes o normas jurídicas dictadas por los Tribunales de la República, en los términos establecidos por la ley orgánica.

11. Las demás que establezcan esta Constitución y la ley.

Ahora bien, además de lo anterior, es el caso que el ya citado artículo 334 instaura igualmente, al lado de este típico caso de jurisdicción constitucional concentrada, el sistema de control difuso de la constitucionalidad, al prever, como ya lo hacía la legislación procesal civil preconstitucional (aplicable supletoriamente a todos los ámbitos del proceso), que:

Todos los jueces o juezas de la República, en el ámbito de sus competencias y conforme a lo previsto en esta Constitución y en la ley, están en la obligación de asegurar la integridad de la Constitución.

En caso de incompatibilidad entre esta Constitución y una ley u otra norma jurídica, se aplicarán las disposiciones constitucionales, correspondiendo a los tribunales en cualquier causa, aún de oficio, decidir lo conducente.

Y, por supuesto, se cuenta también con garantías constitucionales no jurisdiccionales, como la derivada del establecimiento de la figura del defensor del pueblo, circunscrito dentro de la estructura constitucional del denominado poder ciudadano, ya que, acorde con el artículo 280, "La Defensoría del Pueblo tiene a su cargo la promoción, defensa y vigilancia de los derechos y garantías establecidos en esta Constitución y los tratados internacionales sobre derechos humanos, además de los intereses legítimos, colectivos y difusos, de los ciudadanos".

Siendo que, conforme con el artículo 281:

Son atribuciones del Defensor o Defensora del Pueblo (entre otras):

1. Velar por el efectivo respeto y garantía de los derechos humanos consagrados en esta Constitución y en los tratados, convenios y acuerdos internacionales sobre derechos humanos ratificados por la República, investigando de oficio o a instancia de parte las denuncias que lleguen a su conocimiento.

3. Interponer las acciones de inconstitucionalidad, amparo, habeas corpus, habeas data y las demás acciones o recursos necesarios para ejer-

cer las atribuciones señaladas en los ordinales anteriores, cuando fuere procedente de conformidad con la ley.

Empero, volviendo a las garantías jurisdiccionales, que en nuestro sistema son igualmente judiciales y no necesariamente concentradas, se observan la acción de amparo constitucional, comprensiva del *habeas corpus*[10] y el *habeas data*.[11]

Y también, aunque ahora sí de carácter concentrado en la Sala Constitucional del Tribunal Supremo de Justicia, actuando como "jurisdicción constitucional", tenemos el llamado control concentrado "a priori", en su versión clásica, es decir, a iniciativa del jefe del Estado (presidente de la República), mediante el ejercicio del denominado "veto presidencial", y posible solamente antes de que la ley sea promulgada,[12] pero aunado a

---

10 *Artículo 27* de la Constitución venezolana: "Toda persona tiene derecho a ser amparada por los tribunales en el goce y ejercicio de los derechos y garantías constitucionales, aun de aquellos inherentes a la persona que no figuren expresamente en esta Constitución o en los instrumentos internacionales sobre derechos humanos.

El procedimiento de la acción de amparo constitucional será oral, público, breve, gratuito y no sujeto a formalidad, y la autoridad judicial competente tendrá potestad para restablecer inmediatamente la situación jurídica infringida o la situación que más se asemeje a ella. Todo tiempo será hábil y el tribunal lo tramitará con preferencia a cualquier otro asunto.

La acción de amparo a la libertad o seguridad podrá ser interpuesta por cualquier persona, y el detenido o detenida será puesto bajo la custodia del tribunal de manera inmediata, sin dilación alguna.

El ejercicio de este derecho no puede ser afectado, en modo alguno, por la declaración del estado de excepción o de la restricción de garantías constitucionales".

11 *Artículo 28* de la Constitución venezolana: "Toda persona tiene derecho de acceder a la información y a los datos que sobre sí misma o sobre sus bienes consten en registros oficiales o privados, con las excepciones que establezca la ley, así como de conocer el uso que se haga de los mismos y su finalidad, y a solicitar ante el tribunal competente la actualización, la rectificación o la destrucción de aquellos, si fuesen erróneos o afectasen ilegítimamente sus derechos. Igualmente, podrá acceder a documentos de cualquier naturaleza que contengan información cuyo conocimiento sea de interés para comunidades o grupos de personas. Queda a salvo el secreto de las fuentes de información periodística y de otras profesiones que determine la ley".

12 *Artículo 214* de la Constitución venezolana: "El Presidente o Presidenta de la República promulgará la ley dentro de los diez días siguientes a aquel en que la haya recibido. Dentro de ese lapso podrá, con acuerdo del Consejo de Ministros, solicitar a la Asamblea Nacional, mediante exposición razonada, que modifique alguna de las disposiciones de la ley o levante la sanción a toda la ley o parte de ella.

...

otros tipos de control concentrado "a priori", a iniciativa al parecer igualmente del presidente de la República, pero limitado a la determinación de la correcta asignación del carácter orgánico a una ley, antes de su promulgación, el uno, y a la conformidad constitucional de los decretos con rango y fuerza de ley que pueda dictar el Poder Ejecutivo, mediando Ley Habilitante.[13]

Descolla el control sobre la constitucionalidad de los decretos a través de los cuales el presidente de la República, en Consejo de Ministros y bajo circunstancias de emergencia comprobada, haya declarado un estado de excepción, y subsiguiente restricción de derechos y garantías constitucionales no absolutos, que tiene la particularidad de que la Sala Constitu-

---

Cuando el Presidente o Presidenta de la República considere que la ley o alguno de sus artículos es inconstitucional solicitará el pronunciamiento de la Sala Constitucional del Tribunal Supremo de Justicia, en el lapso de diez días que tiene para promulgar la misma. El Tribunal Supremo de Justicia decidirá en el término de quince días contados desde el recibo de la comunicación del Presidente o Presidenta de la República. Si el Tribunal negare la inconstitucionalidad invocada o no decidiere en el lapso anterior, el Presidente o Presidenta de la República promulgará la ley dentro de los cinco días siguientes a la decisión del Tribunal o al vencimiento de dicho lapso". Artículo 5o., numeral 21 de la Ley Orgánica del Tribunal Supremo de Justicia: "Conocer de la solicitud de pronunciamiento, efectuada por el Presidente de la República, sobre la inconstitucionalidad de las leyes sancionadas por la Asamblea Nacional, de conformidad con lo previsto en el artículo 214 de la Constitución de la República Bolivariana de Venezuela".

13   *Artículo 203* de la Constitución venezolana: "Son leyes orgánicas las que así denomina esta Constitución; las que se dicten para organizar los poderes públicos o para desarrollar los derechos constitucionales y las que sirvan de marco normativo a otras leyes. Todo proyecto de ley orgánica, salvo aquel que la propia Constitución así califica, será previamente admitido por la Asamblea Nacional, por el voto de las dos terceras partes de los y las integrantes presentes antes de iniciarse la discusión del respectivo proyecto de ley. Esta votación calificada se aplicará también para la modificación de las leyes orgánicas. Las leyes que la Asamblea Nacional haya calificado de orgánicas serán remitidas, antes de su promulgación a la Sala Constitucional del Tribunal Supremo de Justicia, para que se pronuncie acerca de la constitucionalidad de su carácter orgánico. La Sala Constitucional decidirá en el término de diez días contados a partir de la fecha de recibo de la comunicación. Si la Sala Constitucional declara que no es orgánica la ley perderá este carácter". Artículo 5° numeral 17, de la Ley Orgánica del Tribunal Supremo de Justicia: "Conocer, antes de su promulgación, la constitucionalidad del carácter orgánico de las leyes dictadas por la Asamblea Nacional, y de los Decretos con Fuerza de Ley que dicte el Presidente de la República en Consejo de Ministros mediante Ley Habilitante".

cional del Tribunal Supremo de Justicia, en esos casos graves, puede actuar de oficio.[14]

Finalmente, entre muchas otras atribuciones ya enunciadas precedentemente, conviene resaltar la revisión de sentencias, a cargo de la Sala Constitucional del Tribunal Supremo de Justicia, en su condición de intérprete máximo de la Constitución, que se ha definido como una solicitud y no como un recurso o acción, por ser una facultad potestativa (cercana, pero no con el mismo alcance del sistema del *certiorary*), en varios supuestos.[15]

---

14 *Artículo 339* de la Constitución venezolana: "El Decreto que declare el estado de excepción, en el cual se regulará el ejercicio del derecho cuya garantía se restringe, será presentado, dentro de los ocho días siguientes a su promulgación, a la Asamblea Nacional, o a la Comisión Delegada, para su consideración y aprobación, y a la Sala Constitucional del Tribunal Supremo de Justicia, para que se pronuncie sobre su constitucionalidad. El Decreto cumplirá con las exigencias, principios y garantías establecidos en el Pacto Internacional de Derechos Civiles y Políticos y en la Convención Americana sobre Derechos Humanos. El Presidente o Presidenta de la República podrá solicitar su prórroga por un plazo igual, y será revocado por el Ejecutivo Nacional o por la Asamblea Nacional o por su Comisión Delegada, antes del término señalado, al cesar las causas que lo motivaron". Artículo 336 de la Constitución venezolana: "Son atribuciones de la Sala Constitucional del Tribunal Supremo de Justicia: ... 6. Revisar, en todo caso, aun de oficio, la constitucionalidad de los decretos que declaren estados de excepción dictados por el Presidente o Presidenta de la República". Artículo 5o., numeral 11, de la Ley Orgánica del Tribunal Supremo de Justicia: "Revisar, en todo caso, aun de oficio, la constitucionalidad de los decretos que declaren estados de excepción dictados por el Presidente o Presidenta de la República".

15 *Artículo 336*, numeral 10, de la Constitución venezolana: "Revisar las sentencias de amparo constitucional y de control de constitucionalidad de leyes o normas jurídicas dictadas por los Tribunales de la República". Artículo 5°, numeral 16, de la Ley Orgánica del Tribunal Supremo de Justicia: "Revisar las sentencias definitivamente firmes de amparo constitucional y control difuso de la constitucionalidad de leyes o normas jurídicas, dictadas por los demás tribunales de la República". Artículo 5°, numeral 4, de la Ley Orgánica del Tribunal Supremo de Justicia: "Revisar las sentencias dictadas por una de las Salas, cuando se denuncie fundamentadamente la violación de principios jurídicos fundamentales contenidos en la Constitución de la República Bolivariana de Venezuela, Tratados, Pactos o Convenios Internacionales suscritos y ratificados válidamente por la República, o que haya sido dictada como consecuencia de un error inexcusable, dolo, cohecho o prevaricación; asimismo podrá avocarse al conocimiento de una causa determinada, cuando se presuma fundamentadamente la violación de principios jurídicos fundamentales contenidos en la Constitución de la Re-

Y la posibilidad, quizá única en el derecho comparado, que tiene la Sala Constitucional del Tribunal Supremo de Justicia, cuando alguna de las otras salas (de Casación Civil, de Casación Penal, de Casación Social, Político-Administrativa y Electoral), mediando sentencia definitiva, ejerce el control difuso de la constitucionalidad, de revisar de oficio el tema (aunque con absoluto respeto al principio de seguridad jurídica, dejando incólume la cosa juzgada sobre el fondo del proceso) y, tras un análisis abstracto, de estimar que efectivamente la norma legal desaplicada está afectada de inconstitucionalidad, proceder a la respectiva declaratoria de nulidad, con efectos *erga omnes*.[16]

III. LAS FIGURAS EMBLEMÁTICAS DE LA JUSTICIA CONSTITUCIONAL EN VENEZUELA

Tal como fue anteriormente evocado, lo que hemos decidido catalogar como "figuras emblemáticas" de la justicia constitucional o del derecho procesal constitucional son los controles jurisdiccionales de constitucionalidad de las leyes y demás actos normativos con rango y fuerza de ley, uno concentrado y otro difuso, presentes, ambos, en el derecho venezolano. Como podemos recordar, en gran parte del mundo anglosajón, concretamente en el modelo de origen pretoriano adoptado desde el siglo XIX por los Estados Unidos de América, se optó -y así ha venido construyéndose en su sistema de precedente judicial y jurisprudencial, en forma tradicional- por lo que se ha denominado "control difuso de la constitucionalidad de las leyes", donde la decisión sobre la adecuación de las normas infra o subconstitucionales a la Constitución queda en manos de los jueces y tribunales ordinarios, vale decir del Poder Judicial, de manera que al administrar justicia en cada caso concreto (al decir el derecho

---

pública Bolivariana de Venezuela, Tratados, Pactos o Convenios Internacionales suscritos y ratificados válidamente por la República, aun cuando por razón de la materia y en virtud de la ley, la competencia le esté atribuida a otra Sala".

16 *Artículo 5°* numeral 22, de la Ley Orgánica del Tribunal Supremo de Justicia:

"Efectuar, en Sala Constitucional, examen abstracto y general sobre la constitucionalidad de una norma previamente desaplicada mediante control difuso de la constitucionalidad por una Sala del Tribunal Supremo de Justicia, absteniéndose de conocer sobre el mérito y fundamento de la sentencia pasada con fuerza de cosa juzgada".

-*iurisdictio*-), observamos que judicial y jurisdiccionalmente va precisando el significado de la voluntad constituyente.

Los regímenes europeos continentales, a diferencia de lo anterior, tomaron partido por un sistema conocido como "control concentrado de la constitucionalidad de las leyes", basados en los postulados de Hans Kelsen, quien propugnó la creación de un tribunal *ad hoc*, a la sazón Tribunal Constitucional, para llevar a cabo esta función, cimentado en una estructura jurídica de jerarquía normativa, con la norma fundamental en su cúspide, dado el temor en la época tanto al "gobierno de los jueces" como al compromiso de los jueces con los cambios sociales requeridos.

Algunas cuestiones que planteaba la creación de dicho Tribunal Constitucional fueron resolviéndose durante su concreción en los textos constitucionales, como su legitimidad democrática de origen, su funcionamiento o la naturaleza de su función, así como la necesaria subordinación de todo órgano del poder público a sus decisiones.

Ahora bien, el nombre de "control difuso de la constitucionalidad de las leyes" lo usó por primera vez Carl Schmitt en los años treinta y luego Piero Calamandrei, en los años cincuenta, lo fundamentó más ampliamente, para terminar siendo aplicado al modelo americano o norteamericano de control de constitucionalidad, es decir, al llamado pura y simplemente sistema americano o norteamericano, en el cual se daba esa función de control, en principio, a todos los jueces o, en todo caso, a los jueces más representativos como cabeceras de condado, de distrito, o de Estado.

Esa función o facultad de control de constitucionalidad se adjudicaba a los jueces para ser ejercida exclusivamente de forma incidental, a raíz de un proceso, en un caso concreto, involucrando verdaderos actores o partes procesales jurídicamente conflictuadas, y produciendo consecuencias inmediatas. Esas son las características esenciales que definen la naturaleza jurídica del llamado control difuso de la constitucionalidad de las leyes, por ello tenido como un tipo de control subjetivo, concreto e indirecto.

Este sistema de control es lo que califica, digamos, al citado sistema americano o norteamericano, aunque es posible, en ciertas circunstancias, "mutatis, mutandis", encontrarlo en el indicado modelo o sistema europeo, cuando, por ejemplo, el reclamo, la queja o la advertencia vienen formulados por un particular, dentro de un caso judicial concreto. En efecto, no es privativo del sistema americano o norteamericano, lo que pasa es que es característico del mismo, pero también se puede dar coexistiendo con el sistema europeo (concentrado), dentro de sus propios límites, o en sistemas mal tenidos como "mixtos", por contener armónicamente ambos modelos, como ocurre en varios países latinoamericanos, entre ellos Venezuela.

El sistema europeo se materializa, esencialmente, a través del ejercicio, ante un órgano jurisdiccional *ad hoc* adscrito o completamente independiente del Poder Judicial, de la acción o recurso de inconstitucionalidad, de amplia (desde la exigencia de algún tipo de interés jurídico particularizado hasta la acción popular) o restringida (a ciertos órganos representativos -legisladores- o no -altos funcionarios del Poder Ejecutivo, Ministerio Público, defensor del pueblo, etcétera-) legitimación activa, desencadenando un control abstracto, especie de juicio de puro o mero derecho, y lo que se busca es una suerte de análisis teórico, general, entre una norma constitucional superior y una inferior, con rango o fuerza de ley, que aparentemente la colisiona.

Por estas razones se le conoce como sistema de control concentrado u objetivo, que es una modalidad típicamente europea continental, que nació para evitar problemas y roces con el Parlamento, por parte de los jueces y tribunales; vale decir, que surge el control abstracto como acción para excluir conflictos políticos o jurídico-políticos con el Parlamento, impidiendo causar problemas al Poder Judicial. Existen antecedentes en América Latina, específicamente en Venezuela, entre otros, aunque es un modelo perfeccionado en Europa y vinculado fundamentalmente con los tribunales constitucionales europeos, donde destaca la actividad del Tribunal Constitucional español, que en mucho ha encontrado inspiración en la obra jurisdiccional de los tribunales constitucionales alemán e italiano.

De hecho, Venezuela se circunscribe dentro de lo que se ha mal dado en llamar un sistema "mixto" de control de la constitucionalidad de la ley, en el cual coexisten tanto el control concentrado, abstracto, directo u objetivo, a cargo de la Sala Constitucional del Tribunal Supremo de Justicia, como el control difuso, concreto, indirecto o subjetivo, confiado a todo juez o tribunal, ambos imprescriptibles y de naturaleza "a posteriori", por corresponder a leyes u otras normas con rango o fuerza de ley ya promulgadas o entradas en vigencia, según los casos, y con previsión también del denominado control concentrado "a priori", a iniciativa del jefe del Estado (presidente de la República), posible solamente antes de que la norma sea promulgada, y en las diferentes versiones ya mencionadas anteriormente (leyes del Parlamento, carácter orgánico eventual, tratados internacionales y decretos con rango de ley en virtud de Ley Habilitante).

Muchas son, pues, las formas de ejercicio de la justicia constitucional, o mecanismos jurisdiccionales propios del derecho procesal constitucional, para lograr la salvaguarda de la libertad, mediando la tutela de la supremacía constitucional, en provecho de todos, mediata o inmediatamente, en el derecho comparado, no solamente iberoamericano y latinoamericano. Empero, únicamente dos de ellas, acorde con la evolución de las instituciones jurídico políticas en la materia, pueden recibir en nuestro concepto el epíteto de "figuras emblemáticas", que no son otras que los controles jurisdiccionales de constitucionalidad de las leyes y demás actos normativos con rango y fuerza de ley, uno concentrado y otro difuso, presentes ambos en el derecho venezolano, y a cuyo tratamiento particular le dedicaremos estas líneas.

A continuación, con fines ilustrativos se transcriben ciertos fragmentos de algunas sentencias de la Sala Constitucional del Tribunal Supremo de Justicia, en esta materia, presentados en orden cronológico:

Al respecto, observa esta Sala Constitucional que el precepto cuya aplicación se solicitó, dispone:

"*Artículo 20*. Cuando la ley vigente, cuya aplicación se pida, colidiere con alguna disposición constitucional, los Jueces aplicarán ésta con preferencia".

La transcrita norma legal contiene lo que la doctrina y jurisprudencia han denominado el control difuso de la constitucionalidad, de acuerdo con el cual el juez, aún de oficio, puede desaplicar una norma legal vigente cuya aplicación se haya solicitado, si considera que su contenido colide con una norma constitucional. Tal potestad, establecida en las disposiciones fundamentales del Código de Procedimiento Civil, está atribuida a todos y cada uno de los funcionarios que ejercen la magistratura en toda la república, indistintamente del grado, nivel o jerarquía del Tribunal a su cargo, y así ha sido entendido pacífica y reiteradamente desde la consagración de tal instituto en el ordenamiento jurídico venezolano, es decir, que la potestad contenida en el inserto precepto legal puede y debe ser instrumentada por cualquier juez cuando ello resultare necesario.

En el presente caso, se observa, que habiendo sido solicitado del Juzgado Superior Quinto de lo Contencioso Tributario de la Circunscripción Judicial del Área Metropolitana de Caracas, un pronunciamiento acerca de la desaplicación de una norma legal, contenida en el Código Orgánico Tributario, dicho Juzgado estaba obligado a determinar si efectivamente la aplicación de la misma al caso sometido a su conocimiento, resultaba o no, violatoria de los derechos y garantías constitucionales invocados como violados con su aplicación, por lo que no debió el juez a quo expresar, con una fórmula que revela una evidente ignorancia del derecho, que no poseía facultades para declarar la inconstitucionalidad de la norma cuyo empleo en el caso bajo examen se estaba cuestionando.

Así, se observa que el primer aparte del artículo 334 constitucional establece:

"...

En caso de incompatibilidad entre esta Constitución y una ley u otra norma jurídica, se aplicarán las disposiciones constitucionales, correspondiendo a los tribunales en cualquier causa, aún de oficio, decidir lo conducente".

De tal manera que, considera esta Sala Constitucional que, no sólo constituía una obligación legal de la referida juez superior quinto de lo Contencioso Tributario, el pronunciarse y posteriormente desaplicar, de ser procedente, la norma cuya desaplicación le fue solicitada, sino que además se trataba de un imperativo que le imponía de manera directa una disposición constitucional.

Por lo que, en virtud de lo expresado y en ejercicio de la tuición constitucional que ejerce esta Sala, la misma considera procedente la nulidad de la sentencia impugnada, proferida por el Juzgado Superior Quinto de lo Contencioso Tributario y se ordena al mencionado Juzgado Superior que dicte nueva sentencia en la que se pronuncie acerca de lo solicitado por el actor, y así se declara.[17]

Asimismo, ha destacado la Sala Constitucional del Tribunal Supremo de Justicia la diferencia entre el llamado control difuso, indirecto, concreto o subjetivo y el control concentrado, directo, abstracto u objetivo. Veamos:

Debe esta Sala, con miras a unificar la interpretación sobre el artículo 334 de la vigente Constitución, y con carácter vinculante, señalar en qué consiste el control difuso, y en qué consiste el control concentrado de la Constitución.

---

17 Sentencia de la Sala Constitucional del Tribunal Supremo de Justicia, 2 de abril de 2001, magistrado ponente: Antonio J. García García, caso: *Industrias Lucky Plas, C.A.*, *http://www.tsj.gov.ve/decisiones/sc/abril/620-020501-01-0106.htm.*

El artículo 334 de la Constitución reza:

"Todos los jueces o juezas de la República, en el ámbito de sus competencias y conforme a lo previsto en esta Constitución y en la ley, están en la obligación de asegurar la integridad de esta Constitución.

En caso de incompatibilidad entre esta Constitución y una ley u otra norma jurídica, se aplicarán las disposiciones constitucionales, correspondiendo a los tribunales en cualquier causa, aún de oficio, decidir lo conducente.

Corresponde exclusivamente a la Sala Constitucional del Tribunal Supremo de Justicia como jurisdicción constitucional, declarar la nulidad de las leyes y demás actos de los órganos que ejercen el Poder Público dictados en ejecución directa e inmediata de la Constitución o que tengan rango de ley, cuando colidan con aquélla".

Consecuencia de dicha norma es que corresponde a todos los jueces (incluso los de la jurisdicción alternativa) asegurar la integridad de la Constitución, lo cual adelantan mediante el llamado control difuso.

Dicho control se ejerce cuando en una causa de cualquier clase que está conociendo el juez, éste reconoce que una norma jurídica de cualquier categoría (legal, sublegal), que es incompatible con la Constitución. Caso en que el juez del proceso, actuando a instancia de parte o de oficio, la desaplica (la suspende) para el caso concreto que está conociendo, dejando sin efecto la norma en dicha causa (y sólo en relación a ella), haciendo prevalecer la norma constitucional que la contraría.

Por lo tanto, el juez que ejerce el control difuso, no anula la norma inconstitucional, haciendo una declaratoria de carácter general o particular en ese sentido, sino que se limita a desaplicarla en el caso concreto en el que consideró que los artículos de la ley invocada, o hasta la propia ley, coliden con la Constitución.

La declaratoria general de inconstitucionalidad de una o un conjunto de normas jurídicas (leyes), corresponde con exclusividad a la Sala Constitucional del Tribunal Supremo de Justicia, quien, ante la colisión, declara, con carácter *erga omnes*, la nulidad de la ley o de la norma inconstitucional. Dicha declaratoria es diferente a la desaplicación de la norma, tratándose de una decisión de nulidad que surte efectos generales (no para un proceso determinado) y contra todo el mundo. Mientras que los tribunales de la república, incluyendo las salas del Tribunal Supremo de Justicia diferentes a la constitucional, pueden ejercer sólo el control difuso. Las salas Constitucional y Político Administrativa pueden ejercer el control difuso en una causa concreta que ante ellas se ventile, y el control concentrado mediante el juicio de nulidad por inconstitucionalidad, cuyo conocimiento a ellas corresponde. La máxima jurisdicción constitucional se refiere al control concentrado, el cual es un control por vía de acción, que lo ejerce la Sala Constitucional, conforme al artículo 336 constitucional y, en ciertos casos, la Sala Político Administrativa.

Conforme al artículo 334 aludido, el control difuso sólo lo efectúa el juez sobre normas (lo que a juicio de esta Sala incluye las contractuales) y no sobre actos de los órganos que ejercen el poder público, así ellos se dicten en ejecución directa e inmediata de la Constitución.

No debe confundirse el control difuso, destinado a desaplicar normas jurídicas, con el poder que tiene cualquier juez como garante de la integridad de la Constitución, de anular los actos procesales que atenten contra ella o sus principios, ya que en estos casos, el juzgador cumple con la obligación de aplicar la ley, cuya base es la Constitución.

Distinta es la situación del juez que desaplica una norma porque ella colide con la Constitución, caso en que la confrontación entre ambos dispositivos (el constitucional y el legal) debe ser clara y precisa.

Esto último, conlleva a la pregunta ¿si en ejercicio del control difuso un juez puede interpretar los principios constitucionales, y con base en ellos, suspender la aplicación de una norma?

Fuera de la Sala Constitucional, debido a las facultades que le otorga el artículo 335 de la Constitución vigente, con su carácter de máximo y última intérprete de la Constitución y unificador de su interpretación y aplicación, no pueden los jueces desaplicar o inaplicar normas, fundándose en principios constitucionales o interpretaciones *motu proprio* que de ellas hagan, ya que el artículo 334 comentado no expresa que según los principios constitucionales, se adelante tal control difuso. Esta es función de los jueces que ejercen el control concentrado, con una modalidad para el derecho venezolano, cual es que sólo la interpretación constitucional que jurisdiccionalmente haga esta Sala, es vinculante para cualquier juez, así esté autorizado para realizar control concentrado.

Ahora bien, el juez al aplicar el derecho adjetivo, debe hacerlo ceñido a la Constitución, adaptándose en sus actuaciones a lo constitucional, y por ello sin que se trate de un control difuso, sino de aplicación de la ley, puede anular los actos procesales que contraríen a la Constitución, y sus principios. Este actuar amoldado a la Constitución es parte de su obligación de asegurar la integridad constitucional y, dentro de la misma, el juez debe rechazar en su actividad todo lo que choque con la Constitución.

Conforme a lo expuesto, la defensa y protección de los derechos fundamentales corresponde a todos los jueces, los que los ejercen desde diversas perspectivas: mediante el control difuso y, otros, mediante el control concentrado; pero todo este control corresponde exclusivamente a actos netamente jurisdiccionales, sin que otros órganos del Poder Público, ni siquiera en la materia llamada cuasi-jurisdiccional, puedan llevarlo a cabo. El artículo 334 constitucional es determinante al respecto.

A diferencia de otros países (donde existen tribunales constitucionales) en Venezuela -siendo parte del Poder Judicial- se encuentra la Sala Constitucional del Tribunal Supremo de Justicia, a la cual corresponde la jurisdicción constitucional, pero tal jurisdicción no tiene una cobertura total en el control concentrado.

El artículo 334 de la Constitución crea la jurisdicción constitucional, la cual corresponde a la Sala Constitucional.

La jurisdicción constitucional tiene encomendado el control concentrado de la Constitución. Ese control concentrado, que corresponde con exclusividad a la Sala Constitucional conforme al artículo 334 antes citado, otorga competencia a esta Sala para declarar la nulidad de:

1) Leyes;

2) Actos de los órganos que ejercen el poder público, dictados en ejecución directa e inmediata de la Constitución;

3) Actos de los órganos que ejercen el poder público que tengan rango de ley.

El artículo 336 *eiusdem*, aclara la enumeración del artículo 334 en su tercer parágrafo, y considera leyes:

1) Las nacionales emanadas de la Asamblea Nacional (numeral 1);

2) Actos con rango de ley, emanados de la Asamblea Nacional (numeral 2);

3) Constituciones estadales (numeral 2);

4) Leyes estadales (numeral 2);

5) Ordenanzas municipales (numeral 2);

6) Actos con rango de ley dictados por el Ejecutivo Nacional (numeral 3).

De este último tipo de actos, los decretos leyes dictados por el Ejecutivo (artículo 336, numeral 10), producto de leyes habilitantes, son actos con rango de ley, y como leyes son de igual naturaleza que la normativa dictada por la Sala Plena de este Tribunal Supremo de Justicia en el ejercicio del artículo 267 constitucional.

Planteado así la interpretación de los artículos 334, 335 y 336 de la Constitución, ¿en materia de control concentrado de la Constitución tiene alguna competencia la Sala Político Administrativa?

Con base en que el artículo 335 constitucional otorga al Tribunal Supremo de Justicia la garantía, supremacía y efectividad de las normas y principios constitucionales, se ha argüido que las Salas del Tribunal Supremo de Justicia ejercen tal garantía, pero de la letra del artículo y de lo que, en teoría, corresponde a la jurisdicción constitucional, lo que se evidencia es que es a la Sala Constitucional a quien se refiere el artículo 335 y no a las otras salas del Tribunal Supremo de Justicia, ya que dicha norma establece que el Tribunal Supremo de Justicia es el máximo y último intérprete de la Constitución, y a continuación establece: "Las interpretaciones que establezca la Sala Constitucional sobre el contenido y alcance de las normas y principios constitucionales son vinculantes para las otras Salas del Tribunal Supremo de Justicia y demás tribunales de la República".

Por lo tanto, el artículo 335 no está otorgando a ninguna sala distinta a la Constitucional, ningún tipo de control concentrado, sino sólo el control difuso, ya que si no ¿cómo entender que siendo el Tribunal Supremo el máximo y último intérprete de la Constitución, sea la Sala Constitucional la que establece interpretaciones vinculantes para las otras salas?

Sin embargo, el artículo 266 de la Constitución, en su numeral 5, atribuye a la Sala Político Administrativa de este Tribunal Supremo: "Declarar la nulidad total o parcial de los reglamentos y demás actos administrativos generales o individuales del Ejecutivo Nacional, cuando sea procedente".

Se da así, al reglamento, naturaleza de acto administrativo y, como tal, se le coloca en el mismo plano de las resoluciones ministeriales, que son los demás actos a que se refiere el artículo transcrito; a pesar que el numeral 5 del artículo 266 citado, no se refiere a la nulidad por inconstitucional. La Sala Político Administrativa ha venido sosteniendo que -fundada además en la Ley Orgánica de la Corte Suprema de Justicia-, es competente para conocer de tales nulidades, compartiendo con la Sala Constitucional el control concentrado. ¿Realmente es así?

A juicio de esta Sala, y aunque el numeral 5 de la mencionada norma constitucional no lo establezca expresamente, al Reglamento -como acto administrativo- le dio, el constituyente, una connotación distinta a los "actos con rango de ley" que dicta el Ejecutivo Nacional que, en consecuencia, son otros, como los decretos leyes que, previa autorización por una ley habilitante, puede dictar el Ejecutivo (artículo 236, numeral 8 de la Constitución), por lo que la jurisdicción constitucional para el control concentrado está compartida en Venezuela entre la Sala Constitucional y la Sala Político Administrativa; pues, esta última también conoce de la inconstitucionalidad de los actos de los órganos estadales en ejercicio del poder público que no respondan a la aplicación directa e inmediata de la Constitución. Sin embargo, la estructura constitucional conduce a que la jurisdicción constitucional, ejercida por la Sala Político Administrativa, esté supeditada en cuanto a las interpretaciones constitucionales, a las emitidas -con efecto vinculante- por la Sala Constitucional.

El control concentrado de la Sala Constitucional no consiste en el conocimiento de la constitucionalidad de toda norma pública (normas generales) y de todos los actos del poder público, ya que la Sala Político Administrativa ejerce un control mediato de la inconstitucionalidad, motivo por el cual el artículo 336 de la vigente Constitución, se refiere con respecto a la competencia de la Sala Constitucional, a actos de los órganos estadales en ejecución directa e inmediata de la Constitución.

Como expresa Pablo Pérez Tremps en su obra *Tribunal Constitucional y Poder Judicial* (Centro de Estudios Constitucionales, p. 116) "determinar qué violación es mediata y cuál inmediata no es tarea sencilla, ya que hay manifestaciones jurídicas inmediatamente subordinadas a la Constitución distinta de las leyes, por contener la carta fundamental normas materiales dirigidos a todos los poderes públicos y no sólo normas para la creación de normas. La constitucionalidad no está en la actualidad referida sólo a las leyes, sino a todas las actuaciones de los poderes públicos" y, en consecuencia, a los actos de los jueces y tribunales, como apunta Pérez Tremps (p. 118). Dada esa amplitud, todos lo conflictos derivados de la aplicación de la norma constitucional no pueden ser atribuidos al conocimiento de la jurisdicción constitucional *stricto sensu* (tribunales constitucionales, en Venezuela, Sala Constitucional), y por ello, al existir categorías jurídicas, que a veces rompen la relación de subordinación inmediata entre Constitución, leyes, reglamentos, actos en ejecución inmediata o mediata del texto fundamental, tienen a su vez que existir categorías en la jurisdicción, respecto al control concentrado de la carta fundamental. Siendo la Constitución la cúspide del ordenamiento jurídico, tanto en lo formal como en lo material, no puede prescindirse de ella en la aplicación e interpretación de todo el ordenamiento, por lo que todos los jueces, y no sólo los de la jurisdicción constitucional, están en el deber de mantener su integridad, y de allí, surge el control difuso, así como las extensiones señaladas del control concentrado.[18]

Y, sobre la evidente competencia de todo juez, para ejercer el control difuso, indirecto, concreto o subjetivo de la constitucionalidad, la Sala Constitucional del Tribunal Supremo de Justicia venezolano ha sostenido:

Finalmente, aprecia esta Sala que el Juzgado Segundo Superior de lo Contencioso Tributario de la Circunscripción Judicial del Distrito Federal y Estado Miranda, hoy Área Metropolitana de Caracas, desaplicó, en el caso de autos, la Ordenanza sobre el Régimen de Contingencia a la cual deberán someterse los contribuyentes a quienes se les determinen impuestos complementarios por reparos fiscales, que sancionó el Concejo del Municipio Rosario de Perijá, a través del control difuso de la constitucionalidad -artículo 20 del Código de Procedimiento Civil-, por considerarla violatoria de los derechos a la defensa y a la libertad económica que establecieron los artículos 68 y 96 de la Constitución derogada, *análisis que esta Sala estima ajustado a derecho, por cuanto cualquier juez tiene la facultad de la desaplicación de aquella disposición que colida con la Constitución, porque ésta es la norma suprema* (cursivas del autor).[19]

Ahora bien, vistos los antecedentes jurisprudenciales citados, se puede observar que lo que distingue un recurso o acción de inconstitucionalidad, para el ejercicio del control concentrado, directo, abstracto u objeti-

---

18   Sentencia de la Sala Constitucional del Tribunal Supremo de Justicia, magistrado ponente Jesús Eduardo Cabrera Romero, caso: *Instituto Autónomo Policía Municipal de Chacao*, del 25 de mayo de 2001, exp. núm. 00-2106, *http://www.tsj.gov.ve/ decisiones/ sc/mayo/250501-00-2106.htm.*

19   Sentencia de la Sala Constitucional del Tribunal Supremo de Justicia, magistrado ponente Pedro Rondón Haaz, caso: *Compañía Occidental de Hidrocarburos, Inc.*, 19 de junio de 2002, exp. núm. 00-1345, *http://www.tsj.gov.ve/decisiones/ scon/ Junio/1328-190602-00-1345%20.htm.*

vo de la constitucionalidad, de una petición referida al control difuso, indirecto, concreto o subjetivo de la constitucionalidad, aparte del tema de la competencia judicial, que en lo primero está monopolísticamente confiado a la Sala Constitucional del Tribunal Supremo de Justicia, como jurisdicción constitucional, sin duda, y en lo segundo se atribuye por igual a todos los jueces de la república, dentro del ámbito de los casos que están llamados a conocer, sin discrepancia alguna, es la pretensión procesal involucrada en el actuar del justiciable.

Así, si lo que se pide es la anulación abstracta, con efectos *erga omnes*, del o de los dispositivos legales o texto completo de leyes u otros actos jurídicos con rango o fuerza de ley, se trata de una acción o recurso de inconstitucionalidad, que pone en movimiento el control concentrado, directo, abstracto u objetivo de la constitucionalidad, siendo ello del conocimiento privativo de la Sala Constitucional del Tribunal Supremo de Justicia como jurisdicción constitucional, sin más.

Pero si lo que se clama es por la simple desaplicación en concreto a un caso particular, dentro de un proceso determinado y preexistente, de uno o más dispositivos legales o texto completo de leyes u otros actos jurídicos con rango y fuerza de ley, por adolecer de un vicio de inconstitucionalidad que lo afecta integralmente, se asiste al planteamiento de una "cuestión de inconstitucionalidad" incidental, cuya competencia corresponde, en primera instancia, sólo al tribunal de la causa.

Son dos medios de garantía judicial y jurisdiccional de vigencia del principio de supremacía de la Constitución para asegurar la estabilidad y vigencia constitucional de la sociedad democrática.

IV. ASPECTOS ESPECÍFICOS DE ESTAS FIGURAS EMBLEMÁTICAS

1. *El objeto del control: actos jurídicos con rango o fuerza de ley*

La normativa jurídica, como vimos antes, acuerda al Tribunal Supremo de Justicia, en Sala Constitucional, como garante superior de la vigencia efectiva del principio de supremacía constitucional y de intérprete máximo de la Constitución, en ejercicio de la jurisdicción constitucional concentrada, y en el desempeño de la facultad potestativa de revisar las decisiones judiciales que, en el ejercicio de la justicia constitucional, hayan llevado a cabo el control difuso de la constitucionalidad, facultad para: declarar la nulidad total o parcial de "las leyes nacionales y demás actos con rango de ley de los cuerpos legislativos nacionales" que colidan con la Constitución; declarar la nulidad total o parcial de "las Constituciones y leyes estadales, de las ordenanzas municipales y demás actos de los cuerpos deliberantes de los estados y municipios dictados en ejecución directa e inmediata de la Constitución" y que colidan con ella; declarar la nulidad total o parcial de "los actos con rango de ley dictados por el Ejecutivo nacional" que colidan con la Constitución; declarar la nulidad total o parcial de "los actos en ejecución directa e inmediata de la Constitución, dictados por cualquier otro órgano estatal" en ejercicio del poder público; verificar la conformidad de la Constitución con "los tratados internacionales" suscritos por la República antes de su ratificación; revisar la constitucionalidad de "los decretos que declaren estados de excepción" dictados por el presidente de la República, y revisar las sentencias de amparo constitucional y de control de constitucionalidad de "leyes o normas jurídicas" dictadas por los tribunales de la república. Estas expresiones calificadoras de actos jurídico-públicos, usadas por el constituyente, de "leyes nacionales y demás actos con rango de ley de los cuerpos legislativos nacionales", donde se incluyen, claro está, las leyes formales[20] emanadas de la Asamblea Nacional, tanto las leyes orgánicas[21] como las leyes ordinarias[22] y las leyes habilitantes,[23] y los denominados actos parlamentarios sin forma le ley, donde descollan los reglamentos parlamentarios (*interna corporis acta*),[24] entre otros; "Constituciones y leyes

---

20 *Artículo 202* de la Constitución venezolana: "La ley es el acto sancionado por la Asamblea Nacional como cuerpo legislador".

21 *Artículo 203* de la Constitución venezolana: "Son leyes orgánicas las que así denomina esta Constitución; las que se dicten para organizar los poderes públicos o para desarrollar los derechos constitucionales y las que sirvan de marco normativo a otras leyes".

22 *Artículo 187*, numeral 1, de la Constitución venezolana: "Corresponde a la Asamblea Nacional: 1. Legislar en las materias de la competencia nacional y sobre el funcionamiento de las distintas ramas del Poder Nacional...".

23 *Artículo 203* de la Constitución venezolana: "... Son leyes habilitantes las sancionadas por la Asamblea Nacional por las tres quintas partes de sus integrantes, a fin de establecer las directrices, propósitos y el marco de las materias que se delegan al Presidente o Presidenta de la República, con rango y valor de ley. Las leyes de base deben fijar el plazo de su ejercicio".

24 *Artículo 187*, numeral 19, de la Constitución venezolana: "Corresponde a la Asamblea Nacional: ... Dictar su reglamento...".

estadales, ordenanzas municipales y demás actos de los cuerpos deliberantes de los estados y municipios[25] dictados en ejecución directa e inmediata de la Constitución", Constituciones, leyes y ordenanzas que emanan, respectivamente, de los consejos legislativos estadales, las dos primeras, y de los concejos o cámaras municipales, las últimas; "actos con
rango de ley dictados por el Ejecutivo nacional", como lo son los decretos leyes y los decretos legislativos, a más de otros decretos contentivos
de actos de gobierno; "actos en ejecución directa e inmediata de la Constitución, dictados por cualquier otro órgano estatal"; "tratados internacionales", a excepción de los que versen sobre derechos humanos, los cuales
tienen explícitamente reconocido el rango constitucional; y, "decretos
que declaren estados de excepción", que conllevan a la suspensión o restricción temporal y emergente de garantías constitucionales, por orden del
Poder Ejecutivo nacional, aprobación política de la Asamblea Nacional y
determinación de su conformidad constitucional, a cargo de la Sala Constitucional del Tribunal Supremo de Justicia; si empleamos la idea surgida
de la jurisprudencia y doctrina venezolanas, desde hace tiempo asumida
por el constituyente venezolano, giran alrededor de la noción general y
englobadora de todos ellos, de actos de ejecución directa e inmediata de
la Constitución, es decir, mediante los cuales alguno de los órganos del
poder público cumple sus funciones constitucionales, sin intermediación
de acto jurídico infra o subconstitucional de ningún tipo.

---

25   Pues Venezuela adopta la forma de un Estado federal, cuyos municipios, como los
      estados de la Federación, además, gozan de autonomía normativa para el desarrollo
      directo de preceptos de la Constitución nacional. Artículo 4° de la Constitución ve-
      nezolana: "La República Bolivariana de Venezuela es un Estado Federal descentra-
      lizado en los términos consagrados por esta Constitución, y se rige por los principios
      de integridad territorial, cooperación, solidaridad, concurrencia y corresponsabili-
      dad". Artículo 162, numeral 1, de la Constitución venezolana: "El Poder Legislativo
      se ejercerá en cada Estado por un Consejo Legislativo conformado por un número
      no mayor de quince ni menor de siete integrantes, quienes proporcionalmente repre-
      sentarán a la población del Estado y a los Municipios. El Consejo Legislativo tendrá
      las atribuciones siguientes: 1. Legislar sobre las materias de la competencia esta-
      dal...". Artículo 164, numeral 1, de la Constitución venezolana: "Es de la competen-
      cia exclusiva de los Estados: 1. Dictar su Constitución para organizar los poderes
      públicos, de conformidad con lo dispuesto en esta Constitución...". Artículo 175 de
      la Constitución venezolana: "La función legislativa del Municipio corresponde al
      Concejo, integrado por concejales elegidos o concejalas elegidas en la forma esta-
      blecida en esta Constitución, en el número y condiciones de elegibilidad que deter-
      mine la ley".

Estos actos jurídico-públicos de ejecución directa e inmediata de la Constitución se sitúan, por tanto, en la jerarquía de las fuentes del derecho venezolano, a continuación seguida de la propia Constitución, encarnando lo que se ha dado en llamar el "bloque de la legalidad",[26] junto a las leyes formales, y, tengan o no contenido normativo, se conocen generalmente como los otros actos jurídico-públicos con rango o fuerza de ley.

En este orden de ideas, el artículo 334 *in fine* de la Constitución venezolana asimila perfectamente las concepciones de actos de ejecución directa e inmediata de la Constitución y actos con rango de ley.[27]

Es, pues, en Venezuela, esta noción de actos con rango de ley, entendida mayormente como actos dictados en ejecución directa e inmediata de la Constitución, lo que representa, como "bloque de la legalidad", el objeto del control de la constitucionalidad, tanto del control concentrado confiado exclusivamente al Tribunal Supremo de Justicia, en Sala Constitucional, como del control difuso a cargo de todos los jueces y tribunales del país.

Solamente resta aclarar, aunque pueda ello resultar evidente, que en cuanto se trata del control difuso de la constitucionalidad, el objeto del control vendrá dado únicamente por aquellos actos con rango de ley que tengan contenido normativo, pues se trata de la labor del juez de encontrar la norma pertinente y aplicable a un caso concreto, para resolver un litigio particular en curso.

Por eso, el citado artículo 334, pero en su segundo párrafo, como igualmente el mencionado artículo 336, numeral 10, al referirse a este tipo de control de la constitucionalidad, hablan de la posible incompatibilidad entre la Constitución y una "ley u otra norma jurídica", y del control de constitucionalidad de "leyes o normas jurídicas", en el entendido de que tales "normas jurídicas" han de ser, en principio, necesariamente con rango o fuerza de ley.

---

26 Parámetro del control de legalidad de los actos jurídico-públicos infra o sublegales, donde destacan los actos administrativos de efectos particulares, que llevan a cabo los tribunales con competencia en lo contencioso administrativo y en lo contencioso tributario.

27 "Corresponde exclusivamente a la Sala Constitucional del Tribunal Supremo de Justicia como jurisdicción constitucional, declarar la nulidad de las leyes y demás actos de los órganos que ejercen el Poder Público dictados en ejecución directa e inmediata de la Constitución o que tengan rango de ley".

Empero, se dice en principio, por cuanto en atención a la indefectible supremacía constitucional, nada obstaría a que el juez desaplicara a un caso concreto, en virtud de ejercer el control difuso de la constitucionalidad, como ha llegado a pasar, normas reglamentarias y otras de rango infra o sublegal, en forma directa o por otros motivos,[28] cuando no existe ley específica en la materia.

2. *El parámetro del control: el bloque de la constitucionalidad*

El concepto de "bloque de la constitucionalidad", que fuera primigeniamente concebido por el Consejo Constitucional francés, para luego extenderse pacíficamente por los diversos ordenamientos jurídicos de

---

28 En el caso *Fábrica de Aparatos de Aire Acondicionado, C.A. (FAACA)*, la recurrente pidió la desaplicación por control difuso de la constitucionalidad de la resolución núm. 32 emanada del Servicio Nacional Integrado de Administración Aduanera y Tributaria (Seniat), supuestamente por ser contraria a los principios constitucionales que rigen la distribución de las competencias funcionariales dentro de las administraciones públicas. Sin embargo, el Juzgado Superior Noveno de lo Contencioso Tributario de la Circunscripción Judicial del Área Metropolitana de Caracas, en su sentencia núm. 049/2003 del 21 de febrero de 2003, lo negó, no porque no fuese posible tener actos infra o sublegales como objeto del control difuso de la constitucionalidad, asunto que más bien deja establecido ("... se pueden señalar dos presupuestos para que opere la desaplicación invocada: i) cualquier ley, incluyendo actos de rango sub-legal y ii) la disposición constitucional de cuya confrontación resulta la antinomia..."), sino en razón de que el tema de la competencia debe ser determinado por norma de rango legal, y ninguna con esa categoría es identificada como lesiva de la Constitución. Más elocuente resulta la sentencia núm. 135/2004 del 17 de noviembre de 2004, caso: *Shell Venezuela Productos, C.A.,* en la cual el Juzgado Superior Noveno de lo Contencioso Tributario de la Circunscripción Judicial del Área Metropolitana de Caracas, al cual se pidió que desaplicara por inconstitucionales ciertas normas de rango infra o sublegal, de carácter reglamentario ("que en ejercicio de función del control difuso de la constitucionalidad de los actos de la administración pública, desaplique en el presente caso los artículos 75 y 76 del Reglamento de la Ley del Impuesto al Valor Agregado de 1999"), expresó: "no se evidencia exceso interpretativo en los artículos 75 y 76 del Reglamento del Impuesto al Valor Agregado o exceso reglamentario con respecto al asiento cronológico que debe hacer el contribuyente en el libro de ventas o en el libro de compras, lo que se observa es una definición clara de lo que deben realizar las personas sometidas la texto de la norma. Así se declara". Pero la propia Sala Constitucional del Tribunal Supremo de Justicia, en su sentencia del 25 de mayo de 2001, caso: *Instituto Autónomo Policía Municipal de Chacao*, ha ido mas lejos, al indicar que: "Conforme al artículo 334 aludido, el control difuso sólo lo efectúa el juez sobre normas (lo que a juicio de esta Sala incluye las contractuales)...".

fundamento occidental, parte de la idea según la cual, bajo una inspiración marcadamente racional iusnaturalista, las normas dogmáticas esenciales no se agotan en lo que explícitamente pueda contener el texto constitucional, dentro del marco de la noción racional normativa de Constitución, donde descolla la escritura, sobre lo consuetudinario.

En otras palabras, la Constitución no es solamente la Constitución, o mejor, la Constitución va mas allá del texto fundamental o carta magna, donde lo escrito en ésta se integra a una serie de postulados y principios superiores, de igual o incluso mayor jerarquía jurídica que ésta, la precedan no en el tiempo,[29] y que para evitar confusiones, en lugar de emplear la palabra Constitución en un sentido restrictivo, para referirse al texto mismo redactado y aprobado por el Poder Constituyente, y en un sentido amplio, para incluir esos otros postulados y principios que muchas veces no están escritos, se guarda la palabra Constitución para el primer sentido solamente, y lo demás, aunado a ella, se llama "bloque de la constitucionalidad", cuyo alcance puede, sin embargo, variar de un país a otro.

Pues bien, este denominado "bloque de la constitucionalidad",[30] situado en consecuencia en la cúspide del ordenamiento jurídico, en la máxima jerarquía normativa de las fuentes del derecho interno, es lo que viene a representar el parámetro del control de la constitucionalidad de la ley y otros actos jurídico-públicos con rango o fuerza de ley, tanto en lo que concierne a las reglas de fondo (inconstitucionalidad material o sustantiva, sea literal o teleológica) como en cuanto a las reglas procedimentales (inconstitucionalidad formal o adjetiva).

---

29 Piénsese, por ejemplo, en los principios dogmáticos preestatales, como el contenido en las declaraciones internacionales de derechos humanos, dentro de los cuales destaca el de que "todo hombre nace libre e igual".

30 El concepto de "bloque de la constitucionalidad" ya recibe cotidiana aceptación en la jurisprudencia venezolana, como puede apreciarse de la sentencia núm. 0440 de la Sala Político-Administrativa del Tribunal Supremo de Justicia, del 11 de mayo de 2004, donde se lee: "No puede sostenerse, que por la circunstancia de que la retención del gasto sea un fenómeno independiente de las características intrínsecas del mismo (como lo serían los conceptos de necesidad y normalidad, o de vinculación con el proceso de producción de rentas), no deba ser considerado como un requisito de admisibilidad de la deducción, ya que el legislador, mientras respete el bloque de la constitucionalidad, tiene libertad para establecer los requisitos que considere necesarios para alcanzar los fines tanto fiscales como extrafiscales de la tributación". Márquez Barroso, Raúl Gustavo, *Tendencias del Contencioso Tributario*, t. I, p. 258.

La primera ampliación experimentada en Venezuela, en el campo de lo constitucional, como yendo más lejos del mero texto fundamental, vino dada por la consagración por la Constitución de la cláusula del "numerus apertus" en materia de derechos humanos, desde hace mucho presente en el constitucionalismo venezolano, y hoy contenida en el artículo 22[31] de la Constitución.

Es de destacarse que no se remite en esta norma a los tratados, pactos y convenios internacionales reguladores de derechos humanos, pues esos textos tienen un tratamiento especial como veremos luego. Por el contrario, se trata de mecanismos interpretativos que pueden conducir al órgano jurisdiccional, mediante el análisis, por ejemplo, de la Declaración Universal de los Derechos Humanos de la Organización de las Naciones Unidas (ONU), de 1948, de la Declaración Americana sobre Derechos Humanos de la Organización de Estados Americanos (OEA), de 1947 y del preámbulo de la Constitución, publicado precediéndola en la misma Gaceta Oficial, a la convicción de la vigencia de derechos humanos inherentes a la persona humana, no contenidos en la enumeración o catálogo del texto constitucional ni en tratados internacionales sobre derechos humanos.

También en materia de derechos humanos, el artículo 23 de la Constitución, reconoce expresamente rango constitucional a los tratados internacionales vinculados a tales derechos fundamentales,[32] que incluso pre-

---

31 "La enunciación de los derechos y garantías contenidos en esta Constitución y en los instrumentos internacionales sobre derechos humanos no debe entenderse como negación de otros que, siendo inherentes a la persona, no figuren expresamente en ellos. La falta de ley reglamentaria de estos derechos no menoscaba el ejercicio de los mismos".

32 "Los tratados, pactos y convenciones relativos a derechos humanos, suscritos y ratificados por Venezuela, tienen jerarquía constitucional y prevalecen en el orden interno, en la medida en que contengan normas sobre su goce y ejercicio más favorables a las establecidas por esta Constitución y la ley de la República, y son de aplicación inmediata y directa por los tribunales y demás órganos del poder público". Resulta remarcable la sentencia del 28 de marzo de 2003, dictada por el Juzgado Superior Séptimo de lo Contencioso Tributario de la Circunscripción Judicial del Área Metropolitana de Caracas, caso: *Comercializadora Agropecuaria El Cafeto, C.A.*, contra reparo del Municipio Sucre del Estado Portuguesa, en la cual se utilizó como parámetro de control el artículo 8.1 de la Convención Americana sobre Derechos Humanos o Pacto de San José de Costa Rica, para desaplicar por vía de control difuso de la constitucionalidad el artículo 263 del Código Orgánico Tributario de 2001, por menoscabar el derecho de acceso a la justicia: "El numeral 1 del artículo

valecen sobre la propia Constitución, de llegar a ser más favorables (aplicación particular del principio del "favor libertatis").

Igualmente forman parte del "bloque de la constitucionalidad" en Venezuela todos aquellos llamados principios de derecho generalmente aceptados por las naciones civilizadas (en el vocabulario del Estatuto de la Corte Internacional de Justicia, artículo 38), hoy denominados principios de derecho generalmente aceptados por las naciones o simplemente principios de general aceptación, que junto al *ius cogens* conforman la dogmática universal, y que no sean incompatibles con los postulados del texto constitucional, al no lesionar el orden público interno. Si los tratados internacionales en materia de derechos humanos están por encima de la Constitución, estos principios se hallan por debajo de ella, pero integrando todos el "bloque de la constitucionalidad", que, por tanto, admite niveles diferenciales a su interior.

En otro orden de ideas, partiendo de que el Tribunal Supremo de Justicia es el máximo y último intérprete de la Constitución, debiendo velar

---

8° del Pacto de San José de Costa Rica no sólo proscribe el «solve et repete» (entendido como requisito o condición de admisibilidad para la acción judicial), sino que también garantiza una instancia de control judicial previa al pago del reclamo fiscal controvertido, reconociendo expresamente de esta manera un derecho que todos los Estados partes tienen la obligación de respetar y garantizar su libre y pleno ejercicio. Admitiendo que nuestro ordenamiento jurídico satisface los requerimientos del Pacto de San José de Costa Rica, es indudable que en toda controversia tributaria la acción judicial que se interponga tiene efecto suspensivo de la obligación del pago del tributo en discusión; como consecuencia de ello, los principios de legitimidad y ejecutoriedad del acto administrativo consagrados en nuestra legislación deben interpretarse sistemáticamente con el numeral 1 del artículo 8° del Pacto, entendiéndose que la ejecutoriedad en materia fiscal sólo se configura luego de la pertinente discusión de la misma en un proceso con todas las garantías judiciales... En conclusión, este juzgador estima procedente la desaplicación por control difuso de la constitucionalidad de la ley, en el presente caso, de la disposición contenida en el artículo 263 del Código Orgánico Tributario por imperio de lo establecido en el segundo aparte del artículo 334 de la Constitución de la República Bolivariana de Venezuela, en concordancia con el artículo 20 del Código de Procedimiento Civil, toda vez que el citado artículo al permitir la ejecución anticipada del acto recurrido, es decir, el cobro del tributo cuya existencia, validez, legalidad y veracidad aún es objeto de discusión en sede judicial, condiciona el acceso a la justicia, por cuanto conlleva a exigir a los particulares el pago de los montos recurridos o la constitución de cauciones que resultan excesivamente gravosas, las cuales no admitirán otra interpretación sino aquella que actúa como desestímulo al ejercicio pleno del derecho a la defensa y a la tutela judicial efectiva de los particulares".

por su uniforme interpretación y aplicación, reconociendo a la Sala Constitucional el carácter vinculante de sus decisiones, para todos los jueces y tribunales, incluyendo a los magistrados de las otras salas, es evidente que las decisiones o sentencias emanadas de la Sala Constitucional del Tribunal Supremo de Justicia, claro que exclusivamente en interpretación de preceptos constitucionales, en ejercicio o no del control concentrado, directo, abstracto y objetivo de constitucionalidad, en cuanto concierne al cumplimiento de la función estatal jurisdiccional, son obligatorias e integran el "bloque de la constitucionalidad".

Por otro lado, además se han venido incluyendo dentro del "bloque de la constitucionalidad" una serie de actos jurídico-públicos que si bien son de ejecución directa e inmediata de la Constitución, por lo que están llamados a tener rango y fuerza de ley, en casos específicos se les reputa como "actos constitucionales", por servir de parámetro de la validez de otros actos jurídico-públicos, emanados de otras ramas del poder público, con rango o fuerza de ley, y que son objeto del control de la constitucionalidad. Veamos:

Las leyes habilitantes,[33] como parámetro de la constitucionalidad de los decretos legislativos;[34] a Ley Orgánica sobre Estados de Excepción,[35] el acto parlamentario sin forma de ley por el cual la Asamblea Nacional o su comisión delegada, aprueba o desaprueba, acuerda o rechaza su prórroga, o revoca, el respectivo decreto, así como la sentencia de la Sala Constitucional del Tribunal Supremo de Justicia que "a priori" declara la constitucionalidad o inconstitucionalidad del referido decreto, como parámetro de la constitucionalidad de los decretos declaratorios de estados de excepción y que en consecuencia restringen o suspenden garantías constitucionales;[36] el acto parlamentario sin forma de ley por el cual la

---

33 *Artículo 203* de la Constitución venezolana: "Son leyes habilitantes las sancionadas por la Asamblea Nacional por las tres quintas partes de sus integrantes, a fin de establecer las directrices, propósitos y el marco de las materias que se delegan al Presidente o Presidenta de la República, con rango y valor de ley".

34 *Artículo 236*, numeral 8, de la Constitución venezolana: "Son atribuciones y obligaciones del Presidente o Presidenta de la República: ... Dictar, previa autorización por una ley habilitante, decretos con fuerza de ley...".

35 *Artículo 338* "in fine" de la Constitución venezolana: "Una ley orgánica regulará los estados de excepción y determinará las medidas que pueden adoptarse con base en los mismos".

36 *Artículo 236*, numeral 7, de la Constitución venezolana: "Son atribuciones y obligaciones del Presidente o Presidenta de la República: ... Declarar los estados de ex-

comisión delegada de la Asamblea Nacional autoriza al presidente de la República a regular en materia de servicios públicos,[37] como parámetro de la constitucionalidad de estos decretos leyes; las leyes de bases dictadas por la Asamblea Nacional para delimitar competencias, como parámetro de la constitucionalidad de las leyes de desarrollo emanadas de los Estados federados;[38] las leyes orgánicas que sirvan de marco normativo a otras leyes, como parámetro de la constitucionalidad de tales otras leyes;[39] las leyes de coordinación y armonización de las distintas potestades tributarias, dictadas por la Asamblea Nacional, como parámetro de la constitucionalidad de las leyes tributarias emanadas de los Estados federados o de las ordenanzas tributarias emitidas por los municipios;[40] los reglamentos parlamentarios ("interna corporis acta"),[41] como parámetro de la constitucionalidad del procedimiento de formación de las leyes formales, etcétera.

En todo caso, al momento de requerirse el ejercicio del control de la constitucionalidad de la ley, será obligatorio para el peticionante indicar el precepto constitucional que se estima vulnerado, so pena de que se declare inadmisible la iniciativa.

---

cepción y decretar la restricción de garantías en los casos previstos en esta Constitución".

37 *Artículo 196*, numeral 6, de la Constitución venezolana: "Son atribuciones de la Comisión Delegada: ... Autorizar al Ejecutivo Nacional por el voto favorable de las dos terceras partes de sus integrantes para crear, modificar o suspender servicios públicos en caso de urgencia comprobada".

38 *Artículo 165* de la Constitución venezolana: "Las materias objeto de competencias concurrentes serán reguladas mediante leyes de bases dictadas por el Poder Nacional, y leyes de desarrollo aprobadas por los Estados...".

39 *Artículo 203* de la Constitución venezolana: "Son leyes orgánicas las que así denomina esta Constitución; las que se dicten para organizar los poderes públicos o para desarrollar los derechos constitucionales y las que sirvan de marco normativo a otras leyes".

40 *Artículo 156*, numeral 13, de la Constitución venezolana: "La legislación para garantizar la coordinación y armonización de las distintas potestades tributarias, definir principios, parámetros y limitaciones, especialmente para la determinación de los tipos impositivos o alícuotas de los tributos estadales y municipales, así como para crear fondos específicos que aseguren la solidaridad interterritorial".

41 *Artículo 187*, numeral 19, de la Constitución venezolana: "Corresponde a la Asamblea Nacional: ... Dictar su reglamento...".

3. La imprescriptibilidad y la existencia de un proceso judicial

Tanto el sistema concentrado de control de la constitucionalidad como el sistema difuso de control de la constitucionalidad, en salvaguarda de la supremacía de la Constitución, prevén la imprescriptibilidad de ejercicio de la acción o recurso de inconstitucionalidad, en el primer caso, como la posibilidad de pedir siempre y en cualquier instancia el control concreto de las normas legales pertinentes, sin preclusión alguna, en el segundo caso.

Empero, tratándose del control concreto, es menester que el mismo se ejerza, sea de oficio o a petición de parte interesada, con ocasión a un proceso judicial, en cuyo curso surja la necesidad de precisar la constitucionalidad o inconstitucionalidad de la norma con rango de ley llamada a ser empleada por el juez o tribunal, para la resolución de la controversia.

4. La iniciativa

En el ámbito del control concentrado tenemos en Venezuela la más amplia legitimación activa posible, pues el tema del recurso o acción de inconstitucionalidad se encuentra concebido como acción popular, de modo que el simple interés basta para acceder a la justicia constitucional. Solamente está excluida la posibilidad de que la Sala Constitucional actúe de oficio, salvo que asistamos a una excepción constitucional, la de que el presidente de la República no le remita para su control de constitucionalidad el decreto que haya podido haber dictado a fin de declarar un estado de excepción restrictivo de derechos y garantías constitucionales no absolutos; o, a una excepción legal, la de revisar las sentencias dictadas por otras salas, que hayan ejercido el control difuso de la constitucionalidad, y la Sala Constitucional desee verificar el punto, para declarar o no la inconstitucionalidad, con efectos *erga omnes*. En estos dos casos excepcionales, la Sala Constitucional puede actuar de oficio, para el control concentrado.

Por lo que respecta al control difuso, dentro del presupuesto proceso judicial en curso, la iniciativa para el control de la constitucionalidad de las normas con rango y fuerza de ley aplicables y pertinentes al caso concreto, puede venir tanto del juez o tribunal de la causa, en primera o segunda instancia, e incluso en casación o amparo, como de una o ambas partes procesales, sean las partes principales, partes litisconsorciales o terceros intervinientes.

En todo caso, mientras que las partes procesales no tienen obligación de denunciar la eventual inconstitucionalidad de la que pueda sufrir la o las normas con rango de ley pertinentes al caso, lo cual suele quedar reservado a la íntima convicción que puedan tener acerca de la conveniencia para la mejor defensa de sus intereses subjetivos individuales, atenuado ello solamente y de forma relativa por el principio de lealtad de las partes en el proceso, tanto hacia el juez o tribunal, como en cuanto a la contraparte,[42] es lo cierto que para el juzgador el tema es de deber jurídico, pues están constitucionalmente ligados a ello, como garantes del principio de supremacía de la Constitución, aunque obviamente eso releve exclusivamente de las interpretaciones jurídicas a las que están constreñidos, para tratar de adecuar las normas legales a los mandatos constitucionales, siempre que tal cosa sea posible.

5. La finalidad

Aunque parezca redundante, es conveniente tener presente que tratándose de dos sistemas, mecanismos o modelos de control de la constitucionalidad de las leyes y otros actos jurídico-públicos con rango o fuerza de ley tanto el control concentrado de la constitucionalidad como el control difuso de la constitucionalidad, como controles directo e indirecto, respectivamente, que son de la conformidad o disconformidad constitucional, lo que tienen por norte, objetivo o finalidad es la de asegurar el imperio del "bloque de la constitucionalidad", vale decir, la vigencia efectiva del principio de supremacía de la Constitución y, con él, la generalización de los derechos humanos fundamentales.

No obstante, existen diferencias, y éstas tienen que ver con la manera o las resultas finales de cómo se logra dicha vigencia efectiva del principio de supremacía de la Constitución.

Así, lo que distingue una petición de ejercicio del control concentrado, directo u objetivo de constitucionalidad, de una referida al control difuso, indirecto o subjetivo de la constitucionalidad, en cuanto a la finalidad se refiere, es la pretensión procesal involucrada en el actuar del justiciable (y de la misma sala, en los casos excepcionales en que puede actuar de

---

42   Al respecto véase el Código de Ética del Abogado Venezolano.

oficio en el control concentrado), o del juez o tribunal (cuando el se trata de un control difuso a iniciativa del juez).

En este orden de ideas, si lo que se pide es la anulación abstracta, con efectos *erga omnes*, del o de los dispositivos legales o texto completo de leyes, se trata de una acción de inconstitucionalidad, que pone en movimiento el control concentrado, directo u objetivo de la constitucionalidad, siendo ello del conocimiento privativo de la Sala Constitucional, sin más. Pero si lo que se clama es por la simple desaplicación en concreto, a un caso particular, de uno o más dispositivos legales o hasta de un texto de ley total, por adolecer de un vicio de inconstitucionalidad que lo afecta integralmente, se asiste al control difuso de la constitucionalidad, incidental, cuya competencia corresponde sólo al tribunal de la causa, por el cual se logra la desaplicación de la norma con rango de ley relevante para la solución del caso concreto, el cual se resuelve con la aplicación preferente de la norma constitucional vulnerada por aquélla, sin más.

6. *La oportunidad para el pronunciamiento. El poder cautelar*

Una nota de cierre que nos parece trascendental es que, partiendo, claro está, de la finalidad perseguida en cada tipo de control de la constitucionalidad, ha sido común aceptar (y no solamente en Venezuela) que el pronunciamiento de la Sala Constitucional, en el control concentrado, o del juez o tribunal respectivo, en el control difuso, según el caso, ha de producirse con ocasión del dictado de la sentencia definitiva.

De esta forma, hasta estudiado el caso y concluido el proceso, al parecer nada tendría que establecer sobre el tema la Sala Constitucional, para al momento de sentenciar la causa, pronunciarse sobre la declaratoria o no de inconstitucionalidad, que aparejaría en la afirmativa la nulidad *erga omnes*, sosteniéndose lo propio en cuanto al control difuso se refiere, con la salvedad de que el tema de control de constitucionalidad representaría un punto previo necesario antes de entrar al fondo debatido.

Sin embargo, dos son las situaciones que se han presentado, evidenciando la posibilidad de pronunciamientos liminares, mediante el dictado de sentencias interlocutorias.

Primero, en cuanto al control difuso se refiere, resulta obvio que si la norma o normas impugnadas, con rango de ley, son adjetivas, vale decir, son aquellas destinadas a regular la sustanciación del mismo proceso en curso, sindicadas de lesionar, por ejemplo, el acceso a la justicia, el debido proceso o la tutela judicial efectiva, es obvio que mal podría en justicia tener que esperar a la definitiva, cuando ya el proceso o juicio habría sido concluido con fundamento en las normas denunciadas, vulnerando inconstitucionalmente la defensa de la o las partes afectadas.

Y, segundo, asistiendo al control concentrado de la constitucionalidad, hemos podido observar sentencias interlocutorias emanadas de la Sala Constitucional, en conocimiento de recursos de inconstitucionalidad, en las cuales, debidamente argumentado el *fumus boni iuris* de violación constitucional por el dispositivo legal impugnado, en ejercicio del poder cautelar general, que han ordenado la suspensión de efectos, con carácter *erga omnes* de todo o parte del texto de ley objetado, mientras se dicta la sentencia definitiva, como ocurrió, por ejemplo, en el caso del recurso de inconstitucionalidad ejercido contra las normas de una ordenanza municipal que pretendía cobrar el impuesto a las actividades económicas a los profesionales,[43] cuyas normas pertinentes fueron luego anuladas; y, en el caso más trascendente aun por ser una ley nacional, del recurso de inconstitucionalidad contra el Decreto núm. 1.545, de 2001, por el cual se dictó la Ley de Empresas de Seguros y Reaseguros.[44]

---

[43] Sentencia del 15 de julio de 2003, dictada por la Sala Constitucional del Tribunal Supremo de Justicia, caso: *Compañía Venezolana de Inspección, S. A. (Covein), contra la Ordenanza de Impuesto a las Actividades Económicas del Municipio Chacao del Estado Miranda.*

[44] Sentencia del 13 de agosto de 2002, dictada por la Sala Constitucional del Tribunal Supremo de Justicia, caso: *C. A. Seguros Guayana, contra la Ley de Empresas de Seguros y Reaseguros*: "Se acuerda la medida cautelar innominada solicitada de forma subsidiaria y, en consecuencia, se suspende con efectos *erga omnes* la aplicación del Decreto Legislativo impugnado, hasta tanto se dicte la sentencia de fondo".

4. DECAIMIENTO DE LA ACCIÓN EN LA JURISPRUDENCIA DE LA SALA CONSTITUCIONAL VENEZOLANA

Ricardo HENRÍQUEZ LA ROCHE[*]

I. LA JURISPRUDENCIA, FUENTE DEL DERECHO

La jurisprudencia como conjunto de decisiones reiteradas de los tribunales en torno a la interpretación de la ley es fuente útil y determinante del derecho, en la medida que guarde en sí misma homogeneidad; la disparidad de criterios de los tribunales o del tribunal de casación, justificada o no, resta a los precedentes la fuerza necesaria para crear reglas complementarias a las de las leyes. No obstante, hay que decir que en algunos casos la discrepancia de las decisiones obedece, por exigencias de la equidad, a las particularidades propias del caso de autos, similar, pero no igual, al del precedente, ocurriendo a veces que ciertas decisiones abstraen indebidamente un principio general de la solución que se ha dado a un caso *sui generis*.

Singular importancia tiene la jurisprudencia del Tribunal Supremo, precisamente por ser supremo. Dice Bonet Navarro que:

> Al establecer la "exacta observancia y significado abstracto de las leyes" -algo más que una "defensa de la ley"-, el tribunal de casación no sólo corrige la sentencia del tribunal de instancia; por la indebida aplicación o interpretación que ha hecho de la norma jurídica con la que resuelve la cuestión litigiosa, sino que selecciona la interpretación específica y única que

---

[*] Miembro del Instituto Iberoamericano de Derecho Procesal; profesor de Derecho procesal en Venezuela.

tiene como adecuada a la norma, desechando otras. De esta manera se aúnan dos finalidades: suministrar a los tribunales de instancia una interpretación de la norma como guía en futuras resoluciones sobre lo mismo e informar a eventuales nuevos litigantes acerca del resultado que podrán alcanzar al resolver sus contiendas sobre las mismas cuestiones jurídicas.[1]

Es esta la utilidad, es decir, el valor pragmático que tiene el precedente para el juez de inferior categoría y para los litigantes, lo cual influye notoriamente en las alegaciones de éstos y en las decisiones futuras, independientemente de su valor vinculante.

Las sentencias de los tribunales hacen un aporte como fuente del derecho y de la ciencia del derecho. Con relación a esta última, dependerá del valor persuasivo de sus razones. Según Arthur F. Utz,[2]

> El desarrollo de las normas jurídicas se consuma, en última instancia, en la sentencia judicial. Aunque sería una temeridad tratar aquí de desarrollar, y más aún de resolver, el entero problema de la lógica jurídica y de los métodos de aplicación jurídica, una cosa es indudable: Todos los juristas -y son innumerables- que han escrito sobre el problema de la aplicación del derecho, demuestran que para ellos se trata de descubrir la lógica y el método que no conduzca al absurdo en todos los casos particulares. Y la mayoría de ellos se empeñan en dar con la formulación que sea justa, justa desde luego no en relación con el caso particular, sino también respecto al conjunto del ordenamiento en el que la seguridad jurídica desempeña un papel decisivo.

La jurisprudencia fue el germen y soporte del derecho romano. El derecho privado romano fue el verdadero *ius* de los romanos, la obra maestra de su jurisprudencia, pues ésta es la "fuente" primaria del *ius*. Pero como el estudio del derecho romano tiene por objeto los textos, sobre todo, el *Corpus iuris civiles*, hablar de pluralidad de fuentes es algo extraño, innecesario y perturbador. Los dictámenes de los jurisconsultos no son doctrina, en el sentido que hoy se conoce la palabra, es el mismo derecho objetivo que progresivamente fue solidificando unas reglas y unos principios que mayormente perduran hoy, en forma numerada, en los artículos de los códigos civiles. Por eso, debemos acotar que la palabra "jurisprudencia" en el derecho romano no tiene el contenido semántico actual.

---

1   Bonet Navarro, Ángel, *Los recursos en el proceso civil*, Madrid, La Ley.

2   Utz, Arthur F., *Filosofía del derecho*, II.

Jurisprudencia era la opinión jurídica (*responsa*) de los prudentes, es decir, de los jurisconsultos, solicitada con frecuencia por los magistrados.[3]

II. LA JURISPRUDENCIA NORMATIVA

Se ha denominado jurisprudencia normativa a las decisiones del Tribunal Supremo de Justicia que suplen las lagunas del derecho positivo procesal o lo complementan, invocando al efecto exigencias de rango constitucional atinentes, principalmente, a las garantías del debido proceso. Ejemplos son en nuestro derecho, el establecimiento de un procedimiento de amparo constitucional por parte de la Sala Constitucional que modifica en cierta medida el previsto en la Ley Orgánica de Amparo sobre Derechos y Garantías Constitucionales de 1987; la caducidad o decadencia de la acción al haber transcurrido cierto lapso de paralización del juicio; determinación del cómputo de los lapsos procesales en forma distinta a lo previsto en la ley,[4] etcétera. Esta jurisprudencia normativa crea normas que se asimilan en todo a las leyes, de carácter abstracto y general, aunque no puedan llamarse leyes en sentido formal por no haber sido votadas y sancionadas por el Poder Legislativo, pero sí lo son en sentido sustancial.

El fundamento de la jurisprudencia normativa que corresponde a la Sala Constitucional de nuestro Tribunal Supremo venezolano se halla en la supremacía que la Constitución de la República Bolivariana de Venezuela le asigna, como el máximo y último intérprete de la Constitución, correspondiéndole velar por su uniforme interpretación y aplicación, a cuyos efectos le otorga valor vinculante a su jurisprudencia (artículo 335).[5]

---

3   D´Ors, J. A., *Derecho privado romano*.

4   "*Artículo 197*. Los términos o lapsos procesales se computarán por días calendarios consecutivos, excepto [*los lapsos de pruebas, en los cuales no se computarán*] los sábados, los domingos, el Jueves y el Viernes santos, los declarados días de fiesta por la Ley de Fiestas Nacionales, los declarados no laborables por otras leyes, ni aquéllos en los cuales el Tribunal disponga no-despachar". El texto en itálica encerrado entre corchetes fue anulado por TSJ-SC, Sent. 01-02-2001, dándole la Sala un sentido totalmente diferente a la disposición. A dicho fallo siguió "Aclaratoria" del 9-03-2001 que hace una distinción entre lapsos para la defensa y lapsos para otros fines, a los efectos del cómputo.

5   *Artículo 335*. El Tribunal Supremo de Justicia garantizará la supremacía y efectividad de las normas y principios constitucionales; será el máximo y último intérprete de la Constitución y velará por su uniforme interpretación y aplicación. Las interpre-

No obstante, la inclusión de un acto de contestación a la demanda en los interdictos posesorios, a los fines de asegurar -según se dice- el derecho a la defensa de la parte querellada es una jurisprudencia normativa que proviene de la Sala de Casación Civil, la cual, en nuestro concepto, y en atención al fundamento constitucional, restrictivo, antes señalado, carece de potestad normativa al igual que las otras restantes salas del Tribunal Supremo: de Casación Social, de Casación Penal, Político Administrativa Electoral y Sala Plena. El contenido o alcance de las interpretaciones de sus decisiones sobre las normas y principios constitucionales son vinculantes para las otras salas del Tribunal Supremo de Justicia y demás tribunales de la República.[6]

Como hemos dicho, la aplicación general que conlleva esta doctrina del Tribunal Supremo se equipara a una ley procesal, que como toda ley contiene criterios jurídicos generales, objetivos y preexistentes, con base en los cuales reglan su actuación en el proceso tanto el juez como las partes. Es indudable que está al margen del principio basilar de división de los poderes públicos, aun tratándose de normas adjetivas, pero su ductibilidad, en cosa atañedera al ejercicio de la función pública judicial, constituye, en cierta forma, una justificación. Por otra parte, el carácter irretroactivo de la ley (artículos 3° del Código Civil y 24 de la Constitución) es inherente a este tipo de "ley" de origen jurisdiccional, y por eso el Tribunal Supremo ha establecido su aplicación a partir de cuando sea publicado el fallo pertinente en la Gaceta Oficial.

III. EL RECURSO DE REVISIÓN CONTRA SENTENCIAS

El artículo 336 ordinal 10° de la Constitución prevé que es atribución "de la Sala Constitucional del Tribunal Supremo de Justicia: 10. Revisar las sentencias de amparo constitucional y de control de constitucionalidad de leyes o normas jurídicas dictadas por los tribunales de la República, en los términos establecidos por la ley orgánica respectiva". Asimismo, el

---

taciones que establezca la Sala Constitucional sobre el contenido o alcance de las normas y principios constitucionales son vinculantes para las otras Salas del Tribunal Supremo de Justicia y demás tribunales de la República". La Constitución venezolana puede verse en *www.asambleanacional.gov.ve/ns2/PaginasPlanas/ constitucion.asp.*

6   *Cfr.* TSJ-SCC, sent. 31-5-2002, núm. 276; *cfr.*, también, TSJ-SCC, sents. 12-06-2003, núms. 243 y 246.

artículo 5° numeral 4° de la Ley Orgánica del Tribunal Supremo de Justicia señala que es también atribución de la Sala Constitucional:

> Revisar las sentencias dictadas por una de las Salas, cuando se denuncie fundadamente la violación de principios jurídicos fundamentales contenidos en la Constitución de la República Bolivariana de Venezuela, tratados, pactos o convenios internacionales suscritos y ratificados válidamente por la República, o que haya sido dictada como consecuencia de un error inexcusable, dolo, cohecho o prevaricación; asimismo podrá avocarse al conocimiento de una causa determinada, cuando se presuma fundadamente la violación de principios jurídicos fundamentales contenidos en la Constitución de la República Bolivariana de Venezuela, Tratados, Pactos o Convenios Internacionales suscritos y ratificados válidamente por la República, aun cuando por razón de la materia y en virtud de la ley, la competencia le esté atribuida a otra sala.

Esta normativa es la causa por la que en el argot forense se denomine la "súper Sala" a la Constitucional, la cual está inserida en la estructura del Tribunal Supremo de Justicia sin constituir un tribunal separado.

Esta potestad revisora tiene la particularidad de someter a la consideración de la Sala Constitucional las sentencias de una cualquiera de las otras salas del Tribunal Supremo de Justicia, en los supuestos previstos por ambas normas antes transcritas, a los fines de anular la sentencia y decidir en su lugar -aunque no tenga en principio la Sala Constitucional competencia por la materia de que el mérito trata la controversia a que se refiere la sentencia anulada. Su competencia *ratione materiae* es la protección de la Constitución. Ha habido precedentes en los que la Constitucional ha dirimido el conflicto de intereses sin reenvío, entrando incontinente, en el mismo fallo anulatorio a resolver la *litis*, no sin la ayuda de tribunales de ejecución que actúan con el carácter de tribunales comisionados. En otros casos, ha ordenado remitir el expediente a la Sala *a quo* a fin de que ésta dicte de nuevo el fallo con sujeción a la doctrina constitucional establecida.

IV. Semejanza con el recurso de casación

Apartando cuestiones circunstanciales, como la técnica de formalización, los límites cuantitativos y otros aspectos no medulares, resulta evidente la marcada semejanza que existe entre el recurso constitucional de revisión y el recurso de casación. Aunque el primero sólo admite denuncias de normas supralegales o principios jurídicos fundamentales implícitos en la Constitución, tratados, pactos o convenios internacionales suscritos y ratificados válidamente por Venezuela, la infracción de esta preceptiva fundamental conlleva violentar también por vía refleja las normas legales que están en íntima conexión con esos principios;[7] lo cual trae como consecuencia que el recurso de revisión constitucional no sea muchas veces estrictamente constitucional en cuanto al objeto a que se refiere, esto es, las normas que se dicen vulneradas; quedando asimilado al recurso de casación, como medio de defensa de la integridad de las leyes y de la Constitución.[8]

Impelido por el interés individual de las partes involucradas en la *litis*, el recurso de casación se convirtió en su origen en un medio de los particulares para provocar el ejercicio del poder de anulación correspondiente al soberano. El *Grand Conseil* asumió el carácter de una corte autónoma, con funciones judiciales delegadas a él por el soberano, y sirvió a los fines privados de los particulares la insuficiencia de la iniciativa del rey para descubrir y coartar en todo el reino las múltiples violaciones a las ordenanzas que podían ser cometidas por los jueces. Así, el recurso de revisión es también -o debería ser- un coto ante la actividad jurisdiccional, o funcionarial en general, desviada de los parámetros fundamentales que señala la Constitución.[9]

---

7   "De poderse construir una fórmula capaz de determinar, en cada caso, cuál es el contenido del derecho constitucional que se trate, el juicio de procedencia acerca de las acciones de amparo quedaría sujeto a ciertos parámetros de racionalidad de los que ahora pareciera carecer. La gran proliferación de acciones de amparo, en efecto, tiene en parte como origen el hecho de que muchas acciones son declaradas procedentes en casos en los cuales no existe realmente una violación a un derecho constitucional, sino a aspectos secundarios del mismo. En definitiva, cualquier pretensión procesal está relacionada, al menos indirectamente, con un derecho constitucional; de manera que si las decisiones judiciales consideran que existe violación a derechos constitucionales cada vez que éstos resulten afectados aunque sea indirectamente, se estaría expandiendo el radio de acción del amparo constitucional a dimensiones irracionales. Y es esto lo que de una u otra forma ha ocurrido". Henríquez Larrazábal, Ricardo, "El problema de la procedencia del amparo constitucional en el derecho venezolano", estudio publicado como preámbulo de la obra *Jurisprudencia de la Sala Constitucional del Tribunal Supremo de Justicia sobre amparo constitucional 2000–2001.*

8   *"Artículo 334.* Todos los jueces o juezas de la República, en el ámbito de sus competencias y conforme a lo previsto en esta Constitución y en la ley, están en la obligación de asegurar la integridad de la Constitución...".

9   Calamandrei, Piero, *La casación civil*, t. I, vol. I, cap. XVII.

La doctrina establecida por la Sala de Casación Social, según la cual dicha Sala no conoce sobre denuncias de infracción relativas a normas constitucionales, no es obstáculo para que la Sala Constitucional revise sus decisiones, cuando lo considere pertinente, pues en muchos casos bajo la infracción de un precepto legal subyace la infracción más grave de la propia carta fundamental.[10]

No obstante, la posibilidad de revisión constitucional arrostra en sí el grave peligro que supone la ausencia de la autoridad de cosa juzgada. El carácter de orden público que tiene la Constitución en todos sus preceptos es la justificación que podría aducirse a favor de un recurso de revisión no sujeto a momento preclusivo alguno. Pero la inexistencia de la cosa juzgada crea una situación indefinida de inseguridad jurídica para las partes que han sido el protagonista y el antagonista del proceso que produjo la sentencia, cuya revisión está siempre abierta. Se olvida que en todo proceso convergen intereses públicos y privados y que la función jurisdiccional, la tutela efectiva de los derechos no va más allá del interés privado.

> El Estado no tiene en el proceso un interés superior a la suma de los intereses individuales. Lo que ocurre es que el proceso sirve al derecho como un instrumento de creación vivificante, como una constante renovación de las soluciones históricas forjadas en el pasado. El derecho se realiza cada día en la jurisprudencia. Satisfecho el interés individual, queda todavía un abundante residuo de intereses no individuales que han quedado satisfechos. En este sentido, y acaso sólo en éste, corresponde compartir la teoría que señala al proceso como el medio idóneo de asegurar la *lex continuitatis* del derecho, su efectividad en la experiencia jurídica.[11]

Nosotros hemos insistido en distinguir el orden público absoluto (leyes de seguridad y policía, estructuración del Estado, valores básicos de la comunidad, etcétera) y el orden público relativo (aquel que tiene por objeto salvaguardar las garantías del debido proceso, reconducidas, en definitiva, al derecho de defensa en todas sus manifestaciones). Ello explique que, siendo la cosa juzgada un instituto de orden público para el ordenamiento jurídico de un país, la parte victoriosa pueda modificar o hacer dejación de ella en beneficio del perdidoso.

---

10 *Cfr.* TSJ-SCS, sents. 6-3-2003, núm. 127 y 29-01-2004, núm. 064.

11 Couture, Eduardo J., *Fundamentos...*, § 92.

V. DECAIMIENTO DE LA INSTANCIA, FUNDAMENTACIÓN JURÍDICA

La "jurisprudencia normativa" del TSJ creó la figura del decaimiento de la instancia, el cual ocurre cuando el juicio está paralizado por un lapso mayor al que la ley establece para que se produzca la prescripción o la caducidad de la acción.[12]

Esta "norma" judicial nace a causa de un límite que el Código de Procedimiento Civil de 1985 asignó a la perención de la instancia. En efecto, según el artículo 267, "la inactividad del juez después de vista la causa, no producirá la perención". Esta regla fue fundamentada en el hecho de que luego de vista la causa, la actividad procesal subsiguiente de sentenciar corresponde exclusivamente al juez, y por consiguiente, si hubiese perención de instancia por paralización del proceso en la etapa de sentenciar, la causa de tal paralización no podría imputarse a las partes; de allí que el nuevo Código optó por eximir la perención, aunque la causa se encuentre paralizada por más de un año contado a partir del vencimiento del lapso útil para sentenciar.

Sin embargo, aun cuando esta solución atiende al interés privado de los litigantes, parece haber desmedrado el interés público, también presente en el instituto de la perención de la instancia. Ciertamente, el fundamento del instituto de la perención de la instancia reside en dos distintos motivos: de un lado, la presunta intención de las partes de abandonar el proceso, que se muestra en la omisión de todo acto de impulso (elemento subjetivo) y de otro, el interés público de evitar la pendencia indefinida de los procesos para ahorrar a los jueces deberes de cargo innecesarios. "Después de un periodo de inactividad procesal prolongado, el Estado entiende liberar a sus propios órganos de la necesidad de proveer las demandas y de todas las actividades derivadas de la existencia de una relación procesal".[13]

La perención constituye, pues, un expediente práctico -sancionatorio de la conducta omisiva de las partes- que propende a garantizar el desenvolvimiento del proceso hasta su meta natural, que es la sentencia, entendida como el acto procesal que dirime el conflicto de intereses (*uti singulis*) y

---

12   TSJ-SC, sents. 1-06-2001, núm. 956, y 6-06-2001, núm. 982.

13   *Cfr*. Chiovenda, José, *Principios...*, II, p. 428.

cumple adicionalmente la función pública de asegurar la necesaria continuidad del derecho objetivo (*uti civis*), declarando su contenido y haciéndolo cumplir. La función pública del proceso[14] exige que éste, una vez iniciado, se desenvuelva rápidamente, hasta su meta natural, que es la sentencia. Por eso, el juez puede denunciar de oficio y a su arbitrio la perención de la instancia. Desde un punto de vista marcadamente intervencionista, la función pública de la perención de la instancia adquiere preeminencia frente al elemento subjetivo de inactividad, y por ello se ha buscado el camino jurisprudencial necesario para poner fin a procesos cuya paralización no tenga origen en las partes.

El objetivo de este modo de extinción del juicio (abandono o decaimiento del interés procesal) consiste en desembrazar el aparato judicial de procesos paralizados e inactivos, sancionando con su extinción la garantía constitucional de celeridad y expedición de la administración de justicia, prevista en el artículo 26 de la Constitución. De allí que la extinción del proceso por abandono del interés es materia de orden público, pues coadyuva a desbrozar los tribunales de expedientes estáticos que son un estorbo para la dinámica jurisdiccional reclamada por la garantía constitucional de celeridad y oportunidad de la respuesta del Estado a la acción judicial propuesta. Al demandado corresponde alegar la perención, el abandono o decaimiento de la instancia, como primera defensa subsiguiente al cumplimiento del periodo de paralización -igual al doble del de prescripción de la acción ejercida, según la sentencia de esa Sala arriba transcrita-.

Entre el decaimiento de la instancia y la perención o caducidad del proceso existen marcadas diferencias, aun cuando ambas tienen la misma finalidad inmediata de hacer caducar el proceso. En efecto, la perención de la instancia sólo extingue el proceso, pero la parte interesada puede intentar la demanda nuevamente, pasado que sean los tres meses que la

---

14   La actividad de dirimir conflictos y decidir controversias es uno de los fines primarios del Estado. Sin esa función, que se actúa a través del proceso, el Estado no se concibe como tal. La función jurisdiccional, ejercida en el proceso a través de la sentencia de cosa juzgada inimpugnable y coercible, asegura la necesaria continuidad del derecho objetivo, declarando su contenido y haciéndolo cumplir. El derecho objetivo, a su vez es un medio de acceso a los valores fundamentales de justicia, paz, orden, seguridad. He aquí la función pública del proceso y la razón por la cual su conducción no puede quedar atenida a la iniciativa privada.

ley señala como inadmisibilidad *pro tempore* [15] de la nueva demanda. En cambio, el decaimiento de la instancia o "decaimiento de la acción" -como también puede llamársele en atención a sus efectos conclusivos-, no sólo extingue el proceso sino que extingue la acción, sin que sea posible intentar nueva demanda sobre lo mismo. Por otra parte, el decaimiento de la instancia está vinculado con la prescripción o caducidad, en forma que el lapso correspondiente de extinción depende del lapso de prescripción, en los términos precisados por la jurisprudencia de la Sala Constitucional.

En la sentencia del 1° de junio de 2001, antes referida, la Sala previó el decaimiento de la instancia por inactividad en estado de sentencia, y dice:

> Está consciente la Sala que hay tribunales sobrecargados de expedientes por decidir, provenientes de la desidia en la estructuración del Poder Judicial, y por ello resultaría contrario al Estado de derecho y de Justicia que en dichos tribunales se aplicara estrictamente la doctrina expuesta en este fallo, por lo que la Sala considera que cuando los términos de prescripción de los derechos ventilados sean de un año o menos, vencido un año de inactividad en estado de sentencia, sin impulso del actor, si en el año siguiente al de la prescripción no hay impulso de su parte, se tendrá tal desidia procesal como muestra inequívoca que los accionantes perdieron el interés procesal en dicha causa, y así se declara.

Lo cual se traduce en un "decaimiento" del proceso. El fallo adiciona al lapso de perención o decaimiento el de prescripción. Algunos interpretan este trozo de la sentencia, en el sentido de que, en materia laboral, por ejemplo, debe sumarse al año de inactividad del juicio en la etapa de sentencia el año de prescripción que establece el artículo 61 de la Ley Orgánica del Trabajo. Otros entienden, por el contrario, que en realidad el lapso de prescripción actúa como una condición del decaimiento, en forma que debe adicionarse al año de perención el resto del lapso prescripcional. Al respecto expresa la sentencia, en otro lugar que el Tribunal toma en cuenta la prescripción "como parámetro para conocer el interés procesal en la causa paralizada en estado de sentencia, toma en cuenta el término normal de prescripción del derecho cuyo reconocimiento se demanda", lo cual es un argumento que tiende a clarificar la relación entre uno y otro

---

15 *"Artículo 271.* En ningún caso el demandante podrá volver a proponer la demanda [*perimida*], antes de que transcurran noventa días continuos después de verificada la perención".

lapso a los fines de establecer si el proceso ha decaído en estado de sentencia por falta de actividad del actor.

Más adelante añade la sentencia:

> No comprende esta Sala, cómo en una causa paralizada, en estado de sentencia, donde desde la fecha de la última actuación de los sujetos procesales, se sobrepasa el término que la ley señala para la prescripción del derecho objeto de la pretensión, se repute que en ella sigue vivo el interés procesal del actor en que se resuelva el litigio, cuando se está ante una inactividad que denota que no quiere que la causa sea resuelta.

> No vale contra tal desprecio hacia la justicia expedita y oportuna, argüir que todo ocurre por un deber del Estado que se ha incumplido, ya que ese deber fallido tenía correctivos que con gran desprecio las partes no utilizan, en especial el actor.

> En los tribunales reposan procesos que tienen más de veinte años en estado de sentencia, ocupando espacio en el archivo, los cuales a veces, contienen medidas preventivas dictadas *ad aeternum*, y un buen día, después de años, se pide la sentencia, lo más probable ante un juez distinto al de la sustanciación, quien así debe separarse de lo que conoce actualmente, y ocuparse de tal juicio. ¿Y es que el accionante no tiene ninguna responsabilidad en esa dilación?

> A juicio de esta Sala sí. Por respeto a la majestad de la justicia (artículo 17 del Código de Procedimiento Civil), al menos el accionante (interesado) ha debido instar el fallo o demostrar interés en él, y no lo hizo. Pero, esa inacción no es más que una renuncia a la justicia oportuna, que después de transcurrido el lapso legal de prescripción, bien inoportuna es, hasta el punto que la decisión extemporánea podría perjudicar situaciones jurídicas que el tiempo ha consolidado en perjuicio de personas ajenas a la causa. Tal renuncia es incontrastablemente una muestra de falta de interés procesal, de reconocimiento que no era necesario acudir a la vía judicial para obtener un fallo a su favor.

> No es que la Sala pretenda premiar la pereza o irresponsabilidad de los jueces, ya que contra la inacción de éstos de obrar en los términos legales hay correctivos penales, civiles y disciplinarios, ni es que pretende perjudicar a los usuarios del sistema judicial, sino que ante el signo inequívoco de desinterés procesal por parte del actor, tal elemento de la acción cuya falta se constata, no sólo de autos sino de los libros del archivo del tribunal que prueban el acceso a los expedientes, tiene que producir el efecto en él implícito: la decadencia y extinción de la acción.

> De allí, que considera la Sala, a partir de esta fecha, como interpretación del artículo 26 Constitucional, en cuanto a lo que debe entenderse por justicia

oportuna, que *si la causa paralizada ha rebasado el término de la prescripción del derecho controvertido, a partir de la última actuación de los sujetos procesales, el juez que la conoce puede de oficio o a instancia de parte, declarar extinguida la acción* [cursivas nuestras], previa notificación del actor, en cualquiera de las formas previstas en el artículo 233 del Código de Procedimiento Civil, si ello fuere posible, y de no serlo, por no conocer el tribunal dónde realizar la notificación, o no poder publicar el cartel, con la fijación de un cartel en las puertas del tribunal. La falta de comparecencia de los notificados en el término que se fije, o las explicaciones poco convincentes que exprese el actor que compareciere, sobre la causa de su inactividad y los efectos hacia terceros que ella produjo, las ponderará el juez para declarar extinguida la acción.

La extinción de la acción se produce en razón del efecto consuntivo que tiene la prescripción extintiva. En el Código Civil venezolano, al menos, no existe disposición legal alguna que en forma expresa establezca que la pendencia del juicio constituye una instancia permanente de cobro o reclamo del derecho subjetivo sustancial que se pretende en la demanda, en forma que, si bien la citación para la contestación de la demanda (*vocatio in ius*) interrumpe la prescripción,[16] no obstante, tal cosa no ocurre cuando do el juicio queda paralizado, y por ello se ha de suponer que la paralización que se prolonga por el lapso señalado en las decisiones de la Sala, provoca la extinción del proceso y la extinción de a acción.[17] Por eso que el decaimiento de la instancia puede denominarse también, como ya dijimos, decaimiento de la acción.

---

16   *Artículo 1.969*. Se interrumpe civilmente en virtud de una demanda judicial, aunque se haga ante un Juez incompetente de un decreto o de un acto de embargo notificado a la persona respecto de la cual se quiere impedir el curso de la prescripción, o de cualquiera otro acto que la constituya en mora de cumplir la obligación. Si se trata de prescripción de créditos, basta el cobro extrajudicial.

Para que la demanda judicial produzca interrupción, deberá registrarse en la Oficina correspondiente, antes de expirar el lapso de la prescripción, copia certificada del libelo con la orden de comparecencia del demandado autorizada por el Juez; a menos que se haya efectuado la citación del demandado dentro de dicho lapso.

17   No puede afirmarse, en propiedad, que esa extinción sea del derecho subjetivo sustancial, pues dicho derecho será atendible en juicio si el demandado no interpone la excepción de prescripción oportunamente. "El juez no puede suplir de oficio la prescripción no opuesta", según prevé el artículo 1.956 del Código Civil.

VI. COMENTARIOS A ALGUNAS OTRAS DECISIONES

1. *Caducidad del amparo constitucional*

La Sala considera que la inactividad por seis meses de la parte actora en l proceso de amparo, en la etapa de admisión o, una vez acordada ésta, en la práctica de las notificaciones a que hubiere lugar o en la de la fijación de la oportunidad para la celebración de la audiencia oral, por falta de impulso del accionante, ocasiona el abandono del trámite de conformidad con lo dispuesto en el artículo 25 de la Ley Orgánica de Amparo sobre Derechos y Garantías Constitucionales, y, con ello, la extinción de la instancia.

Ahora bien, la pérdida del interés puede sobrevenir en el curso del proceso. Es lo que ocurre cuando el actor desiste de su pretensión, caso en el cual se otorga autoridad de cosa juzgada al desistimiento y se declara la extinción del proceso. También puede ocurrir que decaiga únicamente el interés en el procedimiento que se halla en curso, caso en el cual ocurre el desistimiento del procedimiento a que se refiere el artículo 66 del Código de Procedimiento Civil.

Finalmente, puede ocurrir que el interés decaiga por la inacción prolongada del actor o de ambas partes, caso en el cual se extingue la instancia iniciada en protección de determinada pretensión. El Código de Procedimiento Civil señala expresamente los supuestos que configuran la inacción prolongada y que dan lugar a la perención de la instancia. En el caso específico de la inacción prolongada del actor, señala el incumplimiento de ciertas obligaciones procesales como causa de la perención. En la Ley Orgánica de Amparo sobre Derechos y Garantías Constitucionales no consta una regulación semejante, pero en ella se prevé la figura del abandono del trámite, que expresa también el decaimiento del interés del actor, lo cual se deduce del paralelismo entre ese supuesto en la Ley especial y los supuestos de extinción de la instancia, a causa del incumplimiento de las obligaciones del actor, previstas en el artículo 267 del Código de Procedimiento Civil. El abandono del trámite expresa una conducta indebida del actor en el proceso, puesto que revela una actitud negligente que procura la prolongación indefinida de la controversia. En este sentido, el Tribunal Constitucional español ha declarado que no puede pretender beneficiarse en vía de amparo constitucional quien ha demostrado una total pasividad y ha incurrido en una notoria falta de diligencia procesal y de colaboración con la administración de justicia. (*Cfr.* s. T.C. 22/92 del 14 de febrero, en Gui Mori, Tomás, *Jurisprudencia constitucional 1981-1995*, Madrid, Civitas, 1997, p. 609). Por su parte, esta Sala tiene establecido que tal actitud en el proceso, además, constituye una afrenta al sistema de justicia, por cuanto el servicio público debe atender un juicio que ocupa espacio en el archivo judicial, pero que no avanza hacia su fin natural (*cfr.* s. S C. núm. 363, 16.05.00).

En criterio de la Sala, el abandono del trámite a que se refiere el artículo 25 de la Ley Orgánica de Amparo sobre Derechos y Garantías Constitucionales puede asumirse -entre otros supuestos, como la falta de comparecencia a la audiencia constitucional- una vez transcurrido un lapso de seis meses posteriores a la paralización de la causa por falta de interés procesal de la parte actora. Ello es producto del reconocimiento, a partir de signos inequívocos -el abandono, precisamente- de que dicha parte ha renunciado, al menos respecto a esa causa y a este medio procesal, a la tutela judicial efectiva y al derecho a una pronta decisión que le confiere la Constitución; por otra parte, y desde otro punto de vista, el principio de la tutela judicial efectiva no ampara la desidia o la inactividad procesal de las partes.

Tal conclusión deriva de la propia naturaleza del amparo como medio judicial reservado para la tutela inmediata de los derechos y garantías constitucionales cuando las vías ordinarias no resultan idóneas, tal como se desprende de la letra del artículo 27 de la Constitución de la República Bolivariana de Venezuela que estatuye para el amparo -al unísono, cabe destacar, con varios tratados internacionales en materia de derechos humanos- un procedimiento breve, gratuito y no sujeto a formalidad en el que la autoridad judicial competente tiene potestad para restablecer inmediatamente la situación jurídica infringida o la situación que más se asemeje a ella y en la que todo tiempo es hábil y el tribunal debe tramitarlo con preferencia a cualquier otro asunto. Así ha sido declarado por la jurisprudencia patria pacíficamente, aun antes de la promulgación de la Ley Orgánica de Amparo sobre Derechos y Garantías Constitucionales.

En efecto, si el legislador ha estimado que, como consecuencia de ese carácter de urgencia que distingue al amparo, la tolerancia de una situación que se entiende lesiva de derechos fundamentales, por más de seis meses, entraña el consentimiento de la misma y, por tanto, la pérdida del derecho a obtener protección acelerada y preferente por esa vía, resulta lógico deducir que soportar, una vez iniciado el proceso, una paralización de la causa sin impulsarla por un espacio de tiempo semejante equivale al abandono del trámite que había sido iniciado con el fin de hacer cesar aquella situación lesiva o amenazadora de derechos fundamentales. Por tanto, resultaría incongruente con la aludida naturaleza entender que el legislador hubiere previsto un lapso de caducidad de seis meses para la interposición de la demanda y, al propio tiempo, permitiese que se tolerase pasivamente la prolongación en el tiempo de la causa, sin la obtención de un pronunciamiento, por un lapso mayor a aquél.

Así, a pesar de que el dictado de la providencia que libró la orden de notificación coloca el peso de la reanudación del procedimiento en cabeza del Tribunal, esta circunstancia no releva al actor, supuestamente urgido de la tutela constitucional, de su carga de tomar conocimiento de la causa y de actuar en el procedimiento a través del cual pretendía, ante la falta de idoneidad de las vías ordinarias de protección constitucional, el restablecimiento urgente de una determinada situación jurídica todavía reparable. Así, tal conducta del presunto agraviado, conduce a presumir que el interés procesal respecto de este medio particular de protección de los derechos fundamentales decayó y que la inactividad no debe premiarse manteniendo vivo un proceso especial en el cual las partes no manifiestan interés (*cfr.* s. S C. núm. 363, 16.05.00). Podría incluso haber mala fe en la inactividad -aunque la buena debe presumirse- cuando se ha obtenido una medida cautelar en la oportunidad de la admisión que restablece instrumentalmente la situación jurídica infringida, alterando así ilegítimamente el carácter temporal e instrumental de dicho restablecimiento en perjuicio de aquél contra cuyos intereses opera la medida.

1. De conformidad con lo expuesto, la Sala considera que la inactividad por seis meses de la parte actora en el proceso de amparo, en la etapa de admisión o, una vez acordada ésta, en la práctica de las notificaciones a que hubiere lugar o en la de la fijación de la oportunidad para la celebración de la audiencia oral, por falta de impulso del accionante, ocasiona el abandono del trámite de conformidad con lo dispuesto en el artículo 25 de la Ley Orgánica de Amparo sobre Derechos y Garantías Constitucionales, y, con ello, la extinción de la instancia. Así se declara.

2. En cuanto al caso de autos, dado que la presente causa ha sido evidentemente abandonada por la parte actora desde el 11 de febrero de 2000, oportunidad cuando tomó conocimiento de la remisión del expediente a esta Sala por parte de la Sala de Casación Civil, después del otorgamiento de la medida cautelar que había sido solicitada y que,

además, no existen intereses de orden público inherentes a la misma, se constata la extinción de la instancia por abandono del trámite con fundamento en lo dispuesto en el artículo 25 de la Ley Orgánica de Amparo sobre Derechos y Garantías Constitucionales. Así se declara.

3. Sin embargo, por tratarse de que la presente es una doctrina que ahora se declara por vez primera por este Tribunal Supremo de Justicia, en salvaguarda de los intereses de quienes tienen causas de amparo pendientes ante esta Sala y ante otros tribunales constitucionales de la república, en protección del derecho a la tutela judicial efectiva que la Constitución garantiza a todos los justiciables y respetando, por último, la confianza legítima que tienen éstos en la estabilidad de las decisiones judiciales, la Sala ordena la publicación de la presente decisión en la *Gaceta Oficial de la República Bolivariana de Venezuela* y no aplicará -ni lo hará ningún tribunal del país- este criterio a las causas que se encuentren paralizadas en las circunstancias expuestas en el presente fallo sino transcurridos que sean treinta días contados a partir de dicha publicación -en aplicación analógica del lapso previsto en el artículo 267.1 del Código de Procedimiento Civil-, para que, dentro de ese lapso, las partes actoras puedan desvirtuar la presunción de abandono que, hasta ahora, revela su inactividad. Así se declara.

4. Por lo que respecta al caso de autos, la Sala constata, además del transcurso de seis meses posteriores a la última actuación de la par-te actora -que no será el fundamento fáctico para decidir, según lo acordado-, el transcurso de un año de inactividad procesal de aquélla a partir del 11 de febrero de 2000, aunado a la imposibilidad material, declarada por el tribunal comisionado para ello, de notificarla en su domicilio procesal de la continuación del procedimiento -como fuere ordenado-, circunstancias que autorizan la declaratoria de perención de la instancia de conformidad con lo dispuesto en el artículo 267 del Código de Procedimiento Civil, aplicable por remisión de la Ley Orgánica de Amparo sobre Derechos y Garantías Constitucionales. Así, finalmente, se declara.[18]

En estos casos existe un "abandono del trámite", expresión ésta utilizada por el artículo 25 de la Ley Orgánica de Amparo sobre Derechos y Garantías Constitucionales como presupuesto, aunque con un efecto distinto, cual es la imposición de una multa leve en la significación actual de su cuantía.

---

18   *Cfr*. TSJ-SC, sent. 6-06-2001, núm. 982.

2. *Abandono del interés procesal*

Al establecer el artículo 267 del Código de Procedimiento Civil que "no puede haber perención en estado de sentencia", acoge el criterio que sostuvo la Sala Político-Administrativa de la extinta Corte;[19] contrario al criterio que otrora sustentaba la Sala de Casación Civil.[20] Sin embargo, la Sala Político Administrativa del Tribunal Supremo de Justicia cambió su doctrina al respecto y sostuvo que la perención procedía aun en estado de sentencia por ser de aplicación preferente la Ley Orgánica de la Corte Suprema de Justicia,[21] cuestión que no llegó a ser compartida por la Sala Constitucional. No obstante, el artículo 19 (epígrafe 5°) de la Ley Orgánica del Tribunal Supremo de Justicia de 2004, ha establecido -para los procesos que cursen en dicho Tribunal- una norma clara al respecto: "La instancia se extingue de pleno derecho (salvo los procesos que comprendan materia ambiental o penal) en las causas que hayan estado paralizadas por más de un año, antes de la presentación de los informes...".

3. *Decisión de la Sala de Casación Social*

La Sala de Casación Social ha secundado el precedente de la decisión constitucional, y, así, en sentencia de 2005, expresa:

> No obstante lo anterior, la Sala estableció que la inactividad de las partes en estado de sentencia, tiene otro efecto que sí las perjudica y que está determinado por el interés procesal, estableciendo dentro de las modalidades de extinción de la acción, la pérdida de interés que tiene lugar cuando el accionante no impulsa el proceso a estos fines. Esta falta de interés surge en el proceso en dos oportunidades procesales, a saber: la primera, cuando habiéndose interpuesto la demanda, el juez no se pronuncia en un tiempo prudencial sobre su admisibilidad, y la segunda, cuando la causa se paraliza en estado de sentencia, como en el presente. En ese sentido estableció, que lo que sí puede aplicarse cuando la causa se encuentra en estado de sentencia y se paraliza, por no haberse decidido dentro de los lapsos legales previstos para ello, impidiéndose de esta manera que las partes estén a derecho, es la pérdida de interés procesal que causa el decaimiento de la acción por no tener el accionante interés en que se le sentencie.

---

19 *Cfr*. CSJ, sent. 30-7-73.

20 *Cfr*. CSJ, sent. 6-12-73, en Ramírez & Garay, XLI, p. 358.

21 *Cfr*. TSJ-SPA, sent. 13-2-2001.

La Sala Constitucional en la citada sentencia de 2001, al interpretar el artículo 26 constitucional, estableció que si la causa paralizada ha rebasado el término de la prescripción del derecho controvertido, a partir de la última actuación de los sujetos procesales, el juez de oficio o a instancia de parte, puede declarar extinguida la acción.

En el caso examinado, el Tribunal de alzada decretó la perención de la instancia porque desde la última actuación realizada por la parte actora el 28 de febrero de 2001, hasta el 26 de agosto de 2003, fecha en la cual declaró la perención de la instancia, habían trascurrido 2 años, 5 meses y 29 días, sin que ninguna de las partes haya impulsado el proceso, inactividad ésta que demuestra una falta de interés procesal, por lo cual se declaró la perención de la instancia.

En el caso concreto, la Sala estima que resulta aplicable en este estado del proceso, el decaimiento de la acción por falta de impulso procesal, como fue señalado por la recurrida, en conformidad con el criterio vinculante establecido por la Sala Constitucional.

Por tanto, la Sala considera que la recurrida aplicó correctamente la doctrina de este Alto Tribunal, por lo cual la Alzada no incurrió en infracción del artículo 267 del Código de Procedimiento Civil.

Vista la decisión anteriormente transcrita donde esta Sala de Casación Social acoge el criterio jurisprudencial establecido por la Sala Constitucional de este alto Tribunal en cuanto al decaimiento de la acción por la falta de impulso procesal, se constata que el Juzgado Superior no incurrió en la violación de disposición legal alguna al declarar después de vista la causa la perención de la instancia al transcurrir más de un año sin que la parte impulsara el proceso. Así se declara.

De igual forma, es de señalar que aun cuando la perención establecida en el artículo 201 de la Ley Orgánica Procesal del Trabajo no es aplicable al caso de autos dado que la decisión objeto del presente recurso fue dictada por un Juzgado Superior de la Circunscripción Judicial del Estado Aragua, en fecha 21 de agosto del año 2003, es decir, antes de la entrada en vigencia en dicho Estado de la referida Ley adjetiva Laboral, según Resolución 2003-0257 del 13 de octubre del mismo año, que entró en vigencia en la misma fecha, esta Sala considera necesario precisar que la perención aplicable en materia laboral -en los casos donde haya entrado en vigencia la Ley- será la establecida en la norma procesal *ut supra* referida, dado que la misma se encuentra expresamente establecida en la Ley Especial.[22]

VII. Conclusiones

Entre los institutos de la prescripción, en la caducidad y la perención existe cierta analogía y similitud que consiste en provocar la extinción de derechos por el transcurso del tiempo sin actividad alguna del titular de tales derechos. En efecto, la *prescripción* concierne a derechos subjetivos sustanciales, reales o personales, y se produce cuando pasa cierto lapso legal sin que el titular haya reclamado su reconocimiento o satisfacción, según el caso. La *caducidad* concierne al derecho público de acción, es decir, al que se origina en la prometida garantía jurisdiccional de tutela efectiva y oportuna de los derechos (artículo 26, Constitución). En atención al concepto moderno de acción judicial, podría decirse que la inactividad del interesado justiciable por el periodo legal de caducidad trae como consecuencia la extinción de la acción referida al caso concreto en beneficio directo del poder público, en cuanto cesa para ese caso su deber jurídico jurisdiccional, y en beneficio indirecto de aquel que tendría la legitimidad pasiva a la causa si el juicio pudiera instaurarse válidamente. Por último, la *perención* que, como hemos visto, provoca la extinción de los derechos o posibilidades procesales y del proceso mismo por falta de actividad durante un año.

Esta semejanza ha llevado a la jurisprudencia a considerar la pervivencia del efecto extintivo en un proceso pendiente, en vista de que si su finalidad consiste en evitar la pendencia indefinida (*sine die*) de una acción no ejercida -con la consiguiente permanente incertidumbre sobre la situación jurídica del antagonista frente a los derechos concernientes a la demanda que postularía dicha acción- igual razón habría para considerar consumado el derecho sustantivo o la acción si el proceso permanece luego inactivo por cierto lapso.

Pongamos por ejemplo el artículo 170 del Código Civil,[23] según el cual la acción resarcitoria de daños y perjuicios causados por actos de disposi-

---

22 *Cfr*. TSJ-SCS, sent. 1-03-2005, núm. AA60-S-2004-1027.

23 Artículo 170. Los actos cumplidos por el cónyuge sin el necesario consentimiento del otro y no convalidados por éste, son anulables cuando quien haya participado en algún acto de disposición con el cónyuge actuante tuviere motivo para conocer que los bienes afectados por dichos actos pertenecían a la comunidad conyugal.

ción sujetos al consentimiento del cónyuge perjudicado (artículo 168, CC)²⁴ caduca al año, contado a partir del conocimiento que tenga dicho cónyuge.

Si éste intentare la demanda y luego transcurriera un año de inactividad de las partes habría caducidad de la acción -y perención de la instancia si la paralización ha ocurrido fuera del estado de sentencia-. Los efectos procesales de una y otra son iguales, pues el juicio concluirá, pero, en el primer caso, la caducidad de la acción acarrea un cambio esencial en los derechos disputados, los cuales se convierten en derechos naturales, en el

---

Quedan a salvo los derechos de los terceros de buena fe que, no habiendo participado en el acto realizado con el cónyuge, hubiesen registrado su título con anterioridad al registro de la demanda de nulidad.

En caso de bienes inmuebles se procederá a estampar en el protocolo correspondiente la nota marginal referente a la demanda de nulidad; en los otros casos. se tomarán las providencias que garanticen la protección de los terceros de buena fe.

La acción corresponde al cónyuge cuyo consentimiento era necesario y caducará a los cinco (5) años de la inscripción del acto en los registros correspondientes o en los libros de las sociedades si se trata de acciones, obligaciones o cuotas de participación. Esta acción se transmitirá a los herederos del cónyuge legitimado si éste fallece dentro del lapso útil para intentarla.

Cuando no procede la nulidad, el cónyuge afectado sólo tendrá acción contra el otro por los daños y perjuicios que le hubiere causado. Esta acción caducará al año de la fecha en que ha tenido conocimiento del acto y, en todo caso, al año después de la disolución de la comunidad conyugal.

24 *Artículo 168.* Cada uno de los cónyuges podrá administrar por sí solo los bienes de la comunidad que hubiere adquirido con su trabajo personal o por cualquier otro título legítimo; la legitimación en juicio, para los actos relativos a la misma corresponderá al que los haya realizado. Se requerirá del consentimiento de ambos para enajenar a título gratuito u oneroso o para gravar los bienes gananciales, cuando se trata de inmuebles, derechos o bienes muebles sometidos a régimen de publicidad, acciones, obligaciones y cuotas de compañías, fondos de comercio. así como aportes de dichos bienes a sociedades. En estos casos la legitimación en juicio para las respectivas acciones corresponderá a los dos en forma conjunta. El Juez podrá autorizar a uno de los cónyuges para que realice por sí solo, sobre bienes de la comunidad, alguno de los actos para cuya validez se requiere el consentimiento del otro cuando éste se encuentre imposibilitado para manifestar su voluntad y los intereses del matrimonio y de la familia así lo impongan. Igualmente el Juez podrá acordar que el acto lo realice uno de los cónyuges cuando la negativa del otro fuere injustificada y los mismos intereses matrimoniales y familiares así lo exijan. En estos casos el Juez decidirá con conocimiento de causa y previa audiencia del otro cónyuge, si éste no estuviere imposibilitado, tomando en consideración la inversión que haya de darse a los fondos provenientes de dichos actos.

sentido civilista de la palabra, es decir, derechos que no tienen acción ni son reclamables en sede judicial.

¿Podríamos afirmar que por iguales razones se produce la prescripción extintiva de los derechos ventilados en un juicio donde ocurre una paralización por un lapso igual o mayor al de prescripción? La norma pertinente del artículo 1.972 del Código Civil no señala siquiera implícitamente que la citación interrumpe definitivamente la prescripción mientras el juicio esté pendiente.[25] Como hemos dicho, no existe en nuestro ordenamiento jurídico ninguna disposición sustantiva que establezca la interrupción indefinida del lapso de prescripción cuando el juicio está pendiente. Pues, aunque la citación tiene la virtualidad, por disposición legal expresa (artículo 1.969 del Código Civil), de interrumpir la prescripción -por ser una gestión (judicial) de cobro-, subsistiría luego, desde la citación en adelante la carga para el actor de continuar gestionando el cobro por medio del proceso, siguiendo el itinerario procedimental que corresponda; en forma que, así como la cobranza extrajudicial que hace el acreedor a su deudor no interrumpe indefinidamente la prescripción y sólo borra el segmento del lapso que haya transcurrido hasta ese momento, así, también, la citación interrumpe permanentemente la prescripción en tanto el proceso no quede paralizado, volviendo a recontarse a partir de dicha paralización el lapso de prescripción íntegro, desde el inicio hasta su completo transcurso, que es cuando opera el abandono de la instancia por falta de interés procesal, según lo desarrollado por la Sala Constitucional del Tribunal Supremo.

La Sala Constitucional señaló también "que cuando los términos de prescripción de los derechos ventilados sean de un año o menos, vencido un año de inactividad en estado de sentencia, sin impulso del actor, si en el año siguiente al de la prescripción no hay impulso de su parte, se tendrá tal desidia procesal como muestra inequívoca que los accionantes perdieron el interés procesal en dicha causa".[26] Esto significa, sin más, que se produce la prescripción extintiva, por falta de interrupción judicial,

---

25　"*Artículo 1.972.* La citación judicial se considerará como no hecha y no causará interrupción:

1° Si el acreedor desistiere de la demanda, o dejare extinguir la instancia, con arreglo a lo dispuesto en el Código de Procedimiento Civil.

2° Si el deudor demandado fuere absuelto en la demanda".

26　*Cfr.* TSJ-SC, Sent. 01-06-2001, núm. 956.

al haber una paralización del proceso en estado de "vistos" por un lapso igual al doble de la prescripción que señale la ley sustantiva. ¿Por qué sólo se produce en estado de "vistos", o sea, en el estado de sentencia? La razón radica en que el artículo 267 del Código de Procedimiento Civil no impone la *poena preclusi* a las causas paralizadas a la espera del fallo, cuando la actividad de las partes ha concluido en lo que se refiere a las cargas procesales del procedimiento, y, por ende, es necesario sancionar, de acuerdo con los principios y reglas jurídicas, la falta de instancia al cobro de lo pretendido en la demanda, como una forma de evitar la pendencia indefinida de juicios en estado totalmente estático.

3. Colisiones Constitucionales

5. LAS COLISIONES CONSTITUCIONALES Y SU RESOLUCIÓN

Jesús M. CASAL H.[*]

SUMARIO: I. *Introducción.* II. *La noción de colisión constitucional.* III. *Naturaleza de las limitaciones de derechos basadas en colisiones constitucionales.* IV. *Reparto de funciones entre la legislación y los jueces en el tratamiento de las colisiones constitucionales.* V. *Algunos criterios para la resolución de colisiones constitucionales.*

I. INTRODUCCIÓN

Un tema de creciente importancia en el derecho constitucional es el de las colisiones constitucionales y los criterios que pueden ser empleados para su resolución. Ello obedece a razones diversas, entre las cuales cabe mencionar el fortalecimiento de la fuerza normativa de la Constitución; el reconocimiento de las diversas dimensiones de los derechos fundamentales o derechos constitucionales, sobre todo de los deberes de protección del Estado respecto de estos derechos, y la confluencia de aportes provenientes de las teorías de las normas y la argumentación jurídica, que han centrado su atención en los conflictos entre bienes constitucionales.

Ciertamente, el despliegue de la operatividad jurídica de la Constitución y, particularmente, de los derechos que ésta garantiza, ha obligado a depurar los mecanismos usados para examinar la licitud de las intervenciones públicas en tales derechos, lo cual ha situado en un primer plano la pregunta acerca de la entidad de los bienes o intereses en que éstas pue-

* Doctor en Derecho por la Universidad Complutense de Madrid; es decano y profesor de Derecho constitucional en la Facultad de Derecho de la Universidad Católica Andrés Bello; miembro de la Comisión Andina de Juristas y vicepresidente de la Asociación Venezolana de Derecho Constitucional.

den fundamentarse. Al margen de la respuesta que merezca esta cuestión, al abordarla es ineludible toparse con las colisiones constitucionales como fuente última de muchas de las normas o actuaciones que se traducen en restricciones o injerencias en derechos fundamentales. La identificación de la raíz constitucional de actos limitativos de tales derechos que aseguran la vigencia de otro derecho del mismo valor, que se proyecta en su faceta objetiva,[1] ha acentuado la relevancia de los conflictos entre derechos constitucionales. En igual dirección apunta el notable resurgimiento de la preocupación doctrinal por la precisión de la estructura de las normas jurídicas, que ha repercutido en el plano constitucional al intentar poner de manifiesto las bases teóricas implícitas en muchas construcciones elaboradas por la dogmática o la jurisprudencia constitucional.[2]

Excedería de los límites de este trabajo un estudio siquiera somero de esa orientación y de las corrientes de pensamiento de las que es tributaria. El presente artículo sólo se referirá, sin pretensiones de exhaustividad, a tres aspectos del tema mencionado: la naturaleza de las limitaciones de derechos constitucionales que se apoyan en tales colisiones; el reparto de funciones entre el legislador y los jueces en el tratamiento de las mismas, y dos de los criterios que han de tenerse en cuenta para dirimirlas adecuadamente. En la exposición de estos asuntos tendrán un peso significativo contribuciones de la jurisprudencia y doctrina alemanas y, en menor medida, de la doctrina española, las cuales apenas son una muestra del interés que el tema ha despertado en el constitucionalismo contemporáneo. Las valiosas construcciones dogmáticas o aplicaciones provenientes de otros ordenamientos jurídicos, en especial de países latinoamericanos,[3] serán objeto de análisis en trabajos posteriores. Antes de desarrollar el tema enunciado será necesario efectuar algunas aclaraciones de índole conceptual.

---

1   Véase, Dreier, H., *Grundgesetz*, Mohr Siebeck, Tübingen, 2004, pp. 66 y ss.; Diez-Picazo, L., *Sistema de derechos fundamentales*, Madrid, Civitas, 2005, pp. 61 y ss.; Bastida, F. *et al.*, *Teoría general de los derechos fundamentales en la Constitución Española de 1978*, Madrid, Tecnos, 2004, pp. 50 y ss.

2   Respecto de la estructura de las normas sobre derechos fundamentales véase, por todos, Alexy, R., *Teoría de los derechos fundamentales*, Madrid, Centro de Estudios Constitucionales, 1993.

3   Véase, entre otros, Sagües, N., "*Elementos de derecho constitucional*, Buenos Aires, Astrea, 1999, t. 2, pp. 311 y ss. Carbonell, M., *Los derechos fundamentales en México*, México, Porrúa-Comisión Nacional de los Derechos Humanos, 2005, pp. 122 y ss.

II. LA NOCIÓN DE COLISIÓN CONSTITUCIONAL

Las colisiones constitucionales son una manifestación de los conflictos entre normas jurídicas, que han sido ampliamente tratados, con diversidad de enfoques y de modelos de solución, en la teoría y la filosofía del derecho. La colisión surge porque una norma, en relación con una situación determinada, ordena o permite hacer lo que otra prohíbe.[4] Estos choques normativos o antinomias no siempre suponen una contradicción o exclusión total entre dos o más normas; pueden suscitarse bajo la modalidad de antinomias totales-parciales, en las que el supuesto de hecho de una norma está comprendido por el de otra norma de mayor alcance fáctico, cuyas consecuencias jurídicas son incompatibles con las de la primera; o a veces se presentan como antinomias parciales-parciales, en las que sólo algunos de los supuestos de aplicación de las normas enfrentadas se solapan. Esta última sería la forma de antinomia que normalmente adoptan las colisiones constitucionales, según ha sostenido Guastini.[5]

Esto puede ilustrarse con una de las situaciones de colisión comúnmente invocadas: el conflicto entre la libertad de expresión e información y el derecho a la intimidad o a la vida privada. Dicha libertad no ampara conductas que siempre entren en conflicto con este derecho, ni éste supone un obstáculo general para el ejercicio de aquélla. Sólo en ciertos supuestos se produce el choque entre estos derechos constitucionales, mientras que en los demás cada derecho puede hacerse valer sin toparse con el otro.

Una peculiaridad de las colisiones constitucionales, sobre todo de las colisiones entre derechos, es la generalidad que suele caracterizar al precepto en el que éstos son reconocidos o, mejor dicho, la condición de principios que suelen poseer las correspondientes normas, lo cual impide vislumbrar por anticipado (todas) las respectivas condiciones de aplicación, lo que ha llevado a algunos a poner en duda que tales colisiones encajen en la clasificación de las antinomias antes esbozada.[6] Pareciera,

---

4   Véase, Stern, K., *Das Staatsrecht der Bundesrepublik Deutschland*, München, Beck, 1994, t. III/2, pp. 603 y ss.; Berkemann, J., "Zur logischen Struktur von Grundrechtsnormen", *Rechtstheorie*, 20, 1989, pp. 467 y ss.

5   Guastini, R., *Distinguendo; studi di teoria e metateoria del diritto*, Turín, Giappichelli, 1996, pp. 144 y 145.

6   Prieto, L., "Neoconstitucionalismo y ponderación judicial", en Carbonell, M. (ed.), *Neoconstitucionalismo (s)*, Madrid, Trotta, 2003, p. 141.

no obstante, que basta con explicar los matices que esa cualidad de principios introduce en tal clasificación para que ésta conserve su pertinencia. En especial, es propio de las colisiones constitucionales que afloren en casos concretos, es decir, en la fase de aplicación de las normas correspondientes.

La principal singularidad de las colisiones constitucionales frente a la categoría general de los conflictos normativos reside en la jerarquía constitucional de las normas o bienes contrapuestos, es decir, en la coexistencia de estas normas o bienes en un mismo cuerpo normativo, dotado del más alto rango, lo que imposibilita o dificulta de sobremanera la utilización de criterios tradicionales como los de la generalidad-especialidad o anterioridad-posterioridad para su resolución. Normalmente tampoco cabrá invocar la invalidez de una de las normas enfrentadas para superar el conflicto.

Sin embargo, conviene advertir que algunos de los criterios mencionados pueden ayudar en ciertos supuestos a evitar que se produzca o, más bien, a disipar la colisión constitucional. Así, la aparente contradicción entre dos disposiciones constitucionales puede allanarse considerando a una de ellas como especialmente dirigida a regular ciertas situaciones que en principio estarían comprendidas en el ámbito normativo de la otra: una puede establecer condiciones mínimas para ocupar cargos públicos, con carácter aparentemente exhaustivo, mientras que otra puede fijar requisitos menos estrictos para un determinado destino público, por razones ligadas, por ejemplo, a la promoción de la participación ciudadana en la administración local. Igualmente, en relación con la sucesión de normas en el tiempo, puede ocurrir que una modificación constitucional pretenda llevarse a cabo soslayando los trámites constitucionalmente fijados, o desconociendo los límites materiales de las reformas constitucionales, lo cual comportaría la invalidez de los preceptos introducidos, que habrían desencadenado el conflicto normativo. Pero además, es posible, como la jurisprudencia constitucional lo demuestra,[7] que tales preceptos, aun siendo válidos, sean sometidos a una interpretación que los coloque en consonancia con el resto de la Constitución, la cual funciona como una

---

7   Véase, la sentencia del Tribunal Constitucional Federal alemán del 3 de marzo de 2004, sobre la reforma constitucional dirigida a ampliar los poderes para practicar medidas que afecten la inviolabilidad del domicilio; *BVerfGE* 109, 279.

totalidad que informa y orienta la determinación del alcance de las disposiciones que sean incorporadas mediante procesos de reforma.

Prevalece la opinión de que sólo después de agotarse éstas y otras vías interpretativas semejantes de acompasamiento entre disposiciones constitucionales cabe hablar de una colisión constitucional.[8] Una colisión constitucional no se produce sólo porque la letra de algún precepto choque con lo dispuesto en otro, ya que antes de afirmar la existencia de la colisión debe realizarse una tarea interpretativa dirigida a determinar lo que aquél realmente establece, la cual no puede prescindir de la unidad de la Constitución. No obstante, esta lectura adecuada o contextualizada del precepto constitucional no debe confundirse con un esfuerzo armonizador que intente incorporar la propia solución del conflicto normativo a la interpretación de las normas enfrentadas, pues entonces quedarían oscurecidos los criterios específicos de resolución de las colisiones, que pasarían a ser siempre aparentes, en detrimento de la transparencia argumentativa, y serían burladas las cautelas constitucionales formales que deben ser observadas.

Es frecuente que, aún después de desentrañar su sentido, algunas normas constitucionales se encuentren en una situación de tensión con otras de igual rango, dado que su dirección o proyección normativa se cruza con la de las otras. Esa tensión normativa puede constatarla el legislador cuando se dispone a regular algún sector del ordenamiento. Ello puede ocurrir, por ejemplo, respecto de las relaciones entre la libertad de expresión e información y el derecho al honor o a la intimidad; entre el derecho a la huelga y los derechos ligados a la satisfacción de algunos servicios mínimos en áreas relacionadas con la atención de la salud; entre el derecho de acceso a la información pública y la seguridad del Estado, allí donde ésta tenga anclaje constitucional; o entre el derecho a conocer la propia filiación o la propia paternidad y el interés en la protección de la familia y el matrimonio. En estos supuestos cabría hablar de una colisión abstracta o potencial entre normas o bienes constitucionales, la cual debe ser tratada por el legislador, al que corresponderá definir, en los respectivos sectores normativos, los términos del entendimiento o de la convivencia entre tales bienes. La calificación de estas colisiones como abstractas no significa que el legislador, al regularlas, ignore los datos que

---

8 Stern, *op. cit.*, nota 4, p. 650.

ofrezca la realidad y, en particular, los que la jurisprudencia aporte. Implica solamente que la articulación de intereses efectuada en el plano legislativo no tiene lugar con motivo de la decisión de un caso concreto. Nociones como la de conflictos palpables en "la realidad social" o la de "situaciones conflictivas típicas"[9] son compatibles con ese relativo nivel de abstracción.

Las colisiones constitucionales adquieren, sin embargo, especial relevancia en la fase aplicativa del derecho. Es en ésta que afloran de manera palpable los conflictos latentes entre bienes constitucionales, los cuales no siempre son previsibles en abstracto, o al menos no con los particulares contornos y matices que la situación concreta pone de relieve. Para algunos autores, sólo en esta fase sería posible hablar de colisiones constitucionales; sería aquí donde éstas tendrían su lugar dogmático. Tales colisiones no se darían propiamente en abstracto, sino tendrían su origen en situaciones concretas.[10]

Esta aproximación es en principio acertada, aunque menosprecia la función que también cumple el legislador en esta materia, como luego reiteraremos. De ahí que en este trabajo el concepto de colisión sea empleado en sentido amplio,[11] el cual comprende a las colisiones actuales o concretas, esto es, a las colisiones en sentido estricto, y a las colisiones potenciales, sin perjuicio de las importantes diferencias entre los planos abstracto-general o concreto-particular en que los conflictos entre bienes constitucionales pueden suscitarse. Además, las colisiones constitucionales serán examinadas desde la perspectiva de algún derecho constitucional al que se contraponen otros derechos o bienes constitucionales, que es la de mayor significación teórica y práctica, aunque son posibles las colisiones entre bienes colectivos o normas ajenas a la parte dogmática de la Constitución. Se dejarán de lado, por último, los especiales problemas que suscitan los conflictos en cuyos extremos se halla alguna norma de derechos fundamentales que por su estructura merezca el calificativo de regla.

---

9   Bumke, C., *Der Grundrechtsvorbehalt*, Baden-Baden, Nomos, 1998, pp. 157 y ss.

10   Stern, *op. cit.*, nota 4, pp. 607 y ss.; Fohmann, L., "Konkurrenzen und Kollisionen im Grundrechtsbereich", *EuGRZ* 1985, p. 60.

11   Con una orientación amplia, véase, Sachs, M., *Verfassungsrecht II (Grundrechte)*, Berlín, Springer, 2003, pp. 129 y ss.

III. NATURALEZA DE LAS LIMITACIONES DE DERECHOS BASADAS EN COLISIONES CONSTITUCIONALES

Las controversias en torno a las colisiones constitucionales y a los criterios que ayudan a solventarlas responden en parte a diversas concepciones sobre la naturaleza de los límites que de las mismas resultan para los derechos constitucionales. Este es un campo en el que también se topan la teoría interna y la teoría externa sobre los límites de los derechos fundamentales. La primera pretende logar, con apoyo en el principio de unidad de la Constitución y en una interpretación sistemática de sus disposiciones, una delimitación correcta del derecho que se enfrenta con otro bien constitucional, de manera que esta tarea interpretativa disuelva -más que resuelva-, la colisión aparentemente existente.[12] La segunda pone de manifiesto la restricción o acortamiento ínsitos a las actuaciones estatales que, con apoyo en algún bien constitucional, afectan las posibilidades de goce o ejercicio de un derecho fundamental.[13] Junto a estas discrepancias concurren también diferentes visiones sobre la Constitución como parámetro normativo, que puede ser entendida como un ordenamiento marco, con amplios espacios para la libertad política, o como una norma fundamental de la cual se deduzca la solución correcta para las más diversas situaciones jurídicas.[14]

No sería pertinente ahondar en esta contienda doctrinal. Basta con destacar que la jurisprudencia constitucional favorece una postura cónsona con la teoría externa y una comprensión de la Constitución como orde-

---

12 Müller, F., *Die Positivität der Grundrechte*, Berlín, Duncker & Humblot, 1969, pp. 40 y ss.; Otto de, I., "La regulación del ejercicio de los derechos y libertades. La garantía de su contenido esencial en el artículo 53.1 de la Constitución", en Martín-Retortillo, Lorenzo y Otto y Pardo, Ignacio de, *Derechos fundamentales y Constitución*, Madrid, Civitas, 1988, pp. 137 y ss.

13 Borowski, M., *Grundrechte als Prinzipien*, Baden-Baden, Nomos, 1998, pp. 47 y ss., 103 y 189; desde la óptica de la amplitud del supuesto de hecho iusfundamental, véase Alexy, *op. cit.*, nota 2, pp. 311 y ss.

14 Véase la discrepancia entre Alexy y Böckenförde: Alexy, "Epílogo a la Teoría de los derechos fundamentales", *REDC*, 66, 2002, pp. 14 y ss.; Böckenförde, E. W., *Escritos sobre Derechos Fundamentales*, Baden-Baden, Nomos, 1993, pp. 104 y ss.; *Staat, Verfassung, Demokratie*, Suhrkamp, Frankfurt, 1991, pp. 159 y ss.

namiento marco.[15] Ello implica, desde la perspectiva de este trabajo, que las colisiones constitucionales no plantean simplemente un problema interpretativo, sino más bien una auténtica confrontación entre normas o bienes constitucionales, que debe ser primeramente atendida en la legislación. El tratamiento de estas colisiones puede conducir a la imposición de límites a algún derecho fundamental, tal como sucede cuando la legislación penal prevé sanciones para quienes al expresarse revelen (sin justificación) datos concernientes a la vida privada de una persona. Pero tales límites no se derivan automáticamente de la Constitución, aunque tengan su base en ella.

De la Constitución puede colegirse la necesidad de la limitación, mas no sus concretos perfiles, los cuales han de ser objeto de configuración normativa.

Un conflicto como el mencionado, entre la libertad de expresión e información y el derecho a la intimidad o a la vida privada, nos aproxima a la cuestión del alcance de los deberes de protección del Estado respecto de los derechos fundamentales. Si examinamos la colisión mencionada desde el ángulo de la tutela del derecho a la intimidad o a la vida privada, cabría afirmar que este derecho debe estar plasmado legalmente como un límite de la libertad de expresión e información, pero esto no ha de llevar a negar el margen de actuación y apreciación del legislador al cumplir esta tarea. Le tocará decidir si algunas conductas relacionadas con la libertad de expresión e información serán objeto de medidas penales de protección de la intimidad o la vida privada, así como configurar el tipo penal; o habrá de pronunciarse sobre las eventuales infracciones y sanciones administrativas ligadas a la violación de ese derecho por medios de radiodifusión y sobre el alcance de las pertinentes reclamaciones civiles. Al hacerlo no puede incurrir en exceso pero tampoco en una protección deficiente,[16] es decir, debe respetar la proporcionalidad y, a la vez, ofrecer un nivel suficiente de tutela del derecho frente a abusos en el

---

15 Sachs, *op. cit.*, nota 27, pp. 124 a 131; Medina Guerrero, M., *La vinculación negativa del legislador a los derechos fundamentales*, Madrid, McGraw-Hill, 1996, pp. 23 y ss.

16 La jurisprudencia constitucional ha colocado, junto a la clásica prohibición de exceso, una prohibición de defecto (*Untermaßverbot*) o de protección deficiente, cuyos perfiles dogmáticos no están aún claramente definidos; Sachs, *op. cit.*, nota 15, pp. 39-42.

ejercicio de la libertad de expresión. Esto pareciera suprimir las posibilidades para la configuración normativa, pero entre los márgenes de la protección suficiente y de la protección máxima no lesiva de la proporcionalidad hay un campo de acción que no debe ser ignorado. Entre el umbral de la suficiencia y el techo de la satisfacción más elevada respetuosa de la proporcionalidad hay un ámbito dentro del cual cabe la oscilación o alternancia de distintas soluciones normativas, alimentadas a su vez de diferentes concepciones sobre la significación de la libertad de expresión e información y del derecho a la intimidad o a la vida privada, que sean conformes con los parámetros constitucionales.

Una sentencia del Tribunal Constitucional Federal alemán que puede traerse a colación para hacer patentes las dificultades de delimitación entre lo constitucionalmente ordenado o prohibido y lo constitucionalmente posible, así como la existencia de un ámbito, u oportunidad, para la decisión política del legislador, es el fallo dictado en relación con el uso del velo islámico por personal docente en las escuelas públicas. La sentencia fue adoptada al resolver el amparo interpuesto por quien aspiraba a ingresar, como maestra, a la función docente en el Estado federado de Baden-Württemberg, lo cual le había sido negado por la administración aduciendo su falta de idoneidad para el cargo, derivada de su declarada intención de usar un velo islámico en la escuela, incluso durante las clases.[17]

No sería pertinente abordar aquí las polémicas aristas del tratamiento legislativo que en distintos países europeos ha recibido el velo o velos islámicos. Sólo interesa apuntar que, al decidir el caso, el Tribunal deja en manos del legislador la búsqueda de una solución adecuada a la tensión que puede existir entre los riesgos de la admisión del uso del velo islámico por las maestras y la libertad religiosa de las docentes que se sientan obligadas o llamadas por su fe o su cosmovisión a portar dicho velo incluso durante las clases. El Tribunal declaró con lugar el amparo, dada la falta de una disposición legal estadual[18] específica que permitiera excluir del servicio a una maestra por el uso del velo islámico -o de otros símbolos religiosos ostensibles- durante las clases, o por la firme intención de hacerlo. La genérica exigencia jurídica de idoneidad y las dispo-

---

17   *BVerfGE*, 108, 282.

18   El adjetivo *estadual* lo empleamos para referirnos a los estados federados (*Bundesländer o Länder*).

siciones legales conexas no proporcionaban a la decisión una base normativa suficiente.[19] Pero el Tribunal entró también en un amplio análisis sobre los posibles significados socioculturales y políticos del velo, para lo cual se apoyó en la declaración de expertos.

Apartando una gran cantidad de contenidos relevantes desde la óptica de la libertad religiosa, de la significación constitucional de la tolerancia[20] y de la apertura de la jurisdicción constitucional al dato sociológico, importa subrayar que, pese a estimar que habría buenas razones para excluir el uso del velo por las maestras en las escuelas (públicas), en atención al deber de neutralidad del Estado en materia religiosa o confesional y, sobre todo, a los conflictos que su uso puede provocar con otros estudiantes o sus padres, el Tribunal sostiene que corresponde al legislador "determinar o concretizar" los "límites inmanentes"[21] de los derechos en juego: la libertad religiosa del docente, por un lado, y la libertad religiosa (negativa) de los estudiantes y el derecho de los padres sobre la educación de sus hijos, por otro lado. La sentencia enfatiza que la restricción de derechos fundamentales y la búsqueda de la concordancia o equilibrio entre derechos en colisión es función del parlamento, en cuyo seno ha de darse democráticamente el debate público sobre la "necesidad y alcance" de la eventual injerencia en un derecho. El legislador estadual competente está, pues, facultado, en uso de su prerrogativa de apreciación o valoración (*Einschätzungsprärogative*), para evaluar la adopción de la base legal que no fue hallada en el caso planteado.

La sentencia declara que el mandato de tolerancia, vinculado al reconocimiento de la dignidad humana, favorece una solución dotada de "equi-

---

19   Este criterio no fue unánime entre los miembros de la segunda sala del Tribunal Constitucional Federal, a la que correspondió decidir el caso, pues en la opinión separada formulada por tres de ellos se consideró suficiente el marco normativo existente para mantener la prohibición.

20   Véase los comentarios de Baer, Susanne y Wrase, Michael, "Staatliche Neutralität und Toleranz: Das Kopftuch-Urteil des BVerfG", *JuS*, 2003, pp. 1162 y ss.

21   La alusión a límites inmanentes de los derechos fundamentales es característica de las teorías internas sobre los límites de estos derechos, pero en la jurisprudencia constitucional alemana tal expresión también se ha empleado para referirse a límites aplicables a derechos consagrados en la ley fundamental sin una reserva (o remisión) para una restricción a favor del legislador, como sucede con la libertad religiosa. La inmanencia del límite no implica, sin embargo, que opere con independencia de la ley.

librio", un "punto medio", que también aprecie la importancia de poder hacer visibles las propias creencias y de conocer las ajenas, lo cual debe ser procurado por el legislador correspondiente atendiendo a las concretas tradiciones educativas, la composición confesional de la población y su grado de religiosidad, y teniendo en cuenta el principio de igualdad. La instancia legislativa competente ha de procurar un "arreglo" (*Kompromiss*) aceptable para todas las partes. En suma, se deja en manos de cada Estado federado la regulación del asunto, y la sentencia no descarta que éstos puedan adoptar normativas divergentes. Algunos Estados federados no han dictado una regulación con orientación restrictiva, lo cual es también una expresión de la libertad política y del espacio para la tolerancia que a fin de cuentas el Tribunal Constitucional Federal quiso preservar. En otras materias la jurisprudencia constitucional ha destacado igualmente la misión del legislador de procurar un equilibrio entre derechos o intereses constitucionales posiblemente contrapuestos.[22]

Todo lo anteriormente expuesto se traduce en que la actuación legislativa orientada a concretizar los límites fundados en bienes constitucionales en colisión no tiene un carácter puramente declarativo sino más bien cuasi-constitutivo.[23] La libertad del legislador no es tan amplia como la que ostenta cuando puede decidir, en uso de las reservas de ley, si es imperioso o no, a la luz de las circunstancias sociales, dictar normas con efectos restrictivos de derechos. La existencia de la colisión constitucional implica que la imposición de una restricción puede ser constitucionalmente necesaria. Pero la determinación del contenido de esta regulación se encomienda al legislador, que ha de cumplir su cometido en un proceso abierto de deliberación política de las distintas opciones normativas. Lo hasta ahora dicho también supone que es el legislador quien debe asumir primeramente esta función, sin que esto signifique descartar una intervención de los jueces ordinarios y de la justicia constitucional, como enseguida veremos.

---

22 Véase, entre otras, la sentencias del *BVerfGE* 85, 386 (400 y ss.).

23 En la misma dirección, Brage, J., *Los límites a los derechos fundamentales*, Madrid, Dykinson, 2004, p. 88, quien alude a una función constitutiva limitada.

IV. REPARTO DE FUNCIONES ENTRE LA LEGISLACIÓN Y LOS JUECES
EN EL TRATAMIENTO DE LAS COLISIONES CONSTITUCIONALES

La responsabilidad primaria para la resolución de las colisiones constitucionales, tal como éstas han sido definidas, recae sobre el legislador. Al regular los distintos sectores del ordenamiento, el legislador efectúa un balance entre intereses contrapuestos que a menudo ostentan una trascendencia constitucional. No es extraño, por ejemplo, que al dictar leyes en materia económica haya que sopesar las exigencias de la libertad de empresa y las de la tutela del ambiente; que en materia penal deban ponderarse el interés en la protección de la vida u otro bien constitucional y la libertad personal; o que en la legislación laboral deben considerarse posiciones subjetivas contrarias, constitucionalmente dignas de protección. En estos supuestos y en otros análogos la ley debe configurar las correspondientes soluciones normativas, teniendo en cuenta según sea posible los bienes constitucionales contrapuestos. La regulación legislativa armonizadora de los bienes constitucionales en tensión encuentra fundamento en reservas legales generales o específicas, así como en el principio del Estado de derecho y en el principio democrático.

Pero esta responsabilidad legislativa no excluye una intervención complementaria de los jueces, que en la dinámica jurídica suele ser muy importante cuantitativa y cualitativamente. Al resolver casos concretos en cumplimiento de funciones jurisdiccionales, puede ser ineludible colmar lagunas de protección detectadas en la legislación o completar, por medios que sobrepasan la mera interpretación de las leyes, las premisas normativas de la correspondiente decisión judicial. Además, en ocasiones los jueces acuden a los métodos habituales de interpretación o construcción del derecho para avalar restricciones que no se desprenden claramente de la formulación de las disposiciones legales.

En particular, una actuación de los jueces no fundada en disposiciones legales específicas que afecte algún derecho fundamental puede justificarse si va dirigida a proteger otro derecho fundamental. Los pronunciamientos judiciales que al amparar un derecho constitucional repercuten negativamente en otro derecho de igual rango suelen estar ligados a dos categorías: el efecto frente a terceros de los derechos fundamentales y los deberes de protección de estos derechos, siendo esta última la sede dogmática en la que han desembocado muchos de los problemas antes tratados bajo aquel concepto.

El efecto mediato de los derechos fundamentales entre particulares a menudo se produce por conducto de cláusulas generales y conceptos indeterminados previstos en la legislación ordinaria, generalmente en materia civil, cuya interpretación orientada por la Constitución por sí sola no implica una actividad judicial limitadora de derechos. Sin embargo, a veces los jueces, al abrigo de algunos conceptos legales indeterminados, proceden a introducir obligaciones que en parte sobrepasan la previsión legal, invocando en apoyo de su (re) interpretación el derecho fundamental en juego. Una muestra de ello en la jurisprudencia alemana es la decisión de un tribunal civil de segunda instancia, basada en el precepto que impone a los padres e hijos el deber de respeto y apoyo mutuo (artículo 1618a. del Código Civil), de acuerdo con la cual la madre de una joven nacida de una relación no matrimonial estaba obligada a proporcionar información (nombres y direcciones) sobre los hombres con los que hubiera mantenido relaciones en el plazo estimado de concepción, que permitiera a la reclamante la identificación de su padre. Este pronunciamiento se fundó en la citada norma civil y en el derecho de ésta a conocer su filiación, a la igualdad y a las pretensiones hereditarias asociadas al derecho de propiedad (artículo 2.1 en concordancia con los artículos 1.1; 6.5 y 14.1 de la Ley Fundamental -LF-). En el recurso de amparo interpuesto por la madre se invocaba su derecho a la preservación de su esfera privada o íntima, conectado con su vida sexual y relaciones de pareja (artículo 2.1 en concordancia con el 1.1 de la LF), a lo que se sumaba su afirmación de no tener certeza sobre la paternidad por haber mantenido relaciones durante el tiempo de la posible concepción con varios hombres, con vida familiar ahora ya establecida, cuyos derechos también se verían afectados por la estimación de la demanda civil.

El Tribunal Constitucional Federal declaró que la decisión tomada por el tribunal civil, al leer el artículo 1618a. del Código Civil a la luz de los derechos citados, no representaba un desarrollo inadmisible del derecho (*Rechtsfortbildung*), pero en su criterio dicho tribunal había desconocido el campo de acción que los órganos judiciales poseen al dar cumplimiento a deberes de protección de derechos fundamentales y al llevar a cabo la ponderación entre los intereses en juego. El tribunal civil había actuado como si los intereses de la hija debieran prevalecer a toda costa, con el argumento de que no cabía atribuir a ella la responsabilidad de lo ocurrido, cerrando así las puertas a una ponderación amplia y minuciosa de las circunstancias del caso. Esto condujo a la estimación del amparo y a la devolución de la causa al orden jurisdiccional civil.[24]

Lo que importa destacar de este pronunciamiento, dejando de lado la cuestión concreta debatida y el desenlace del caso,[25] es que con base en un precepto legal indeterminado se llegaron a establecer obligaciones que no tenían un claro soporte en el texto de la legislación civil, lo que revela el papel que los jueces pueden desempeñar al colmar lagunas de protección observadas en la legislación. Tales obligaciones, fruto en buena medida del desarrollo judicial del derecho al cual la sentencia alude, que afectaban la posición subjetiva de la madre, provenían de la determinación de un tribunal, y no principalmente de la ley. La sentencia de amparo es consciente de ello e invoca el criterio reiterado del Tribunal en la materia, según el cual la configuración de los deberes de protección de derechos compete al legislador, sin que deba rechazarse una intervención judicial ponderativa "a falta de una decisión del legislador por medio del desarrollo del derecho o de la interpretación de conceptos jurídicos indeterminados".[26]

En virtud de la reserva legal, el pronunciamiento judicial que incida negativamente en derechos constitucionales ha de poder invocar la ley como su fundamento, aunque no necesariamente en términos literales, pues aquélla en principio no excluye la tarea interpretativa o constructiva de los jueces. Las leyes pueden tratar genéricamente una materia y no abordar específicamente supuestos de colisión que surgen con motivo de su aplicación, ante los cuales el juez no puede cerrar los ojos, pues está en el deber de decidir el caso planteado conforme a derecho, lo que comprende a las exigencias dimanantes de los bienes constitucionales implicados.

La doctrina tiende a enfatizar la necesaria observancia de la reserva legal respecto de las injerencias en derechos fundamentales fundadas en la preservación de otro derecho,[27] pero tampoco descarta una actuación ju-

---

24 *BVerfGE*, 96, 56.

25 La sentencia civil ordinaria que después confirmó la obligación de la madre de proporcionar la información arriba indicada no pudo ser finalmente ejecutada, pues ella se negaba a suministrarla y no fue considerado lícito acudir al procedimiento de ejecución forzosa por medio de multa u otras medidas coercitivas; decisión del tribunal estatal de Münster del 29 de julio de 1999; *NJW*, 1999, p. 3787.

26 *Cfr.*, entre otros pronunciamientos, *BVerfGE*, 96, 56 (64); 84, 212 (226-227).

27 Sachs, *Grundgesetz*, München, Beck, 2003, pp. 44, 45, 73 y 74.

dicial directa, para algunos limitada a situaciones extremas o de urgencia. En relación con los efectos de los derechos fundamentales entre particulares, algunos estiman que si las normas legales o las cláusulas generales o conceptos indeterminados de la legislación son insuficientes para transportar las exigencias de estos derechos, cabe una aplicación inmediata de los requerimientos constitucionales, sobre todo cuando se trata de hacerlos valer contra el ejercicio del "poder económico o social",[28] es decir, en relaciones de desequilibrio o sujeción. Esto, aunado a los criterios jurisprudenciales esbozados, demuestra que no es despreciable el espacio en que los jueces pueden condicionar el ejercicio de los derechos sin una base legal específica. Ha sido precisamente el riesgo de debilitamiento de la reserva legal que generaría la expansión de los deberes de protección y del efecto entre particulares de los derechos fundamentales, lo que sirve de apoyo a las opiniones más cautelosas.[29] Sin embargo, conviene subrayar que tales intervenciones judiciales se circunscriben a casos concretos cuya resolución haga ineludible la apelación a los parámetros constitucionales.

La ponderación judicial entre derechos en conflicto es, pues, un procedimiento que puede generar, no sólo en relación con los deberes de protección o la eficacia entre particulares de los derechos fundamentales, sino en constelaciones diversas, criterios condicionantes del ejercicio o disfrute de derechos. Si se produce una colisión entre la libertad de expresión y el derecho al honor, contextualizada en un proceso penal incoado contra la persona que difundió ciertas informaciones, los jueces suelen emplear criterios de solución no previstos en la ley, como la importancia de determinar la relevancia de la noticia para la formación de la opinión pública en una democracia, la condición pública o privada del afectado y la magnitud de la repercusión de la información en el derecho al honor, entre otros, lo cual, sobre todo cuando la decisión es ratificada en las más altas instancias judiciales y acogida por la jurisdicción constitucional, posee un efecto limitativo (del derecho al honor) similar al que cumplirían disposiciones legales correlativas o normas penales relacionadas con los delitos de injuria o difamación que hicieran explícitas estas exigencias dimanantes de la libertad de expresión.

---

28 Hesse, Hesse, K., *Grundzüge des Verfassungsrechts der Bundesrepublik Deutschland*, Heidelberg, Müller, 1993, p. 151.

29 Böckenförde, *Escritos...*, *cit.*, nota 14, pp. 104 y ss.

En síntesis, los jueces deben atenerse en primer término a lo dispuesto en la ley al decidir casos que presupongan colisiones entre bienes constitucionales y han de guiarse por las pautas o criterios de armonización que legalmente se hayan establecido. Pero si la solución legislativa es insuficiente, bien por incurrir en una omisión absoluta, bien por no proporcionar todos los elementos que permitan resolver el caso concreto en un modo cónsono con los bienes constitucionales en conflicto, los jueces pueden contribuir a colmar la deficiencia legislativa. En ocasiones la actuación jurisdiccional adoptará una faceta correctiva, ya que si la solución ofrecida por la ley resulta incompatible con la Constitución, ésta ha de prevalecer, lo cual ha de desembocar en mecanismos de control de la constitucionalidad que aseguren la vigencia de la norma suprema. El carácter *complementario* de la actuación del juez estriba no propiamente en que éste sustituya o supla al legislador, pues cada uno permanece en sus respectivos ámbitos de competencia, sino en la cooperación judicial para que el conflicto surgido sea dirimido conforme a derecho. La configuración normativa, es decir, la búsqueda de esquemas generales de convivencia entre los bienes implicados en la tensión normativa, sigue siendo una función legislativa.

Conviene, sin embargo, apuntar que, al apartarse de los términos legalmente fijados para atender casos que envuelvan colisiones constitucionales, los jueces deben haber verificado que tal marco normativo no es respetuoso de los bienes enfrentados o de alguno de éstos. No han de exigir que la ley recoja la mejor solución, la que asegure el mayor acoplamiento entre los mismos. La habitual alusión a la optimización de los bienes contrapuestos como fórmula para solventar las colisiones no debe conducir a equívocos, como enseguida explicaremos.

V. Algunos criterios para la resolución de colisiones constitucionales

En forma necesariamente sucinta, se examinarán dos de los principales criterios usualmente invocados para resolver colisiones constitucionales, los cuales son expresión de una misma idea: cada uno de los bienes constitucionales enfrentados ha de ser considerado tan ampliamente como sea posible al resolver la colisión, teniendo en cuenta las circunstancias particulares en que ésta se produce. Se pondrán de relieve los aspectos problemáticos que comportan, con la brevedad impuesta por los límites de extensión de este trabajo. Nos limitaremos a enunciar pautas útiles para el tratamiento de las colisionen en sentido estricto, es decir, de las surgidas en la fase de aplicación judicial del derecho.

1. *Evitar una simple ponderación abstracta de bienes*

La ponderación, como método para la solución de colisiones constitucionales o, en general, para determinar cuál interés jurídico debe prevalecer frente a otro que se le opone, ha estado en el centro de una larga discusión doctrinal aún no cerrada.[30] La ausencia de referencias constitucionales textuales para los criterios que orientan la ponderación ha motivado que ésta haya sido calificada como el talón de Aquiles de la problemática ínsita a tales colisiones.[31] Sería aventurado resumir -más aún intentar dilucidar- esta controversia en estas cortas líneas. Baste con señalar que las más serias críticas contra la ponderación como procedimiento que permita resolver racionalmente y con sujeción a la Constitución las colisiones constitucionales, se ven atenuadas cuando se evita una ponderación abstracta de bienes.

Si la Constitución coloca en un mismo rango un conjunto de bienes o intereses jurídicos el intérprete debe en principio tratarlos como tal, por lo que el punto de partida para el análisis es el igual valor de los bienes constitucionalmente amparados. No ha de seguirse, por tanto, la vía rápida pero expuesta al error de solventar la colisión mediante la identificación, en abstracto, del bien que ostente un valor más alto. En contra de tal aproximación milita la ausencia de una determinación constitucional general sobre la jerarquización de los bienes o valores que la Constitución protege, así como la enorme dificultad, cuando no imposibilidad, de establecerla interpretativamente. La Constitución puede aportar datos sobre la primacía de algunos, como ocurre cuando ciertas normas son sustraídas de los procedimientos ordinarios de revisión constitucional, pero de aquí no se colige una ordenación general de las normas constitucionales. Pero

---

30 Véase, recientemente, entre las posturas escépticas, Lenz, S., *Vorbehaltlose Freiheitsrechte*, Tübingen, Mohr Siebeck, 2006, pp. 205 y ss.; entre las posiciones defensoras de la racionalidad de la ponderación, Bernal, C., *El principio de proporcionalidad y los derechos fundamentales*, Madrid, Centro de Estudios Políticos y Constitucionales, 2005, pp. 159 y ss.

31 Stern, *op. cit.*, nota 4, p. 650.

la razón más decisiva en contra de aquel intento reside en la propia naturaleza de la colisión planteada ante el juez. A los jueces no se les pide que digan cuál de los bienes contrapuestos es más importante, sino que resuelvan un caso teniendo en cuenta las circunstancias que lo dotan de sentido.

Una vez que el juez ha precisado las normas constitucionales en conflicto, debe confrontarlas con los hechos relevantes del caso concreto, para luego decidir cuál ha de tener preferencia en las circunstancias dadas. Esta preferencia circunstancial ha sido calificada como *precedencia condicionada*, porque no es general o absoluta, sino dependiente de que se den hechos sustancialmente iguales a los considerados originalmente.[32] Esta primacía relativa también ha sido descrita como una *jerarquía móvil*, pues no es estable o definitiva sino cambiante en función de los hechos nuevos que se presenten.[33]

Lo dicho no implica que el valor abstracto de los bienes en conflicto no deba jugar ningún papel en la ponderación. Al contrario, es otro de los elementos que ha de ponerse en la balanza,[34] pero el mismo ha de ser pesado con arreglo a las circunstancias del caso. En la balanza judicial no se incorpora el peso apriorístico de la vida, o de la libertad de expresión, sino aquel que resulte de la modalidad y magnitud de su afectación en el caso concreto. Desde la óptica de la libertad de expresión, la significación de la difusión de mensajes comerciales o de entretenimiento no es igual a la de la manifestación del discurso político orientado a controlar la gestión gubernamental. Incluso en relación con el derecho a la vida, que pareciera excluir por definición cualquier diferenciación interna, la jurisprudencia dictada en materia de interrupción voluntaria del embarazo presupone distintos niveles de protección.[35]

---

32 Alexy, *Teoría...*, *cit.*, nota 2, pp. 87 y ss.

33 Guastini, *op. cit.*, nota 5, p. 145.

34 Alexy, "Epílogo...", *cit.*, nota 2, p. 38.

35 *BVerfGE* 39, 1; 88, 203.

2. Procurar la concordancia práctica y la optimización de los bienes en colisión

Desde su formulación por Hesse,[36] el principio de la concordancia práctica, inspirado a su vez en aportes del Tribunal Constitucional Federal alemán, ha alcanzado gran repercusión en la jurisprudencia y en la doctrina alemana y comparada. La virtud fundamental del principio ha residido en su aptitud para desarrollar una forma de composición de las colisiones que reduzca los riesgos de la ponderación abstracta de valores y obligue a atender a las circunstancias y los puntos específicos de tensión en que surge el conflicto constitucional. El eje en torno al cual ha de girar la resolución del conflicto reside en los hechos concretos que lo han desencadenado, aunados a los bienes constitucionales involucrados, apreciados en la medida en que son interpelados por esos mismos hechos.

Al ponderar los bienes enfrentados debe visualizarse además el contexto en que éstos entran en conflicto. Así, el nivel de seguridad requerido en un establecimiento carcelario y la extensión e intensidad de los controles empleados para procurarlo son más elevados o amplios que los imperantes en una escuela, en un parque o en las calles de una ciudad, siendo posible establecer ulteriores diferenciaciones en función de las situaciones concretas.

Un caso ilustrativo de la aplicación de la concordancia práctica es la sentencia del Tribunal Constitucional Federal relativa a la posible limitación de la información sobre actos delictivos cometidos con mucha antelación a la difusión del mensaje, en atención a la injustificada repercusión de aquélla en el derecho general de la personalidad del condenado (*caso Lebach*).[37] La transmisión televisiva de un documental sobre el origen, la comisión y la persecución de un grave hecho delictivo perpetrado tiempo atrás fue considerada contraria al principio de proporcionalidad, porque la falta de actualidad de la información restaba fundamento a la severa injerencia en los derechos del condenado, que adquiría particular intensidad por la afectación del interés en la reinserción social del autor del delito, quien estaba claramente identificado en dicha representación periodística. A juicio del Tribunal no existía un interés superior ligado a la formación de la opinión pública que justificase una injerencia de tal magnitud en el

---

36 *Op. cit.*, nota 28, pp. 27 y 134.
37 *BVerfGE*, 35, 202.

derecho general de la personalidad. Como un reflejo del principio señalado se mencionó la práctica informativa de omitir datos o imágenes identificatorias de menores involucrados en actos ilícitos o de los posibles autores de hechos delictivos leves.

Dejando de lado otros aspectos de la sentencia, importa destacar que el conflicto no se resolvió apelando simplemente a la importancia de la libertad de expresión e información en una sociedad democrática, sino sopesando *in concreto* la magnitud de la afectación del derecho general de la personalidad, por un lado, y de la libertad de expresión e información, por el otro. La referencia a la omisión de información identificatoria del autor del hecho punible en ciertos supuestos, como una manifestación de la proporcionalidad, es también reveladora de la posibilidad de hallar soluciones intermedias entre los derechos en conflicto, pues en principio se declara lícita la difusión de la información, pero se admite la fijación de ciertas restricciones.

El caso reseñado es expresivo de la significación que en esta materia ostenta el principio de la proporcionalidad.[38] Ninguno de los bienes en colisión debe ser sacrificado más allá de lo requerido para la satisfacción del otro. De ahí que la búsqueda de la concordancia o entendimiento entre aquéllos supone procurar una relación de *proporcionalidad recíproca* entre los mismos.

En íntima conexión con esta idea se encuentra el requerimiento de *optimizar* los bienes en conflicto, que frecuentemente es equiparado a la exigencia de proporcionalidad,[39] aunque algunos autores defienden su especificidad frente a ésta. El criterio principal de distinción radicaría en que ésta quedaría satisfecha si el bien afectado no es sometido a medidas desproporcionadas, mientras que el primero iría más allá, al reclamar una realización plena, o sea, el alcance de un punto óptimo.[40] Conviene, pues,

---

38 En relación con el principio de proporcionalidad, véase Bernal, C., *op. cit.*, nota 30; Clérico, L., *Die Struktur der Verhältnismäßigkeit*, Baden-Baden, Nomos, 2000.

39 Así, para Alexy el carácter de principios de los derechos fundamentales y los mandatos de optimización que en consecuencia comportan son una consecuencia, precisamente, de la significación normativa del principio de proporcionalidad; *Teoría...*, *cit.*, nota 2, pp. 111 y ss. La opinión de Hesse en relación con la concordancia práctica apunta en igual dirección; *op. cit.*, nota 28, pp. 27 y 134.

40 Jakobs, M., *Der Grundsatz der Verhältnismäßigkeit*, München, Heymanns, 1985, pp. 83 y ss.

aclarar el sentido que se atribuye a la optimización asociada a la concordancia práctica.

La optimización puede ser entendida como el mandato de realizar el bien constitucional tan ampliamente como sea posible. No se trata de un mandato de realización total o incondicionada, sino de una exigencia sujeta a los límites de la realidad y de la convivencia con otros bienes de igual rango. No implica la imposición unilateral de un valor que avasalla a los demás, sino la justa ponderación de la significación de cada uno. Cada uno de ellos debe ser sometido, según la reiterada declaración jurisprudencial, a una optimización orientada a lograr el equilibrio o acuerdo entre tales bienes.[41] La solución justa o adecuada al conflicto no es la que asegure a ambos la completa realización efectiva en el caso concreto, pues normalmente uno cederá total o parcialmente ante el otro, a la luz de los hechos particulares, sino la que sea fruto de la consideración más amplia posible de cada bien.

Es preciso observar que la exigencia de optimización no debe conducir a nivelar todas las normas o bienes constitucionales ni a suprimir las diferencias en la estructura normativa que puedan observarse. La optimización reclama la cabal atención del bien o norma constitucional tal y como éste se presenta; no pretende alterar su naturaleza sino llevar la que se posea a la mayor proyección posible. Dicha exigencia tampoco debe traducirse en un allanamiento de las diferencias en el reparto de las funciones entre los poderes públicos; en especial, aquélla no faculta a los jueces para examinar, en el contexto de una colisión que haya sido objeto de tratamiento legislativo, si la solución legal es la mejor o la más razonable o adecuada a la luz de alguno de ellos o de ambos.

Esta advertencia adquiere especial relevancia en relación con las normas constitucionales que reconocen bienes colectivos. La necesidad de optimizar bienes colectivos constitucionalizados que entren en colisión con derechos fundamentales se sustenta, en primer término, en el rango constitucional de los bienes enfrentados y en el principio de unidad de la Constitución. Si no es posible solventar por vía interpretativa la discrepancia entre dos normas constitucionales ha de acudirse a la concordancia práctica, en virtud de la cual, como se indicó, ha de procurarse un equilibrio entre los intereses contrapuestos igualmente merecedores de protec-

---

41 *Cfr.*, entre otras, *BVerfGE*, 81, 278, pp. 292 y ss.

ción constitucional. Pero la búsqueda de esta optimización no debe conducir a sobredimensionar los bienes colectivos ni a perder de vista el punto de partida favorable a los derechos que el Estado constitucional normalmente presupone. A falta de razones convincentes para la restricción de un derecho, la cual debe tener basamento en la ley, éste ha de ejercerse a plenitud, porque sobre el Estado recae la carga de la argumentación sobre la justificación de una restricción. El control judicial sobre leyes limitativas de derechos, atacadas por desproporcionadas, es más estricto que el que puede ejercerse sobre leyes objetadas por la insuficiencia de la garantía ofrecida a un bien colectivo, lo cual se explica no sólo por la diferencia estructural del ámbito de elección del poder público en uno u otro caso, sino también por esa opción constitucional básica a favor de la libertad.

El reconocimiento de un bien colectivo en la Constitución es, por otro lado, una tarea que no debe tomarse a la ligera. Especialmente si se trata de admitir que puedan brindar respaldo a limitaciones de derechos fundamentales consagrados sin reserva de restricción legal, objeto de una larga discusión dogmática en el ordenamiento alemán. La jurisprudencia del Tribunal Constitucional Federal no ha sido siempre cautelosa al efectuar tal reconocimiento, aunque ha sabido introducir ajustes tras las críticas recibidas. No sería pertinente examinar aquí la evolución jurisprudencial sobre este tema; lo que ahora interesa es poner de relieve la tendencia a considerar que sólo excepcionalmente cabe aceptar la virtualidad limitativa de disposiciones que proclaman principios constitucionales estructurales (como los que definen a un Estado como democrático, social o de derecho) y que se niega tal aptitud a las normas que simplemente establecen las competencias de un determinado nivel político-territorial de gobierno (la Federación, por ejemplo), a menos que algunas de esas normas incluyan un contenido adicional al reparto competencial que suponen, con relevancia o intencionalidad (objetiva) limitativa de derechos, cuya concretización incumbe al legislador.

Adicionalmente, al determinar las implicaciones jurídicas del precepto constitucional que recoge un bien o interés colectivo han de tenerse en cuenta sus concretos rasgos normativos, especialmente al momento de ejercer el control de constitucionalidad sobre las disposiciones legales restrictivas de derechos. Así, cuando tal precepto enuncia una determinación de un fin del Estado, no ha de perderse de vista que éstos dejan a las autoridades amplias posibilidades de elección. Esta clase de normas fijan a los poderes públicos objetivos que deben perseguir en su actuación, dejando en sus manos, en principio, la escogencia de los medios para alcanzarlos y la concretización del fin genéricamente enunciado, gozando el legislador de una significativa libertad de configuración normativa. Tales determinaciones no son simples normas programáticas, pues poseen fuerza jurídica inmediata, de manera que la aprobación de leyes que los ignoren o la derogación de las que los promuevan, generará problemas de constitucionalidad, pero la orientación del control judicial no es comprobar si las medidas adoptadas efectivamente propenden a la realización plena del fin público, sino verificar un grado suficiente o básico de observancia. Entre el umbral de la intervención estatal -en un derecho proporcionada pero moderadamente efectiva en la consecución del fin- y el punto más alto de aquellas que siendo también proporcionadas lo realicen con mayor intensidad hay un extenso campo de acción para el legislador.

En relación con otras normas consagratorias de bienes colectivos, ha de atenderse igualmente a su particular textura y contenido normativos y ha de quedar a salvo la facultad legislativa de escogencia de los medios que, no siendo desproporcionados respecto del derecho que haya sido limitado por el legislador, contribuyan a la consecución del correspondiente interés público, a menos que sólo uno esté a su alcance por razones fácticas o normativas. La jurisdicción constitucional ha de observar parámetros de control que no cercenen este espacio para la configuración legislativa. En otras palabras, el campo de acción estructural y cognitivo del legislador debe ser preservado.[42]

---

[42] Sobre el campo de acción estructural y cognitivo del legislador, véase, Alexy, "Epílogo…", *cit.*, nota 2, pp. 23 y ss.

4. Garantía jurisdiccional del Municipio

6. LA GARANTÍA JURISDICCIONAL DEL MUNICIPIO EN ESPAÑA Y MÉXICO. ESTUDIO COMPARADO

Pedro TORRES ESTRADA[*]
Michael NÚÑEZ TORRES[**]

SUMARIO: I. *Nota preliminar*. II. *Marco teórico*. III. *La ausencia de acceso directo de los entes locales a los mecanismos constitucionales de protección antes de la creación del conflicto en defensa de la autonomía local y las controversias constitucionales.* IV. *Objeto y finalidad del conflicto en defensa de la autonomía local española.* V. *Objeto y finalidad de las controversias constitucionales mexicanas.* VI. *Marcos y parámetros de enjuiciamiento de las normas para determinar una posible vulneración de la autonomía local en España por medio del CDAL.* VII. *Marcos y parámetros de enjuiciamiento de las normas para determinar una posible vulneración de la autonomía local en México.* VIII. *Diferencias y similitudes entre el conflicto en defensa de la autonomía local y las controversias constitucionales.*

I. NOTA PRELIMINAR

No es necesario decir que la invitación a colaborar en un trabajo en homenaje al gran maestro del constitucionalismo latinoamericano, el jurista mexicano Héctor Fix-Zamudio, supone un inmenso honor para quienes nos sentimos deudores de su magisterio, ya sea directamente de su cátedra universitaria o indirectamente a través de su imponente obra escrita, a la cual, por cierto, también se le rinde homenaje en este libro.

[*] Profesor-investigador en la Escuela de Graduados en Administración Pública y Política Pública del Tecnológico de Monterrey; miembro de la cátedra de Investigación democracia y Estado de derecho.

[**] Profesor-investigador en el Instituto de Investigaciones Jurídicas de la Universidad Autónoma de Nuevo León.

Lo anterior se acredita con el hecho de que el aporte doctrinal del maestro Fix-Zamudio, así como su abnegación y amor por el derecho constitucional, son unánimemente reconocidos por toda la doctrina iberoamericana, lo que lo consagra como un ejemplo de inestimable valor para toda la comunidad de juristas iberoamericanos. Es por tal motivo que, quienes suscribimos este trabajo, hemos aceptado con sincero entusiasmo la gran responsabilidad que un homenaje de esta naturaleza entraña.

II. MARCO TEÓRICO

A partir del título de nuestro trabajo se deja claro que nuestra investigación trata de un estudio de derecho comparado, lo que es igual a decir que en ella utilizamos un método fundado en la comparación. Esto nos lleva a realizar una serie de precisiones teóricas que expliquen el contenido de este trabajo conforme al método en cuestión. El maestro Fix-Zamudio define lo que debemos entender por metodología jurídica: "la disciplina que se ocupa del estudio de los instrumentos técnicos necesarios para conocer, elaborar, aplicar y enseñar ese objeto de conocimiento que denominamos «derecho»".[1] Así, es fundamental saber en qué consiste ese "objeto de conocimiento", y dado que no existe unanimidad al respecto, nosotros, por lo menos a los efectos de este trabajo, diremos que se trata de instituciones jurídicas.[2]

Así las cosas, podemos decir que el método comparado resulta del establecimiento de parangones entre instituciones jurídicas diferentes, enmarcadas dentro de dos o más ordenamientos jurídicos. Si se trata de instituciones jurídico-políticas, reguladas por la Constitución formal, pero con presencia en la Constitución material,[3] abordaremos su estudio utili-

---

1   Fix-Zamudio, Héctor, *Metodología, docencia e investigación jurídicas*, México, Porrúa, 2003, p. 27.

2   La doctrina acerca de las instituciones jurídicas es sumamente extensa, nos limitaremos aquí a señalar a Caldera, Rafael, *Sociología jurídica*, Caracas, UCAB, 1977, t. I. Asimismo, con un estudio reciente acerca del concepto de institución jurídica dentro del Estado constitucional, véase Núñez Torres, Michael, *La capacidad legislativa del gobierno desde el concepto de institución*, México, Porrúa, 2006.

3   Estableceremos la diferencia entre Constitución formal y Constitución material, según la cual, la primera incumbe al texto constitucional producto de la voluntad democrática constituyente, y la segunda responde a la efectiva interacción de las instituciones políticas como realidad influida -pero no determinada- por las previ-

zando el derecho constitucional comparado. En este caso nos referimos a instituciones jurídicas que idealmente se diseñan de una manera, pero materialmente pueden funcionar de otra. Seguimos así al profesor Pegoraro, distinguido comparatista de la Universidad de Bolonia, quien comprende la tensión que existe entre la Constitución material y la Constitución formal (aunque él no lo expresa con esos términos), y afirma que "la tarea del constitucionalista debe ser la de comparar el derecho constitucional codificado con el que realmente se aplica; pero sin perder de vista la supremacía de la Constitución, aun cuando se la considere como algo dinámico y en evolución como consecuencia de los cambios registrados en los usos lingüísticos".[4]

Ciertamente, siempre estamos realizando comparaciones -incluso cuando no estamos utilizando el método comparatista- aunque no todo parangón sea derecho comparado. De modo que, cuando hablamos de derecho constitucional comparado, entendido como una metodología jurídica -y no como un ordenamiento jurídico foráneo-, estamos aludiendo a la obtención de datos encaminados a conseguir un conocimiento superior de las instituciones jurídico-políticas, que nos permita interpretarlas mejor y así poder sugerir los cambios necesarios en la Constitución formal para provocar las transformaciones institucionales en la Constitución material.[5]

El profesor Pegoraro ha dejado claro que en el método comparado se exige que se tomen en cuenta diferencias y semejanzas, y lo divide en dos subtipos: la macrocomparación, que pone el acento en las diferencias institucionales, y la microcomparación, en cuya hipótesis "deben subsis-

---

siones formales. De modo que, un concepto integral de Constitución debe conjugar ese deber ser de la Constitución formal con el ser de la Constitución material. Evitamos así caer en la polisemia asociada a esta locución, véase Guastini, Ricardo, *Estudios de teoría constitucional*, México, Fontamara, 2003, pp. 43-45. Es evidente que esta nomenclatura varía, así, por ejemplo, en Grimm, Dieter, *Constitucionalismo y derechos fundamentales*, estudio preliminar Antonio López Pina, trad. de Raúl Sanz Burgos y José Luis Muñoz de Baena Simón, Madrid, Trotta, 2006, p. 34.

4 Pegoraro, Lucio, "El método en el derecho constitucional: la perspectiva desde el derecho comparado", *Revista de Estudios*, Madrid, núm. 112, 2001, p. 12.

5 Acerca de las funciones que cumple la comparación en el derecho constitucional comparado véase Vergottini, Giuseppe de, *Derecho constitucional comparado*, México, UNAM-SEPS, 2004, pp. 4-24

tir analogías y elementos unificadores que prevalezcan sobre los elementos que marcan las diferencias".[6] Lo anterior nos permite confirmar que nuestro estudio requiere de la aplicación de sendos métodos comparativos: la macrocomparación para clasificar los ordenamientos constitucionales objetos de estudio (específicamente México y España) y contextualizarlos, y la micro comparación para señalar las semejanzas y diferencias de dos instituciones jurídicas visiblemente similares como lo son las garantías jurisdiccionales en defensa de la autonomía local de México y España.

El estudio comparado que hacemos parte de un planteamiento de dogmática constitucional, según el cual la comparación está enmarcada dentro de lo que en el neo constitucionalismo se conoce como Estado constitucional. Éste es entendido, como complejo institucional jurídico-político que conlleva la integración de unos principios constitutivos esenciales, los cuales se disponen entre sí, sin que ninguno pueda superponerse a otro. Estos principios, siguiendo al profesor Pedro de Vega,[7] son tres: el principio democrático, el principio liberal y el principio de la supremacía constitucional. Se trata de unos principios armonizados con no poca dificultad; al contrario, hay una tensión dialéctica entre ellos que resumiremos así: primero está, como premisa mayor, el principio democrático, que supone la obligación constitucional de reconocer al pueblo para que legitime todo el sistema institucional; luego tenemos, como contrapunto del anterior, el principio liberal, que implica la garantía de los derechos humanos y la exigencia de la división de poderes; y por último, el principio de la supremacía constitucional, que actúa como bisagra entre los otros dos principios, en tanto que contiene las cláusulas del contrato social en virtud del cual se cohonestan los principios democrático y liberal.

---

6   Pegoraro, Lucio, "Premisas metodológicas para una investigación de derecho comparado de las garantías constitucionales y subconstitucionales de los entes locales", *Letras Jurídicas*, trad. de Pedro Torres Estrada, núm. 6, 2002, p. 17.

7   Al respecto véase Vega, Pedro de, "Constitución y democracia", en López Pina, A. (ed.), *La Constitución de la monarquía parlamentaria*, México-Madrid-Buenos Aires, Fondo de Cultura Económica, 1983. En lo que se refiere específicamente al principio democrático es excepcional el trabajo de Böckenförde, Ernst Wolfgang, *Estudios sobre el Estado y la democracia*, pról. y trad. de Rafael Agapito Serrano, Madrid, Trotta, 2000, pp. 56 y ss.

Éste es el contexto irrenunciable -de allí que nos atrevamos a decir que el planteamiento es dogmático- donde se va a realizar la comparación, a pesar de que el contenido material de lo que se debe entender por cada uno de los principios enumerados no se encuentra para nada decidido. La explicación de estos principios se lleva a cabo en razón de un proceso argumentativo que se realiza a través de un discurso que está sometido a las coordenadas espacio-tiempo.[8]

De este modo, es importante la idea que tengamos de Constitución para iniciar la comparación de las correspondientes instituciones jurídico-políticas, sin que por ello tengamos que fijar una posición tajante, pero sí lo suficientemente clara como para deshacernos de todo aquello a lo que no nos estamos refiriendo. En nuestro caso, nos reiteramos en la convicción de que la Constitución es un complejo institucional jurídico que integra toda una pluralidad cultural (social, económica, jurídica) de la sociedad y la armoniza dentro del Estado constitucional como complejo institucional político.[9] Por su parte, esas instituciones requieren, como dice Hauriou, de los *secuaces* que las legitimen "asegurando su existencia social" al tiempo que necesitan "agentes o funcionarios" que actúen "al servicio de la institución".[10] Pues bien, precisamente la Constitución para que sea entendida como institución requiere ser la expresión de una integración social y, por tanto ser el elemento superior de todo el ordenamiento jurídico, entendido este último como estructura normativa de la sociedad.[11]

---

8   Por supuesto que esto conlleva riesgos en la investigación, o por lo menos limitantes. Así, véase Gómez Canotilho, José Joaquim, *Teoría de la Constitución*, trad. de Carlos Lema Añón, Madrid, Instituto de Derechos Humanos "Bartolomé de las Casas", Dykinson, 2004, p. 32. Este jurista portugués, cuando enumera los problemas que enfrenta la teoría de la Constitución, incluye aquellos que se refieren a la fundamentación y advierte que el discurso teórico de la Constitución está lleno de paradojas, de dilemas y de teoremas.

9   Núñez Torres, Michael, *op. cit.*, nota 2, pp. 101-108.

10 Hauriou, Maúrice, *Principios de derecho público y constitucional*, trad. y estudio preliminar de Carlos Ruiz Castillo, Madrid, REUS, 1927, p. 88.

11 Esta es la idea que seguimos del clásico jurista italiano Santi Romano, quien afirma que "el derecho es sobre todo organización, estructura". Véase Romano, Santi, *El ordenamiento jurídico*, trad. de Sebastián Martín-Retortillo y Lorenzo Martín-Retortillo, Madrid, Instituto de Estudios Políticos, 1963, p. 113.

En conclusión, si el ordenamiento jurídico es el conjunto de instituciones jurídicas interconectadas, la Constitución es el elemento integrador que racionaliza el pluralismo normativo e institucional dando sentido de homogéneo a lo que en verdad es heterogéneo.

Así, las instituciones son ideas que la sociedad manifiesta para alcanzar unos fines específicos y otros trascendentales, lo que explica que la Constitución aparezca como complejo institucional jurídico que abarca las instituciones políticas.[12] Sólo así podemos seguir la tesis de Häberle quien sostiene "que la Constitución de una comunidad política debe ser comprendida como cultura";[13] precisamente por lo que ya hemos dicho que las instituciones jurídico-políticas si bien las regulamos en la Constitución formal no deben ser ajenas a la Constitución material, porque al fin y al cabo, como dice Grimm, "la relación entre la pretensión jurídica y la acomodación a los hechos (por lo demás, no investigada a fondo) no es unidireccional, sino de ida y vuelta".[14] De modo que, con la comparación se deben revisar los diseños normativos en cuestión y contrastarlos, tomando en cuenta el sistema de fuentes del derecho a través de la microcomparación.

No podemos entrar en este momento a comentar el enrevesado concepto de fuentes del derecho, baste recordar cuando el profesor de derecho, Romano Sebastián Artiles, comentaba que si la fuente era el "manantial de donde procede el agua, cuando se trataba de la ciencia jurídica el significado es el mismo".[15] Así, el concepto de fuente del derecho del doctor Miguel Carbonell nos viene muy bien para dejar claro a

---

12   Bien dice el maestro Hauriou que "el verdadero elemento objetivo del sistema jurídico es la institución". Hauriou, Maúrice, "La teoría de la institución y de la fundación", *Obra escogida*, trad. de Juan Santamaría Pastor y Santiago Muñoz Machado, Madrid, Instituto de Estudios Administrativos, 1976, p. 295.

13   Häberle, Peter, "México y los contornos de un derecho constitucional común americano: un *ius commune americanum*", *De la soberanía al derecho común: palabras clave para un diálogo europeo-latinoamericano*, trad. Héctor Fix-Fierro, México, UNAM, 2003, p. 5.

14   Grimm, Dieter, *op. cit.*, nota 3, p. 34. En este punto, siguiendo al doctor Caldera, pero aplicándolo al derecho constitucional, podemos decir que las instituciones jurídico-políticas son factor y producto social al mismo tiempo, véase Núñez Torres, Michael, *op. cit.*, nota 2, pp. 67-77.

15   Citado en Abouhamad Hobaica, Chibly, *Anotaciones y comentarios de derecho romano*, 4a. ed., Caracas, Editorial Jurídica Venezolana, 1983, t. I, p. 55.

lo que nos referimos: "puede entenderse convencionalmente por fuentes del derecho todos los hechos y actos que, de acuerdo con las normas sobre la producción jurídica de un ordenamiento determinado, crean o pueden crear relaciones jurídicas erga omnes".[16] Ahora bien, a los efectos de nuestra investigación, no podemos dejar de lado el hecho de que no sólo es importante el acto que crea la fuente, sino también el ámbito competencial del cual emana y que viene dado en razón de las distintas entidades político-territoriales que conforman los mapas federal y autonómico; lo que viene a desembocar, como sostiene Carbonell, "en dos órdenes materiales de la capacidad de formación, uno federal y otro local".[17] El resultado es claro: el Estado constitucional maneja un sistema de fuentes plural, que nada tiene que ver con esa idea dual decimonónica de ley y reglamento, ni con la pura y simple relación jerárquica con la que la explicaría el formalismo jurídico.

Justamente, aunque la macrocomparación demuestre que se trata de dos formas de gobierno distintas (república y monarquía parlamentaria), de dos sistemas políticos de gobierno distintos (sistema presidencial y sistema parlamentario) y sobre todo, a pesar de que la referencia se haga a dos formas de Estado también distintas (Estado federal y Estado de autonomías), la microcomparación siempre será posible; entre otras cosas, porque los elementos heterogéneos que presenta el sistema de fuentes en razón de las diferencias que vemos en todas estas clasificaciones, adoptan un criterio unitario gracias a la idea de Constitución como elemento integrador. Nos adherimos así a la tesis del profesor Zagrebelsky cuando dice que: "La Constitución cumple una doble función integrativa, la integración del pluralismo social en unidad política y la integración de la pluralidad de fuentes en unidad jurídica".[18]

---

16 Carbonell, Miguel, *Constitución, reforma constitucional y fuentes del derecho*, México, UNAM, 1998, p. 26.

17 *Ibidem*, p. 84. Aunque no nos parecería mal si incluimos, en vez de dos, varios ámbitos materiales de producción de normas, como el de las entidades federativas, el de los municipios, algunos órganos constitucionales con autonomía funcional (esta última es más difícil de sostener). Por no decir las normas del derecho internacional que se integran en el ordenamiento jurídico del Estado y que confirman el fenómeno de la supranacionalidad.

18 Zagrebelsky, Gustavo, *Manuale di diritto costituzionale. Il sistema delle fonti del diritto*, Torino, UTET, 1993, p. IX.

Llegamos así al objeto de nuestro estudio. Vamos a comparar, dentro de dos ordenamientos jurídicos específicos -el mexicano y el español-, los instrumentos jurídicos de protección constitucional del municipio. Se trata de instituciones de derecho procesal constitucional, es decir, de las garantías jurisdiccionales y de los órganos constitucionales que participan en defensa de la autonomía de un complejo institucional muy enraizado en la Constitución material: el municipio.

Vamos a empezar por el objeto de protección. El municipio, como entidad política-territorial, se encuentra inserto dentro de la Constitución del Estado, pero no en el sentido de Kelsen, para quien el municipio, cuando realiza "actos de coacción", lo hace en virtud de una "concesión del Estado", y por eso nunca podría ser considerado como "poder estatal".[19] En el neoconstitucionalismo, si el municipio no es poder estatal es porque en puridad de concepto es poder municipal, y sus competencias, al igual que las del Estado, las encuentra en la misma Constitución donde se integran unas y otras, es decir, que no son concesiones por parte de los poderes superiores referidas a poderes inferiores. Bien dice Smend que "los estados federados -y nosotros agregamos los municipios- son una fuente de fuerza consolidadora del todo".[20]

Este municipio como uno de los complejos institucionales constitucionales se explica por dos razones. Por un lado, el municipio se ubica claramente en la Constitución material porque la interacción de las instituciones municipales es evidente, máximo si se constata que este complejo institucional lo encontramos tanto en la historia como en el derecho comparado.[21] A su vez, empero, la Constitución formal lo reconoce y moldea su ámbito competencial, de tal suerte que se encuentra integrado plenamente dentro del Estado constitucional. Prueba de lo anterior es

19 Kelsen, Hans, *Teoría general del Estado*, trad. de Luis Legáz Lacambra, México, Editora Nacional, 1979, pp. 155 y 156.

20 Smend, Rudolf, *Constitución y derecho constitucional*, Madrid, CEC, 1985, pp. 178 y 179.

21 En la evolución hacia el Estado moderno, muchos conceptos surgen durante la baja Edad Media, en las ciudades, a las que podemos ver como un paralelismo con el fenómeno municipal. Se trataba de un factor de integración muy claro que permite la vida en común de distintas clases de personas y que va a traer como consecuencia a un ciudadano que es el beneficiario de una cultura comunitaria, forjada por la escuela, la plaza pública, la taberna, el teatro… y la predicación. Le Goff, Jacques, *¿Nación europa en la Edad Media?*, Barcelona, Crítica, 2003, p. 99.

precisamente que el municipio constituye el orden de gobierno más cercano a los ciudadanos, y en tal sentido, refuerza el principio democrático; al tiempo que, por ser una institución que controla -y es controlada- por parte de los demás órdenes de gobierno, responde al principio de división de poderes, en su vertiente vertical.[22] Como ya aclaró el profesor Pedro Torres Estrada, cuando explicaba el origen del municipio: "Consideramos que no pudo haber ley sin municipio, pero también que no puede haber municipio sin ley".[23]

La importancia del municipio como la institución jurídica que coadyuva a los principios del Estado constitucional nos lleva a defender el principio de supremacía constitucional y la necesidad de que existan unas instituciones que lo preserven. La institución más importante en el neoconstitucionalismo es, sin lugar a dudas, la jurisdicción constitucional. El método comparado nos lleva aquí a estudiar cómo están conformados los órganos que imparten justicia constitucional en los países que están inmersos en el parangón, y los procedimientos con los cuales se lleva a cabo esa función jurisdiccional de control constitucional que garantiza la autonomía municipal. La variedad de diseños que la jurisdicción constitucional y las garantías jurisdiccionales han alcanzado confirman a una parte de la doctrina que reconoce al derecho procesal constitucional como una disciplina autónoma.[24] Y si seguimos la clasificación que encontramos en el trabajo de Ferrer Mac-Gregor, donde precisamente analiza los distintos tribunales constitucionales que encontramos en Iberoamérica, diremos que las instituciones que someteremos al método comparado son objeto

---

22   Esta división de poderes vertical, se refiere al control entre los poderes sobre los ámbitos competenciales atribuidos a distintas personas político-territoriales. Sobre la complejidad que en el nuevo constitucionalismo ha mostrado la división de poderes véase García-Pelayo, "El status del Tribunal Constitucional", *Revista Española de derecho Constitucional*, Madrid, vol. 1, núm. 1, enero-febrero de 1981; asimismo, Fernández Segado, Francisco, *El sistema constitucional español*, Madrid, Dykinson, 1981, p. 112.

23   Torres Estrada, Pedro, *La autonomía municipal y su garantía constitucional directa de protección*, UNAM, Instituto de Investigaciones Jurídicas, 2005, p. 15.

24   Dos ejemplos en México: Fix-Zamudio, Héctor, *Introducción al derecho procesal constitucional*, México, Fundap, 2002 y Ferrer Mac-Gregor, Eduardo, *Los tribunales constitucionales en Iberoamérica*, México, Fundap, 2002.

de estudio del derecho procesal constitucional orgánico, y más específicamente, de un nuevo derecho procesal constitucional local.[25]

Aquí también aplicaremos una microcomparación puesto que, a pesar de esa variedad de órganos que adopta la jurisdicción constitucional, la analogía institucional que permitirá el parangón está asegurada precisamente de la función de control constitucional que realiza y la especial posición que dentro del sistema de fuentes ocupa la sentencia constitucional, porque ésta no sólo defiende el reparto competencial (en el caso que nos ocupa) que ha hecho el constituyente, sino que ese reparto se entiende con base en la interpretación que hace el órgano que imparte la justicia constitucional.[26] En definitiva, la defensa de esta autonomía del municipio es la razón fundamental por la que se exige un diseño normativo que permita que las instituciones de derecho procesal constitucional cumplan con su labor de defender la Constitución, no como una suerte de lógica mecánica funcional, sino en razón de que éstas garantizan el principio de supremacía constitucional como orden jurídico supremo del Estado que integra la pluralidad de fuentes propia de la realidad constitucional del siglo XXI. Por este motivo, el método comparado permite constatar semejanzas y diferencias para una mejor adecuación de las instituciones jurídicas con respecto de los fines para los cuales están ideadas. Con este marco teórico emprendemos la comparación entre dos ordenamientos jurídicos constitucionales específicos: el mexicano y el español.

---

25 *Ibidem*, pp. 52 y 53.

26 Ya Smend lo tenía claro cuando realizaba sus comentarios acerca del Tribunal Constitucional de Alemania, aseguraba que: "La Ley Fundamental rige ahora en la práctica en la práctica tal y como la interpreta el Tribunal Constitucional Federal y la literatu-ra la comenta en este sentido". Semnd, Rudolf, *Ensayos sobre la libertad de expresión, de ciencia y cátedra como derecho fundamental y sobre el Tribunal Constitucional Federal alemán*, trad. y estudio preliminar de Joaquín Brage Camazano, México, UNAM, 2005, p. 48.

III. LA AUSENCIA DE ACCESO DIRECTO DE LOS ENTES LOCALES A LOS MECANISMOS CONSTITUCIONALES DE PROTECCIÓN ANTES DE LA CREACIÓN DEL CONFLICTO EN DEFENSA DE LA AUTONOMÍA LOCAL Y LAS CONTROVERSIAS CONSTITUCIONALES

En España como en México hasta hace relativamente muy poco tiempo la autonomía local no tenía una efectiva garantía jurisdiccional de protección. Los municipios sólo tenían mecanismo políticos de protección con lo que su garantía institucional se controlaban principalmente por medio de controles políticos y no por controles jurisdiccionales.[27]

Esto ocasionó que los municipios se debilitarán frente a los otros órdenes de gobierno. En el caso mexicano esta situación se acentuó debido al fuerte presidencialismo que se vivió durante la mayor parte del siglo XX, en donde los gobernadores de los estados reproducían hacia los presidentes municipales lo que el presidente de la República hacía con ellos en cuanto al control político, económico y de decisión.[28]

Aunque existían algunos mecanismos de protección jurisdiccional de la Constitución en estos dos países, por diversas causas tanto de interpretación como de legitimación en la literalidad de la Constitución y en las leyes secundarias, los municipios no podían protegerse de posibles injerencias de otros órdenes de gobierno.

En el caso español, su Constitución contempla el recurso constitucional de amparo, sin embargo, el municipio no podía acceder de manera directa ante el Tribunal Constitucional (en adelante TC) para protección de su autonomía mediante este mecanismo, pues ésta no se reconocía como un derecho fundamental, sino como una garantía institucional.[29]

---

27 Al respecto de los controles políticos y su diferencia con los jurídicos véase Aragón Reyes, Manuel, *Constitución y control del poder*, Ediciones Ciudad de Argentina, 1995, pp. 143 y ss.

28 Carpizo Macgregor, Jorge, *El presidencialismo mexicano*, México, Siglo Veintiuno, 2000; *id.*, "Veintidós años de presidencialismo mexicano: 1978-2000. Una recapitulación", *Boletín Mexicano de Derecho Comparado*, núm. 100, enero-abril de 2000, pp. 5 y ss. de *www. jurídicas.unam.mx/publica/boletín*.

29 Ibáñez Macías, Antonio, "Sobre el conflicto constitucional en defensa de la autonomía local", *Revista Española de Derecho Constitucional*, núm. 59, mayo-agosto

En este punto existía una situación análoga a la realidad de los municipios mexicanos, ya que el juicio de amparo mexicano no les da acceso a los municipios, porque no son individuos y, por lo tanto, no pueden ser sujetos de violaciones de derechos fundamentales[30] o de garantías individuales,[31] situación idéntica si contrastamos las interpretaciones tanto del TC[32] como la de la Suprema Corte de Justicia de la Nación (en adelante SCJN).

No obstante lo anterior, en la literalidad del artículo 103, fracción II, de la Constitución sí se contempla la posibilidad de un *amparo soberanía* en su fracción II, pero la interpretación constitucional de SCJN nunca le dio vida a este mecanismo de protección, no obstante, existía en la letra de la carta magna. Debemos de acotar que al municipio no se le daba posibilidad de interponer este tipo de amparos, ya que estaba reservado sólo a los estados de la Federación, también es cierto que en la práctica, como ya vimos, nunca procedieron, por lo que la interpretación constitucional de la corte nulificó la letra de la Constitución, al menos en este caso concreto.

Siguiendo en esta línea, la posible protección que tenían los entes locales españoles consistía en solicitar al juez *a quo*, en el curso del procedimiento contencioso-administrativo, que planteara la cuestión de inconstitucionalidad respecto de las normas con rango de ley que violentaran la

---

de 2000, p. 180. Sobre la garantía institucional véase Schmitt, Carl, *Teoría de la Constitución*, Madrid, Alianza Editorial, 1992, pp. 170 y ss.

30 Resultan interesantes también las argumentaciones que al respecto realiza el profesor García Morillo, *La configuración constitucional de la autonomía local*, pp. 25 y ss.

31 A este respecto la profesora Ángela Figueruelo, advierte -refiriéndose a la legitimación para recurrir en amparo al TC- que el Estado y las administraciones del Estado sí poseen potestades y competencias, pero de ningún modo derechos fundamentales. Para la realización de los fines y la protección de sus intereses públicos, no es titular de derechos subjetivos salvo cuando actúa sometiéndose al derecho Privado. *Cfr.* Figueruelo Burrieza, Ángela, *El recurso de amparo: estado de la cuestión*, Madrid, Biblioteca Nueva, prólogo de Pedro de Vega, 2001, p. 53.

32 En jurisprudencia ATC 269/1987 se dispone que las vulneraciones de la autonomía local no podían remediarse a través del recurso de amparo, que a diferencia de otros mecanismos jurídicos no está abierto a los municipios para defensa de su autonomía, sino sólo a los ciudadanos para la protección de los derechos fundamentales.

autonomía local garantizada en la Constitución. El juez discrecionalmente decidía si se planteaba dicha cuestión (artículo 163 de la Constitución Española, en adelante CE) desarrollado en el artículo 35 de la Ley Orgánica del Tribunal Constitucional (en adelante LOTC), pero sin la posibilidad, para los entes locales, de poder recurrir en caso de que se negara el juez a su solicitud (artículo 35 de la LOTC).[33]

Por su parte, el amparo mexicano procedía sólo si derivado de la vulneración de la autonomía local se lesionaba un derecho fundamental de una persona. Asimismo, el efecto de la sentencia de ese amparo sólo protegía al individuo que lo hubiere interpuesto con lo que en el fondo al municipio no se le protegía directamente.

Por su parte, la cuestión de inconstitucionalidad en España no admite la participación directa de los municipios, pues, aunque permite obtener a cualquier ente local la defensa de su autonomía frente al legislador (estatal o autonómico), es el juez o el Tribunal el que resuelve si plantea la cuestión, sin que por el simple hecho de no hacerlo quede vulnerado el derecho a la tutela efectiva de quien lo haya solicitado.

En la hipótesis de que el juez plantee la cuestión de inconstitucionalidad, la jurisprudencia constitucional ha considerado que los entes locales no pueden comparecer en este proceso constitucional.[34] Con este criterio del TC nuevamente encontramos que la garantía de la autonomía no puede exigirse de manera directa por los entes locales.[35] Así tampoco, el

---

33   El final del artículo 35 dice lo siguiente: "Dicho auto no será susceptible de recurso de ninguna clase. No obstante, la cuestión de inconstitucionalidad podrá ser intentada de nuevo en sucesivas instancias o grados en tanto no se llegue a sentencia firme".

34   El ATC del 12 de marzo rechazó la solicitud formulada por la Federación de municipios de Barcelona para personarse en el incidente de ejecución de la STC 19/1987 del 17 de febrero que resolvió la cuestión de inconstitucionalidad a propósito del artículo 13.1 de la Ley 24/1983 de medidas urgentes de saneamiento y regulación de haciendas locales. Otro ejemplo, es también el rechazo del TC mediante acuerdos 295/1992, del 14 de octubre, y 178/1996 del 26 de junio, que desestimaron la solicitud de personación de la diputación provincial de Barcelona en las cuestiones de inconstitucionalidad, planteadas respecto de determinados procesos de las leyes de Cataluña 5/1987 del 4 de abril y 23/1987 del 23 de diciembre, en relación con la financiación del Plan Único de Obras y Servicios de Cataluña.

35   Cabello Fernández, María Dolores, *El conflicto en defensa de la autonomía local*, Thomson-Civitas, 2003, pp. 104 y ss.

municipio podía acceder de manera directa al recurso de inconstitucionalidad[36] ni a los conflictos de competencia,[37] pues no estaba legitimado para ello (artículo 162.1 de la CE),[38] no podía personarse ni como coadyuvan-te en dichos procesos de inconstitucionalidad.

En México no existe al día de hoy el mecanismo de la cuestión de inconstitucionalidad como proceso constitucional. No obstante, existe un procedimiento similar al recurso de inconstitucionalidad, llamado acción de inconstitucionalidad -creado a partir de la reforma de diciembre de 1994-, al igual que el municipio español. Sin embargo, tampoco el municipio mexicano tiene legitimidad para acceder directamente a él.

Como ya nos hemos dado cuenta, tanto el municipio español como el municipio mexicano, hasta hace muy poco, ni siquiera tenían la posibilidad jurídica directa de acudir ante el TC o la SCJN para exigir sus competencias frente a otros órganos o poderes cuando éstas les fueran violentadas o simplemente no asignadas.

Lo que a entender, desde nuestro concepto de autonomía, el cual plantea evaluar el grado de la autonomía dependiendo del efectivo acceso que tengan los entes locales a los tribunales para su protección (a mayor posibilidad de acceso efectivo ante los tribunales, mayor grado de autonomía).[39] Los municipios españoles y mexicanos tenían un grado de autonomía muy bajo ya que se encontraban al arbitrio de las decisiones

---

36 La única posibilidad de los municipios de interponer un recurso de inconstitucionalidad ante el TC se articulaba a través del procedimiento no jurisdiccional previsto en los artículos 63-3o., en correlación con el artículo 119 de la LBRL. Esta posibilidad consistía en solicitar la intervención de la Comisión Nacional de la Administración Local, la cual, a su vez podía dirigirse a los órganos legitimados para interponer un recurso de inconstitucionalidad, para solicitarle la interposición del recurso contra normas legislativas (estatales y autonómicas) que lesionaran la garantía institucional de los entes locales.

37 Los conflictos de competencia sólo contemplan la posibilidad de interponerlos a las comunidades autónomas y al Estado, además, este procedimiento es inviable frente a la Ley.

38 En España según al artículo 62.1 de la CE, los únicos que tienen legitimidad para interponer el recurso de inconstitucionalidad son: el presidente de gobierno, el defensor del pueblo, cincuenta diputados, cincuenta senadores, los órganos colegiados de las comunidades autónomas y, en su caso, las asambleas de las mismas.

39 En cuanto a nuestro concepto de autonomía local véase Torres Estrada, Pedro, *op. cit.*, nota 23, pp. 29 y 30.

políticas del Estado y las comunidades autónomas, en el caso del primero y de la Federación y el Estado en el caso del segundo. Lo que hacía que el grado de autonomía, desde nuestro concepto, en ambos casos fuera más nominal que normativo.[40]

Como consecuencia de lo anterior y ante la ausencia de controles jurídicos efectivos que pudieran proteger la autonomía local, México con las reformas constitucionales de finales de 1994 y la creación de la Ley Reglamentaria de las Fracciones I y II del Artículo 105 constitucional le dio al municipio la posibilidad de acudir al máximo tribunal mexicano por medio de un proceso que aunque ya existía en la literalidad de la Constitución no había sido efectivo, nos referimos a las controversias constitucionales.

Por su parte, en España con la firma de la Carta Europea de la Autonomía Local y la reivindicación de las corporaciones locales para contar con un mecanismo de defensa efectivo se desemboco en la reforma a la Ley Orgánica del Tribunal Constitucional de 25 de marzo de 1999, la cual por mayoría del pleno del Senado se aprobó el proyecto de Ley Orgánica de modificación de la Ley Orgánica 2/1979 del 3 de octubre del Tribunal Constitucional.[41]

Dicha reforma se dio sin introducir cambios al texto ya aprobado por el Congreso de los Diputados, para crear al amparo del artículo 161.1 de la CE y desarrollado en la LOTC en su artículo 75 bis el procedimiento llamado conflicto en defensa de la autonomía local.

El primer punto de desencuentro entre la realidad constitucional española y mexicana, en relación con la forma y el diseño del procedimiento de defensa del municipio ante el máximo tribunal, es que en el caso español, no se pudo orquestar un proceso autónomo y adecuado a la realidad de los entes locales, esto como consecuencia de las restricciones que la Constitución impone a la legitimidad para acudir ante el TC y entre las que no se contempla al municipio. Como salida a esta restricción, el legislador realizó una interpretación del artículo 161.1.d constitucional y diseñó un recurso de inconstitucionalidad indirecto, en cuan-

---

40   En lo relativo a la clasificación de las Constituciones en nominales y normativas véase a Loewenstein, Karl, *Teoría de la Constitución*, trad. y estudio de Alfredo Gallego Anabitarte, Madrid, Ariel, 1986.

41   La modificación se publicó en el *Boletín Oficial del Estado*, núm. 96, abril de 1999.

do al fondo y resultado del mismo, sólo que configurado al estilo y con el nombre de conflicto.

La solución para crear un recurso de acuerdo con las necesidades municipales, a nuestro juicio, hubiera conllevado a la reforma constitucional. Sin embargo, en la actualidad política y constitucional española éste es un tema que levanta fuertes pasiones a favor y en contra de la reforma, pues, el abrir esta posibilidad podría también dar lugar a plantear otro tipo de reformas reivindicativas, sobre todo, las relacionadas con la configuración territorial y su autogobierno.

Por lo que toca a la realidad constitucional mexicana, si en un primer lugar se tuvo duda de si el municipio mexicano tenía legitimación para acudir ante la Suprema Corte o no, ésta quedó resuelta mediante la reforma constitucional de 1994, en donde se le asignó expresamente esta legitimidad a las municipalidades en el texto constitucional. Es en este punto en donde encontramos un elemento diferencial importante entre estas dos realidades, pues, mientras que en España apenas se ha modificado la Constitución, en México fue y sigue siendo una práctica habitual a tal grado que muchos de sus principios elementales han quedado desfigurados de como fueron concebidos por los constituyentes de 1917. Derivado de lo anterior, el legislador mexicano a diferencia del español no tuvo problema para resolver el asunto de la legitimación de acceso de los municipios ante la Suprema Corte de Justicia, pues lisa y llanamente reformó la Constitución.

IV. OBJETO Y FINALIDAD DEL CONFLICTO EN DEFENSA DE LA AUTONOMÍA LOCAL ESPAÑOLA

La función del CDAL es la de atacar las normas del Estado con rango de ley o las disposiciones con rango de ley de las comunidades autónomas que lesionen o puedan perjudicar la autonomía municipal constitucionalmente garantizada. Aunque, hacemos la aclaración que la autonomía no termina ni se limita a las competencias de los entes municipales, sino que, por medio de este proceso también se puede impugnar leyes que pretendan la instalación de tutelas o controles que puedan vulnerar la autonomía de los entes locales, su carácter democrático, o también, las leyes que priven a éstos de la financiación necesaria para hacer frente a su finalidad y propósito constitucional.

Este procedimiento es peculiar porque una vez que el Tribunal Constitucional decide a quién corresponde la razón en el supuesto conflicto normativo, acto seguido, el TC tiene la posibilidad de plantearse la autocuestión de inconstitucionalidad,[42] es decir, el conflicto puede indirectamente terminar en la declaratoria de inconstitucionalidad de una ley que afecta la autonomía de los entes locales, ya sea por las normas del Estado con rango de ley o por las disposiciones con rango de ley de las comunidades autónomas.

En primera instancia, el conflicto en defensa de la autonomía local sólo tiene como finalidad determinar la titularidad de una competencia controvertida entre los entes locales y la comunidad autónoma o el Estado. La sentencia de la controversia declarará si existe o no vulneración de la autonomía local garantizada, determinando la titularidad de ésta y resolverá, en su caso, sobre la inconstitucionalidad de la ley que haya dado lugar al conflicto, en otra sentencia distinta a la que juzgó la atribución de la competencia.

En esta última consideración observamos que para la declaración de inconstitucionalidad de una norma se tienen que realizar dos procesos distintos,[43] a diferencia de lo que sucede con las controversias constitucionales mexicanas, en las que en el mismo proceso se define la competencia y la desaplicación de la ley con efectos generales (pero solamente cuando la Federación impugne leyes estatales) y con una mayoría cualificada de los ministros (cuando menos ocho votos de los once ministros de la corte) para que surta efectos generales.

Es importante mencionar que la sentencia del CDAL tiene efectos generales, cuando se declara la inconstitucionalidad de la ley. Mientras que las controversias constitucionales mexicanas cuando son interpuestas por un municipio sólo tiene efectos entre las parte, con lo cual el sistema

---

42   García Couso, Susana, "Sobre la interpretación del artículo 161.1.d de la Constitución", *Revista del Poder Judicial*, núm. 53, primer trimestre de 1999, p. 44.

43   La declaración de inconstitucionalidad de la ley que haya dado lugar al CDAL requerirá de nueva sentencia si el pleno decide plantearse la cuestión después de la resolución del conflicto declarando que ha habido vulneración de la autonomía local. La cuestión se sustanciará por el procedimiento establecido en el artículo 37 y concordantes y tendrá los efectos previstos en los artículos 38 y siguientes (artículo 75 quinquies, 6 LOTC). *Cfr.* Pérez Royo, Javier, *Curso de derecho constitucional*, 6a. ed., Marcial Pons, 1999, pp. 931-934

PEDRO TORRES ESTRADA / MICHAEL NÚÑEZ TORRES

normativo mexicano no se termina de purificar por completo, ya que la ley declarada inconstitucional sigue aplicándose a los demás municipios a pesar de ser una disposición general inconstitucional, con lo cual se rompe con el principio de justicia, ya que regularmente quien interpone una controversia en México son los municipios importantes del país, con lo que al resto de los municipios la ley inconstitucional se les sigue aplicando.[44]

En este contexto, el CDAL puede interponerse contra normas del Estado con rango de ley o las disposiciones con rango de ley de las comunidades autónomas, según lo establece el artículo 75 bis uno de la LOTC que advierte lo siguiente: "Podrá dar lugar al planteamiento de los conflictos en defensa de la autonomía local las normas del Estado con rango ley o las disposiciones con rango de ley de las Comunidades Autónomas que lesionen la autonomía local constitucionalmente garantizada".

En este contexto, son ejemplos de normas del Estado con rango de ley que pueden ser susceptibles del CDAL: las leyes ordinarias, entre las que podemos mencionar como paradigma, las leyes básicas dictadas por las cortes generales de acuerdo con su capacidad que le otorga el artículo 149.1 de la CE, ley de presupuestos, los decretos-leyes, decretos legislativos, los reglamentos parlamentarios,[45] así como el Estatuto del Personal de las Cortes Generales.

Dentro de las disposiciones con rango de ley de las comunidades autónomas contra las que se puede trabar un CDAL podemos mencionar, los decretos legislativos y los reglamentos parlamentarios, así como el re-

---

44   Es importante revisar la propuesta de reforma constitucional al artículo 105 para que los efectos de las sentencias en las controversias constitucionales tengan efectos generales cuando sean los municipios los que la interpongan y con esto armonizar homogéneamente el federalismo mexicano, esta propuesta fue planteada por un grupo de académicos y especialistas en el libro coordinado por González-Aréchiga, Bernardo, *Políticas públicas para el crecimiento y la consolidación democrática*, Escuela de Graduados en Administración Pública y Política Pública del ITESM, p. 72. *http://www.itesm.mx/egap/politicas_publicas_2006—2012.pdf.*

45   Aunque el Reglamento Parlamentario como el Estatuto del Personal de las Cortes Generales están dentro de las normas con rango de ley que pueden ser sujetar a la interposición de un CDAL. Sin embargo por su contenido y fin es difícil que puedan dar lugar a infracciones a la autonomía local. *Cfr.* Porras Ramírez, José María, *El conflicto en defensa de la autonomía local ante el Tribunal Constitucional*, Madrid, Cuadernos Civitas, 2001, p. 94.

glamento de régimen interior de órganos de control externo del sector público autonómico. Por el contrario, no pueden ser impugnados y por consecuencia ser susceptibles del CDAL, los tratados internacionales, los estatutos de autonomía y leyes orgánicas[46] ni las disposiciones con rango o categoría inferior a la ley estatal ni las normas de los territorios históricos vascos.[47]

Además de lo anterior, debemos de puntualizar que el CDAL única y exclusivamente se puede interponer contra leyes del Estado o de las comunidades autónomas que lesionen la "autonomía local constitucionalmente garantizada".[48]

En cuanto a la falta de control constitucional de los tratados internacionales por medio del CDAL, localizamos una diferencia sustancial con las controversias constitucionales mexicanas, ya que por medio de estas últimas sí existe la posibilidad de controlar e impugnar un tratado internacional que violente el pacto federal y las competencias de los municipios o su autonomía.

Así también, dentro de las materias antes mencionadas que no pueden ser materia de un CDAL y en las que por el contrario sí existe la posibilidad de ser sujetas a control constitucional por medio de una controversias -en el caso mexicano- se encuentran las Constituciones locales de

---

46 Al respecto de la exclusión para que las leyes orgánicas sean objeto del conflicto Pulido Quecedo advierte que la exclusión de éstas tiene su justificación en la propia *mens legis*, puesto que el conflicto local se erige para la defensa de la garantía institucional frente al legislador ordinario, habida cuenta que la materia de régimen local no está cubierta por la reserva de ley orgánica.

47 El grupo Parlamentario Vasco (PNV) presentó la enmienda núm. 2, pretendiendo que las normas forales de los territorios vascos pudieran ser sometidas a los CDAL, sin embargo, esta propuesta fue rechazada por el Congreso, ya que pretendía conceder legitimación pasiva a los Territorios Históricos completando así la legitimación activa que la ley les reconoce.

48 También al respecto el profesor Sánchez Morón comenta que lo que distingue al CDAL es que su finalidad exclusiva consiste en la defensa de la autonomía local constitucionalmente garantizada por la Constitución, y que ningún otro motivo añadido puede esgrimirse por los promotores del conflicto. Por consiguiente, en caso de que la ley atacada pudiera incurrir en otros vicios de inconstitucionalidad, ya sea por razones de competencia legislativa o por violación a otros preceptos constitucionales, tales cuestiones deben quedar al margen del CDAL de manera que el TC debe inadmitir el conflicto.

los estados, las disposiciones con rango inferior a la ley,[49] asimismo todos los actos que atenten contra la autonomía municipal, cuando infrinjan directamente la Constitución general de la República o también por violaciones que sean indirectas a la Constitución, siempre y cuando, éstas estén vinculadas de modo fundamental con los actos o leyes que se impugnen. Según el anterior contraste, concluimos que las antepuestas diferencias son las principales que hemos ubicado, en cuanto a la "materia" a la que puede ser objeto el CDAL y cuáles son las materias que escapan de la posibilidad y de la facultad de ser controladas por medio de este proceso constitucional.

V. Objeto y finalidad de las controversias constitucionales mexicanas

Derivado del federalismo como forma de descentralización política y administrativa en México, así como de su división de poderes, es normal que puedan darse conflictos entre las interpretaciones normativas que se produzcan entre los distintos entes, poderes y órganos jurídicos, así como por las actuaciones de éstos.

Tales controversias pueden derivarse de conflictos entre "diversos órdenes jurídicos" con motivo de la constitucionalidad o legalidad de una norma general o de un acto sobre materia prevista en la Constitución, o también sobre conflictos en materias establecidas en leyes de rango inferior al constitucional, asimismo, por disposiciones o actos concretos de éstos que atenten y violenten el pacto federal mexicano, o la constitucionalidad;[50] por ejemplo, la Federación *vs.* Estado, el Distrito Federal *vs.* el municipio.

---

49 Las normas con rango inferior de ley -en el sistema de fuentes mexicano- pueden ser de gran variedad, pero podemos mencionar como ejemplo los reglamentos municipales, los decretos o los reglamentos administrativos.

50 CONTROVERSIAS CONSTITUCIONALES. PROCEDE IMPUGNAR EN ESTA VÍA LAS QUE SE SUCITEN ENTRE LAS ENTIDADES PODERES U ÓRGANOS A QUE SE REFIERE LA LEY REGLAMENTARIA RESPECTIVA, SOBRE LA CONSTITUCIONALIDAD DE SUS ACTOS POSITIVOS, NEGATIVOS U OMISIONES. Corresponde a la SCJN conocer de las controversias constitucionales que se susciten entre entidades, poderes u órganos que se precisan en la fracción I, del artículo 105 constitucional y en el artículo 10 de su Ley Reglamentaria, sobre la constitucionalidad de sus actos o disposiciones generales, sin que se haga distinción alguna sobre la naturaleza de los actos que pueden ser ob-

En este contexto, las controversias constitucionales también tienen dentro de su objeto y finalidad la resolución de los conflictos surgidos entre "los órganos y poderes de un mismo orden jurídico" incluyendo los órganos del Distrito Federal por actos o disposiciones (Poder Ejecutivo Federal -presidente de la República- *vs.* Poder Legislativo Federal -cámaras de Diputados o de Senadores- respecto de una cuestión constitucional o legal.

Además, son susceptibles de ser resueltos por la SCJN mediante las CC los conflictos entre "iguales órdenes jurídicos" (municipio *vs.* municipio de distintos estados)[51] (jefe de Gobierno del Distrito Federal *vs.* Asamblea de Representantes del Distrito Federal) con motivo de la constitucionalidad o legalidad de normas generales o de sus actos. Así también, antes de las reformas constitucionales de 2005 al artículo 105 por medio de las CC también se podían resolver los conflictos territoriales.

Es importante también resaltar que aunque las CC están ideadas para la resolución de conflictos entre entes, poderes y órganos jurídicos, cuyo objeto y finalidad no es necesariamente la asignación de una competencia, sino el hacer respetar la Constitución por parte de los órganos de autoridad, tratando de lograr un equilibrio entre los órganos federales y locales o entre los órganos de un mismo nivel de autoridad.[52]

---

jeto de la acción, por lo que al referirse a dichos dispositivos en forma genérica a "actos", debe entenderse que éstos pueden ser positivos, negativos y omisiones. Controversia constitucional 3/97 Ayuntamiento Constitucional de Berriozábal, estado de Chiapas. 18 de mayo de 1999. Unanimidad de nueve votos.

51 El capítulo pendiente de las controversias constitucionales es el relativo a regular los conflictos entre municipios de un mismo estado, los cuales, hasta el momento sólo tienen la posibilidad de acudir a la justicia constitucional en los estados que cuentan con ella. No obstante, en los estados que aún no tienen mecanismos jurisdiccionales de resolución de conflictos entre municipios del mismo estado, la vía que tienen para resolver sus diferencias es el congreso de diputados del estado al que pertenecen, sin embargo este es un control político cuyo resultado estará sujeto a las mayorías legislativas que en ese momento existan

52 Sepúlveda, Ricardo, "Reflexiones sobre la controversia constitucional (hacia un tribunal constitucional)", *Revista de Investigaciones Jurídicas de la Escuela Libre de derecho*, núm. 23, 1999, p. 392.

El conflicto sujeto a una controversia puede limitarse a un problema de mera legalidad (ejemplo de esto, es cuando un órgano u orden, impugnan un acto que contraviene una ley, pero no se impugna la ley misma). Es decir, en estos casos la función realizada por la SCJN es principalmente de control de la regularidad jurídica en general y sólo en ciertos casos de la regularidad constitucional. Sin embargo y a pesar de lo anterior, las funciones que realiza la SCJN al resolver las controversias constitucionales deben considerarse propias del orden constitucional, tanto por resguardar la norma constitucional como por resolver los conflictos entre órdenes parciales del orden jurídico mexicano.[53]

No queremos dejar de mencionar que las CC aunque protegen el procedimiento de creación de la ley (artículo 14), tenemos que decir que éstas no proceden cuando lo que se impugne sea una reforma constitucional,[54] situación que consideramos peligrosa, sobre todo porque se deja de proteger una parte de la Constitución como puede ser el procedimiento. Además, a la luz del derecho comparado, este tipo de limitaciones resultan peligrosas para la protección de la misma supremacía constitucional. La mayor parte de Europa contempla dentro de su control constitucional las reformas a su carta magna y no sólo Europa, el caso de Costa Rica, en América, también es un ejemplo dentro del derecho comparado.[55]

Para concluir, de lo anterior queremos deducir que la controversia constitucional es la "garantía procesal del sistema federal y la división de po-

---

53   Sin embargo, autores como el profesor Dávila Escareño consideran que hay que tener cuidado con la defensa de la autonomía municipal para evitar que por esa interpretación y a través de la controversia constitucional, la SCJN termine calificando la constitucionalidad local de las leyes de los Estados. *Cfr.* Dávila Escareño, Ángel, "Controversia constitucional", *Revista de la Unidad Académica de derecho de la Universidad Autónoma de Zacatecas*, núm. 52, octubre-diciembre, 2002, p. 24.

54   Así ha quedado establecido por la SCJN en las siguientes tesis de jurisprudencia P./J. 40/2002 y P.J. 39/2002. Al respecto véase "El procedimiento de reforma y adiciones a la Constitución Federal, no es susceptible de control jurisdiccional", *Las decisiones relevantes de la Suprema Corte de Justicia de la Nación*, México, núm. 2, 2005.

55   Brage Camanzano, Joaquín, *La acción de inconstitucionalidad*, México, UNAM, Instituto de Investigaciones Jurídicas, 1998, pp. 157 y ss.

deres",[56] así como lo es el juicio de amparo de los derechos fundamentales establecidos en la Constitución.[57] Las controversias constitucionales no tienen como *finalidad* sancionar a los autores de las violaciones o invasiones, ya que de la función sancionadora de las autoridades se encargara la misma Suprema Corte y a las autoridades previstas en la Ley Federal de Responsabilidades de los Servidores Públicos.

VI. MARCOS Y PARÁMETROS DE ENJUICIAMIENTO DE LAS NORMAS PARA DETERMINAR UNA POSIBLE VULNERACIÓN DE LA AUTONOMÍA LOCAL EN ESPAÑA POR MEDIO DEL CDAL

Como parámetro de enjuiciamiento de las normas en la resolución de un conflicto se tomará en cuenta, primeramente, la Constitución, así como los estatutos de autonomía y las demás normas integrantes del bloque de constitucionalidad, al igual que la Carta Europea de la Autonomía Local y la Ley Reguladora de las Bases del Régimen Local.[58]

Como ya hemos comentado, la Carta Europea se integra en el derecho interno español con todas las formalidades que exigen las leyes, de ahí su posible invocación directa en los tribunales y su indisponibilidad para el legislador tanto estatal como autonómico.[59] También deriva de ahí su potestad para ser marco de enjuiciamiento de las normas estatales y au-

---

56 Ochoa Huerta, Carla, *Mecanismos constitucionales para el control del Poder Político*, 2a. ed., *www.bibliojuridico.org/libros/1/158/9.pdf*. 2001, pp. 14 y 15.

57 Al respecto, el ex ministro de la SCJN, Juventino Castro, advierte que si el juicio de amparo es el procedimiento jurisdiccional ideado para asegurar que los derechos fundamentales de las personas no sean simples enunciados ético-metafísicos, sino una llave de seguridad debidamente implementada, por su parte las controversias constitucionales y la acción de inconstitucionalidad, no sólo pretenden defender el texto constitucional, sino también la estructura federal, estatal y municipal, por lo tanto, la estructura nacional del país. *Cfr.* Castro Castro, Juventino, *El artículo 105 constitucional*, 4a. ed., Porrúa, 2001, p. 158.

58 El Tribunal Constitucional ya ha utilizado a la LRBRL como parámetro de constitucionalidad de las leyes sectoriales de las comunidades autónomas, ejemplo de esto es la sentencia 27/1987, fj 12 *in fine* y V. p. 109/1998, fj, 12 *in fine.*

59 El profesor Sánchez Morón señala que el TC debe de considerar también a la CEAL para efectos interpretativos del concepto de autonomía local constitucionalmente garantizada.

tonómicas.[60] La posibilidad de que este documento sea utilizado como parámetro de enjuiciamiento para proteger la autonomía local es de suma importancia,[61] no obstante, hasta la fecha esta situación no se ha proporcionado, aunque dicha carta ya empieza a ser mencionada en alguna sentencia, como la del 13 de diciembre de 1999, STC 233/1999.[62]

Las normas arriba indicadas son el marco y parámetro de enjuiciamiento directo e indirecto -según sea el caso concreto- con la normativa legal básica, así como con la de desarrollo, además de la sectorial. Dichas normas emanan del poder político estatal o autonómico. Estas últimas contribuyen a conformar el ordenamiento de carácter local y las indicadas en los párrafos anteriores son las que fijan el marco de validez tanto formal como material al que tendrá que sujetarse para que éstas estén apegadas a la Constitución y no corran el riesgo de tener vicios de inconstitucionalidad. Independientemente de lo anterior, debemos recordar que el CDAL sólo podrá interponerse cuando se viole la autonomía local constitucio-

---

60 Porras Ramírez, José María, *op. cit.*, nota 45, p. 97. Sin embargo, en posición distinta a la de este autor Fernández Farreres opina que la CEA L. no puede operar como canon de constitucionalidad y cita la jurisprudencia del TC que advierte el hecho de que ese ordenamiento -refiriéndose al ordenamiento jurídico comunitario se imponga a los órganos jurisdiccionales nacionales no significa que se haya dotado a sus normas de rango y fuerza constitucionales, ni que las mismas integren, en virtud de los artículos 93 y 96 de la Constitución el canon de constitucionalidad bajo el que hayan de ser examinadas las leyes del Estado español.

61 Por su parte, la postura del profesor Naranjo de la Cruz advierte que, aunque que si bien la CEAL no actúa en términos estrictos como parámetro de control dado su mismo rango legal, sí sirve dicha carta en sede de aplicación del derecho, como criterio de interpretación capaz de colaborar en la dotación de contenido propio a las disposiciones constitucionales sobre autonomía local, en la medida en que refleja principios generales ampliamente aceptados en la cultura jurídica europea a la que pertenece España. *Cfr.* Naranjo de la Cruz, Rafael, *El proceso constitucional para la protección de la autonomía local en España y Alemania*, Ministerio de Administraciones Públicas y Diputación de Málaga, 2003, p. 175.

62 Aunque en esta sentencia no se usa la carta como parámetro de constitucionalidad de la Ley de Haciendas Locales, sí es mencionada para concretar el contenido de la autonomía local y así dice: "hay que tener en cuenta, como lo indica el abogado del Estado, que la potestad de fijar la cuota o el tipo de sus propios tributos dentro de los límites de la ley es uno de los elementos indiscutibles definidores de la autonomía local, encontrándose, como tal, reconocida en el artículo 9.3 de la Carta Europea de la Autonomía local de 15 de octubre, ratificada por España el 20 de enero de 1988".

nalmente garantizada.[63] Sin embargo, dicha garantía no se encuentra tan clara como la de las comunidades autónomas por lo que se tendrá que realizar un trabajo de interpretación por parte del jurista para tratar de descifrar hasta dónde la Constitución protege a la autonomía local y en qué caso procede el conflicto.[64]

Conjuntamente con los parámetros de enjuiciamiento anteriores, no debemos dejar también de consultar y de tomar en cuenta la jurisprudencia emanada del TC, así como los principios y criterios a los que ésta ha atendido, como por ejemplo, los principios de subsidiariedad,[65] el de prevalencia o primacía de la voluntad municipal, el de intereses exclusivos de los municipios o el principio de asuntos de carácter local.

El conjunto de normas, jurisprudencia, principios y doctrina son las herramientas con las que el jurista ha de contar para deducir cómo y cuándo procede un CDAL, no obstante, tenemos que reconocer que hasta este momento, tanto la jurisprudencia y doctrina en el caso del conflicto es muy escasa, ya que hasta la fecha el Tribunal Constitucional español no ha resuelto en cuanto al fondo ningún CDAL.[66]

---

63 Creemos que la motivación de la creación del CDAL no es solamente para proteger al municipio de la vulneración de sus competencias, consideramos que dicho proceso fue creado para proteger al municipio en un ámbito más extenso y no sólo limitándose a la materia competencial, puesto que la autonomía local no se circunscribe al ámbito de las competencias, por lo que a nuestro juicio, también puede ser interpuesto -el CDAL- cuando se le quieran instalar tutelas u otros mecanismos, al municipio, que le limiten su capacidad de decisión en asuntos que deben ser atendidos por ellos, por mencionar sólo un ejemplo. Sin embargo, autores como Ibáñez Macías consideran que el CDAL debe limitarse a resolver la materia competencial y cita el fragmento del artículo 75 quinquies 5 que dice que la sentencia declarará si existe o no vulneración de la autonomía local constitucionalmente garantizada, determinando, según proceda, la titularidad o atribución de la competencia controvertida.

64 En lo que respecta a la posibilidad de tomar como parámetro de constitucionalidad a la CEAL y la LRBRL, al respecto Ibáñez Macías advierte del peligro que corre el TC al descender a examinar cuestiones que puedan considerarse de mera legalidad ordinaria.

65 Scarciaglia, Roberto, "Sussidiarieta nell'ordinamento españolo", *Sussidiarieta e ordinamenti constituzionali (Esperinenze a confronto)*, Padua, CEDAM, 1999, pp. 121-147.

66 Enero de 2007.

VII. MARCOS Y PARÁMETROS DE ENJUICIAMIENTO DE LAS NORMAS PARA DETERMINAR UNA POSIBLE VULNERACIÓN DE LA AUTONOMÍA LOCAL EN MÉXICO

Las competencias y las principales características de la institución municipal mexicana se encuentran enumeradas, descritas y desarrolladas en el artículo 115 constitucional, por lo que el parámetro de control de la protección municipal empezará en la misma Constitución y especialmente en el artículo 115.

Por lo tanto y atendiendo al principio federal mexicano, la Federación sólo podrá legislar y tener competencia en las materias que la Constitución le asegure expresamente como exclusivas. Por lo que toca a las entidades federadas, éstas sólo podrán legislar en las materias que la Constitución les asigne, además, éstas también podrán legislar, en todas aquellas áreas y competencias que la Constitución no le haya asignado a otro orden de gobierno (cláusula residual). Sin embargo, las entidades federales no podrán legislar ni ejercer competencia sobre materias que le estén prohibidas en la misma Constitución, es decir, los estados de la Federación podrán tener competencia en todo lo que no le esté asignado a la Federación, al Distrito Federal (artículo 122 CM) y a los municipios, así como lo que no le esté prohibido en la carta magna (artículos 117 prohibiciones absolutas y 118 prohibiciones relativas)

Derivado de lo anterior y del contraste y contraposición de las competencias aseguradas a los municipios en el artículo 115 constitucional, con los supuestos ya mencionados de los otros entes y de gobierno podremos definir y deducir qué leyes o actos, estatales, federales o del Distrito Federal pueden vulnerar una competencia o potestad de carácter municipal. Además, debemos recordar que la inconstitucionalidad de las leyes o actos podrá ser tanto por vicios formales[67] como por vicios materiales. Conjuntamente, con los artículos constitucionales en donde se le otor-

---

67 El profesor Guastini clasifica las normas sobre la producción de la siguiente manera: *a)* normas que confieren competencias normativas, *b)* normas que disciplinan el ejercicio de una competencia, *c)* normas que circunscriben el objeto de una competencia, *d)* normas que limitan el contenido de una competencia. *Cfr.* Guastini, Ricardo, *Le fonti del diritto e linteptetazione*, Milán, 1993, pp. 33 y ss.; *id.,* "La Constitución como límite de la legislación", en Carbonell, Miguel, *Teoría de la Constitución*, México, Porrúa, 2002, pp. 235 y ss.

guen competencias o potestades a los municipios (éstas se encuentra especialmente en los artículo 31, 115, 116, 117, fracción VIII y 123-A, fracciones XXV y XXVI de la Constitución) también estos últimos podrán apelar a los parámetros de formalidad y legalidad en las CC. A lo que hacemos referencia, es a la garantía constitucional del "debido proceso legal". En la que los actos que los municipios consideren que han violado su autonomía municipal deben de analizarse a la luz del principio comentado, para que no se vulneren las formalidades del procedimiento artículo 14 constitucional la garantía de la legalidad en la forma de las actuaciones).[68] Dichas formalidades deben ser las necesarias para una adecuada defensa de los municipios y para evitar que se genere su indefensión. Ejemplo de lo anterior, puede ser la desaparición de un ayuntamiento por la legislatura local sin respetarle su derecho de audiencia. Aunque el artículo 14 constitucional se encuentra dentro de la parte de las garantías individuales, su contenido está reconocido como axiológico o valorativo, por lo que aun tratándose, las controversias constitucionales, de un sistema procesal que tiende a evitar la invasión de las competencias y potestades de los municipios y asegurar la división de poderes deben aplicarse por analogía esos principios.[69]

Al igual que con el artículo 14 constitucional, los municipios también pueden utilizar como parámetro y marco de los actos ejecutados por los demás órdenes, poderes y órganos de gobierno, el artículo 16 constitucional,[70] el cual les asegura la "garantía o principio de legalidad". Esta garantía exige a las autoridades que sólo realicen lo que la ley les permita y actúen siempre dentro de los parámetros que la Constitución y las leyes les aseguran. En caso de que algún órgano u orden de gobierno con-

---

68   El artículo 14 de la Constitución mexicana establece: "A ninguna ley se dará efecto retroactivo en perjuicio de persona alguna. Nadie podrá ser privado de la vida, la libertad o de sus propiedades, posesiones o derechos, sino mediante juicio seguido ante los tribunales previamente establecidos, en el que se cumplan las formalidades esenciales del procedimiento y conforme a las leyes expedidas con anterioridad al hecho".

69   Jurisprudencia núm. 65/1996, *Semanario Judicial de la Federación y su Gaceta*, novena época, noviembre de 1996, p. 327.

70   Al respecto, el artículo 16 constitucional establece: "Nadie puede ser molestado en su persona, familia, domicilio, papeles o posesiones, sino en virtud de mandamiento escrito de autoridad competente, que funde y motive la causa legal del procedimiento".

travenga el principio de legalidad, los municipios también podrán interponer una CC utilizando como parámetro esta garantía.

Para finalizar, debemos recordar en relación con lo anterior, que las controversias constitucionales son también procedentes cuando se impugnan conceptos de invalidez surgidos por violaciones indirectas a la Constitución (como en el caso de las arriba citadas), siempre que estén vinculadas -las violaciones- de modo fundamental con el acto o la ley reclamados.

Las fórmulas antes analizadas son las principales directrices y parámetros de control que los municipios pueden utilizar para dilucidar cuando una ley o un acto puede atentar contra sus competencias o contra su autonomía asegurada en la Constitución, además de los principios constitucionales ya comentados en el epígrafe referente a los CDAL.

VIII. DIFERENCIAS Y SIMILITUDES ENTRE EL CONFLICTO EN DEFENSA DE LA AUTONOMÍA LOCAL Y LAS CONTROVERSIAS CONSTITUCIONALES

Para concluir, después de haber analizado las finalidades y objetivos de los procesos constitucionales a los cuales pueden acceder directamente los municipios en España y México, hemos deducido al respecto las siguientes similitudes y diferencias identificadas entre los CDAL y las CC.

Para iniciar, debemos decir que en los conflictos en defensa de la autonomía local más que asegurar la división de poderes y el federalismo cuando se invaden competencias, lo que pretende, es la impugnación de normas que atenten contra la autonomía local constitucionalmente garantizada, es decir, en el fondo es planteado como un control abstracto de la ley, aunque, en la forma la solución del recurso se resuelve en clave de conflicto de competencias.

Por su parte, las controversias constitucionales tienen como finalidad el armonizar y asegurar el federalismo y la división de poderes, ya que no sólo lo pueden interponer los municipios, sino también las restantes entidades, poderes y órganos de poder político, además que una de sus principales funciones es la de resolver cuestiones de competencia no sólo de leyes, sino también de actos.

Asimismo, el CDAL no se puede interponer cuando se ataque la autonomía de los municipios por cualquier disposición general o por actos de otros órdenes u órganos de gobierno, sino sólo se podrá interponer contra "normas del Estado con rango de ley o las disposiciones con rango de ley de las comunidades autónomas" a diferencia de las controversias que pueden impugnar cualquier "acto, disposición o ley vulneradora de la autonomía municipal" sea cual sea su rango y categoría con excepción de las reformas realizadas a la Constitución federal.

En el CDAL los únicos con personalidad de acudir a este procedimiento son los entes locales (provincias y municipios) a diferencia de las CC, en las cuales también se guarda mucha similitud con los conflictos de competencia españoles, ya que también pueden acudir a las controversias los estados, la Federación y los municipios, etcétera, es decir, las CC son un híbrido del CDAL y los conflictos de competencia. No obstante, en estos últimos sólo se impugnan actos o decisiones, además hay que hacer la aclaración de que si la competencia controvertida hubiere sido atribuida por una ley o norma con rango de ley, el conflicto se tramitará desde su inicio o según sea el caso desde que la defensa de la competencia ejercida invoque la de la norma legal habilitante, como recurso de inconstitucionalidad y no como conflicto de competencia (artículo 67 de la LOTC)

Asimismo, las CC pueden ser interpuestas contra cualquier disposi-ción general no distinguiendo entre ellas como sí se hace en España. Por lo tanto, no es necesario que un conflicto competencial termine en recursos distinto como podría ser la acción de inconstitucionalidad en el caso mexicano.

En los CDAL no es necesaria la existencia de una afectación, lesión, menoscabo o agravio concreto a la autonomía local o a sus competencias para la procedencia e interposición del proceso ante al más alto tribunal de la nación. Es decir, el CDAL en el fondo es un control abstracto de la ley, independientemente de la aplicación de la misma a un caso concreto. Como ya nos dimos cuenta, el CDAL tiene muchas similitudes con el recurso de inconstitucionalidad tanto por las normas que pueden ser impugnadas como por el efecto de la sentencia. Aunque tenga el nombre de conflicto, en el fondo parte de la doctrina ha llegado a la conclusión que es un recurso de inconstitucionalidad encubierto,[71] al cual se le tuvo que disfrazar de esta manera para no tener que entrar a reformar la Constitución Española.

Por su parte, la CC es generalmente un control concreto de las leyes y actos, aunque también puede plantearse sin la necesidad de un acto concreto de aplicación de la norma, por ello tiene dos momentos procesales para interponerse. Tratándose de normas generales, treinta días contados a partir del día siguiente a la fecha de su publicación, o el día siguiente al en que se produzca el primer acto de aplicación de la norma que dé lugar la controversia. Con lo anterior nos damos cuenta de que las CC tienen las dos vertientes, por un lado son un control concreto, pero también puede ser un control abstracto de la ley.

Asimismo, los CDAL y las CC tienen como punto de encuentro que en los dos procesos, la sentencia puede terminar en la inaplicación de la ley con efectos generales y por consecuencia su expulsión de ésta del sistema normativo, con lo que en ambos procesos sí tienen en su finalidad la depuración del sistema normativo.

Sin embargo, en el caso mexicano de las CC cuando la impugnación de una ley federal o estatal la realicen los municipios mexicanos, la sentencia no tendrá efectos generales, sino sólo entre las partes, al contrario de lo que ocurre cuando la Federación impugna leyes estatales, en cuyo caso el efecto de la sentencia sí puede llegar a tener efectos generales.

Otro punto de encuentro entre estos dos procesos consiste en que el encargado de resolver el fondo del conflicto o controversia es el pleno de la corte y no las salas. Las salas resuelven en ambos países, el llamado recurso de amparo, en España, y juicio de amparo, en México.

Por otra parte, el CDAL es el mecanismo de defensa de la autonomía local constitucionalmente garantizada, la cual, como ya observamos líneas arriba, es compleja de delimitar, por lo que este mecanismo sólo protegerá a los entes locales de las violaciones directas a esta garantía; por su parte, las CC, además de controlar las violaciones directas a la Constitución, también controlan las violaciones indirectas a la carta magna, siempre que estén vinculadas de modo fundamental con el acto o la ley reclamados.

---

71 Entre otros puede verse a Pérez Royo, Javier, *op. cit.*, nota 43, pp. 931-934. Asimismo a Porras Ramírez, José María, *op. cit.*, nota 45, pp. 69 y ss.

Es decir, los CDAL no se podrán fundar en otros preceptos constitucionales que no sean los que aseguren la autonomía local -por ejemplo no procederá contra la falta de competencia legislativa en la creación de una ley-, sino sólo los preceptos que aseguren su autonomía local constitucionalmente garantizada, mientras que las CC sí pueden interponerse contra violaciones que afecten indirectamente al municipio -por mencionar el mismo ejemplo contra vicios de competencia legislativa-. Siguiendo en este contexto diferenciador entre ambos mecanismos, indicamos que los municipios mexicanos en contraste con los españoles, no necesitan de ningún requisito previo para acceder a la Suprema Corte. Por requisito previo, nos referimos al dictamen preceptivo que deben solicitar al Consejo de Estado, así como al séptimo de los municipios existentes en el ámbito territorial de aplicación de la disposición con rango de ley y que representen como mínimo un sexto de la población oficial del ámbito territorial de afectación de la ley. Es decir, en México, cualquier municipio que considere que la Federación, el Estado, el Distrito Federal u otro municipio (de distinto estado) le esté vulnerando sus competencias o su autonomía como consecuencia de una ley general o acto de autoridad, puede acudir directamente ante la Suprema Corte de Justicia de la Nación en busca de justicia, sin la necesidad de buscar un consenso con más municipios para obtener dicha legitimación.

En cuanto al término para interponer una controversia constitucional, en nuestra opinión, es que es demasiado corto el tiempo para presentarla, sobre todo, si lo comparamos con el término que se otorga en el caso de los conflictos españoles, cuyo término para iniciar el proceso es de tres meses. La falta de un plazo más amplio en las CC mexicanas obstaculiza de manera considerable la utilización de esta vía, por lo que consideramos que un plazo más extenso le permitiría a los municipios planificar una defensa jurídica responsable, ya que para realizar un estudio constitucional profundo se requiere de un plazo mayor de tiempo, que con el que actualmente cuentan los municipios mexicanos para interponer una CC sobre todo cuando se trata de controversias que recaigan sobre normas generales.

En este mismo contexto de los términos, cabe destacar que éste no existe para que la SCJN emita la sentencia en el proceso de las controversias, a diferencia de lo que sucede en España con los CDAL, donde sí se contempla un plazo establecido para este fin, el cual es de quince días después de haber analizado las aclaraciones, informaciones y precisiones que juzgue necesarias para su decisión.

En lo que respecta a la votación requerida -cuando proceda- de ocho votos para que una ley pueda ser declarada inconstitucional en una controversia constitucional, ésta nos resulta demasiado agravada si la comparamos con la que es utilizada para el mismo fin en España por el TC. Asimismo, resaltamos que en España no se condiciona la sentencia a un determinado número de votos como en la legislación mexicana, además de que en España la mayoría se fija con base en los ministros asistentes a la sesión, mientras que en México los ocho votos son fijos, con lo cual dicha mayoría se agrava en la medida en que acudan menos ministros al pleno de la corte. Consideramos que esta votación tan cualificada carece de sentido, sobre todo, porque quien la emite es la Suprema Corte, máximo tribunal de la nación, aunado a esto sus ministros son profesionales del derecho y sus decisiones tienen (o deben de tener) un carácter eminentemente jurídico y no político.

5. *Interpretación y Sentencias Constitucionales*

7. ALGUNAS ACOTACIONES SOBRE LOS PODERES DE INTERPRETACIÓN DE LOS JUECES CONSTITUCIONALES A LAS NORMAS Y PRINCIPIOS CONSTITUCIONALES. INTERPRETACIÓN JURISPRUDENCIAL EN DERECHO VENEZOLANO[*]

Alberto BAUMEISTER TOLEDO[**]

> *Todos estamos bajo la Constitución, pero los jueces dicen qué es la Constitución.*
> HUGHES, 1907[***]

SUMARIO: I. *Complicaciones y precisiones en torno al tema objeto del presente estudio.* II. *Lo que en doctrina se entiende por interpretación constitucional.* III. *Breves observaciones sobre los tipos de interpretación constitucional según la doctrina predominante.* IV. *Algunas anotaciones en torno a los métodos de interpretación constitucional y los principios de la interpretación constitucional.* V. *Conclusiones.*

En la materia referida en esta colaboración tiene especial relevancia todo cuanto ha estudiado y disertado el homenajeado, tal como lo veremos más adelante en el examen que nos proponemos realizar.

---

[*] Trabajo especial para el libro homenaje al ilustre maestro latinoamericano doctor Héctor Fix-Zamudio, eje primigenio de los estudios de derecho constitucional en nuestro Continente. El material es un ajuste y puesta al día sobre el trabajo de incorporación a la Academia de Ciencias Políticas y Sociales de Venezuela, presentado por el autor con motivo de su designación como individuo de número de dicha corporación.

[**] Abogado y especialista en derecho privado y en derecho financiero por la Universidad Católica Andrés Bello de Caracas, Venezuela (UCAB).

[***] Citado por César Landa, "Teorías de la interpretación judicial", en Ferrer MacGregor, Eduardo (coord.), *Derecho procesal constitucional*, 3a. ed., México, Porrúa, 2002, t. III, p. 2801.

Con ello una vez más se pone de relieve el importante trabajo que siempre ha llevado a cabo el maestro Fix-Zamudio, eje fundamental del derecho constitucional y del derecho procesal constitucional en nuestro continente, cuyas ideas no dejan de repicar en todos los autores que de alguna forma tenemos relación con esta novedosa rama de la actividad procesal y el derecho constitucional.

Espero y aspiro que este homenaje dé fuerza al maestro para que continúe viviendo activo como siempre entre nosotros y sirviéndonos de faro y acicate en torno a cuanto especulemos en esta hermosísima y significativa rama del derecho que cada vez más toma arraigo e importancia en la doctrina moderna y tiene tan destacada importancia en nuestro entorno continental.

I. COMPLICACIONES Y PRECISIONES EN TORNO AL TEMA OBJETO DEL PRESENTE ESTUDIO

Dije en la oportunidad en que me correspondió por primera vez exponer sobre el tema, que con la más absoluta modestia confesaba en primer término que este trabajo no tiene mayores pretensiones que las derivadas de querer exponer en forma más o menos ordenada, un asunto hasta cierto punto de vista novedoso en nuestra Venezuela, donde estábamos estrenando el sistema de una Sala Constitucional, con las mismas funciones de los Tribunales Constitucionales tan tratados en la doctrina y legislaciones contemporáneas.

Su actualidad, no resulta de lo novedoso del tema, pues realmente el mismo viene acompañando ya hace algunos años la historia del constitucionalismo y resulta realmente complejo y debatido, en todos los ordenamientos y sistemas, pues se trata, precisamente de poder determinar hasta donde pueden llegar esas potestades de interpretación de la Constitución por parte de los Jueces de los Tribunales Constitucionales.

Aclaro pues que en estas líneas que siguen no tengo pretensiones de que con ellas esté elaborando un análisis siquiera semiprofundo del problema y que ni aun dentro de estos estrictos límites, este pretendiendo con ello que el mismo sea considerado agota la materia, ni quede dicha la última palabra en cuanto a esa temática.

En materia constitucional, procesal constitucional, de justicia constitucional, y más precisamente, en torno al tema de los límites de los poderes y facultades de los tribunales constitucionales para interpretar y aplicar las Constituciones, luego de que cualquier curioso estudioso del derecho haya analizado algunas páginas de obras de serios entendidos en la materia, estamos seguros de que claramente podrá sostener que nunca se agotará el tema, nunca estará terminado de decirse todo cuanto se debe, ni de corregir todo cuanto se haya dicho, hoy lo afirmo con profundo convencimiento, y con mayor interés, pues si en los regímenes constitucionales precedentes a la actual Constitución Nacional solíamos no con constante frecuencia analizar algunos fallos sobre constitucionalidad e inconstitucionalidad, hoy, a la luz de la nueva carta magna[1] y con la incorporación que en la misma se hizo del sistema de recurso de interpretación constitucional y pronunciamientos sobre inacción del Poder Legislativo, la problemática al respecto ha variado considerablemente y para todos por igual, toma relevante importancia e interés cuanto atañe a esas potestades interpretativas.

No tengo pues la menor duda en destacar que uno de los temas quizás más polémicos en materia constitucional, lo es precisamente el de la interpretación de la Constitución y su dinámica y *per se*, anticipa una pluralidad inagotable de situaciones por examinar, e inclusive aquellas que han sido objeto de análisis, no precisamente pueden conducir a reputar que están del todo resueltas, por ello, creo que una lección de prudencia en esta materia es la del profesor Raúl Canosa Usera[2] cuando declara "...ya anticipo que tales situaciones seguirán quedando irresueltas pues no me propongo otra cosa que esbozarlas sin afán alguno de resolverlas, entre otros motivos porque estoy firmemente convencido de la imposibilidad de hallar soluciones inequívocas...".

---

1   *Gaceta Oficial* (en lo sucesivo *G.O.*) N° 36.860 del 30 de diciembre de 1999 de la República Bolivariana de Venezuela y con la observación de que dicha Constitución nuevamente fue publicada con "correcciones de gramática, sintaxis y estilo" y con su exposición de motivos, en la *G.O.* N° 5.453, extraordinaria del 24 de marzo, según algunos entendidos sin seguirse el proceso formal para dichos cambios ni incorporaciones. En todo caso, la última publicación se la tiene como el cuerpo formal de nuestra carta magna y la cual se la conoce de manea general y así la aludiremos como "Constitución de 1999".

2   Canosa Usera, Raúl, "Interpretación constitucional y voluntad democrática", en Eduardo Ferrer Mac-Gregor (coord.), *Derecho procesal constitucional*, 3a. ed., México, Porrúa, 2002, t. III, p. 2601.

También resulta igualmente cierta otra afirmación del mismo citado autor, cuando en el mismo trabajo destaca que la materia de "interpretación constitucional" es un quehacer sobre manera abierto, exitoso solo cuando contribuye a la correcta aplicación de los preceptos de la Constitución, pero afirmando, que tal apreciación debe ser matizada, en tanto *per se* la interpretación constitucional es problemática en su método, en su objeto y en sus protagonistas, concluyendo sus observaciones, indicando que "prueba de esa problematicidad es la innumerable serie de posiciones doctrinales que se han elaborado sobre uno de esos tres puntos" y ello, según lo destaca el mismo citado autor, es "demostración clara de la dinamicidad de la interpretación constitucional y su esencial resistencia a ser encasillada como proceso verificable siempre bajo las mismas pautas".[3]

Por añadidura para sintetizar que tan cierto es lo que atañe a esa problemática, advierte también dicho autor que la teoría de la interpretación constitucional, es en particular tributaria del concepto Constitución, sobre la que se sustente y al respecto vale la pena recordar por igual que "tampoco se ha acordado un concepto de Constitución con todos sus elementos indiscutibles en la medida en la que cada ley fundamental, acaba imponiendo un concepto propio del mismo", por lo anterior concluye el mismo Canosa, "toda interpretación es la de la respectiva Constitución interpretada, y debe partir del concepto de ella misma inferido".

Pero con lo dicho tampoco terminan los problemas, según el mismo citado autor, pues tampoco puede decirse que a estas alturas la doctrina y ciencia constitucional haya logrado siquiera acuerdo sobre lo que son algunos elementos comunes a todo Estado constitucional, elementos estos, además generalizados en las últimas décadas y por eso, pese a todo lo antes dicho, puede hablarse de un Estado constitucional cuyos rasgos ideales se encuentran con matices en las plasmaciones históricas del presente. Este tipo de Estados representa, según Canosa, el intento más acabado de someter la política al derecho, de purificar -constitucionalizarlo político, todo lo cual ha provocado también extremos tales como los de considerar que la política, al efectivamente estar sometida a normas, deja de ser política, lo que obliga a comentarios como los que hace Stern.[4] "el

---

3   *Ibídem*, p. 2061.
4   Citado por Canosa, *op. cit.*, nota 2.

derecho sin política es como navegar sin agua, pero la política sin derecho es como navegar sin brújula" y es por ello, concluye nuestro comentado autor, "se han llegado a hermosas creaciones teóricas como aquellas de pretender navegaciones de secano".[5]

Continúa destacando Canosa:

> ...La juridificación de lo político traía aparejada inexorablemente la colocación de la norma que tal hiciera en la cúspide del ordenamiento jurídico para vincular no solo a los tradicionales sujetos pasivos de la Ley, sino también, al mismo creador de la Ley. Y como soberano es justamente quien está por encima de la Ley y nada ni nadie lo está en el Estado constitucional, salvo la propia Constitución, esta resulta entonces soberana. Se habla así de soberanía de la Constitución aunque esta invoque una soberanía nacional y popular que, a la postre solo se hace visible en el momento de fundar o refundar el estado, es decir, en el instante constituyente. Una vez que existe, no hay más soberanía que la de la Constitución.

El mismo autor comentado continúa precisando:

> ...tiene lugar aún una última y definitiva objetivización de la soberanía puesto que toda acción jurídicamente legítima deriva mediata o inmediatamente de la Constitución. Nadie está entonces por encima de ella, pero -aquí la objetivización- la Constitución no es por sí misma voluntad sino expresión de la voluntad del sujeto constituyente que luego de actuar desaparece. Toda voluntad incluyendo la del legislador democrático se halla sometida a la Constitución, la soberanía por ello se hace por primera vez incorporal. Ni un rey ni un parlamento efectivamente libres: nadie dispone ya de las primeras decisiones políticas, las esenciales, porque quedaron cristalizadas en la norma fundamental.
>
> La última y más perfecta objetivización de la soberanía coincide con la emergencia de sociedades complejas, plurales, las constituciones se plasman como órdenes abiertos, en donde no hay valores absolutos. El pluralismo axiológico conduce así a 'constituciones abiertas', donde lo único absoluto acaso sea su apertura constante y necesaria.

Por esto último comenta dicho autor: "...el único órgano que pudiera encarnar, personificar, la soberanía (entendida como voluntad última e incondicionada), es decir, el Tribunal Constitucional u órgano similar no puede hacer otra cosa que limitarse a mantener abierto el marco constitucionalmente fijado y garantizar margen suficiente a las mayorías sucesi-

---

5 *Ibídem*, p. 2602.

vas para que estas desarrollen la Constitución según sus opciones programáticas".

Pero, llegado a este punto, por igual tiene que reconocerse con el autor que venimos comentando, que la lógica del Estado constitucional nos conduzca así al punto más polémico de su funcionamiento: "la posibilidad de que el máximo intérprete de la Constitución se convierta en amo de la Constitución", con lo cual según Canosa, el asunto se convierte en esencialmente irresoluble desde la perspectiva política y democrática.

Los esfuerzos que como en la teoría de Kelsen procuran solucionar el problema, buscando salvaguardar la libertad del legislador, ante el control de constitucionalidad de los Tribunales Constitucionales, limitando el papel de estos y los efectos de sus sentencias, mediante la radical separación de los planos de constitucionalidad y el de legalidad, tampoco son la clara solución de esta temática.

Se dice, no obstante, que en el caso del ejemplo de la justicia constitucional estadounidense ésta responde a premisas diferentes y allí entonces el control constitucional sólo puede entenderse en el contexto de la relación *entre Tribunal Constitucional y legislador democrático*, y sólo así se explica que los más inteligentes autores -según lo destaca Canosa-:

> "cuando han opinado sobre ella, concluyen como Mortati[6] en que el único modo de pacificar esas relaciones es el *"self restraint"*, el auto control del Tribunal, es decir la deliberada tendencia de ese órgano a dejar margen al legislador para que con libertad desarrolle la Constitución".

El recubrimiento teórico de este proceder consiste, como es sabido, según Canosa "...en presumir la constitucionalidad de la ley. La presunción de constitucionalidad de la ley trata de combinar el control de constitucionalidad y la supremacía de la Constitución que lo justifica con la majestad democrática de la ley. En otras palabras armonizar el principio de constitucionalidad con el principio democrático".

Ya volveremos más adelante sobre estas apreciaciones, pero queda hasta aquí de sobra establecido lo complejo y difícil que resultan buscar soluciones precisas y terminantes en torno a toda esta materia.

Antes de terminar estas ideas preliminares se me hace pertinente por igual al menos enunciar el porque se ha escogido al Poder Judicial, como

---

6   *Ibídem*, p. 2603.

aquél de los poderes a quienes puede confiarse esta delicada función, de cierto modo usurpándola del verdadero poder del pueblo, del "constituyente", a pesar de que como hemos visto su vivencia y durabilidad resulta ser particularmente efímera.

Arturo Hoyos[7] en su interesante obra sobre la materia en Panamá, haciendo suya la frase de Hamilton en el *"Federalist"* señala: "...el poder judicial ...No tiene influencia ni sobre la espada ni sobre la bolsa, ni dirección de la fuerza o de la riqueza de la sociedad y tampoco puede tomar resoluciones activas..." con lo cual le justifica dicho rol, a nuestra manera de ver en forma excelsa.

En verdad, señala Wolfe: "puede decirse que no tiene ni fuerza ni voluntad, sino solamente juicio".[8]

Tales consideraciones como lo advierte Hoyos, llevaron a los constitucionalistas norteamericanos Lawrence Tribe y Michael Dorf, así como al famoso maestro italiano Cappelletti, a sostener que el órgano judicial, al no tener poder sobre la fuerza pública ni sobre el presupuesto ni los tributos, era la "rama menos peligrosa" del poder público.[9]

De su parte, hay también autores que opinan que ello no fue la causa real de ese predominante papel de los jueces, sino que ello derivó del propio "activismo" que han venido desarrollando aquellos en los últimos años, y por la falta de un control supremo sobre ellos y la fuerza acumulativa de sus precedentes, ello ha sido así cuando menos en los Estados Unidos de América, pues sigue siendo la rama menos controlable del poder público y es lo que hace pertinente la preocupación de "Juvenal" ya vigente desde hace muchos siglos *"Sed quis custodiet ipsos custodes"*, esto es ¿quién controla a los que nos controlan?

Y advertimos, al igual que lo hace Hoyos, que todo ello, lo es a pesar de que en nuestra Latinoamérica, el Poder Judicial y en especial el "juez constitucional" ha tenido que enfrentarse a toda clase de penurias y limi-

---

7   Hoyos, Arturo, *La interpretación constitucional*, Colombia, Temis, 1993, pp. 36 y ss.

8   Wolfe, Christopher, *La transformación de la interpretación constitucional,* trad. de María Gracia Rubio de Casas y Sonsoles Valcárcel, España, Civitas, 1991.

9   Tribe, Lawrence y Dorf, Michael, *On Reading the Constitution*, Harvard University Press, 1991, p. 72 y Mauro Cappelletti, "Who watches the watchmen", *The Judicial Process in Comparative Perspective*, Londres, Oxford University Press, 1989, citados todos en Hoyos, *op. cit.*, nota 7.

taciones económicas y a la presión de los militares en las últimas décadas, lo que le ha convertido como el más débil de los poderes del Estado, pero con todo y eso, la interpretación constitucional en manos de los jueces constitucionales, se ha desenvuelto en un cierto ambiente de independencia, y por ello debe reconocérsele ha sido muy creativa y dinámica, pero también hay que aceptar que en otros países latinoamericanos, aún de mayor tradición y cultura jurídica que Panamá y Ecuador, al juez constitucional aún no se le reconocen abiertos poderes en la interpretación constitucional (México).[10]

Los autores, admiten y profesan convicción de que en todo caso la interpretación constitucional tiene como límites la no alteración de la forma de gobierno, ni la estructura económica previstas en las Constituciones, ni tampoco desconocer la norma contenida en un texto más o menos claro, todo ello, dejando a salvo el poder que si tienen para interpretar la constitución, permitiendo actualizar dicho ordenamiento, sin que sean necesarias las reformas frecuentes a las mismas.

O mejor como concluye Hoyos[11] la interpretación constitucional, que es una función del potencial creativo del juez constitucional y como espero quede claro de los conceptos que analizamos en este nuestro trabajo, en una democracia liberal, debe tener como meta última el fortalecimiento de la libertad política y evitar el despotismo. Pero ello requiere, como acertadamente lo advierte Hoyos, no solo de las estructuras adecuadas sino también de jueces capaces, honestos y decididos a enfrentarse a los formidables obstáculos que encuentra la democracia en América Latina.

El problema delicado radica en verdad en los extremismos y en la imposición de teorías políticas que en determinados momentos puedan influenciar el pensamiento de esos jueces constitucionales llamados a desempeñar tan importantes roles en el mantenimiento y custodia de las constituciones y regímenes democráticos que ellas proclamen, posiciones estas de paso no novedosas, sino que ya para algunos autores han servido de justificación de posiciones novedosas y revolucionarias, como ocurre en el caso de nuestro reputado profesor y hasta hace poco magistrado de

---

10 Hoyos, *ibídem*, p. 37 y Quiroga Lavié, Humberto, *Derecho constitucional latinoamericano*, México, UNAM, 1991, pp. 263 y ss.

11 Hoyos, *ibídem*, p. 39.

la Sala Constitucional, doctor José M. Delgado Ocando,[12] para quien la legitimidad revolucionaria (que puede ser ética o sociológica) es la mejor justificación de los cambios en los movimientos revolucionarios, sea en los momentos preliminares de los cambios, sea dentro ya de los procesos de paz y orden dentro de la revolución triunfante. Una vez establecido el nuevo ordenamiento constitucional, se plantea el problema de la legalidad y legitimidad del derecho nacido de la revolución.

La legalidad, como él lo comenta, depende de la eficacia del nuevo orden. La producción originaria logra así una legalidad basada en el principio de la efectividad. Puede hablarse en estos casos según el profesor

Delgado O.[13] de "la fuerza justificadora del éxito" para aludir al hecho de que un nuevo ordenamiento jurídico constitucional, dispone de una posibilidad efectiva de vincular compulsivamente la conducta de los ciudadanos".

En ese mismo orden de ideas, vale la pena destacar lo que hasta hora nuestra Sala Constitucional ha entendido por función de interpretación de la Constitución y métodos aplicables para tales propósitos, ampliamente reproducidos y destacados en fallo de julio del 2001, cuya ponencia es del mismo Delgado Ocando, y contenidos dentro de los siguientes interesantes párrafos:

Inspirada en razones lógicas y teleológicas, así como en los novísimos postulados constitucionales que aspiran a una jurisdicción constitucional fuerte y extensible, así como en consideración al contenido del artículo 335 de la Constitución que establece: "El Tribunal Supremo de Justicia garantizará la supremacía y efectividad de las normas y principios constitucionales; será el máximo y último intérprete de esta Constitución y velará por su uniforme interpretación y aplicación. Las interpretaciones que establezca la Sala Constitucional sobre el contenido o alcance de las normas y principios constitucionales son vinculantes para las otras Salas del Tribunal Supremo de Justicia y demás tribunales de la República"; la sala ha admitido poder acceder a interpretar las disposiciones constitucionales y, además, ha procedido a efectuar una diferenciación entre la

---

12 Delgado O., José M., "Revolución y derecho", *Estudios sobre la Constitución, Libro homenaje a Rafael Caldera*, Venezuela, Universidad Central de Venezuela, Facultad de Ciencias Políticas y Sociales, 1979, t. IV.

13 *Ibídem*, p. 2597.

acción de interpretación a que se refiere el numeral 24 del artículo 42 de la Ley Orgánica de la Corte Suprema de Justicia, cuyo conocimiento, de conformidad con dicho precepto, corresponde a la Sala Político Administrativa de este Tribunal y la acción tendiente al razonamiento y comprensión de una norma constitucional, que también es distinta de la que previene el artículo 266, numeral 6 constitucional. En tal sentido, la sala ha establecido igualmente, en virtud de la ausencia de preceptos que de manera expresa regulen este instrumento procesal, el contenido, la naturaleza jurídica, los requisitos de admisibilidad, las razones de procedencia y el régimen procesal aplicable para tramitar este especialísimo medio (véanse las sentencias núms. 1077/2000, 1347/2000, 1387/2000 y 1415/2000, 226/2001 y 346/ 2001 de la misma citada sala, entre otras).

1. *Teoría y arte de la interpretación*

R. Dworkin[14] ha insistido recientemente en que el derecho no es el resultado de una deducción lógica sino una práctica social interpretativa que crea o "construye" instituciones (carácter *rechtsschöpfende* en el sentido de Gadamer).[15] En la práctica interpretativa conforme a normas, las reglas de reconocimiento permiten identificar, como dice Hart,[16] las reglas del sistema que regulan dicha práctica, pero no explica cómo razonan los jueces, porque la dimensión preformativa del derecho "construye" la decisión y no simplemente la infiere a partir de las reglas identificadas.

El esfuerzo por controlar la corrección de la adjudicación o decisión, desde el reconocimiento que identifica las reglas conforme a las cuales la decisión se produce, exige el cumplimiento de una doble justificación, a saber, la interna o coherencia con el sistema jurídico, y la externa o adecuación con la mejor teoría política que subyazca tras el sistema y con la moralidad institucional que le sirve de base axiológica. La justificación externa permite distinguir las reglas de los principios y determina la caducidad histórica del positivismo legal que había sido renuente a la con-

---

14 Dworkin, R., *Los derechos en serio*, trad. de Marta Guastavino, Barcelona, Ariel, 1999, p. 155.

15 Gadamer, *El problema de la conciencia histórica*, trad. de Agustín Domingo Moratalla, Madrid, Tecnos, 2000, p. 110.

16 Hart, H. L. A., *El concepto del derecho*, trad. de Genaro Carrió, Buenos aires, Abeledo-Perrot, 1963, p. 134.

sideración de los principios. Dworkin reconoce explícitamente la supra-legalidad de los principios y afirma el carácter sistemático del derecho en términos de nomodinámica (*Stufenbau*) y de contextualidad jurídico-política.

Decir esto significa que las fuentes primarias del derecho, esto es, la tradición de cultura y los principios jurídicos, no sólo son fuentes de integración (lagunas de la ley) sino de interpretación, pues las fuentes primarias, en cuanto a la atmósfera cultural que envuelve al sistema jurídico, son el hilo conductor que hace posible la decisión correcta.

Por eso, el problema de la verdad jurídica es *fronético* (de *frónesis*, sabiduría, conocimiento del valor) y no epistemático (de *espisteme*, ciencia), y la razonabilidad de lo resuelto en la sentencia requiere la doble justificación mencionada, más allá de una coherencia puramente formal y referida al *continuum* jurídico político que determina el trabajo del juez.

2. *La tópica y la nueva retórica*

La labor creadora del juez muestra que el problema interpretativo no parte de normas identificadas y disponibles para la decisión, sino más bien, al revés, parte del problema o caso planteado, y éste induce el funcionamiento del aparato normativo para encontrar la decisión razonable. Como se verá luego, la interpretación de las reglas supone la interpretación del problema y es el problema el que determina su propio tratamiento hermenéutico, limitando, así, la aplicabilidad de los criterios normativos en el trámite de la decisión judicial.

La nueva teoría de la interpretación es tópica o retórica en la medida en que la sentencia nace de la construcción que produce la agonística (contienda) procesal, y del manejo, tanto interno como externo, de los estándares con los que se pone a prueba la corrección del fallo. Dworkin y Ross manejan una teoría sistemática de la técnica formal, propician con Gadamer una nueva hermenéutica y abandonan definitivamente el positivismo legal que consideraba inalcanzable el par interpretación/integración.

3. *Teoría normativa de la interpretación y variantes ideológicas*

El carácter tópico o retórico de la nueva teoría de la interpretación permite constatar, sin dificultades, que el problema de los límites de los derechos fundamentales y del posible conflicto entre éstos (libertad contractual/protección al consumidor, libertad de expresión/protección al honor, *pacta sunt servanda/rebus sic stantibus,* libertad de expresión/derecho de réplica, *favor libertatis/favor Constitutione,* por ejemplo), *requiere la identificación del criterio con que deba resolverse el problema según el proyecto axiológico de la Constitución, aparte el reconocimiento de la diferencia entre la teoría normativa de la interpretación y sus variantes ideológicas.*[17]

Como la interpretación está condicionada material e ideológicamente, una teoría descriptiva de ella es algo muy distinto de las ideologías interpretativas. Para aproximarnos a un tratamiento lo más objetivamente posible del asunto, es necesario hacer una teoría normativa de la interpretación jurídica y de sus métodos. *Ello significa que una tal teoría normativa ofrece opciones hermenéuticas que la decisión política maneja para decidir.*[18]

Aunque haya una tipología consistente de esas opciones, la dimensión política (la opción por la mejor teoría política inmanente al sistema como dice Dworkin) del escogimiento es un compromiso pragmático y axiológico. Los intereses y los valores forjan la decisión dentro de su marco de posibilidades técnicas y es necesario hacer valer buenas razones para justificarla. En el juego hermenéutico, por supuesto, la ideología es importante, pese a que la oportunidad de poder juzgar y el juego de fuerzas que opera tras el conflicto, restringe el impacto del elemento ideológico. Por eso, hablar de interpretación estática (segura y predictiva) o dinámica (variable y progresiva) tendientes, respectivamente, a la seguridad y a la justicia, no forma parte de la teoría normativa de la interpretación sino de una teoría ideológica de la función judicial.

Con razón se ha dicho que el derecho es una teoría normativa puesta al servicio de una política (la política que subyace tras el proyecto axiológico de la Constitución), y que la interpretación debe comprometerse, si se quiere mantener la supremacía de ésta, cuando se ejerce la jurisdicción constitucional atribuida a los jueces, con la mejor teoría política que subyace tras el sistema que se interpreta o se integra y con la moralidad insti-

---

17 Wróblewski, J., *Constitución y teoría general de la interpretación jurídica,* Madrid, Civitas, 1985, pp. 57 y ss. El énfasis es nuestro.

18 El énfasis es nuestro.

tucional que le sirve de base axiológica (*interpretatio favor Constitutione*). En este orden de ideas, los estándares para dirimir el conflicto entre los principios y las normas deben ser compatibles con el proyecto político de la Constitución (Estado democrático y social de derecho y de justicia) y no deben afectar la vigencia de dicho proyecto con elecciones interpretativas ideológicas que privilegien los derechos individuales a ultranza o que acojan la primacía del orden jurídico internacional sobre el derecho nacional en detrimento de la soberanía del Estado. Aunque la teoría moderna del derecho ha quitado al Estado el carácter absoluto que el dogma de la soberanía le atribuía, para la ciencia jurídica actual la formulación de la relación entre el derecho internacional y el derecho nacional varía según el sistema de referencia adoptado, siendo que para ella, como dice Kelsen, los dos sistemas son igualmente admisibles, y no hay método jurídico que permita dar preferencia a uno en menoscabo del otro.[19] Y se observa que la validez del derecho internacional depende del reconocimiento explícito de la Constitución (artículo 23), desde el punto de vista sistemático, la opción por la primacía del derecho internacional es un tributo a la interpretación globalizante y hegemónica del racionalismo individualista. La nueva teoría se combate por la supremacía del orden social valorativo que sirve de fundamento a la Constitución de la República Bolivariana de Venezuela.[20]

4. *Constitución y teoría de la interpretación jurídica*

La interpretación constitucional hace girar el proceso hermenéutico alrededor de las normas y principios básicos que la Constitución de la República Bolivariana de Venezuela ha previsto. Ello significa que la protección de la Constitución y la jurisdicción constitucional que la garantiza exigen que la *interpretación de todo el ordenamiento jurídico haya de hacerse conforme a la Constitución* (véase *fassungskonfome Auslegung von Gesetze*). Pero esta conformidad requiere el cumplimiento de varias condiciones, unas formales, como la técnica fundamental (división del poder, reserva legal, no retroactividad de las leyes, generalidad y permanencia de las normas, soberanía del orden jurídico, etcétera);[21] y otras

---

19 Kelsen, Hans, *Reine Rechtslehre*, Wien, Deuticke, 1960, p. 343.

20 El énfasis es nuestro.

21 Ripert, Georges, *Les Forces créatrices du droit,* Paris, LGDJ, 1955, pp. 307 y ss.

axiológicas (Estado social de derecho y de justicia, pluralismo político y preeminencia de los derechos fundamentales, soberanía y autodeterminación nacional), pues el carácter dominante de la Constitución en el proceso interpretativo no puede servir de pretexto para vulnerar los principios axiológicos en que descansa el Estado constitucional venezolano. Interpretar el ordenamiento jurídico conforme a la Constitución significa, por tanto, salvaguardar a la Constitución misma de toda desviación de principios y de todo apartamento del proyecto político que ella encarna por voluntad del pueblo.[22]

Esto quiere decir, por tanto, que no puede ponerse un sistema de principios, supuestamente absoluto y suprahistórico, por encima de la Constitución, ni que la interpretación de ésta llegue a contrariar la teoría política propia que la sustenta. *Desde este punto de vista habrá que negar cualquier teoría que postule derechos o fines absolutos y, aunque no se excluyen las antinomias intraconstitucionales entre normas y entre éstas y los principios jurídicos* (véase fassungswidrige y fassungsnormen) *[normas constitucionales inconstitucionales] la interpretación o integración debe hacerse* Noe Naturrecht *(sin derecho natural), según la tradición de cultura viva cuyos sentido y alcance dependan de el análisis concreto e histórico de los valores compartidos por el pueblo venezolano.* Parte de la protección y garantía de la Constitución de la República Bolivariana de Venezuela radica, pues, en una perspectiva política *in fieri,* reacia a la vinculación ideológica con teorías que puedan limitar, so pretexto de valideces universales, la soberanía y la autodeterminación nacional, como lo exige el artículo 1° *eiusdem.*

5. *Clases de interpretación constitucional*

La Constitución de la República Bolivariana de Venezuela prevé dos clases de interpretación constitucional. La primera está vinculada con el control difuso de la constitucionalidad de las leyes y de todos los actos realizados en ejecución directa de la Constitución; y la segunda, con el control concentrado de dicha constitucionalidad.[23] Como se sabe, el artículo 334 de la Constitución de la República Bolivariana de Venezuela

---

22 El énfasis es nuestro.
23 El énfasis es nuestro.

impone a todos los jueces la obligación de asegurar la integridad de la Constitución; y el artículo 335 eiusdem prescribe la competencia del Tribunal Supremo de Justicia para garantizar la supremacía y efectividad de las normas y principios constitucionales, por lo que declara a esta Sala Constitucional su máximo y último intérprete, para velar por su uniforme interpretación y aplicación y para proferir sus interpretaciones sobre el contenido o alcance de dichos principios y normas, con carácter vinculante, respecto de las otras Salas del Tribunal Supremo de Justicia y demás tribunales de la República (jurisprudencia obligatoria). Como puede verse, la Constitución de la República Bolivariana de Venezuela no duplica en estos artículos la competencia interpretativa de la Constitución, sino que consagra dos clases de interpretación constitucional, a saber, la interpretación individualizada que se da en la sentencia como norma individualizada, y la interpretación general o abstracta prescrita por el artículo 335, que es una verdadera *jurisdatio*, en la medida en que declara, *erga omnes* y *pro futuro* (*ex nunc*), el contenido y alcance de los principios y normas constitucionales cuya interpretación constitucional se insta a través de la acción extraordinaria correspondiente. Esta jurisdatio es distinta de la función que controla concentradamente la constitucionalidad de las leyes, pues tal función nomofiláctica es, como lo ha dicho Kelsen, una verdadera legislación negativa que decreta la invalidez de las normas contrarias con la Constitución, aparte que la interpretación general o abstracta mencionada no versa sobre normas subconstitucionales sino sobre el sistema constitucional mismo. El recto sentido del artículo 335 de la Constitución de la República Bolivariana de Venezuela hace posible la acción extraordinaria de interpretación, ya que, de otro modo, dicho artículo sería redundante en lo dispuesto por el artículo 334 *eiusdem*, que sólo puede dar lugar a normas individualizadas, como son, incluso, las sentencias de la Sala Constitucional en materia de amparo. La diferencia entre ambos tipos de interpretación es patente y produce consecuencias jurídicas decisivas en el ejercicio de la jurisdicción constitucional por parte de esta Sala. Esas consecuencias se refieren al diverso efecto de la *jurisdictio* y la *jurisdatio* y ello porque la eficacia de la norma individualizada se limita al caso resuelto, mientras que la norma general producida por la interpretación abstracta vale *erga omnes* y constituye, como verdadera *jurisdatio*, una interpretación cuasi auténtica o para constituyente, que profiere el contenido constitucionalmente declarado por el texto fundamental.[24]

Por supuesto que la eficacia de la norma individualizada para el caso resuelto implica la interpretación vinculante de las normas constitucionales que ha sido establecida para resolver el problema, ya que, siendo la norma individualizada, *eo ipso,* decisión del caso concreto, el contenido y el alcance de su motivación normativa quedan ligados, tópicamente, al problema decidido, y su obligatoriedad sólo podría invocarse conforme a la técnica del precedente (*stare decisis*) [precedente vinculante, aceptar lo decidido]. Si esto es así, la interpretación de la jurisprudencia obligatoria y la determinación de la analogía esencial del caso objeto de consideración judicial son indispensables para que la jurisprudencia sea aplicable a un caso análogo. Como dice Carl Schmitt, "el caso precedente estaría entonces incluido en su decisión y sería el paradigma concreto de los casos subsiguientes, los cuales tienen su derecho concreto en sí mismos, no en una norma o en una decisión. Cuando se considera al nuevo caso como un caso igual al precedente, en su igualdad concreta queda incluido también el orden que aparecía en la decisión judicial previa".[25] Como se verá de inmediato la acción de interpretación constitucional del artículo 335 de la Constitución de la República Bolivariana de Venezuela está severamente restringida por la técnica fundamental y por la jurisprudencia de la Sala Constitucional, entre otras cosas, porque la jurisdicción constitucional, aún como *jurisdatio,* no puede afectar el principio de la división del poder ni autorizar la injerencia en la potestad de los demás poderes públicos y, mucho menos, vulnerar el principio de la reserva legal.

En razón de este criterio, la sala ha rechazado la acción extraordinaria de interpretación, cuando el contenido y alcance de las normas y principios constitucionales deben ser estatuidos por el poder legislativo nacional. Ello no significa, sin embargo, que la falta de regulación legal impida el recabamiento de la tutela de los derechos fundamentales, pues dicha tutela debe reconocer el derecho transgredido de conformidad con su contenido constitucionalmente declarado, a tenor de lo dispuesto en los artículos 19 y 22 de la Constitución de la República Bolivariana de Venezue-

---

24 El énfasis es nuestro.

25 Schmitt, Carl, *Sobre los tres modos de pensar la ciencia jurídica*, trad. de Monserrat Herrero, Madrid, Tecnos, 1996, p. 61.

la. La tutela constitucional declarada, basada en la interpretación de los principios y normas constitucionales que fundamentan el fallo, vale, entonces, para el problema resuelto, y la jurisprudencia obligatoria derivada de la motivación se contrae al carácter individualizado de la sentencia, independientemente de la vinculatoriedad que resulte de su eficacia como precedente para casos sustancialmente análogos. Por último, la obligatoriedad del precedente no se limita sólo a la exigencia tópica del problema, exigencia que, como ya se vio, no depende de una subsunción lógica, sino de la inducción decisoria que el problema suscita y de la potestad de la Sala Constitucional para ejercer su competencia jurisdiccional. Pues la sala, como instancia interpretativa máxima, no está vinculada por su propia interpretación, pese a que su práctica interpretativa esté sujeta a la justificación interna y a la externa ya indicadas, sin las cuales la seguridad jurídica y la misma justicia resurtiría en desmedro de los valores superiores de la carta magna. Se explica, así, como dice Dworkin,[26] que "la fuerza gravitacional de un precedente se puede explicar apelando, no a la procedencia de imponer leyes, sino a la equidad de tratar de manera semejante los casos semejantes".

Consideramos evidentemente útil la transcripción de las partes pertinentes del precedente fallo, en tanto con ella se ponen en evidencia la particular modalidad en que se conciben conferidos los poderes de interpretación de la Sala Constitucional en Venezuela, los cuales muy por el contrario de hacerlo con base en las doctrinas dominantes, se aparta, para darle un especial contenido político a la propugnada como modelo de la Constitución de la República Bolivariana de Venezuela (en adelante CN), alejada en su fin al mantenimiento y preservación del orden democrático y a la protección de los derechos humanos, y claramente torcida hacia el proyecto político y revolucionario que viene propalando como norte y guía de sus actuaciones el gobierno actual.

La gravedad de lo dicho y la nueva advertencia que desde esta honorable institución académica hacemos, no lo es con propósito político ni polémico alguno, sino objetivamente destacar desde el punto de vista absolutamente académico, cual es el camino por el cual se ha venido induciendo la marcha del país y de nuestra democracia, y todo ello, no precisamente basado en las teorías que como veremos seguidamente procuran,

---

26 Dworkin, *op. cit.*, nota 14, p. 441.

instan y declaran la conveniencia de hacerlo en pro de la defensa de las verdaderas democracias y en la protección de los derechos humanos, cuales son los verdaderos límites del ejercicio de esas potestades de los jueces constitucionales, ante las lagunas, contradicciones o supuestos donde debe interpretarse el texto constitucional.

II. LO QUE EN DOCTRINA SE ENTIENDE POR INTERPRETACIÓN CONSTITUCIONAL

A pesar de que la labor de interpretación constitucional es materialmente coetánea con la de creación y formulación misma de la norma constitucional, aun cuando se lo hiciere de manera no consciente o imperceptible, los estudios teóricos sobre la actividad, fueron posteriores pero escasos, especialmente en los países latinoamericanos, si bien en las últimas décadas se ha observado un creciente interés académico a favor de dicho tema, tal como lo predican entre otros Domingo García Belaúnde[27] y Jorge Ulises Carmona Tinoco.[28]

Acotemos por igual que hablar de interpretación constitucional significa algo más que simplemente trasladar métodos, principios y técnicas elaborados en el ámbito del derecho privado, penal o procesal y aplicarlos a la indeterminación que puede presentar el sentido, y al alcance de las normas constitucionales, de las que se encuentran expresamente proclamadas en las Constituciones.

De una vez diremos también con la más generalizada doctrina en la materia, que las opiniones están claramente divididas en cuanto a la verdadera existencia de ese sistema de interpretación.[29]

---

27 García Belaúnde, Domingo, "Interpretación constitucional como problema", *Homenaje a Carlos Restrepo Piedrahita, Simposio Internacional sobre Derechos del Estado*, t. II, Colombia, Universidad Externado de Colombia, 1993, pp. 651-653, citado por Carmona Tinoco, Jorge Ulises, "Algunos aspectos sobresalientes de la interpretación judicial constitucional", en Eduardo Ferrer Mac-Gregor (coord.), *Derecho procesal constitucional*, 3a. ed., México, Porrúa, 2002, t. III, pp. 2624 y ss. (nota 3).

28 Algunos aspectos sobresalientes de la interpretación judicial constitucional, en Carmona, *ibidem*, pp. 2624 y ss.

29 Aragón, Manuel, *La interpretación de la Constitución y el carácter objetivado del control jurisdiccional*, Madrid, Centro de Estudios Constitucionales, 1986, pp. 119-

Por una parte están quienes intentan aplicar pura y simplemente a esos casos, los principios de interpretación jurídica en general,[30] o aún quienes simplemente consideran que si bien no hay una teoría especifica para la interpretación constitucional, si hay técnicas especiales y concretas de interpretación de acuerdo con la naturaleza de cada norma jurídica[31] y que tienen ya amplia demostración de su existencia en obras de juristas, filósofos y otros especialistas, y usados tradicionalmente para desentrañar el sentido de los preceptos de derecho privado; con la afirmación de que desde este ángulo, no tendría razón de ser el estudio especifico de la interpretación de los preceptos constitucionales.

Dentro de los primeros nombrados, según lo destaca el profesor Fix-Zamudio[32] vale la pena mencionar al propio Jerzy Wroblewsky,[33] quien afirma: "...La teoría general de la interpretación legal cubre también la interpretación constitucional, aún cuando hay rasgos especiales de esta última conectados con las particularidades del papel de la Constitución en el sistema jurídico, con el de su aplicación y con el de su organización institucional".

De otro lado se encuentran quienes defienden la existencia de una rama de la interpretación jurídica, denominada interpretación o hermenéutica constitucional, que posee características y principios propios claramente definidos, derivados de la naturaleza de las normas constitucionales, los

---

131, citado por Carmona Tinoco, *op. cit.*, nota 27, p. 2624 (nota 4); y Canosa Usera, Raúl, *op. cit.*, nota 2, pp. 2601 y ss.

30 Tamayo y Salmorán, Rolando, "Algunas consideraciones sobre la interpretación jurídica (con especial referencia a la interpretación constitucional)", *La interpretación constitucional*, México, UNAM, 1975, pp. 149 y ss., relacionada por el mismo Carmona Tinoco, *op. cit.*, nota 27, p. 2625 (nota 5).

31 Como resultan las opiniones de Carmelo Carbone, referido también por Carmona Tinoco, *ibidem*, p. 2625 (nota 5), para quien no hay una teoría de la interpretación Constitucional, pero sí técnicas específicas de interpretación de acuerdo a las normas objeto de interpretación, en Carbone, Carmelo, *L'Interpretazione delle Norme Contituzionali*, Padova-Cedam, 1951, pp. 7-17.

32 Fix-Zamudio, Héctor, "Lineamientos esenciales de la interpretación Constitucional", en Eduardo Ferrer Mac-Gregor (coord.), *Derecho procesal constitucional*, 3a. ed. México, Porrúa, 2002, t. III, p. 2775.

33 Wróblewsky, Jerzy, *Constitución y teoría general de la interpretación jurídica*, trad. de A. Azurga, Madrid, Civitas, 1988, p. 18.

cuales le otorgan una marcada autonomía y gran trascendencia [34] posición esta que es la que resulta dominante y a juicio de Carmona Tinoco terminará por imponerse.

Para procurar esclarecer un poco más este aspecto de un método propio de interpretación, es preciso hacer algunos comentarios adicionales.

De una parte, entre otros caracteres especiales que se señalan a las normas constitucionales, lo está la supremacía de que están investidas por formar parte de la carta magna, cualidad que implica en palabras de Fix-Zamudio, "que todas las disposiciones que integran el ordenamiento jurídico y todos los actos que regulan deben conformarse a los postulados de la ley fundamental".[35]

Precisamente señala Carmona Tinoco,[36] que a la jerarquía normativa de las normas constitucionales se deben agregar los siguientes aspectos específicos:

1) Tales normas son creadas por el Constituyente originario o permanente, representan la cúspide normativa del ordenamiento y, por lo tanto, juegan un rol determinante de validez con relación al resto de las normas del ordenamiento y a los actos de las autoridades;

2) La generalidad y abstracción que por lo regular poseen admiten un mayor número de sentidos y su alcance es difícil de fijar *a priori* y,

3) Con relación a su contenido, precisan los derechos fundamentales de la persona y de los grupos sociales, los órganos principales del Estado y sus funciones básicas, y los procedimientos de creación y derogación normativa. Asimismo, en la actualidad se da cada vez con mayor frecuencia la incorporación de lo que en criterio de Felipe Tena Ramírez, se denominan "agregados constitucionales[37] los cuales si bien no se co-

---

34 Entre otros el maestro Fix-Zamudio, Héctor, "Breves reflexiones sobre la interpretación constitucional", *La jurisdicción constitucional*, Costa Rica, Juricentro, 1993, p. 135; así como: a) Linares Quintana, Segundo V., "La interpretación constitucional", *Jurisprudencia Argentina*, Buenos Aires, año XXII, núm. 418, 1960, b) Fierandrei, Franco, "L'Interpretazione delle Norme Constituzionali in Italia", *Scritti di Diritto Constituzionale*, vol. II, Torino, Giappichelli, 1965, pp. 156-159 y c) Carpizo, Jorge, "La interpretación constitucional en México", *Boletín Mexicano de Derecho Comparado*, núm. 1, 1971, citados estos tres por Carmona Tinoco, *op. cit.*, nota 27, p. 2625 (nota 6).

35 Fix-Zamudio, *ibidem*, pp. 18 y ss.

36 Carmona Tinoco, *op. cit.*, nota 27, p. 2626.

37 Tena Ramírez, Felipe, *Derecho constitucional mexicano*, 29a. ed., México, Porrúa, 1995, pp. 24 y 25.

rresponden con las categorías anteriores, su denotada importancia determinó que se les otorgara rango y naturaleza constitucional.[38]

Coincidiendo también con lo expuesto en el capítulo precedente, y al que alude Canosa Usera, es por igual punto neurálgico al abordar este tema, entender la especial naturaleza del objeto mismo de dichas normas, esto es el concepto mismo de Constitución, pues como ya dijimos, de él dependerán los alcances y principios que deben guiar la actividad interpretativa dirigida a la Ley Fundamental.[39]

Bajo estas consideraciones se hace indispensable establecer en cada caso, que aspecto de la Constitución tomamos en cuenta como punto de partida, para procurar hacer la interpretación de una de sus normas, y llamando la atención que la mayoría de las veces se lo hace referido al aspecto "formal" con lo cual refiérese a la norma constitucional como formando parte de un "documento expedido por un poder constituyente (sea el primario o el llamado permanente).

En tal sentido, la Constitución, como "documento", según lo anota Carmona Tinoco,[40] siendo un vehículo de expresión de normas jurídicas, admite la interpretación de las normas incorporadas en ella por el órgano constituyente, es ese pues el objeto de la interpretación constitucional.[41]

---

38   Parece ser este el criterio acogido en la interpretación que hace la Sala Constitucional de nuestro Tribunal Supremo de Justicia, cuando al analizar el concepto y objetivos de la jurisdicción constitucional en su fallo núm. 33 del 25 de enero de 2001, expediente 00-1712, caso: *Baker Hughes*, dispuso: Se alude de este modo a la técnica derivada del principio de supremacía de la Constitución, en función de la cual se atribuye a ciertos órganos especializados la tarea de velar por el respeto a la ética pública que, como un conjunto de objetivos de fines axiológicos, debe reconocer preservar el poder político a través del derecho. Dichos órganos tienen, desde una óptica jurídica, la última palabra sobre el contenido y alcance de los principios y normas contenidos en la Constitución. Govea, Luis Guillermo y Bernardoni de Govea, María, *Las respuestas del Supremo a la Constitución Venezolana de 1999*, 2002, Venezuela, La semana jurídica, pp. 271 y ss.

39   En torno a la multiplicidad de conceptos de Constitución, pueden consultarse entre otras obras el ensayo de Carpizo, Jorge, "Constitución y revolución", *Estudios Constitucionales*, 2a. ed., México, UNAM, 1983, pp. 43-53, así como Tamayo y Salmorán, *op. cit.*, nota 30, pp. 21-83.

40   Carmona Tinoco, *op. cit.*, nota 27, p. 2627.

41   Destaca el mismo autor, que para algunos no debe dejar de tomarse en consideración la "costumbre constitucional", con la advertencia de que esta más bien sirve como instrumento para guiar y auxiliar al intérprete en su labor, citando para abundar so-

En torno al especial valor normativo de las disposiciones contenidas en la CN, nuestra Sala Electoral ha tenido oportunidad de pronunciarse expresamente en el sentido de reconocer definitivo carácter normativo a sus disposiciones, cual es el caso de su fallo número 51, de fecha 19 de mayo de 2000, Caso Asociación de Profesores UCV, expediente número 0038, donde en su parte pertinente claramente asienta:

> Expuesto como ha sido el efecto directo de la Constitución y tomando en consideración el dispositivo contenido en el artículo 7 de la CN (1999), según el cual 'La Constitución es la norma suprema y el fundamento del ordenamiento jurídico. Todas las personas y los órganos del poder público están sujetos a esta Constitución' se observa que el Consejo Nacional Electoral, erigido por defecto de este mismo texto normativo como el órgano rector del nuevo poder electoral, está obligado a ejercer las atribuciones constitucionalmente conferidas, aún en ausencia de textos legislativos que lo desarrollen.[42]

Dentro de este orden de ideas, por igual desde Chile, Ramón Real, destaca que solo se puede hablar de una verdadera interpretación constitucional si se cumplen los siguientes supuestos: 1) la existencia de una Constitución rígida, 2) que la Constitución se cumpla; 3) que el intérprete goce de libertad para manifestar sus opiniones; 4) que exista un Poder Legislativo democráticamente electo, y 5) que los jueces sean independientes.[43]

En México, tal como lo resalta Carmona, esta problemática ha trascendido del mero aspecto académico, y ha sido tratada en el ámbito judicial, citando expresamente un pronunciamiento de 1989 del Tercer Tribunal Colegiado en materia Administrativa del Primer Circuito, con ponencia del magistrado Genaro David Góngora Pimentel (Amparo en revisión, Perfiles Termoplásticos S. A.), en el que no solo claramente se destacan las diferencias en torno las normas constitucionales y las ordinarias, y la especial importancia que debe darse a la interpretación específica de las primeras, observando el autor que en dicho criterio judicial, no solo se

---

bre el tema la obra de Orozco Henríquez, J. Jesús, *El derecho constitucional consuetudinario*, México, UNAM, 1983.

42   Govea, Luis Guillermo y Bernardoni de Govea, María, *Las respuestas del Supremo...*, *cit.*, nota 38, pp. 52 y ss.

43   Real, Ramón, "Los métodos de interpretación constitucional", *Revista de Derecho Público*, Chile, núms. 25 y 26, enero-diciembre de 1979, p. 59.

justifica la existencia y especificidad de la interpretación constitucional, sino que, además plantea algunos puntos igual de relevantes, aunque sujetos a debate por la doctrina, como son el carácter "creativo" de la interpretación constitucional, su función de actualización de las normas constitucionales en orden a su aplicación, el rechazo a la utilización de criterios positivo-formalistas en la aplicación/interpretación de las Constitución, la relevancia del criterio teleológico en la determinación de la norma constitucional aplicables y la realización de los valores supremos de la justicia, como la pauta principal de actuación del intérprete constitucional.[44]

Para el maestro Fix-Zamudio[45] el criterio simplista de la interpretación jurídica se ha abandonado en la actualidad paulatinamente, en particular por lo que se refiere al juzgador, ya que se ha impuesto la orientación que detrás del aparente simple raciocinio de las decisiones judiciales se encuentra un amplio factor estimativo o axiológico que de ninguna manera puede desconocerse. Por lo que la interrogante que se nos presenta en la actualidad es la relativa a los límites de la función racional de la función jurisdiccional y sus relaciones con la estimativa jurídica, o sea, hasta donde el juez debe limitarse a desentrañar lógicamente el sentido de la norma y conformarla a las exigencias de la realidad, en un plano estrictamente objetivo, o si es permitido y con que restricciones, introducirán en sus resoluciones los sentimientos y los juicios de valor imperantes en la época y en el ordenamiento al cual pertenece al momento de su aplicación.

Destaca el citado maestro al respecto: "…No existe duda, por una parte debe ser reflexiva y sujeta a las reglas de la lógica pero, particularmente en la función judicial, también debe estar orientada por el sentimiento y el valor de la justicia. El juez dejó hace tiempo de ser un autómata, pero tampoco es un matemático o un lógico abstracto, es ante todo un ser humano y como tal, no es posible separar en su espíritu la razón del sentimiento. Sentimiento y lógica son dos factores inseparables en la función que cumple el juez, que fueron destacados por el ilustre Piero Calamandrei.[46] O dicho de otra manera, concluye Fix-Zamudio, citando a Carlos

---

44 Carmona, Jorge, *op. cit.*, nota 27, p. 2628.

45 Fix-Zamudio, Héctor, "Lineamientos esenciales...", *op. cit.*, nota 32, p. 2768.

46 Calamandrei, Piero, "Del sentimiento y de la lógica de las sentencias", *Elogio a los jueces*, trad. de S. Sentís Melendo, Buenos Aires, EJEA, 1956, pp. 175-194.

Cossio: "...el juez debe interpretar la ley de acuerdo con su ciencia y conciencia".[47]

Eso sí, destaca el maestro mexicano: "...sentimiento y conciencia del juez no equivale a sentimentalismo o arbitrariedad, pues lo que se quiere expresar con los primeros vocablos, es que la actividad judicial no es únicamente lógica o racional, sino también axiológica y estimativa, para terminar ratificando lo que destaca al respecto la doctrina italiana: «en toda interpretación judicial existen dos momentos inseparables: el lógico y el teleológico»".[48]

III. BREVES OBSERVACIONES SOBRE LOS TIPOS DE INTERPRETACIÓN CONSTITUCIONAL SEGÚN LA DOCTRINA PREDOMINANTE

Siguiendo a Fix-Zamudio[49] en esta relevante materia, y sin pretender entrar en todas las arduas discusiones a que nos hemos referido tangencialmente *supra*, sobre los diversos aspectos de las normas constitucionales, ni la complicada tipología de las cartas fundamentales, lo que excedería de los fines de este breve estudio, pueden destacarse algunos aspectos singulares característicos en torno a los preceptos fundamentales y los diversos sujetos que pueden intervenir en los procesos de interpretación.

Aún a sabiendas de que quizás digamos aquí cosas más que asimiladas por los conocedores del derecho, con el maestro Fix-Zamudio advertimos que si bien es verdad que resulta muy complicado señalar con alguna precisión las características particulares de los preceptos fundamentales en relación con los restantes del ordenamiento jurídico, al menos podemos destacar algunas de las más notorias, sin referirnos a algunos otros enfoques de la doctrina contemporánea.

Diremos pues con el citado profesor, que: "Desde un punto de vista lógico normativo han sido determinantes la reflexiones del ilustre jurista vienés Hans Kelsen, de acuerdo con las cuales, mencionadas de manera simplificada, existe una jerarquía normativa conocida con el nombre de «pirámide jurídica», en la cual se configura un escalonamiento de todas

---

47   Cossio, Carlos, *El derecho en el derecho judicial*, 2a. ed., Buenos Aires, 1959, pp. 131 y ss.

48   Fix-Zamudio, Héctor, *op. cit.*, nota 32, p. 2769.

49   Wróblewski, Jerzy, *op. cit.*, nota 33, p. 18.

las disposiciones jurídicas, a partir de las individuales, que se encuentra en la base y de ahí, se asciende en graduación hasta llegar a la cima, la cual desde un punto de vista puramente lógico, esta coronada por una norma hipotética fundamental, que sirve de apoyo y fundamento de validez a todo el edificio y por ello desde el ángulo normativo, los preceptos constitucionales tienen carácter fundamental respecto de todo el ordenamiento jurídico. Por lo que respecta al contenido de las normas constitucionales su determinación no es sencilla, pues las cartas contemporáneas, además de los preceptos que se refieren a los derechos fundamentales (que tradicionalmente integran la llamada parte dogmática, la que comprendería actualmente también principios y valores superiores) y aquellas que regulan la organización y funcionamiento de los diversos órganos del poder (llamada parte orgánica o estructural), también comprenden en la actualidad disposiciones diversas a las anteriores e inclusive llegan en ocasiones a tener un carácter reglamentario, pero que en un momento determinado se han considerado de tal importancia para la comunidad política, que se les ha dotado de la máxima categoría para conferirles de prestigio y de estabilidad, y en ocasiones rebasan numéricamente y por extensión a las primeras. Las primeras pueden calificarse como normas materialmente constitucionales, en cambio las segundas tiene carácter de «formalmente fundamentales», pero ambas categorías poseen la misma jerarquía y validez".[50]

Continúa el maestro mexicano, advirtiendo:

> ...Si bien, como hemos señalado, no todas las normas jurídicas de carácter constitucional tienen las mismas características materiales, pero si la misma jerarquía formal, resulta muy complicada su interpretación, puesto que en todo caso, dichas normas son el fundamento de validez de todo el ordenamiento jurídico de tal manera que ningún precepto jurídico debe ser contrario a las disposiciones constitucionales, ni tampoco la aplicación de las primeras debe oponerse a las regulaciones de carácter constitucional, pero además, como ya hemos señalado, las cartas supremas de nuestra época no sólo contienen disposiciones normativas, algunas de carácter muy genérico, sino también, principios y valores constitucionales, que son elementos indispensables para su interpretación.
>
> Pero aún las normas constitucionales en sentido material (antes aludidas) pertenecen a diversas categorías, las cuales deben tomarse en cuenta para

---

50   Fix-Zamudio, *op. cit.*, nota 32, p. 2775.

efectos de su aplicación e interpretación. Hacemos referencia a título ilustrativo, a la división que realiza el notable constitucionalista brasileño José Afonso da Silva, quien las clasifica como normas de eficacia plena, contenida y limitada. Las primeras son aquellas que a partir de su entrada en vigor producen o tienen la posibilidad de producir sus efectos sin necesidad de ningún acto legislativo posterior, y son de aplicación directa, inmediata e integral, ya que están dotadas de todos los medios y elementos necesarios para su ejecutoriedad.

Las segundas, es decir las de eficacia contenida o atenuada, son aquellas que están suficientemente reguladas por el constituyente, pero este restringió su alcance en virtud de situaciones que la ley establece, los conceptos generales en ella enunciados, o la incidencia de otras normas constitucionales, y por ello son de aplicación directa e inmediata, pero no integral. Finalmente, las normas constitucionales de eficacia limitada son las que requieren de posteriores actos legislativos para que puedan surtir los efectos trazados por el Poder Constituyente, por lo que son de aplicación indirecta, mediata y reducida, ya que únicamente inciden en los intereses que pretenden regular a propósito de una normatividad posterior que les otorgue eficacia. Dicho autor divide estos preceptos fundamentales en normas de principio institutivo; que también recibe el nombre de principio orgánico u organizativo, y las normas de principio programático, que son cada vez más abundantes en las Constituciones contemporáneas.[51]

Basta la simple descripción anterior para percatarnos de la complejidad y de las dificultades de la interpretación constitucional, que aún desde el punto de vista puramente técnico implica modalidades peculiares que la apartan de la interpretación jurídica en general, con la que comparte los lineamientos básicos, pero resulta considerablemente más intrincada.

Sigue su análisis el profesor Fix-Zamudio, aludiendo a ideas sobre esta misma materia, expuestas por el maestro Mauro Cappelletti, quien resalta que "la interpretación constitucional se encuentra vinculada más frecuente y acentuadamente que ningún otro tipo de interpretación jurídica, solamente a un fin y por lo común a un fin que tiende a asumir el carácter

---

51   Silva, José Afonso da, *"Aplicabilidade das normas constitucionais"*, 2a. ed., São Paulo, *Revista Dos Tribunais*, 1982, pp. 76-147, con la advertencia de que esta clasificación es analizada en relación al derecho mexicano, por Carmona Tinoco, *La interpretación judicial constitucional*, México, UNAM-Comisión Nacional de Derechos Humanos, 1956, pp. 62-72 a la cual remitimos. Para profundizar más respecto a las normas programáticas, Lyrio Pimentga, Paulo Roberto, *Eficácia e aplicabilidad das normas constitucionais programáticas*, São Paulo, Max Limonad, 1999, pp. 133-231 (nota de Fix-Zamudio, *op. cit.*, nota 32, p. 2777, nota 61).

de valor supremo del ordenamiento, lo que revela, por consiguiente, una tendencia más vigorosa hacia una interpretación «*ad finem*» y puede considerarse, por tanto, como una actividad tendencialmente (y de manera acentuada) de naturaleza discrecional".

Agrega dicho autor, que el juez constitucional, encontrándose en la condición de deber "actuar" una norma que más ninguna otra, es vaga e incompleta y "de valor", debe remontarse siempre y de manera más acentuada al "espíritu" del sistema a sus *rationes suprema*.[52]

Para concluir, resulta indispensable continuar citando las claras ideas de Fix-Zamudio en torno a la vinculación entre interpretación constitucional y axiología, quien afirma:

...Lo cierto es que más que ningún otro sector del ordenamiento jurídico, la interpretación constitucional se encuentra vinculada con la axiología, ya que los intérpretes constitucionales, tal como se afirma en doctrina indiscutida pueden ser varios, pero con mayor razón los jueces y tribunales, en particular los especializados, deben realizar una actividad muy compleja en la cual se aplican no únicamente los principios de la lógica jurídica, tanto formal como material (la lógica de lo razonable), que se mencionó anteriormente, sino también los principios básicos de la argumentación, que se conoce actualmente como "nueva retórica", puesto que los intérpretes Constitucionales están obligados a justificar los resultados de su interpretación, que además se encuentra relacionada con la toma de decisiones, como intérpretes finales de la normatividad fundamental.

La generalidad de las normas constitucionales, continúa destacando Fix-Zamudio,

...Es de diversa intensidad, pero puede llegar a ser muy amplia en aquellos preceptos fundamentales que consagran principios y valores, que por su misma naturaleza son indeterminados, es decir, constituyen un marco básico sin contenido preciso, que el intérprete debe construir pero siempre sobre esos lineamientos que pueden ser de carácter abstracto. Para no dar sino algunos ejemplos; las Constituciones contemporáneas contienen valores y principios relativos al régimen democrático, la justicia social, la dignidad de

---

52 Cappelletti, Mauro, "La actividad y los poderes del juez constitucional, en relación con su fin genérico (naturaleza tendencialmente discrecional de la providencia de actuación de la norma constitucional)", trad. de Santiago Sentís Melendo y Tomás Banzhaf, *Proceso, ideologías, sociedad*, Buenos Aires, EJEA, pp. 342-366, también reproducido en el libro del mismo autor *La justicia constitucional* (*estudio de derecho comparado*), México, UNAM, 1987, pp. 177-183.

la persona humana, la igualdad ante la Ley y la prohibición de la discriminación, entre muchos otros. En ese sentido podríamos paragonar la idea que expreso el iusfilósofo alemán Rudolf Stammler sobre el derecho natural,[53] para caracterizar este tipo de preceptos constitucionales, por su alto grado de generalidad y abstracción, como "normas fundamentales de contenido variable", ya que ese contenido deberá ser construido lógica, racional y axiológicamente por los intérpretes, de acuerdo con la realidad social de la época en que dichas disposiciones deben aplicarse.[54]

IV. ALGUNAS ANOTACIONES EN TORNO A LOS MÉTODOS DE INTERPRETACIÓN CONSTITUCIONAL Y LOS PRINCIPIOS DE LA INTERPRETACIÓN CONSTITUCIONAL

1. Las diversas teorías

Como lo anota en forma clara César Landa[55] la aparición de la necesidad de las interpretaciones de la Constitución, no acompañaron los procesos constitucionales mundiales, no era una necesidad jurídica interpretar la Constitución, dado el carácter y la comprensión fundamentalmente política de la norma suprema; por ello, diría Jefferson, "la Constitución no es más que el sentido común de la sociedad expresado en fórmulas jurídicas".[56] Por el contrario, la ley se entendía como prolongación de la racionalidad de la vida social, donde el legislador -según Rousseau- no debía ser concebido como el mecánico que inventa la máquina, sino como el naturalista que -sin hacer las leyes- las descubriese y se limitase a formularlas. Entonces, por ser prolongación del sentido común y de la racionalidad interna de la sociedad, y por poseer además un carácter puramente formal, la legalidad constitucional deberá verse presidida por los principios *de claridad y transparencia.*

---

53 Stammler, Rudolf, *El juez*, trad. de Emilio F. Camus, México, Editora Nacional, 1964, pp. 65-70 (citado por Fix-Zamudio, *op. cit.*, nota 32, p. 2779, nota 63).

54 Fix-Zamudio, *idem.*

55 Landa, César, *Tribunal Constitucional y Estado democrático*, Lima, Fondo Editorial de la Pontificia Universidad Católica del Perú, 1999, pp. 339-354 y reproducido en el acápite correspondiente, lo relacionado a "Teorías de la interpretación constitucional", *Derecho procesal constitucional, cit.*, nota 2, pp. 2801 y ss.

56 Jefferson, Thomas, *Cartas y escritos escogidos, pensamiento político jurídico*, Buenos Aires, Ediciones Tres Tiempos, 1988, pp. 476 y 549.

Como consecuencia de ello cabe observar que en las primeras horas del constitucionalismo moderno, la interpretación constitucional se convierte en un tema superfluo, dado el rol indiscutible de la ley y la pretensión de claridad y transparencia de la legalidad. De ahí que, como decía Montesquieu, "los jueces de una nación no son, sino la boca que pronuncia las palabras de la ley".

Sin embargo, vale la pena señalar que no ocurría en cambio lo mismo en Estados Unidos, donde siguiendo la tradición Anglosajona, los jueces tempranamente se convirtieron en los intérpretes autorizados de la Constitución y de la ley.[57]

Pero la interpretación se convierte en un tema de interés constitucional, solo cuando la propia norma política suprema se transforma en una norma jurídica exigible, de cumplimiento directo por los ciudadanos; ello sucede a partir de dos procesos sucesivos:

Primero, cuando la propia Constitución se legitima como norma jurídica suprema con carácter vinculante para los ciudadanos y los poderes públicos. En efecto, a través de múltiples transformaciones que ha sufrido, la noción de Constitución ha conservado un núcleo permanente: la idea de un principio supremo que determina por entero el orden estatal y la esencia de la comunidad constituida por ese orden; pero, que ahora se asume como no manifestación del principio jurídico de supremacía constitucional.

En ese sentido, también, "el Estado constitucional de derecho, eleva la Constitución desde el plano programático al mundo de las normas jurídicas vinculatorias y, por consiguiente, no solo acoge el principio de la primacía de ley *in suo ordine*, sino que lo complementa con el principio de la Constitución sobre la ley y, por tanto, sobre el ordenamiento jurídico, con la consiguiente anulación en la medida que en su conjunto o en algunos de sus preceptos, no se adecue a la norma constitucional"[58] como no manifestación del principio jurídico de supremacía constitucional.

---

57 En tal sentido, Dworkin, Ronald, *Law's Empire, The Moral Reading of the American Constitution*, Cambridge, Harvard University Press, 1966, pp. 15, 49 y ss., y con igual criterio Hart Ely, John, *Democracy and Distrust. A Theory of Judicial Review*, Harvard University Press, 1981, pp. 43 y ss.

58 García Pelayo, Manuel, "Estado legal y Estado constitucional de derecho", en Belaunde, J. de (comp.), *El Tribunal de Garantías Constitucionales en debate*, Lima, Consejo Latinoamericano de Derecho y Desarrollo, 1988, pp. 38 y ss., en especial

Segundo, cuando los derechos públicos subjetivos del Estado liberal se transforman a partir de la segunda post guerra, en derechos fundamentales, se incorporan valores, principios constitucionales y derechos socio económicos, en el marco del Estado social de derecho; se obligó sobre todo a los jueces y tribunales, así como a la dogmática constitucional, a proveer de técnicas y métodos de interpretación para dar respuestas a las lagunas y demandas de aplicación directa de la Constitución, ya no solo dentro de lo jurídicamente debido,[59] sino también dentro de lo constitucionalmente posible.

Veamos ahora, a juicio del mismo Landa, lo que constituyen algunas de las teorías de la interpretación Constitucional.

Sobre la base de ese orden supremo constitucional y de los problemas de la eficacia vinculatoria de los derechos fundamentales, se puede decir que la interpretación constitucional se convierte en un problema jurídico de derecho constitucional contemporáneo; lo cual se afirma con la judicialización de la Constitución, a través del rol de los tribunales constitucionales, en tanto se convierten en los supremos intérpretes de la Constitución.

Ese proceso ha puesto en movimiento a las corrientes iusfilosóficas y de la teoría del Derecho, así como la jurisprudencia de los Tribunales Constitucionales y a la dogmática constitucional. Sobre estas bases -siguiendo matizadamente a Böckenförde- se presentan sucintamente algunas teorías de interpretación constitucional.[60]

A. *Interpretación hermenéutica*

Señala Landa: "...esta teoría parte de concebir a la Constitución como una norma jurídica mas, la misma que debe ser interpretada conforme a los métodos de interpretación de la ley. Así como la Constitución está

---

30 y 31; p. 2803 (nota 11); y del mismo autor, *Derecho constitucional comparado*, Madrid, Alianza, 2000, pp. 100 y ss.

59 Pérez Luño, Antonio, *Derechos humanos, Estado de derecho y Constitución*, Madrid, Tecnos, 1991, pp. 251 y ss; Alonso García, Enrique, *La interpretación de la Constitución*, Madrid, CEC, 1984, pp. 277 y ss., y 539 y ss. (nota 12) p. 2804.

60 Wolfang Böckenförde, Ernst, *Escritos sobre derechos fundamentales*, Baden-Baden, Nomos Verlagsgesellschaft, 1993, pp. 13-43 citado por Landa, *op. cit.*, nota 55, p. 2805 (nota 17).

subordinada a las reglas de interpretación válidas para las leyes. Con esto la Constitución se hace presente en su sentido y es controlable en su ejecución. Su estabilidad se obtiene de los límites que prevé las dificultades de su modificación, se ha trazado la interpretación de la ley, a través de su objeto".

En ese sentido, las reglas de interpretación de la ley, son válidas para la interpretación de la Constitución; es decir que las interpretaciones semánticas, históricas, lógicas y gramaticales, postuladas por Sauvigny son aplicables a la Constitución.

Equiparar la ley a la Constitución, supone también transferir los atributos de la norma legal a la ley suprema; en tal entendido, la Ley, como norma jurídica, se caracteriza por una determinada estructura lógica-formal en la cual se produce el enlace entre el supuesto de hecho y la consecuencia jurídica con carácter obligatorio y coercitivo.[61]

A partir de lo señalado, resulta bastante ingenuo hacer una identidad de la ley con la Constitución en la medida que "la Constitución es partiendo de esta estructura, un ordenamiento -marco-, esto es, fija estandarizadamente sólo condiciones marco y reglas procedimentales para el proceso de acción y decisión política y adopta decisiones (de principios) fundamentales para la relación individuo, sociedad y Estado, pero no contiene ninguna regla singular susceptible de ejecución en un sentido judicial o administrativo".

Ante esta deficiencia, la propia doctrina ha intentado replantear algunas bases de la teoría de la interpretación hermenéutica a partir de la praxis,[62] pero como la hermenéutica está fundada en un concepto de conocimiento normativo; resulta insuficiente como método de interpretación constitucional; por cuanto, si bien la Constitución es una norma jurídica suprema, por ello no deja de ser también una norma política suprema.

Con diversas ideas novedosas se procura readaptar la teoría, pero, no obstante estos esfuerzos de la dogmática, la modernización de la hermenéutica jurídica termina por caer en su propia crítica; es decir no aporta un modelo sustantivo de Constitución, sino apenas una idea normativa del mismo, aunque más compleja para la interpretación hermenéutica, de ahí

---

61   Hart, H. L. A., *The Concept of Law*, Oxford, Clarendon Press, 1961, pp. 18 y ss.

62   Gadamer, Hans-Georg, *Wahrheit und methode,* bd., 1, von Mohr Siebeck, 1990, pp. 250 y ss., 284 y ss., citado en Landa, *op. cit.*, nota 55, p. 2806 (nota 23).

que, no establezca la base teórica sustantiva para la solución del problema que plantea.

B. *Interpretación tópica*

Dada la complejidad normativa jurídico-política de la Constitución y la insuficiencia de la lógica formal y sus métodos tradicionales o renovados de la interpretación de la ley; se ha planteado un método abierto de razonamiento concreto. El mismo que está orientado a interpretar un problema especifico a resolver y a los lugares comunes o *"topoi"* que convergen en el proceso de interpretación jurídica.[63]

Para esta corriente, "el punto más importante en la consideración de la tópica es la constatación que se trata de aquel método de pensamiento que se dirige hacia el problema". En este sentido la interpretación tópica no parte de concebir un canon de reglas de interpretación previamente establecidas, dado su carácter parcial y deducibles discrecionalmente; sino que, utiliza el contenido normativo y el sistema dogmático constitucional, en tanto puntos de vista que le acerque o permita la solución del caso a interpretar.

La apertura de material normativo constitucional a utilizar en la interpretación del problema, posibilita un continuo perfeccionamiento del derecho en una suerte de ensayo y error -*trail and error*-[64] dada la estructura de la norma constitucional más abierta y menos detallada que en otros ordenamientos jurídicos. En tal sentido, las disposiciones constitucionales, debido a su carácter complejo y heterogéneo, son concebidas como puntos de vista para la interpretación, antes que como normas de aplicación literal obligatoria. Con lo cual, el intérprete se convierte en un sujeto de decisión acerca del problema a resolver, para lo cual no usa el marco constitucional *a priori*, sino sólo con un horizonte que ilumina la solución del caso a interpretar.

---

63 Horst, Ehmke, *Prinzipien der Verfassungsinterpretation*, en VVDStRL, Berlín, Walter de Gruyter, 1963, citado por Landa, *op. cit.*, nota 55, p. 2809 (nota 35).

64 Popper, Karl, "La responsabilidad de vivir", *Escritos sobre política, historia y conocimiento*, Buenos Aires, Paidós, 1995, pp. 109-1223, p. 2809 (nota 37).

C. *Interpretación institucional*

Esta interpretación parte de concebir a la Constitución como un material normativo a trabajar, en un sentido concreto, sin desconocer por ello el material sociológico de la realidad social específica. Bajo la denominación de la interpretación institucional ubicamos a la corriente interpretativa, que se caracteriza por que busca recuperar el carácter vinculante de la norma constitucional con la realidad constitucional, a partir de postular un método de interpretación racional y controlable; propósito que solo es posible partiendo de buscar la concretización de la norma constitucional con base en y con la realidad constitucional.[65] Así, "la interpretación constitucional es concretización". Precisamente lo que no aparece de forma clara, como contenido de la Constitución es lo que debe ser determinado mediante la incorporación de la realidad de cuya ordenación se trata. En ese sentido la interpretación constitucional tiene carácter creativo: el contenido de la norma interpretada solo queda completo con su interpretación; ahora bien, solo en ese sentido posee carácter creativo: la actividad interpretativa queda vinculada a la norma.[66]

Conforme los seguidores de esta teoría, la actividad de interpretación viene ceñida a principios especiales que cumplen con la misión orientadora y canalizadora del proceso de interpretación para la solución de un problema, como marco teórico y analítico de la Constitución, así siguiendo a Hesse tenemos los siguientes principios:

- Principio de unidad de la Constitución, plantea la relación y la interdependencia de los distintos elementos normativos con el conjunto de las decisiones fundamentales de la Constitución. Así, se deben identificar los principios fundamentales de la parte dogmática, orgánica y económica de la Constitución.

- Principio de concordancia práctica, que postula la coordinación de los distintos bienes jurídicos constitucionales conservando su contenido esencial, a través de la ponderación proporcional de valores o bienes, donde no cabe sacrificar a uno por otro. De este modo, se debe respetar el núcleo duro del de cada bien constitucional en conflicto, afectándose mutuamente solo en su modo, forma, espacio o tiempo de ejercicio, siempre que exista razonabilidad y proporcionalidad de la recíproca limitación.

---

65 Hesse, Konrad, *Escritos de derecho constitucional*..., citado por Landa, César, *op. cit.*, nota 55, p. 2803 (nota 52).

66 *Ibídem*, p. 2802 (nota 43).

- Principio de corrección funcional. Busca que el intérprete respete las competencias de los poderes públicos y organismos estatales sin restringir las funciones constitucionales de alguna de ellas. Así, el legislador no puede regular en concreto para un caso específico, sino de una manera abstracta y general, porque de lo contrario, podría invadir la esfera de competencia de actuación concreta del Poder Ejecutivo o del Poder Judicial.

- Principio de eficacia integradora, valora el mantenimiento de la unidad política de a Constitución, lo que demanda preferir las soluciones jurídico políticas que promuevan la integración social y la unidad de la Constitución. Con ello se busca afirmar el carácter supremo y pluralista de la Constitución, en la medida que integra a los valores minoritarios con el mayoritario, gracias a entender que la Constitución expresa la diversidad de intereses sociales, dentro de la unidad política.

- Principio de la fuerza normativa de la Constitución, que otorga preferencia a los planteamientos que ayuden a obtener la máxima eficacia a las normas constitucionales, en función de las relaciones sociales y la voluntad de Constitución. En esa medida, no por existir disposiciones constitucionales de principio o programáticos, la Constitución se hace menos ejecutiva; sino que, en tanto toda la Constitución es un texto normativo, las "normas regla" como las "normas principios", deben ser cumplidas, acorde con el grado de patriotismo constitucional de los ciudadanos y gobernantes.

- Principio de interpretación conforme a la Constitución, según el cual una ley no debe ser declarada inconstitucionalmente nula, cuando por lo menos algunas de sus acepciones pueda ser interpretada en concordancia con la constitución. En la medida que las leyesen un Estado democrático gozan de una presunción de constitucionalidad.

Por eso, cuando una ley es cuestionada de supuesta inconstitucionalidad, esta demanda será desestimada, si es que al interpretarla razonablemente -en sus diversas alternativas- al menos una de sus interpretaciones sea conforme a la Constitución. Ahora bien, las técnicas de la interpretación constitucional como concretización presenta límites derivados de la política constitucional, en tanto queda sin resolver la posición y relación de los intérpretes, es decir, del Tribunal Constitucional como supremo intérprete constitucional, en relación con el Poder Legislativo y el Poder Judicial. Al respecto, si bien el legislador democrático goza de la presunción *iuris tantum* de la Constitucionalidad de sus actos legislativos; en tanto es una presunción relativa, no absoluta, no queda claro cuales son los límites del Tribunal Constitucional en su función de control constitucional, sobre la libre configuración política del contenido e la ley por parte de el legislador.

Asimismo, si bien las sentencias del Tribunal Constitucional gozan de eficacia normativa sobre las resoluciones de la justicia ordinaria en la medida que tienen atributos de fuerza de ley, cosa juzgada y fuerza vinculante, tampoco quedan esclarecidos los alcances de la justicia constitucional, como supremo tribunal competente para revisar los fallos por el fondo o la forma en los procesos civil, penal, mercantil, administrativo o militar.

En ese sentido la Constitución ya no solo delimita a los demás poderes públicos sino que recibe en sí misma las corrientes y el universo de valores del respectivo espíritu de la época, por ello se convierte en una norma flexible que permite todas las posibilidades.

Lo dicho no significa que la interpretación constitucional quede a la deriva de las mutaciones o indeterminaciones de los cambiantes valores sociales de las mayorías sociales transitorias; sino que, atendiendo a las demandas de la realidad, los valores democráticos podrían ser reforzados: pero, sin llegar a invertir el punto de legitimidad en la realidad existente por el de la norma constitucional y democrática.

D. *Interpretación alternativa*

Examinados los últimos conceptos precedentes, cabe analizar las repercusiones de la interpretación constitucional desde una teoría constitucional alternativa, fundada precisamente en la normalidad constitucional antes que en la normatividad constitucional. Esta corriente se caracteriza por fundarse en la realidad social, en la medida que la Constitución es concebida como expresión jurídica del proceso de integración estatal, que reside en el desarrollo dinámico de la sociedad.[67] Conforme a dicha tesis, la interpretación constitucional es un instrumento de análisis de la realidad constitucional, antes que de la normatividad constitucional, dicho en otras palabras, la norma jurídica constitucional a interpretar no es más que la expresión de la normalidad constitucional.[68]

---

67   Smend, Rudolf, *Verfassungs und Verfassungsrecht*, Berlín, Duncker & Humblot, 928, citado por Landa, César, *op. cit.*, nota 55, p. 2817 (nota 66).

68   Hermann Heller, *Staatslehre*, 1934 y Constantino Mortati, *La Constituzione in senso materiale*, Milán, Giuffré, 1998, pp. 53 y ss., citados por Landa, César, *op. cit.*, nota 55, p. 2818 (nota 68).

Sobre estas bases sociológicas, la doctrina italiana, seguida por un sector de la doctrina española[69] sienta las bases interpretativas de una opción política emancipadora del derecho y en contra de una interpretación que favorezca los intereses de la clase burguesa, por ello postulan una interpretación judicial orientada a la tutela de los intereses populares. Evidentemente esa corriente jurídica encuentra sus raíces en el pensamiento jurídico-marxista y realista, cuando el debate en torno al derecho y el cambio social se hicieron presentes en el orden académico y dogmático, no sólo de la región europea mediterránea; en la medida en que el derecho no es solamente norma jurídica, sino también un sistema de solución de conflictos de intereses entre las mayorías y las minorías sociales, según las corrientes realistas norteamericanas.

En cualquiera de sus formas, el uso alternativo del derecho tiene la virtud de haber reafirmado la dimensión práctica de la interpretación jurídica, que fue abandonado por el positivismo jurídico, desde una perspectiva popular. Sin embargo, sus críticos han señalado que en una sociedad libre y pluralista, donde las distintas opciones políticas puedan acceder al poder y plasmar legislativamente con valores, no cabe admitir una interpretación alternativa de la Constitución.[70]

En consecuencia, sólo en las sociedades cerradas y tradicionales, el uso alternativo del derecho resultaría ser una solución al formalista y elitista derecho positivo y sus métodos de interpretación. Sin embargo como señala Landa, reducir la interpretación constitucional al decisionismo de los intérpretes, convertiría a los jueces y no a la Constitución en una garantía de protección de los derechos fundamentales, lo cual es un albur que no otorga seguridad jurídica a todos los ciudadanos.

---

69 Pérez Luño, Antonio, *Derechos humanos, Estado de derecho y Constitución, cit.*, nota 59, p. 265 y Andrés Ibáñez, Perfecto, *Sobre el uso alternativo del derecho*, Valencia, F. Torres, 1978, aludidos por Landa, César, *op. cit.*, nota 55, p. 2818 (nota 69).

70 Pérez Luño, Antonio, *ibidem*, p. 268.

2. *Un expreso pronunciamiento en torno a la interpretación constitucional a criterio de la Sala Constitucional de nuestro Tribunal Supremo de Justicia*

En torno a la temática relacionada sobre que debe entenderse por "interpretación constitucional" y como deben interpretarse las normas de esa especie, a la luz de nuestro sistema y ordenamiento jurídico, ya hemos dejado citado el parecer de nuestra Sala Constitucional, pero estimamos pertinente añadir otro expreso pronunciamiento sobre tal tema, contenido en su en su sentencia del 23 de noviembre del 2001, número 23372, caso Inpreabogado, expediente 01-1185,[71] en la cual sostiene con fundamento a los artículos 335 y 336 de la CN:

> Como derivación del hecho de que la Constitución se encuentra en la cúspide del sistema normativo, siendo ella misma la última referencia respecto a la conducta o manera de conducirse de todos los operadores jurídicos, entes y ciudadanos en general, así como de la necesidad de conjurar el denominado "*horror vacui*", para así mantener la mayor certeza acerca del derecho vigente y aplicable, se sostiene con rigor metodológico que, antes de declarar una norma como contraria a la Constitución, sea ensayada y de ser posible se ponga en práctica, una interpretación de dicha norma que la haga compatible con la carta magna. Esta técnica, conocida como de "*favor legitimáis*", tiene fundamento desde que se conoce la necesidad de hacer el menor número posible de modificaciones por vía judicial a la legislación, por lo que afecta a la seguridad jurídica y a la confianza legítima de los ciudadanos en la normalidad de la aplicación o cumplimiento del ordenamiento.[72]

Con tal pronunciamiento evidentemente nuestro Tribunal Constitucional se acoge a la doctrina contemporánea en materia de interpretación, y concretamente con la postura de la llamada teoría institucional y respetando el principio de preservación de la propia Constitución.

V. Conclusiones

Por razones del carácter de este trabajo, su inserción en una obra llamada a exponer breves y diversas ideas sobre temas vinculados al derecho

---

71   Extractada de la obra Las respuestas del Supremo sobre la Constitución, *cit.,* nota 38, p. 49.

72   Canosa, U. R., *Interpretación constitucional y fórmula política*, Madrid, Centro de Estudios Constitucionales, pp. 206 y 207.

constitucional y procesal constitucional, nos abstenemos de hacer otros comentarios y señalar otros problemas que derivan de la problemática de los límites de la potestad de interpretación constitucional, que obviamente pueden quedar para trabajos y consideraciones posteriores.

Consideramos que con lo plasmado precedentemente, modestamente ponemos a la luz, lo intrincado y definitivamente importante que resulta la materia a la luz de la política, y en especial del debido y adecuado equilibrio que debe mantenerse en esta materia de los poderes del pueblo soberano al darse sus ordenamientos con los choques que se produzcan en la realidad social al implementar aquellas.

Indudablemente que hay mucha materia que examinar y propuestas que pueden formularse, y para eso estamos en este camino de ir desentrañando la verdadera ciencia y conciencia de lo constitucional y en manos de quien debe reposar la responsabilidad de hacer que la misma surja prístina y original, sin tergiversaciones ni modificaciones provocadas por los intereses políticos de los gobiernos de turno.

La prudencia y la sensatez parecen ser los únicos parámetros objetivos y serios, pero para ello a su vez se requiere contar con órganos jurisdiccionales probos, altamente calificados y formados, y he allí la gran dificultad pues por lo general ello no ocurre entre quienes defienden o son electos por los gobiernos que emergen de las luchas populares, quienes de consuno procuran colocar indiscutidos y comprometidos líderes de sus movimientos más que personas sensatas y prudentes a quienes deban confiarse tales menesteres.

Dejamos las inquietudes planteadas y el espacio abierto para estas gratas discusiones académicas.

8. EL JUEZ CONSTITUCIONAL COMO LEGISLADOR POSITIVO Y LA INCONSTITUCIONAL REFORMA DE LA LEY ORGÁNICA DE AMPARO EN VENEZUELA MEDIANTE SENTENCIAS INTERPRETATIVAS

Allan R. BREWER-CARÍAS[*]

SUMARIO: I. *La supremacía de la Constitución y la justicia constitucional.* II. *El régimen legal del procedimiento en materia de amparo conforme a la Constitución de 1961, la Ley Orgánica de Amparo sobre Derechos y Garantías Constitucionales de 1988, y la reforma constitucional de 1999.* III. *El nuevo régimen procesal del amparo establecido por el juez constitucional, reformando impropiamente la Ley Orgánica de Amparo.* IV. *Apreciación general.*

I. LA SUPREMACÍA DE LA CONSTITUCIÓN Y LA JUSTICIA CONSTITUCIONAL

El artículo 7° de la Constitución venezolana de 1999[1] declara expresamente que su texto es "la norma suprema y el fundamento de todo el ordenamiento jurídico"; por lo que a los efectos de garantizar esa supremacía y lograr que la Constitución tenga plena efectividad, en ella se regula todo un sistema de justicia constitucional,[2] mediante la asignación a todos los jueces de la República, en el ámbito de sus respectivas compe-

---

[*] Profesor en la Universidad Central de Venezuela y en la Universidad de Columbia, Nueva York.

1 Véase en general sobre la Constitución de 1999, Brewer-Carías, Allan R., *La Constitución de 1999. Derecho constitucional venezolano*, Caracas, 2004, 2 vols.

2 León Parada, Alejandra y Garbati Garbati, Guido, "Jurisdicción y supremacía constitucional", *Nuevos estudios de derecho procesal, Libro homenaje a José Andrés Fuenmayor*, Caracas, Tribunal Supremo de Justicia, Colección Libros Homenaje, núm. 8, 2002, vol. I, pp. 745-784.

tencias y conforme a lo previsto en la Constitución y en la ley, de la obligación "de asegurar la integridad de la Constitución" (artículo 334).[3]

En esta forma, la justicia constitucional, como competencia judicial para velar por la integridad y supremacía de la Constitución, en Venezuela se ejerce por todos los jueces y no sólo por el Tribunal Supremo de Justicia ni sólo por su Sala Constitucional, en cualquier causa o proceso que conozcan y, además, en particular, cuando conozcan de acciones de amparo o de las acciones contencioso administrativas al tener la potestad para anular actos administrativos por contrariedad a la Constitución (como forma de contrariedad al derecho, artículo 259).[4]

En cuanto al Tribunal Supremo de Justicia, en materia de justicia constitucional, todas sus salas también tienen expresamente como competencia general, la de garantizar "la supremacía y efectividad de las normas y principios constitucionales", correspondiéndoles a todas ser "el máximo y último intérprete de la Constitución" y velar "por su uniforme interpretación y aplicación" (artículo 335). No es cierto, por tanto, como se ha afirmado, que la Sala Constitucional sea "el máximo y último intérprete de la Constitución",[5] o como lo ha señalado la propia Sala Constitucional el que tenga "el monopolio interpretativo último de la Constitución".[6]

Ésta es una apreciación completamente errada, que no deriva del texto de la Constitución, de cuyo artículo 335, al contrario, se deriva que todas las salas ejercen la justicia constitucional conforme a sus respectivas competencias y son el máximo y último intérprete de la Constitución. También lo es, por supuesto, la Sala Constitucional, en la cual el Tribunal

---

3   Véase nuestra propuesta en relación con este artículo en Brewer-Carías, Allan R., *Debate constituyente (aportes a la Asamblea Nacional Constituyente)*, t. II, Caracas, Fundación de Derecho Público, Editorial Jurídica Venezolana, 9 de septiembre-17 de octubre de 1999, pp. 24 y 34.

4   Brewer-Carías, Allan R., *La justicia contencioso-administrativa*, t. VII: *Instituciones políticas y constitucionales*, Caracas, Universidad Católica del Táchira, Editorial Jurídica Venezolana, 1997, pp. 26 y ss.

5   Haro G., José Vicente, "La justicia constitucional en Venezuela y la Constitución de 1999", *Revista de Derecho Constitucional*, Caracas, Sherwood, núm. 1, septiembre-diciembre de 1999, pp. 137 y 146.

6   Véase sentencia N° 1374, del 9 de noviembre de 2000, *Revista de Derecho Público*, Caracas, N° 84, octubre-diciembre de 2000, p. 267.

Supremo de Justicia concentra la Jurisdicción Constitucional (artículos 266, ordinal 1 y 336).

En consecuencia la expresión "justicia constitucional" en Venezuela es un concepto material que equivale a control judicial de la constitucionalidad de las leyes y demás actos estatales, el cual ha sido ejercido, siempre, por todos los tribunales pertenecientes a todas las jurisdicciones, es decir, por todos los órganos que ejercen el Poder Judicial.

En cambio, la expresión "jurisdicción constitucional" es una noción orgánica, que tiende a identificar a un órgano específico del Poder Judicial que tiene, en forma exclusiva, la potestad de anular ciertos actos estatales por razones de inconstitucionalidad, en particular, las leyes y demás actos con rango de ley o de ejecución directa e inmediata de la Constitución. En los países europeos, dicha jurisdicción constitucional corresponde a los tribunales o cortes constitucionales (muchas, incluso, ubicadas fuera del Poder Judicial), al igual que en algunos países latinoamericanos. En cambio, en Venezuela, siempre ha correspondido al Supremo Tribunal de Justicia,[7] ahora a través de su Sala Constitucional.

La noción de justicia constitucional, por tanto, es distinta a la de jurisdicción constitucional. En consecuencia, es errada la apreciación que hizo la Sala Constitucional en su sentencia número 129 del 17 de marzo de 2000, cuando señaló que: "La Sala Constitucional tiene atribuida competencia para ejercer la jurisdicción constitucional, es decir, la potestad de juzgar y de hacer ejecutar lo juzgado en materia constitucional".[8]

En Venezuela, no es posible identificar la jurisdicción constitucional con "la potestad de juzgar en materia constitucional", es decir, con la justicia constitucional. La garantía de la supremacía y efectividad de la Constitución y el carácter de máximo y último interprete de la misma, se insiste, corresponde a todas las salas del tribunal supremo, por igual, por lo que tampoco es correcto señalar como lo hizo la citada sentencia del 17 de marzo de 2000, ni siquiera que "en particular" dicha función corresponda a la Sala Constitucional. Esa "particularidad" no deriva de

---

7   Véase Brewer-Carías, Allan R., *La justicia constitucional,* t. V: *Instituciones políticas y constitucionales,* Caracas, Universidad Católica del Táchira-Editorial Jurídica Venezolana, 1996; Brewer-Carías, Allan R., *Judicial Review in Comparative Law,* Cambridge University Press, 1989.

8   Expediente 00-0005, Caso: *Vicente Bautista García Fermín.*

norma alguna de la Constitución, y lo único "particular" que resulta de las competencias judiciales en materia de justicia constitucional, es el monopolio atribuido a la Sala Constitucional en los artículos 266, 334 y 336 para anular ciertos y determinados actos estatales lo que, por lo demás caracteriza la "jurisdicción constitucional" en el derecho comparado.[9] Estos actos son, en el nivel nacional, las leyes, los actos parlamentarios sin forma de ley y los actos de gobierno; en el nivel estatal, a las Constituciones estatales, las leyes emanadas de los Consejos Legislativas y demás actos estatales de ejecución directa de la Constitución; y en el nivel municipal, a las ordenanzas municipales, consideradas invariablemente como leyes locales, y demás actos municipales de ejecución directa de la Constitución. Por tanto, ni siquiera la Sala Constitucional en Venezuela tiene el monopolio para ejercer el control concentrado de la constitucionalidad de los actos estatales.

Pero además, tanto el artículo 20 del Código de Procedimiento Civil, el artículo 19 del Código Orgánico Procesal Civil, como la propia Constitución (artículo 334) permiten a todos los tribunales de la República, cuando decidan un caso concreto, el poder declarar la inaplicabilidad de las leyes y demás actos estatales normativos cuando estimen que son inconstitucionales, dándole por tanto preferencia a las normas constitucionales. Se trata, sin duda, de la base constitucional y legal del método difuso de control de la constitucionalidad.

Por tanto, el sistema venezolano de control de la constitucionalidad de las leyes y otros actos estatales, puede decirse que es uno de los más amplios conocidos en el mundo actual si se lo compara con los que muestra el derecho comparado, pues mezcla el llamado control difuso de la constitucionalidad de las leyes con el control concentrado de la constitucionalidad de las mismas.[10]

---

9   Véase en general, Brewer-Carías, Allan R., *Judicial Review in Comparative Law*, *cit.*, nota 7, p. 190; y Allan R. Brewer-Carías, *El control concentrado de la constitucionalidad de las leyes (estudio de derecho comparado)*, Caracas, 1994, p. 19.

10   De acuerdo a la terminología acuñada por Piero Calamandrei, *La illegittimitá Costituzionale delle Leggi*, Padova, 1950, p. 5; y difundida por Mauro Cappelletti, *Judicial Review in the contemporary World*, Indianápolis, 1971. Véase Brewer-Carías, Allan R., *Judicial Review in Comparative Law*, Cambridge University Press, 1989. Véase además, Brewer-Carías, Allan R., *El sistema mixto o integral de control de constitucionalidad en Colombia y Venezuela*, Bogotá, 1995.

Ahora bien, en la interpretación vinculante que estableció la Sala Constitucional sobre el artículo 334 de la Constitución, en relación con la Jurisdicción Constitucional y el control concentrado de la constitucionalidad, en la sentencia número 833 del 25 de mayo de 2001 (Caso: Instituto Autónomo Policía Municipal de Chacao *vs.* Corte Primera de lo Contencioso Administrativo), expuso lo siguiente:

> La declaratoria general de inconstitucionalidad de una o un conjunto de normas jurídicas (leyes), corresponde con exclusividad a la Sala Constitucional del Tribunal Supremo de Justicia, quien, ante la colisión, declara, con carácter *erga omnes*, la nulidad de la ley o de la norma inconstitucional. Dicha declaratoria es diferente a la desaplicación de la norma, tratándose de una decisión de nulidad que surte efectos generales (no para un proceso determinado) y contra todo el mundo. Mientras que los Tribunales de la República, incluyendo las Salas del Tribunal Supremo de Justicia diferentes a la Constitucional, pueden ejercer sólo el control difuso. Las Salas Constitucional y Político Administrativa pueden ejercer el control difuso en una causa concreta que ante ella se ventile, y el control concentrado mediante el juicio de nulidad por inconstitucionalidad, cuyo conocimiento a ellas corresponde. La máxima jurisdicción constitucional se refiere al control concentrado, el cual es un control por vía de acción, que lo ejerce la Sala Constitucional, conforme al artículo 336 constitucional y, en ciertos casos, la Sala Político Administrativa...

> A diferencia de otros países (donde existen tribunales constitucionales) en Venezuela -siendo parte del Poder Judicial- se encuentra la Sala Constitucional del Tribunal Supremo de Justicia, a la cual corresponde la jurisdicción constitucional, pero tal jurisdicción no tiene una cobertura total en el control concentrado.

> El artículo 334 de la Constitución, crea la jurisdicción constitucional, la cual corresponde a la Sala Constitucional.[11]

Como también lo ha resumido la Sala Constitucional del Tribunal Supremo de Justicia en sentencia número 194 del 15 de febrero de 2001, respecto a lo que constituye la Jurisdicción Constitucional atribuida a la misma:

> Dentro de las competencias atribuidas por el texto fundamental a la Sala Constitucional, enmarcadas dentro del ejercicio de la jurisdicción constitucional, se encuentran las enumeradas en su artículo 336, relativas al control

---

11   Véase en *Revista de Derecho Público*, Caracas, N° 85-88, 2001, p. 370.

a posteriori de la constitucionalidad de las leyes nacionales y demás actos con rango de ley de la Asamblea Nacional, leyes estatales, ordenanzas, actos de rango de ley dictados por el Ejecutivo Nacional, los dictados por cualquier otro órgano estatal en ejercicio del poder público, los decretos que declaren estados de excepción y sentencias definitivamente firme dictadas por cualquier órgano jurisdiccional que colidan con algún precepto constitucional o doctrina sentada por la Sala Constitucional o que hayan ejercido el control difuso de la constitucionalidad de determinados actos. Pero el constituyente no se limitó a un control a posteriori de la constitucionalidad de los actos antes mencionados, sino que consagró un sistema amplio de protección de los derechos constitucionales, a la par de las más modernas tendencias de la jurisdicción constitucional a nivel mundial, dentro de los cuales se encuentra el control de omisiones legislativas, la posibilidad de resolver colisiones de leyes con preceptos constitucionales y de resolver conflictos de autoridades.

Adicionalmente, la Sala Constitucional tiene dentro de sus competencias el control preventivo de la constitucionalidad de los tratados internacionales, la cual es ejercida a instancia del presidente de la República o de la Asamblea Nacional; las de control preventivo de la constitucionalidad de los proyectos de leyes nacionales, también a instancia del presidente de la República; y el control preventivo en cuanto al pronunciamiento de la constitucionalidad del carácter orgánico de las leyes calificadas como tales por la Asamblea Nacional.[12]

De todo lo anterior resulta, por tanto, que la jurisdicción constitucional atribuida a la Sala Constitucional del Tribunal Supremo de Justicia, en un sistema constitucional caracterizado por una penta división del Poder Público entre los Poderes Legislativo, Ejecutivo, Judicial, Ciudadano y Electoral (artículo 136 de la Constitución), conforme a la cual, la potestad de legislar sobre las materias de competencia nacional está atribuida en forma exclusiva a la Asamblea Nacional (artículo 187,1), de manera que las leyes sólo se pueden derogar y reformar por otras leyes de acuerdo al procedimiento constitucionalmente establecido (artículo 218). La Sala Constitucional del Tribunal Supremo, por tanto, no puede legislar ni puede, con ocasión de interpretar la Constitución, reformar las leyes. Puede interpretar la Constitución y las leyes, pero no puede reformarlas ni derogarlas. Sin embargo, lo contrario ha ocurrido de manera que la Sala, con

---

12 Véase sentencia N° 194 de la Sala Constitucional del 15 de febrero de 2001, caso: *Gobernación del Estado Trujillo vs. Comisión Legislativa del Estado Yaracuy* .

motivo de interpretar el artículo 27 constitucional que regula el derecho y la acción de amparo, ha reformado el procedimiento establecido en la Ley Orgánica de Amparo sobre derechos y Garantías Constitucionales de 1988,[13] la cual sin embargo, continúa en vigencia.

II. El régimen legal del procedimiento en materia de amparo conforme a la Constitución de 1961, la Ley Orgánica de Amparo sobre Derechos y Garantías Constitucionales de 1988, y la reforma constitucional de 1999

1. *El régimen del amparo en la Constitución de 1961*

En efecto, en la Constitución venezolana de 1961 se incorporó la institución del amparo a los derechos y garantías constitucionales como un derecho constitucional de las personas a ser protegidas, en una escueta norma con el siguiente texto:

> *Artículo 49.* Los Tribunales ampararán a todo habitante de la República en el goce y ejercicio de los derechos y garantías que la Constitución establece, en conformidad con la Ley.
>
> El procedimiento será breve y sumario, y el juez competente tendrá potestad para restablecer inmediatamente la situación jurídica infringida.

A los efectos de desarrollar la institución del amparo, como se dijo, en 1888 se promulgó la Ley Orgánica de Amparo sobre Derechos y Garantías Constitucionales, en cuyos artículos 19, 23, 24, 26, 29, 30, 31, 32 y 35 se reguló el procedimiento general del proceso de amparo. Dicha Ley Orgánica, sin duda, fue una de las leyes más importantes que se dictaron en el país después de la propia Constitución de 1961, y en la misma se establecieron las siguientes normas procesales, en buena parte explicadas

---

13 Véase en *Gaceta Oficial* N° 33.891 del 22 de enero de 1988. La Ley Orgánica fue reformada en 27 de septiembre de 1988, publicada en *Gaceta Oficial* N° 34.060 el 27 de septiembre de 1988. Véase Brewer-Carías, Allan R., "Introducción general al régimen del derecho de amparo a los derechos y garantías constitucionales", en Brewer-Carías, Allan R. y Ayala Corao, Carlos, *Ley Orgánica de Amparo sobre Derechos y Garantías Constitucionales,* Caracas, 1988.

por la antigua Corte Suprema de Justicia, en Corte Plena, en sentencia de del 18 de octubre de 1994.[14]

A. *Introducción de la solicitud*

El escrito de la acción de amparo debe llenar los requisitos del artículo 18, los cuales deben ser examinados por el juez a los fines de verificar si la misma es suficientemente clara y llena tales requisitos.

De faltar algunos de los elementos señalados en dicha norma, el juez deberá notificar al solicitante para que corrija el defecto u omisión dentro del lapso de cuarenta y ocho horas siguientes a la notificación. La falta de oportuna corrección implica la declaratoria de su inadmisibilidad.

B. *Admisión de la acción*

La primera actuación procesal del juez, una vez presentado correctamente el libelo de la acción, es juzgar sobre la admisibilidad o inadmisibilidad de la misma, conforme al artículo 6º de la Ley Orgánica de Amparo a las otras normas que se refieren a la admisión. Es decir, el juez necesariamente debe examinar los presupuestos de admisibilidad previstos en el artículo 6º de la Ley Orgánica de Amparo sobre Derechos y Garantías Constitucionales, que están redactados en forma tal que al juez le corresponde verificar la inexistencia de los supuestos enunciados en dicho artículo, a los fines de declarar admisible o no la acción. Este examen da lugar a un auto de admisión o inadmisión, según el caso, con lo cual el tribunal afirma los elementos básicos para el conocimiento de la causa.

C. *Solicitud de informe al presunto agraviante o imputado*

En el auto de admisión, el juez debe ordenar a la autoridad, entidad, organización social o a los particulares imputados de violar o amenazar el derecho o la garantía constitucionales, su comparecencia para que en el termino de cuarenta y ocho horas contadas a partir de la respectiva notificación, informen sobre la pretendida violación o amenaza que hubiere motivado la solicitud de amparo (artículo 23).

---

14 Ponencia: Alfonso Guzmán, Rafael, consultada en original.

De acuerdo al artículo 25 de la ley, este informe debe contener una relación sucinta y breve de las pruebas en las cuales el presunto agraviante pretenda fundamentar su defensa, sin perjuicio de la potestad evaluativa que la ley confiere al juez competente (artículo 17).

La Ley Orgánica establece (artículo 14) que "la falta de informe correspondiente se entenderá como aceptación de los hechos incriminados", razón por la cual ello debería dar origen a la decisión de amparo con el consiguiente restablecimiento inmediato de la situación jurídica infringida. Sin embargo, aún en estos casos, la decisión debe adoptarse luego de realizada la audiencia oral de las partes.

D. *Medidas cautelares*

La Ley Orgánica no preveía expresamente, la potestad del juez de amparo de adoptar medidas cautelares o preventivas en caso de solicitudes de amparo, lo que sin embargo, podía interpretarse del artículo 22 de la Ley Orgánica. En todo caso, por la aplicación supletoria del Código de Procedimiento Civil (artículo 48), conforme al artículo 588 he dicho Código los jueces adoptaban las medidas cautelares adecuadas para la protección constitucional, cuando hubiere "fundado temor" de que una de las partes, particularmente el presunto agraviante, pueda causar "lesiones graves o de difícil reparación al derecho de la otra", en concreto, el agraviado. En estos casos, para evitar el daño, el juez de amparo puede "autorizar o prohibir la ejecución de determinados actos y adoptar las providencias que tengan por objeto hacer cesar la continuidad de la lesión".

E. *La audiencia pública y oral*

En todo caso, al vencerse al termino de cuarenta y ocho horas para la remisión del informe solicitado, sin que ello haya ocurrido, o al presentarse el informe por el presunto agraviado, el juez de amparo debía fijar la oportunidad para que las partes o sus representantes legales expresasen, en forma oral y pública, los argumentos respectivos (artículo 26), en una audiencia que debía realizarse dentro del lapso de noventa y seis horas siguientes a la presentación del mencionado informe o al vencimiento del lapso de 48 horas que tenía el agraviante para presentarlo.

F. *Oportunidad de la decisión*

Efectuado dicho acto de audiencia oral, el juez disponía de un término improrrogable de veinticuatro (24) horas para decidir la solicitud de amparo constitucional (artículo 26).

2. *La reforma constitucional de 1999 en materia de amparo*

El artículo 27 de la Constitución de 1999 puede decirse que siguió la orientación del artículo 49 de la Constitución de 1961, al regular la institución del amparo, definitivamente como un derecho constitucional, el cual se puede ejercer a través de múltiples medios o recursos judiciales de protección, incluyendo la acción de amparo,[15] así:

> *Artículo 27.* Toda persona tiene derecho a ser amparada por los tribunales en el goce y ejercicio de los derechos y garantías constitucionales, aun de aquellos inherentes a la persona que no figuren expresamente en esta Constitución o en los instrumentos internacionales sobre derechos humanos.
>
> El procedimiento de la acción de amparo constitucional será oral, público, breve, gratuito y no sujeto a formalidad, y la autoridad judicial competente tendrá potestad para restablecer inmediatamente la situación jurídica infringida o la situación que más se asemeje a ella. Todo tiempo será hábil y el tribunal lo tramitará con preferencia a cualquier otro asunto.
>
> La acción de amparo a la libertad o seguridad podrá ser interpuesta por cualquier persona, y el detenido o detenida será puesto bajo la custodia del tribunal de manera inmediata, sin dilación alguna.
>
> El ejercicio de este derecho no puede ser afectado, en modo alguno, por la declaración del estado de excepción o de la restricción de garantías constitucionales.

---

15 Véase Brewer-Carías, Allan R., *El derecho y la acción de amparo,* t. V: *Instituciones políticas y constitucionales, cit.,* nota 4, pp. 163 y ss. Rondón de Sansó, Hildegard, "La acción de amparo constitucional a raíz de la vigencia de la Constitución de 1999", *Revista de la Facultad de Ciencias Jurídicas y Políticas de la UCV*, Caracas, núm. 119, 2000, pp. 147-172; Henríquez Larrazábal, Richard, D., "El problema de la procedencia del amparo constitucional en el derecho venezolano", *Bases y principios del sistema constitucional venezolano, ponencias del VII Congreso Venezolano de Derecho Constitucional,* vol. II, pp. 403-475; Hernández-Mendible, Víctor R., "El amparo constitucional desde la perspectiva cautelar", *El derecho público a comienzos del siglo XXI. Estudios en homenaje al profesor Allan R. Brewer-Carías,* t. I, pp. 1219-1301.

Las reformas más importantes que introdujo esta norma respecto de lo que se establecía en el artículo 49 de la Constitución de 1961, son las siguientes:

En primer lugar, en forma expresa se estableció el amparo como un "derecho" constitucional de toda persona, "a ser amparada por los tribunales en el goce y ejercicio de los derechos y garantías constitucionales".

En segundo lugar, en cuanto a los derechos amparables, se estableció que no sólo son los que la Constitución establece, sino aquellos inherentes a la persona que no figuren expresamente no sólo en la Constitución sino en los instrumentos internacionales sobre derechos humanos.

En tercer lugar, en cuanto al procedimiento, en lugar de establecer sólo que debía ser "breve y sumario" como lo hacía la Constitución de 1961, se indica que debe ser "oral, público, breve, gratuito y no sujeto a formalidad", y que además "todo tiempo será hábil y el tribunal lo tramitará con preferencia a cualquier otro asunto".

En cuarto lugar, no sólo se reiteró la competencia del juez para restablecer inmediatamente la situación jurídica infringida, sino alternativamente, "o la situación que más se asemeje a ella".

Y en quinto lugar se precisó expresamente que "el ejercicio de este derecho no puede ser afectado, en modo alguno, por la declaración del estado de excepción o de la restricción de garantías constitucionales".

Como puede observarse de dicha norma, en ella no sólo se recogieron todos los principios fundamentales en materia de amparo que la Constitución de 1961 había establecido, sino los que se habían desarrollado en aplicación de la Ley Orgánica de Amparo sobre Derechos y Garantías Constitucionales de 1988.

III. EL NUEVO RÉGIMEN PROCESAL DEL AMPARO ESTABLECIDO POR EL JUEZ CONSTITUCIONAL, REFORMANDO IMPROPIAMENTE LA LEY ORGÁNICA DE AMPARO

La norma de la Constitución de 1999 relativa al amparo, fue interpretada por la Sala Constitucional del Tribunal Supremo de Justicia, de manera tal que mediante sentencias dictadas en casos concretos, procedió a modificar la Ley Orgánica de Amparo, no sólo en cuanto a la determinación de la competencia judicial en la materia, sino en especial, en materia de procedimiento judicial en los juicios de amparo, asumiendo en forma irregular, una función de legislador positivo, supuestamente procediendo a "adaptar" el procedimiento regulado en la Ley Orgánica de Amparo al texto de la nueva Constitución, con lo cual estableció, en realidad, un nuevo procedimiento modificando y reformando, impropiamente, el regulado en la Ley Orgánica de Amparo de 1988.[16]

En efecto, en la sentencia núm. 7 del 1° de febrero de 2000 (Caso: José A. Mejía y otros),[17] la Sala, teniendo en cuenta que por mandato del artículo 27 de la Constitución, el procedimiento de la acción de amparo constitucional "será oral, público, breve, gratuito y no sujeto a formalidades"; siendo las características de oralidad y ausencia de formalidades que rigen estos procedimientos las que permiten que la autoridad judicial restablezca inmediatamente, a la mayor brevedad, la situación jurídica infringida o la situación que más se asemeje a ella; y considerando que el artículo 27 de la Constitución es de aplicación inmediata; estimó que debía "adaptar" el procedimiento de amparo establecido en la Ley Orgánica de Amparo sobre Derechos y Garantías Constitucionales a las prescripciones del artículo 27 de la Constitución, aplicando además, el 49 de la Constitución que impone el debido proceso, cuyos elementos deben estar presentes en el procedimiento de amparo cuyas normas procesales también deben adecuarse a dicha norma, prescribiendo que el procedimiento de las acciones de amparo debe contener los elementos que conforman el debido proceso. Como consecuencia de esta orientación:

16 Bello Tabares, Humberto Enrique Tercero, "El procedimiento de amparo constitucional, según la sentencia núm. 7 dictada por la Sala Constitucional del Tribunal Supremo de Justicia, de fecha 1° de febrero de 2000. Caso: *José Amando Mejía Betancourt y José Sánchez Villavicencio*", *Revista de Derecho del Tribunal Supremo de Justicia*, Caracas, núm. 8, 2003, pp. 139-176; Toro Dupouy, María Elena, "El procedimiento de amparo en la jurisprudencia de la Sala Constitucional del Tribunal Supremo de Justicia (2000-2002)", *Revista de Derecho Constitucional*, Caracas, núm. 6, enero-diciembre de 2002, 2003, pp. 241-256; Toro Dupouy, María Elena, "El amparo contra decisiones judiciales en la jurisprudencia de la Sala Constitucional del Tribunal Supremo de Justicia. El amparo sobrevenido", *Revista de Derecho Constitucional,* Caracas, núm. 7, enero-junio de 2003, 2003, pp. 207-222.

17 Mejía, José A. *et al.*, *Revista de Derecho Público*, Caracas, núm. 81, 2000, pp. 349 y ss.

> La Sala Constitucional, obrando dentro de la facultad que le otorga el artículo 335 *ejusdem*, de establecer interpretaciones sobre el contenido y alcance de las normas y principios constitucionales, las cuales serán en materia de amparo vinculantes para los tribunales de la República, interpreta los citados artículos 27 y 49 de la Constitución de la República Bolivariana de Venezuela, en relación con el procedimiento de amparo previsto en la Ley Orgánica de Amparo sobre Derechos y Garantías Constitucionales, distinguiendo si se trata de amparos contra sentencias o de los otros amparos, excepto el cautelar...

estableció un conjunto de normas procesales que estimó las adecuadas para desarrollar los principios constitucionales, reformando la Ley Orgánica de Amparo de 1988, con lo cual, sin duda, usurpó la potestad del legislador y atentó contra la seguridad jurídica. En particular en los casos de ejercicio de la acción autónoma de amparo, siempre que no sea contra sentencias, la Sala dictó las siguientes normas modificatorias del régimen legal.

1. *Principios generales del procedimiento no sujeto a formalidades*

En cuanto a los principios generales del procedimiento, la Sala señaló que:

> Debido al mandato constitucional de que el procedimiento de amparo no estará sujeto a formalidades, los trámites como se desarrollarán las audiencias y la evacuación de las pruebas, si fueran necesarias, las dictará en las audiencias el tribunal que conozca del amparo, siempre manteniendo la igualdad entre las partes y el derecho de defensa.

> Todas las actuaciones serán públicas, a menos que por protección a derechos civiles de rango constitucional, como el comprendido en el artículo 60 de la Constitución de la República Bolivariana de Venezuela, se decida que los actos orales sean a puerta cerrada, pero siempre con inmediación del tribunal.

2. *La obligación de indicar las pruebas al inicio del procedimiento*

La Sala Constitucional, añadió a las prescripciones de la ley, en cuanto al inicio del procedimiento, que en la solicitud, que se puede presentar por escrito o en forma oral, el accionante debe señalar, además de los elementos prescritos en el citado artículo 18:

las pruebas que desea promover, siendo esta una carga cuya omisión produce la preclusión de la oportunidad, no solo la de la oferta de las pruebas omitidas, sino la de la producción de todos los instrumentos escritos, audiovisuales o gráficos, con que cuenta para el momento de incoar la acción y que no promoviere y presentare con su escrito o interposición oral; prefiriéndose entre los instrumentos a producir los auténticos.

La Sala Constitucional, en esta forma, reformó la Ley Orgánica, estableciendo una figura procesal incluso con efectos preclusivos.

3. *La derogación de la exigencia legal del informe del agraciado, la citación del agraviante y la creación de la audiencia constitucional*

La Sala Constitucional estableció en su sentencia que una vez admitida la acción, el juez debe ordenar:

La citación del presunto agraviante y la notificación del ministerio público, para que concurran al tribunal a conocer el día en que tendrá lugar la audiencia oral, la cual tendrá lugar, tanto en su fijación como para su práctica, dentro de las noventa y seis horas a partir de la última notificación efectuada.

La sala, en cuanto a la citación, pero refiriéndola como "notificación", reguló nuevas formas de hacerla ni siquiera establecidas en el Código de Procedimiento Civil, así:

> Para dar cumplimiento a la brevedad y falta de formalidad, la notificación podrá ser practicada mediante boleta, o comunicación telefónica, fax, telegrama, correo electrónico, o cualquier medio de comunicación interpersonal, bien por el órgano jurisdiccional o bien por el Alguacil del mismo, indicándose en la notificación la fecha de comparecencia del presunto agraviante y dejando el Secretario del órgano jurisdiccional, en autos, constancia detallada de haberse efectuado la citación o notificación y de sus consecuencias.

4. *La reforma del régimen de la audiencia constitucional pública y oral*

La Sala Constitucional, en su sentencia también reformó el régimen de la audiencia pública y oral en el proceso del juicio de amparo. Al eliminar la exigencia legal del informe escrito que debe requerirse y presentar el agraviante, dispuso la realización de la audiencia oral y pública, con el siguiente régimen:

A. *Propósito de la audiencia*

En cuanto al propósito de su realización, la Sala dispuso que:

las partes, oralmente, propondrán sus alegatos y defensas ante la Sala Constitucional o el tribunal que conozca de la causa en primera instancia, y esta o este decidirá, si hay lugar a pruebas, caso en que el presunto agraviante podrá ofrecer las que considere legales y pertinentes, ya que este es el criterio que rige la admisibilidad de las pruebas. Los hechos esenciales para la defensa del agraviante, así como los medios ofrecidos por él se recogerán en un acta, al igual que las circunstancias del proceso.

En cambio, en el régimen establecido en la Ley Orgánica, que derogó la Sala Constitucional, la audiencia se realizaba en una oportunidad posterior a la presentación del informe por parte del agraviante, eliminándosele al agraviado la posibilidad de analizar su texto escrito con anterioridad, a los efectos de poder contestarlo efectivamente para reforzar su denuncia inicial en la audiencia oral, Es decir, la Sala Constitucional le cercenó el derecho que tenía el agraviado tal como se lo garantizaba la Ley Orgánica de 1988, en un procedimiento dispuesto para proteger sus derechos, que le permitía conocer por escrito los alegatos que formulara el agraviante, sin lesionar el derecho a la defensa del agraviante. En el procedimiento que estableció la Sala Constitucional, en cambio, se obliga al agraviado a conocer de los alegatos que exprese sólo oralmente el agraviante en la audiencia oral, en la cual el juez además, siempre puede interrogar a las partes y a los comparecientes, y al final de la cual, la Sala Constitucional dispuso que se dictaría la sentencia.

B. *Régimen de las pruebas*

En relación con las pruebas, la sala señaló el siguiente régimen:

a. *En cuanto a su admisión y evacuación*

El órgano jurisdiccional, en la misma audiencia, decretará cuáles son las pruebas admisibles y necesarias, y ordenará, de ser admisibles, también en la misma audiencia, su evacuación, que se realizará en ese mismo día, con inmediación del órgano en cumplimiento del requisito de la oralidad o podrá diferir para el día inmediato posterior la evacuación de las pruebas.

b.   *En cuanto el desarrollo de la actividad probatoria en la audiencia, y la grabación y registro de las actuaciones procesales*

La Sala dispuso el siguiente régimen procesal:

Cuando se trate de causas que cursen ante tribunales cuyas decisiones serán conocidas por otros jueces o por esta Sala, por la vía de la apelación o consulta, en cuanto a las pruebas que se evacuen en las audiencias orales, se grabarán o registrarán las actuaciones, las cuales se verterán en actas que permitan al juez de la Alzada conocer el devenir probatorio. Además, en la audiencia ante el Tribunal que conozca en primera instancia en que se evacuen estas pruebas de lo actuado, se levantará un acta que firmarán los intervinientes. El artículo 189 del Código del Procedimiento Civil regirá la confección de las actas, a menos que las partes soliciten que los soportes de las actas se envíen al Tribunal Superior.

5.   *Régimen de la oportunidad de la sentencia de amparo*

El régimen de la sentencia de amparo también se reformó con sentencia de la Sala Constitucional, modificándose el establecido en la ley orgánica, el cual se sustituyó por el siguiente:

Una vez concluido el debate oral o las pruebas, el juez o el tribunal en el mismo día estudiará individualmente el expediente o deliberará (en los caso de los Tribunales colegiados) y podrá:

a) Decidir inmediatamente; en cuyo caso expondrá de forma oral los términos del dispositivo del fallo; el cual deberá ser publicado íntegramente dentro de los cinco (5) días siguientes a la audiencia en la cual se dictó la decisión correspondiente. El fallo lo comunicará el juez o el presidente del tribunal colegiado, pero la sentencia escrita la redactará el ponente o quien el presidente del tribunal colegiado decida.

El dispositivo del fallo surtirá los efectos previstos en el artículo 29 de la Ley Orgánica de Amparo Sobre Derechos y Garantías Constitucionales, mientras que la sentencia se adaptará a lo previsto en el artículo 32 *ejusdem*.

b) Diferir la audiencia por un lapso que en ningún momento será mayor de cuarenta y ocho (48) horas, por estimar que es necesaria la presentación o evacuación de alguna prueba que sea fundamental para decidir el caso o a petición de alguna de las partes o del Ministerio Público.

IV. Apreciación General

Tal como lo observó en su momento el magistrado Héctor Peña Torrelles, quien salvó su voto (voto negativo) en relación con la comentada sentencia número 7 del 1° de febrero de 2000, "reformatoria de la Ley Orgánica":

> Por lo que respecta al procedimiento para tramitar el amparo que se establece en el fallo que antecede, observa quien disiente que en el mismo se han consagrado aspectos no previstos en la Ley Orgánica de Amparo sobre Derechos y Garantías Constitucionales, lo cual, lejos de ser una adaptación al artículo 27 de la Constitución vigente se convierte en un procedimiento nuevo y distintos conservando algunos de las fases que establece la Ley, violando de esta forma el principio de reserva legal en materia de procedimientos.

El magistrado disidente, además, fue de la opinión de que las nuevas normas procesales establecidas con exceso rigorismo en la sentencia:

> atenta justamente contra la brevedad e informalidad del amparo, asimilándolo a un juicio ordinario civil. En este aspecto, ha debido dejarse al juez que conozca del caso concreto la determinación de la necesidad y forma de tramitación de la fase probatoria.

> En todo caso, considero que el presunto agraviado deberá siempre probar sus alegatos, sin necesidad de que tenga que obligatoriamente indicar en la interposición de la acción cuáles medios utilizará a tales fines; por lo que, se atenta contra sus derechos constitucionales al fijarse la preclusión de la oportunidad para promover pruebas prevista en el fallo, por cuanto se están limitando su derechos a la defensa y a la tutela judicial efectiva mediante un mecanismo distinto al previsto en la Constitución.

En cuanto a las nuevas normas procesales establecidas para las notificaciones, el mismo magistrado observó:

> Con preocupación que en el procedimiento establecido se haya consagrado una amplia gama de formas de notificación a los presuntos agraviantes, que además de no estar previstas en el ordenamiento procesal vigente, atenta contraría el principio de seguridad jurídica por cuanto en los casos de notificaciones vía teléfono, fax, correo electrónico "o cualquier medio de notificación interpersonal", no se ha establecido la forma en que se dejará constancia en el expediente de que la notificación ha cumplido su finalidad, esto es, poner en conocimiento del interesado de la admisión de un amparo interpuesto en su contra.

Por último, el mismo magistrado disidente, en general sobre los poderes otorgados al juez de amparo en la sentencia, estimó que:

> Permitir a discreción del juez la alteración de los principios constitucionales en materia procesal desarrollados por la Ley, lejos de proteger a la Constitución, la convierte en un texto manejable con base en criterios de oportunidad o conveniencia del aplicador judicial, que en definitiva causa inseguridad jurídica en un Estado de derecho, lo que se traduce en su desaparición.

Muy poco hay que agregar, en definitiva, a lo que en su momento advirtió el magistrado disidente de la sentencia de la Sala Constitucional, Héctor Peña Torrelles, pues de la sentencia de la misma lo que resulta es que a partir de la misma, el procedimiento en la acción de amparo dejó de estar solamente regulado en la Ley Orgánica de Amparo, la cual no ha sido derogada ni reformada por la Asamblea Nacional, y pasó a estar regulado además por el texto de una sentencia de la Sala Constitucional, la cual ha reformado la Ley Orgánica sin tener autoridad alguna para ello. La seguridad jurídica, en consecuencia, no fue un valor fundamental para la Sala Constitucional, pues de lo contrario, lo que hubieran hecho es una recomendación a la Asamblea Nacional para la reforma de la Ley Orgánica de Amparo.[18]

La pregunta obligada, en todo caso, en relación con esta sentencia y con tantas otras dictadas por la Sala Constitucional, es ¿quién controla al contralor?[19] Un juez constitucional en un sistema democrático, en realidad, no necesita que lo controle nadie, pues es la garantía del Estado de derecho; pero un juez constitucional en un sistema político autoritario de concentración del poder, sin independencia ni autonomía algunas, es un peligro para el Estado democrático de derecho, pues sin control, se convierte

---

18 Véanse nuestros comentarios iniciales sobre esta sentencia en Brewer-Carías, Allan R., El sistema de justicia constitucional en la Constitución de 1999 (*comentarios sobre su desarrollo jurisprudencial y su explicación, a veces errada, en la Exposición de Motivos),* Caracas, Editorial Jurídica Venezolana, 2000.

19 Véase Brewer-Carías, Allan R., "*Quis Custodiet ipsos Custodes*: de la interpretación constitucional a la inconstitucionalidad de la interpretación", *VIII Congreso Nacional de Derecho Constitucional, Perú,* Arequipa, Fondo Editorial 2005, Colegio de Abogados de Arequipa, septiembre de 2005, pp. 463-489.

en el instrumento de su destrucción. Y lamentablemente eso en lo que ha venido ocurriendo en los últimos años en Venezuela.[20]

Constitución, la convierte en un texto manejable con base en criterios de oportunidad o conveniencia del aplicador judicial, que en definitiva causa inseguridad jurídica en un Estado de derecho, lo que se traduce en su desaparición.

---

20 Brewer-Carías, Allan R., "La progresiva y sistemática demolición institucional de la autonomía e independencia del Poder Judicial en Venezuela 1999-2004", *XXX Jornadas J. M. Domínguez Escovar. Estado de derecho, administración de justicia y derechos humanos*, Barquisimeto, Instituto de Estudios Jurídicos del Estado Lara, 2005, pp. 33-174.

CAPITULO III
JUSTICIA INTERAMERICANA

9. LAS MODALIDADES DE LAS SENTENCIAS DE LA CORTE INTERAMERICANA Y SU EJECUCIÓN

Carlos M. AYALA CORAO[*]

SUMARIO: I. *Introducción.* II. *El proceso interno para la ejecución y el cumplimiento de los fallos.* III. *Las declaraciones de derecho.* IV. *La obligación de investigar y sancionar.* V. *Las condenas al pago de sumas de dinero.* VI. *Las medidas generales relativas a Constituciones.* VII. *Las medidas generales relativas a leyes.* VIII. *Otras medidas reparatorias.*

I. INTRODUCCIÓN

La Corte Interamericana de Derechos Humanos ("Corte Interamericana", "Corte IDH" o "Corte") ejerce su jurisdicción internacional contenciosa, con ocasión de conocer y decidir los casos concretos de víctimas de violación de sus derechos humanos, que son sometidos a su conocimiento por la Comisión Interamericana de Derechos Humanos ("Comisión Interamericana" o "CIDH") -o eventualmente por los Estados-. Esta competencia jurisdiccional de la Corte Interamericana en los casos contenciosos, cuando decide que ha habido violación de un derecho o libertad protegidos en la Convención Americana, comprende la facultad de disponer que se garantice a la víctima el goce de su derecho o libertad conculcados, y si ello fuera procedente, que se reparen las consecuencias de la medida o situación que ha configurado la vulneración de esos derechos y el pago de una justa indemnización a la parte lesionada.[1]

De esta manera, los poderes del juez interamericano no son taxativos ni restrictivos, ya que comprenden la competencia en general para restable-

---

[*] Profesor de derecho constitucional y derechos humanos en las universidades Católica "Andrés Bello" y Central de Venezuela. Ex presidente de la Comisión Interamericana de Derechos Humanos y presidente de la Comisión Andina de Juristas.

1 Artículo 63.1, CADH.

cer y reparar a la víctima en los derechos humanos violados por el Estado, reparar cualesquiera consecuencias o efectos lesivos de la vulneración de los derechos, y el pago de una justa indemnización. La Corte Interamericana, con base en esta disposición convencional, ha desarrollado ampliamente sus facultades tutelares y reparatorias, no sólo respecto a las víctimas, actuales, sino a las potenciales, requiriendo a los Estados en sus sentencias de fondo y reparación, las más variadas medidas legislativas, de políticas públicas, administrativas, judiciales, educativas y de otra naturaleza similar, a fin de prevenir futuras violaciones.

La Convención Americana establece que el fallo de la Corte será motivado. Y si el fallo no expresa en todo o en parte la opinión unánime de los jueces, cualquiera de éstos tendrá derecho a que se agregue al fallo su opinión disidente o individual.[2] Esta disposición ha dado lugar a la aparición de una serie de votos razonados concurrentes en los cuales los jueces han tenido la oportunidad de expresar tanto motivos *ad decidendum* como de *obiter dictum* con relación a diversos fallos, algunos de los cuales son verdaderos trabajos de derecho internacional.

En todo caso, los fallos de la Corte Interamericana son definitivos e inapelables. Pero en caso de desacuerdo sobre el sentido o alcance de su sentencia, la Corte la interpretará a solicitud de cualquiera de las partes, siempre que dicha solicitud se presente dentro de los noventa días a partir de la fecha de la notificación de la misma.[3]

La Convención Americana consagra el carácter obligatorio de las sentencias de la Corte Interamericana, al establecer expresamente el compromiso de los Estados partes en la Convención de cumplir la decisión de la Corte en todo caso en que sean partes.[4] En adición a ello, la Convención también determina que las sentencias serán notificadas a las partes del caso, y asimismo serán transmitidas a todos los Estados partes en la Convención.[5] Esta disposición ha de ser interpretada, en primer lugar, con base en el fundamento de la protección internacional *colectiva*, por parte de todos los Estados partes de la Convención Americana. Pero además de

---

2   Artículo 66, CADH.
3   Artículo 67, CADH.
4   Artículo 68.1, CADH.
5   Artículo 69, CADH.

ello, las sentencias de la Corte Interamericana deben ser transmitidas a todos los Estados partes en la Convención, en virtud de que ellas establecen interpretaciones auténticas de ésta que pasan a formar en la práctica parte de la Convención misma.

De esta forma, las sentencias de la Corte Interamericana como sentencias emanadas de un tribunal internacional o transnacional son de obligatorio cumplimiento por los Estados partes, y se deben ejecutar directamente por y en el Estado concernido, evidentemente sin que haga falta para ello ningún procedimiento de reconocimiento en el derecho interno o exequátur. Se trata de sentencias internacionales que tienen efecto directo en el derecho interno por parte de todos los poderes públicos del Estado. En este sentido, la Convención Americana es muy clara, ya que incluso establece expresamente que la parte del fallo que disponga indemnización compensatoria se podrá ejecutar en el respectivo país por el procedimiento interno vigente para la ejecución de sentencias contra el Estado.[6]

Ello ha sido así en algunas jurisdicciones constitucionales en Europa, en virtud del carácter fundamentalmente declarativo que se le atribuye a las sentencias del Tribunal Europeo de Derechos Humanos, a excepción de la condena a las indemnizaciones compensatorias. En el caso de la jurisprudencia constitucional española, el Tribunal Constitucional ha adoptado decisiones contradictorias con relación al carácter "obligatorio" de la ejecución en su derecho interno de las sentencias del Tribunal Europeo de Derechos Humanos.[7]

---

6 Artículo 63.1, CADH.

7 La sentencia del Tribunal Europeo de Derechos Humanos en el caso *Bultó* (STEDH, Barberá, Messeguer y Jabardo, A.146) fue objeto de un proceso judicial para lograr su ejecución ante los tribunales españoles mediante la nulidad de las sentencias penales condenatorias. Dicho proceso terminó en un amparo constitucional ante el Tribunal Constitucional (TC). En la sentencia definitiva (STC 245/1991) el TC afirmó que la sentencia del TEDH tenía un carácter "obligatorio" incuestionable. Sin embargo, dicha doctrina fue desmontada en un caso siguiente. En efecto, en el caso *Ruiz Mateos* (expropiación Rumasa), la sentencia del TEDH (STEDH, A.262), fue objeto de sendos recursos de amparo ante el TC: en el primero negó la ejecución de la sentencia internacional por razones formales, y el segundo fue rechazado por razones de fondo, sobre la base de la supremacía de la Constitución española, cuyo intérprete supremo es el TC, y de la inmutabilidad de la cosa juzgada (providencias del 31-1-1994 recaídas en los recursos de amparo 2291/93 y 2292/93). Sobre el particular, véase Ruiz Miguel, Carlos, *La ejecución de las sentencias del Tribunal Europeo de Derechos Humanos*, Madrid, 1997.

Pero a diferencia del sistema europeo, que establece mecanismos de seguimiento del cumplimiento de las sentencias de la Corte Europea de Derechos Humanos por parte del Comité de Ministros, el sistema interamericano tiene un sistema judicial con un control colectivo, por parte de la máxima autoridad de la OEA: la Asamblea General. Como una expresión más de la protección internacional colectiva por todos los Estados partes de la Convención Americana, ésta establece que la Corte someterá a la consideración de la Asamblea General de la Organización en cada periodo ordinario de sesiones, un informe sobre su labor en el año anterior, debiendo, de manera especial y con las recomendaciones pertinentes, señalar los casos en que un Estado no haya dado cumplimiento a sus fallos.[8]

Desafortunadamente, luego de los ajustes realizados a los procedimientos de la Carta de la OEA en los años noventa, los informes tanto de la Comisión como de la Corte Interamericana de Derechos Humanos, son presentados directamente ante el Consejo Permanente a través de la Comisión de Asuntos Jurídicos y Políticos, y no ante la Asamblea General. De esta forma, el Consejo Permanente, lo que hace finalmente es proponer a la Asamblea General la adopción de una resolución ya consensuada sobre el informe de la Corte, no estableciéndose debate alguno sobre el contenido mismo de éste ni mucho menos sobre el estado de cumplimiento de las sentencias por parte de los Estados.

En los últimos años la Asamblea General ha permitido la modalidad de la intervención en éstas de los presidentes de la Comisión y de la Corte Interamericana de Derechos Humanos, lo cual les ha permitido en breves minutos llamar la atención de los Estados sobre algunos asuntos más relevantes tanto de la situación de los derechos humanos en el continente como del funcionamiento de estos órganos. Sin embargo, desafortunadamente estas intervenciones no son seguidas por un debate entre los Estados sobre los informes presentados, sino que se limita a la aprobación de las resoluciones adoptadas previamente en el seno del Consejo Permanente. De esta forma, se ha desdibujado y debilitado el rol que podría jugar la Asamblea General como mecanismo de protección colectiva de los derechos humanos en el sistema interamericano. Simplemente: los Estados no quieren controlar ni ser controlados por otros Estados.

---

8   Artículo 65, CADH.

En todo caso, la Convención Americana establece el principio de la obligatoriedad, así como del carácter definitivo e inapelable de las sentencias de la Corte Interamericana.[9]

Por otro lado, la competencia jurisdiccional de la Corte Interamericana cuando decide que ha habido violación de un derecho o libertad protegidos en la Convención Americana comprende la facultad de disponer que se garantice a la víctima el goce de su derecho o libertad conculcados, y si ello fuera procedente, que se reparen las consecuencias de la medida o situación que ha configurado la vulneración de esos derechos, así como el pago de una justa indemnización a la parte lesionada.[10] Son entonces estos poderes del juez interamericano los que se ponen a prueba no sólo al momento de dictar sus sentencias, sino a la hora de la verdad cuando éstas deben ser ejecutadas y cumplidas por los Estados.

Estos poderes del juez interamericano tienen su contrapartida en el derecho de las víctimas a que su derecho a la tutela judicial efectiva internacional, no sólo sea declarado por la sentencia, sino que además ésta sea ejecutada. Por lo cual, las víctimas de violación de derechos humanos cuentan, frente a la Corte Interamericana, con un verdadero derecho a que ésta les garantice el goce de su derecho o libertad conculcados, y si ello fuera procedente, a que se reparen las consecuencias de la medida o situación que ha configurado la vulneración de esos derechos y el pago de una justa indemnización.

Además de estos fundamentos generales, el derecho a que las sentencias de la Corte Interamericana se ejecuten, se fundamenta en derechos específicos de las víctimas, que veremos a continuación.

En efecto, la ejecución de las sentencias de la Corte Interamericana tiene su fundamento en el derecho a la tutela judicial efectiva frente a las violaciones a los derechos humanos por parte de los Estados parte de la Convención Americana. Es en este sentido que debe ser interpretado ese derecho a la protección judicial reconocido en la Convención Americana, como el derecho de toda persona a un recurso sencillo y rápido, o a cualquier otro recurso efectivo ante los jueces o tribunales competentes, que la ampare contra actos que violen sus derechos reconocidos por dicha

---

9   Artículos 67 y 68.1, CADH.

10   Artículo 63.1, CADH.

Convención. Para que la tutela judicial sea efectiva, la Convención Americana exige entre sus elementos esenciales que los Estados partes se comprometan a "garantizar el cumplimiento, por las autoridades competentes, de toda decisión en que se haya estimado procedente el recurso".[11]

En consecuencia, la tutela judicial no es efectiva si no alcanza a ejecutar lo decidido en la sentencia de la Corte Interamericana. Ello, en virtud de que el ejercicio de todo poder o función judicial conlleva la competencia para:

- Conocer el conflicto;
- Decidir mediante una sentencia con fuerza de verdad legal, y
- Hacer cumplir lo decidido.

Se trata en definitiva del poder jurisdiccional para juzgar y ejecutar o hacer ejecutar lo decidido. Estas facultades son en definitiva expresión de la autonomía e independencia del juez y del Poder Judicial, y del contenido del derecho a la tutela judicial efectiva.

La ejecución de la sentencia ha sido llamada "la hora de la verdad de la sentencia", para determinar su verdadero valor y efectos. En el ámbito de las altas cortes constitucionales se ha venido despertando un verdadero interés por darle efectividad a la jurisdicción internacional de los derechos humanos.[12] Ya desde 1995 la Corte Constitucional de Colombia había expresado que "la fuerza vinculante de los tratados de derechos humanos está garantizada por el control que sobre su efectividad ejerce la Corte Interamericana de Derechos Humanos",[13] por lo que dicha Corte no sólo no encontró "ninguna objeción constitucional a estos mecanismos

---

11 Artículo 25, CADH.

12 Véase nuestro trabajo: Ayala Corao, Carlos, "Recepción de la jurisprudencia internacional sobre derechos humanos por la jurisprudencia constitucional", *Libro homenaje a Humberto J. La Roche Rincón*, Caracas, Tribunal Supremo de Justicia, 2001; Ayala Corao, Carlos, *La jerarquía constitucional de los tratados relativos a derechos humanos y sus consecuencias*, cit., y Bidart Campos, Germán J. et al., *La aplicación de los tratados sobre derechos humanos por los tribunales locales*, Buenos Aires, CELS, 1997; Cançado Trindade, Antonio Augusto, "La interacción entre el derecho internacional y el derecho interno en la protección de los derechos humanos", *El juez y la defensa de la democracia*, San José, IIDH/CCE, 1993.

13 Sentencia T-447/95, del 23 de octubre de 1995, publicada en *Derechos fundamentales e interpretación constitucional (ensayos-jurisprudencia)*, Lima, Comisión Andina de Juristas, 1997.

internacionales de protección", sino que los declaró compatibles con la soberanía, ya que "representan un avance democrático indudable" y "son una proyección en el campo internacional de los mismos principios y valores [de la dignidad humana, libertad e igualdad] defendidos por la Constitución".[14]

En conclusión, la ejecución de las sentencias emanadas de la Corte Interamericana se fundamenta en el ejercicio de los derechos humanos y en las potestades y competencias propias de dicha jurisdicción, reconocidas por los Estados en la Convención Americana. Su acatamiento por parte de los Estados forma parte de las reglas básicas del derecho internacional en todo Estado de derecho, y son un requisito esencial para la garantía efectiva de la protección de la persona humana.

II. EL PROCESO INTERNO PARA LA EJECUCIÓN Y EL CUMPLIMIENTO DE LOS FALLOS

Las sentencias de la Corte Interamericana de Derechos Humanos son actos jurisdiccionales emanados de ese tribunal internacional, cuya jurisdicción y competencia ha sido reconocida expresamente por los Estados en el momento del depósito de su instrumento de ratificación o adhesión de la Convención Americana, o en cualquier momento posterior, mediante una declaración en la cual reconocen como obligatoria de pleno derecho y sin convención especial, la competencia de la Corte sobre todos los casos relativos a la interpretación o aplicación de dicha Convención.[15]

Por lo cual los Estados condenados deben proceder de buena fe a la ejecución de estas sentencias, como una verdadera obligación internacional derivada de sus compromisos bajo la Convención Americana. Para ello, el representante del Estado, es decir, su agente ante la Corte Interamericana, debe proceder a través del órgano competente (usualmente las cancillerías) a notificar las sentencias de la Corte a los órganos competentes encargados de su cumplimiento en el derecho interno. De esta manera, en el orden interno los órganos competentes deben cumplir de modo inmediato e incondicional las medidas reparatorias ordenadas por la Corte Interamericana en los dispositivos de sus fallos.

---

14 Sentencia C-251, del 28 de mayo de 1997, Corte Constitucional de Colombia, párrafo 24.

15 Artículo 62.1, CADH.

En ese sentido, dependiendo del reparto competencial en los Estados, cada uno de sus órganos competentes debe proceder a ejecutar y cumplir la sentencia de la Corte Interamericana dentro de su ámbito de jurisdicción. Así, por ejemplo, normalmente una orden de investigar le corresponderá llevarla a cabo al Ministerio Público o fiscalía; una orden de sancionar le corresponderá a los tribunales penales; las sanciones administrativas y disciplinarias, a los departamentos administrativos correspondientes; las órdenes de indemnización compensatoria normalmente le corresponderá ejecutarlas a los ministerios o secretarías de finanzas o hacienda pública; las órdenes relativas a modificación de leyes le corresponderá a los congresos o asambleas; las órdenes de modificar un reglamento normalmente le corresponderá al Poder Ejecutivo; las órdenes de publicar la sentencia de la Corte Interamericana en el diario oficial le corresponderá al departamento del poder público responsable de ello; las órdenes de brindar atención médica deberán ser cumplidas normalmente, directa o indirectamente, por el ministerio o secretaría responsable del sector salud, y una orden de dejar sin efecto una condena civil o penal normalmente le corresponderá dejarla directamente sin efecto a los tribunales respectivos, aunque podría ser cumplida indirectamente por otros órganos.

Ahora bien, las modalidades de ejecución de las sentencias de la Corte Interamericana dependerán de su contenido mismo, ya sea declarativo o constitutivo de condenas, como son las órdenes de hacer, no hacer, modificar actos, pagar, no innovar u otras.

III. LAS DECLARACIONES DE DERECHO

Las sentencias de la Corte Interamericana concluyen "declarando el derecho violado" con base en los hechos probados o reconocidos en el proceso. De esta forma, todas las sentencias de fondo (y reparaciones) de la Corte Interamericana contienen una parte declarativa en la cual ésta determina, con base en los hechos del caso, los derechos específicos y los artículos de la Convención Americanos violados; además, y cada vez con mayor énfasis, la Corte puede declarar que determinada conducta del Estado configura también una violación del artículo 2 de la Convención, por haber dejado de adoptar determinadas medidas de garantía de los derechos a las cuales se encontraba obligado.

Es evidente que estas declaraciones de derecho contenidas en las sentencias de la Corte Interamericana son de la exclusiva competencia jurisdiccional de ésta, y se bastan por sí mismas. Por lo cual, aunque suponen su acatamiento por el Estado, no requieren en sí de su ejecución mediante la adopción de medidas específicas por parte del Estado. No obstante, estas declaraciones de derecho se deben convertir en guía para la ejecución de las órdenes de reparación y restablecimiento de la violación causada a los derechos reconocidos en la Convención.

En algunos casos la Corte Interamericana dispone en su sentencia que ésta constituye *per se* una forma de reparación, en los términos contenidos en el fallo.[16]

Estas declaraciones u órdenes de la Corte Interamericana realizadas en algunas de sus sentencias son hechas -de manera similar a la Corte Europea- bajo el concepto de que la verdad de los hechos contenida en su sentencia, la justicia a las víctimas y el establecimiento de la responsabilidad internacional del Estado derivada de la violación a los derechos reconocidos en la Convención constituyen en sí mismos una reparación válida para las víctimas.

Por razones evidentes, estas declaraciones no requieren en principio de una actuación o medida de ejecución o cumplimiento por parte del Estado condenado, sino que se bastan por sí mismas. Sin embargo, igualmente sirven de guía para las medidas específicas de cumplimiento de la sentencia que debe adoptar el Estado condenado.

IV. La obligación de investigar y sancionar

El mandato fundamental de condena al Estado de cumplir con su deber internacional de *investigar y sancionar* las violaciones a los derechos humanos ha sido desarrollado magistralmente por la Corte Interamericana desde su primera sentencia de fondo y de reparaciones en el caso líder de Velásquez Rodríguez decidido en los años 1988 y 1989, respectivamente.

---

16 *Cfr.* entre otros, caso *Lori Berenson Mejía*, sentencia de fondo, reparaciones y costas, dictada el 25 de noviembre de 2004, dispositivo 2; caso *Ricardo Canese*, sentencia sobre el fondo, reparaciones y costas, dictada el 31 de agosto de 2004, dispositivo número 5, y caso *Montero Aranguren y otros* (Retén de Catia), sentencia sobre fondo, reparaciones y costas, dictada el 5 de julio de 2006, declaración 6.

En efecto, en su primera sentencia de fondo, la Corte tempranamente determinó esta obligación fundamental a cargo del Estado, formulándola de la siguiente manera:[17]

> 174. El Estado está en el deber jurídico de prevenir, razonablemente, las violaciones de los derechos humanos, de *investigar seriamente* con los medios a su alcance las violaciones que se hayan cometido dentro del ámbito de su jurisdicción *a fin de identificar a los responsables, de imponerles las sanciones pertinentes y de asegurar a la víctima una adecuada reparación* (resaltados añadidos).

Esta determinación había sido establecida en el texto de la parte motivada de la sentencia, pero sin formular ningún mandato específico reparatorio en la parte dispositiva o resolutiva del fallo. Ello ocasionó que en la oportunidad del debate sobre las reparaciones indemnizatorias, la Comisión Interamericana y los abogados asistentes de la víctima sostuvieran que, en ejecución del fallo, la Corte debía ordenar algunas medidas a cargo del Estado, tales como la investigación de los hechos relativos a la desaparición forzada de la víctima, Manfredo Velásquez; el castigo de los responsables de estos hechos; la declaración pública de la reprobación de esta práctica; la reivindicación de la memoria de la víctima y otras similares. En la oportunidad de dictar su sentencia sobre reparaciones, la Corte dejó en claro que estas medidas forman parte de las reparaciones debidas a la víctima, y que aunque no estaban contenidas en la parte resolutiva del fallo de fondo, se entendían que formaban parte de ésta, por lo que dichas obligaciones subsistían a cargo del Estado hasta su total cumplimiento:[18]

> 33. Medidas de esta clase formarían parte de la reparación de las consecuencias de la situación violatoria de los derechos o libertades y no de las indemnizaciones, al tenor del artículo 63.1 de la Convención.

> 34. No obstante la Corte ya señaló en su sentencia sobre el fondo (*Caso Velásquez Rodríguez, supra* 2, párr. 181), la subsistencia del deber de investigación que corresponde al Gobierno, mientras se mantenga la incertidumbre sobre la suerte final de la persona desaparecida (*supra* 32). A este deber de investigar se suma el deber de prevenir la posible comisión de desapari-

---

17 Caso: *Velásquez Rodríguez*, sentencia de fondo, dictada el 29 de julio de 1988.

18 Caso: *Velásquez Rodríguez*, sentencia de indemnización compensatoria (reparaciones), dictada el 21 de julio de 1989.

ciones forzadas y de sancionar a los responsables directos de las mismas (*Caso Velásquez Rodríguez, supra* 2, párr. 174).

35. *Aunque estas obligaciones no quedaron expresamente incorporadas en la parte resolutiva de la sentencia sobre el fondo, es un principio del derecho procesal que los fundamentos de una decisión judicial forman parte de la misma. La Corte declara, en consecuencia, que tales obligaciones a cargo de Honduras subsisten hasta su total cumplimiento* (resaltados añadidos).

La Corte Interamericana precisó desde un principio que esta obligación de investigar y sancionar, aunque es de medios, no es una mera formalidad, ya que la misma debe ser asumida con "seriedad"[19] conforme a estándares objetivos:

177. En ciertas circunstancias puede resultar difícil la investigación de hechos que atenten contra derechos de la persona. *La de investigar es, como la de prevenir, una obligación de medio o comportamiento que no es incumplida por el solo hecho de que la investigación no produzca un resultado satisfactorio. Sin embargo, debe emprenderse con seriedad y no como una simple formalidad condenada de antemano a ser infructuosa*. Debe tener un sentido y ser asumida por el Estado como un deber jurídico propio y no como una simple gestión de intereses particulares, que dependa de la iniciativa procesal de la víctima o de sus familiares o de la aportación privada de elementos probatorios, sin que la autoridad pública busque efectivamente la verdad. Esta apreciación es válida cualquiera sea el agente al cual pueda eventualmente atribuirse la violación, aun los particulares, pues, si sus hechos no son investigados con seriedad, resultarían, en cierto modo, auxiliados por el poder público, lo que comprometería la responsabilidad internacional del Estado (resaltados añadidos).

De allí en adelante, en los casos en los cuales ha habido una violación a los derechos humanos y ésta no ha sido investigada, no se han identificado a los responsables, y éstos no han sido sometidos a proceso o no han sido sancionados, la Corte Interamericana, en el dispositivo de sus sentencias, requiere al Estado que, como parte de la reparación integral y del deber de prevenir, se cumpla con esta obligación.

---

19 Caso: *Velásquez Rodríguez*, sentencia de fondo, dictada el 29 de julio de 1988; en el mismo sentido, véase, entre otras, caso *El Amparo*, sentencia de reparaciones, dictada el 14 de septiembre de 1996.

La Corte Interamericana lleva a cabo la supervisión del cumplimiento de este mandato de investigación, sometimiento a juicio y sanción, con base en parámetros desarrollados en su jurisprudencia. En ese sentido, por ejemplo, en sus resoluciones sobre cumplimiento de las sentencias que han requerido al Estado cumplir con su obligación de investigar y sancionar, la Corte Interamericana ha hecho referencia a su jurisprudencia, conforme a la cual[20] ninguna ley ni disposición de derecho interno, incluyendo las leyes de amnistía y los plazos de prescripción, pueden impedir a un Estado cumplir la orden de la Corte de investigar y sancionar a los responsables de *graves* violaciones de derechos humanos. Sobre este particular, la Corte ha llamado la atención de los Estados en el sentido de que las disposiciones de amnistía, las reglas de prescripción y el establecimiento de excluyentes de responsabilidad, que pretendan impedir la investigación y sanción de los responsables de las violaciones *graves* de los derechos humanos, son inadmisibles, ya que dichas violaciones contravienen derechos inderogables reconocidos por el derecho internacional de los derechos humanos.

Ante la falta de cumplimiento de un Estado de este requerimiento de investigación, sometimiento a juicio y sanción, le corresponde a la Corte mantener abierta la supervisión de su sentencia.[21] Desafortunadamente, en una gran mayoría de casos decididos por la Corte Interamericana, los requerimientos al Estado de investigar, procesar y sancionar se encuentran total o parcialmente incumplidos o pendientes de ejecución, como son los casos de Caballero Delgado y Santana, El Amparo, Loayza Tamayo, Castillo Páez, Benavides Cevallos, Tribunal Constitucional, Panel Blanca, Niños de la Calle, Cesti Hurtado, Cantoral Benavides, Durand y Ugarte, Bámaca Velásquez, Trujillo Oroza, Barrios Altos, Las Palmeras, Caracazo, Bulacio, Mack Chang y Blake.[22]

---

20   Cfr. caso *Baldeón García*, sentencia del 6 de abril de 2006, párrafo 201; caso *Blanco Romero y otros*, sentencia del 28 de noviembre de 2005, párrafo 98, y caso *Gómez Palomino*, sentencia del 22 de noviembre de 2005, párrafo 140.

21   Cfr. caso El Amparo, cumplimiento de sentencia, resolución de la Corte Interamericana de Derechos Humanos del 4 de julio de 2006, considerandos dieciséis y diecisiete.

22   En el caso *Blake* sólo hubo sanción al señor Vicente Cifuentes López, uno de los responsables de las violaciones de los derechos humanos cometidas en contra del señor Nicholas Chapman Blake. Respecto al resto de los responsables, aún está pendiente el cumplimiento de la obligación del Estado de investigar, juzgar y sancionar.

En algunos casos, a pesar de estar pendiente de cumplimiento la disposición de la sentencia de la Corte Interamericana relativa al requerimiento al Estado de investigar, enjuiciar y sancionar a los responsables de violaciones a los derechos humanos, se han dado pasos importantes para remover los obstáculos, tales como las prescripciones o las leyes de amnistía.

1. *La invalidez de la prescripción en casos de violaciones graves*

Con relación al obstáculo de la posible prescripción de las acciones para investigar, enjuiciar y sancionar a los responsables de violaciones graves a los derechos humanos, es importante referirnos a los avances dados por el Tribunal Constitucional de Bolivia. En el caso de José Carlos Trujillo Oroza, relativo a su desaparición forzada en 1972 en Bolivia, la Corte Interamericana, con base en su sentencia de fondo, en 2000,[23] en su sentencia de reparaciones en 2002,[24] había requerido al Estado que "debe investigar, identificar y sancionar a los responsables de los hechos lesivos de que trata el presente caso...". A pesar de ello, en el juicio penal seguido en Bolivia contra los supuestos responsables se había declarado extinguida la acción penal por prescripción.[25] Sin embargo, posteriormente, sobre la base del recurso presentado por la madre del desaparecido ante el Tribunal Constitucional, éste determinó en su sentencia que se estaba ante un delito permanente, debido a que "...en la ejecución de la acción delictiva, el o los autores, están con el poder de continuar o cesar la acción antijurídica (privación ilegal de libertad) y que mientras ésta perdure, el delito se reproduce a cada instante en su acción consumativa". El Tribunal Constitucional declaró procedente el recurso al llegar a la conclusión de que no se estaba en un supuesto válido de prescripción de la acción penal, en virtud del carácter permanente del delito de desaparición forzada, ya que

> ...establecido el carácter permanente del delito de privación ilegal de libertad, delito por el cual se juzga a los imputados Justo Sarmiento Alanes, Pe-

---

23 Caso *Trujillo Oroza*, sentencia de fondo, del 26 de enero de 2000.

24 Caso *Trujillo Oroza*, sentencia de reparaciones, del 27 de febrero de 2002.

25 Primero por sentencia del juez Quinto de Instrucción en lo Penal, y luego por la Sala Penal Primera del Distrito Judicial de Santa Cruz en Bolivia.

dro Percy Gonzáles Monasterio, Elías Moreno Caballero, Antonio Guillermo Elío, Ernesto Morant Lijerón, Oscar Menacho y Rafael Loayza (fallecido), y que la víctima no ha recuperado hasta el presente su libertad; consecuentemente, no ha comenzado a correr la prescripción; puesto que para computar la prescripción de los delitos permanentes se debe empezar a contar desde el día en que cesa la ejecución del delito (en el delito que nos ocupa, cuando la persona recupera su libertad).[26]

2. *La invalidez de las amnistías frente a violaciones a los derechos humanos*

Con relación a la remoción de los obstáculos que pueden representar las amnistías para investigar, procesar y sancionar a los responsables de violaciones graves a los derechos humanos, es importante referirnos a lo ocurrido en Perú con ocasión de la sentencia de la Corte Interamericana en el caso Barrios Altos, referido a las ejecuciones extrajudiciales perpetradas durante la dictadura de Fujimori en ese país por el "Grupo Colina".[27] En su sentencia de fondo del 14-3-01,[28] la Corte declaró que conforme a los términos del reconocimiento de responsabilidad internacional efectuado por el Estado, que éste había violado el derecho a la vida, el derecho a la integridad personal y el derecho a las garantías judiciales y a la protección judicial, consagrados en los artículos 4, 5, 8 y 25, respectivamente, de la Convención Americana, como consecuencia de la promulgación y aplicación de las leyes de amnistía 26479 y 26492. Como consecuencia de estas declaraciones, la Corte Interamericana igualmente se pronunció sobre el deber de investigar, procesar y sancionar a los responsables de las violaciones a los derechos humanos de las víctimas:

> 5. Declarar que el Estado del Perú debe investigar los hechos para determinar las personas responsables de las violaciones de los derechos humanos a los que se ha hecho referencia en esta Sentencia, así como divulgar públicamente los resultados de dicha investigación y sancionar a los responsables.

---

26 Tribunal Constitucional de Bolivia, sentencia constitucional 1190/01-R del 12 de noviembre de 2001, párrafo 16.

27 Los hechos de Barrios Altos se produjeron en 1991, y las autoamnistías las dictó el gobierno de Fujimori en 1995.

28 Caso *Barrios Altos* (*Chumbipuma Aguirre y otros vs. Perú*), sentencia de fondo del 14 de marzo de 2001.

El gobierno peruano, al ser notificado de la sentencia de fondo de la Corte Interamericana, la remitió de inmediato a la Corte Suprema de Justicia.[29] El presidente de dicho Tribunal la envió a su vez a varias instancias judiciales,[30] señalando que el proceso penal por los sucesos de Barrios Altos debía ser reabierto, debido al carácter "vinculante e inexorable" de esa sentencia de la Corte Interamericana. Ese mismo día, la Fiscalía Especializada solicitó y obtuvo la autorización para practicar un mandato de detención contra las trece personas presuntamente implicadas en la masacre a investigar, dentro de las que se encontraban dos generales del ejército. En los días siguientes, los implicados fueron detenidos y sometidos a los correspondientes procesos penales en los tribunales ordinarios. Asimismo, se llevaron a cabo acciones importantes en el ámbito de la justicia militar, ya que el máximo órgano de la justicia militar, el Consejo Supremo de Justicia Militar, en sus dos instancias,[31] resolvió declarar nulos los sobreseimientos que el propio fuero militar había decretado en beneficio de Vladimiro Montesinos Torres y personal del ejército, disponiéndose que lo actuado se remitiera al juzgado penal especial del fuero ordinario. Para llegar a esa decisión, la Sala plena del Consejo Supremo de Justicia Militar realizó un razonamiento jurídico importante, y remitiéndose al artículo 27 de la Convención de Viena sobre Derecho de los Tratados, estableció que "...el Consejo Supremo de Justicia Militar, como parte integrante del Estado Peruano, debe dar cumplimiento a la sentencia internacional en sus propios términos y de modo que haga efectiva en todos sus extremos la decisión que ella contiene...". Esa Sala plena militar decidió que se debía anular todo obstáculo que impida la plena ejecución de la sentencia de la Corte Interamericana, ya que "...en este sentido la sentencia internacional constituye el fundamento específico de anulación de toda resolución, aún cuanto ésta se encuentre firme". La sala revisora superior, al confirmar esta decisión, consideró además que "...la Corte Interamericana de Derechos Humanos en su sentencia declaró que

---

29 Con relación a las acciones adoptadas por el Estado peruano, véase García-Sayán, Diego, "Una viva interacción: Corte Interamericana y tribunales internos", *La Corte Interamericana de Derechos Humanos. Un cuarto de siglo: 1979-2004*, San José, 2005, pp. 361 y ss.

30 Salas penales y Corte Superior de Lima. El 24 de abril de 2000 se envió al Consejo Supremo de Justicia Militar.

31 Sala plena en fallo del 1 de junio de 2001, y Sala revisora en decisión del 4 de junio del mismo año.

las acotadas leyes de amnistía son incompatibles con la Convención Americana sobre Derechos Humanos y en consecuencia carecen de efectos jurídicos...", por lo que los sobreseimientos dictados vulneraban "...claramente la quinta decisión de la sentencia de la Corte Interamericana de Derechos Humanos, que ordena al Estado investigar los hechos para determinar las personas responsables de las violaciones de los derechos humanos".[32]

Sin embargo, los avances sobre la investigación, procesamiento y sanción de los responsables en el caso de Barrios Altos, desafortunadamente no continuaron con este ímpetu, por lo que aún no ha culminado con una justicia reparatoria integral. Ello ya se evidenciaba a partir del año 2003, de las resoluciones de la Corte Interamericana sobre la supervisión del cumplimiento de las sentencias de fondo y de reparaciones. Así, en su resolución del 28 de noviembre de 2003, la Corte Interamericana declaró que era indispensable que el Estado del Perú informara a la Corte, entre otros, sobre los "puntos pendientes de cumplimiento" relativos a la investigación y sanción de los responsables:[33]

16. ...

a) la investigación de los hechos para determinar las personas responsables de las violaciones de los derechos humanos a los que se hizo referencia en la sentencia sobre el fondo, y sobre la divulgación pública de los resultados de dicha investigación y la sanción de los responsables (punto resolutivo quinto de la Sentencia sobre el Fondo de 14 de marzo de 2001);...

En virtud de ello, la Corte decidió en esta resolución: "6. Exhortar al Estado a que adopte todas las medidas que sean necesarias para dar efecto y pronto cumplimiento a las reparaciones ordenadas en las sentencias de 14 de marzo y 30 de noviembre de 2001 y que se encuentran pendientes de cumplimiento, de acuerdo con lo dispuesto en el artículo 68.1 de la Convención Americana sobre Derechos Humanos", y

7. Requerir al Estado que presente a la Corte Interamericana de Derechos Humanos, a más tardar el 1 de abril de 2004, un informe detallado en el cual indique todas las medidas adoptadas para cumplir con el deber de investigar

---

32 Véase García-Sayán, Diego, *La Corte Interamericana de Derechos Humanos, cit.*, pp. 361 y ss.

33 Caso *Barrios Altos*, cumplimiento de sentencia, resolución de la Corte Interamericana de Derechos Humanos del 28 de noviembre de 2003.

los hechos para determinar las personas responsables de las violaciones de los derechos humanos a los que se hizo referencia en la sentencia sobre el fondo, así como para divulgar públicamente los resultados de dicha investigación y sancionar a los responsables, y para cumplir con las otras reparaciones ordenadas por esta Corte que se encuentran pendientes de cumplimiento, tal y como se señala en el considerando décimo sexto de la presente Resolución.

A tales fines, la Corte decidió mantener abierto el procedimiento de supervisión de cumplimiento de los puntos pendientes de acatamiento en ese caso.

Posteriormente, en 2004 la Corte Interamericana adoptó una nueva resolución sobre el cumplimiento de sus sentencias de fondo y de reparaciones en el caso Barrios Altos. La Corte, en esta resolución, si bien reconoció que los representantes de las partes habían indicado que se encuentran en trámite dos procesos penales, uno de ellos en la etapa de juzgamiento contra varias personas, y el otro en segunda instancia ante la Sala Penal Especial de la Corte Suprema de Justicia contra el ex presidente Alberto Fujimori, no obstante, al igual que en su resolución de 2003, advirtió "que no dispone de información suficiente" sobre el "deber de investigar los hechos para determinar las personas responsables de las violaciones de los derechos humanos a los que se hizo referencia en la sentencia sobre el fondo, así como divulgar públicamente los resultados de dicha investigación y la sanción de los responsables".[34]

Por todo ello, no obstante los importantes avances que se habían realizado en relación con la obligación de investigar, enjuiciar y sancionar en el caso Barrios Altos, a finales del año 2006, ésta aún se encontraba pendiente de cumplimiento íntegro por parte de las autoridades judiciales peruanas. Para algunos defensores de derechos humanos en Perú, el triunfo de Alan García en el 2006 y su pasado en materia de derechos humanos hacía levantar dudas sobre su compromiso con el avance de la justicia en estos y en otros casos.[35]

---

34 Caso *Barrios Altos*, cumplimiento de sentencia, resolución de la Corte Interamericana de Derechos Humanos del 17 de noviembre de 2004.

35 Véase Revista *IDELE*, Lima, Instituto de Defensa Legal, entre otros números del 2006, del 17 de octubre de 2006.

3. La discusión frente a los derechos de los acusados

La obligación de investigar y sancionar a los responsables de violaciones a los derechos humanos de las víctimas y la inoponibilidad de excepciones como la prescripción de la acción o del delito, ha planteado la discusión en torno a la ponderación de estas obligaciones frente a los derechos del acusado a ser juzgado dentro de un plazo razonable, particularmente cuando no se está ante un caso de violaciones "graves" a los derechos humanos.

Un caso de especial relevancia en torno al cumplimiento de las sentencias de la Corte Interamericana que contienen el mandamiento de investigar y sancionar lo constituye el caso Bulacio en Argentina. Walter David Bulacio había sido detenido arbitrariamente, y luego había muerto estando aún en custodia de la policía por lesiones internas, ante la ausencia de una atención médica oportuna y adecuada. En su sentencia de fondo, reparaciones y costas, dictada el 18-9-03, la Corte Interamericana declaró que el Estado había violado los derechos a la vida, integridad personal, libertad personal, debido proceso, derechos del niño y a la tutela judicial efectiva, consagrados en la Convención Americana sobre Derechos Humanos, en perjuicio de Walter David Bulacio y sus familiares, y en consecuencia la Corte decidió que[36]

> 4. El Estado debe proseguir y concluir la investigación del conjunto de los hechos del caso y sancionar a los responsables de los mismos; que los familiares de la víctima deberán tener pleno acceso y capacidad de actuar, en todas las etapas e instancias de dichas investigaciones, de conformidad con la ley interna y las normas de la Convención Americana sobre Derechos Humanos; y que los resultados de las investigaciones deberán ser públicamente divulgados...

En su resolución sobre el cumplimiento de su sentencia emitida por la Corte Interamericana al año siguiente, ésta determinó que no disponía de información suficiente sobre "la investigación del conjunto de los hechos del caso y la sanción a los responsables de los mismos, en la cual los familiares de la víctima deberán tener pleno acceso y capacidad de actuar, y cuyos resultados deberán ser públicamente divulgados", en virtud de lo

---

36 Caso *Bulacio*, sentencia de fondo, reparaciones y costas, dictada el 18 de septiembre de 2003.

cual decidió requerir al Estado que acatara su sentencia en los puntos pendientes de ejecución, como era precisamente la investigación y sanción de los responsables de las violaciones a los derechos humanos de Walter David Bulacio.[37]

La Corte Interamericana, en su sentencia de 2003, había declarado que la prescripción no era aplicable a los delitos contra los derechos humanos cometidos en el marco del caso sometido a su consideración.[38] Luego, en la citada resolución de 2004 sobre el cumplimiento de su sentencia, la Corte Interamericana había tomado nota que la Corte Suprema se encontraba considerando un recurso extraordinario contra una decisión de la Sala Sexta de la Cámara Criminal que había declarado la prescripción de la causa penal, entre otros, contra el comisario de policía (ahora retirado), Miguel Ángel Espósito, sobre lo cual el procurador general de la Corte había emitido un dictamen favorable el 18 de diciembre de 2003.[39]

Posteriormente, la Corte Suprema de Justicia de Argentina se pronunció (en diciembre de 2005) sobre el recurso extraordinario pendiente contra la declaración de prescripción de la causa. En esta interesante decisión, la Corte argentina, a pesar sus reservas por estar en desacuerdo con las conclusiones del tribunal internacional sobre la imprescripción de los delitos contra los derechos humanos cometidos en el marco del caso sometido a su consideración, en virtud del carácter obligatorio que tienen los fallos de la Corte Interamericana como órgano de la Convención Americana, reconoció la autoridad de este tribunal internacional por encima de la suya propia, y por tanto decidió darle cumplimiento a su sentencia y declarar la no prescripción de la causa:[40]

---

37 Caso *Bulacio vs. Argentina*, cumplimiento de sentencia, resolución de la Corte Interamericana de Derechos Humanos del 17 de noviembre de 2004.

38 La Corte había expresado: "...son inadmisibles las disposiciones de prescripción o cualquier obstáculo de derecho interno mediante el cual se pretenda impedir la investigación y sanción de los responsables de las violaciones de derechos humanos" (párrafo 116), caso *Bulacio*, sentencia de fondo, reparaciones y costas, dictada el 18 de septiembre de 2003.

39 Caso *Bulacio vs. Argentina*, cumplimiento de sentencia, resolución de la Corte Interamericana de Derechos Humanos del 17 de noviembre de 2004, párrafo 5.

40 Corte Suprema de Justicia de la Nación de la República Argentina. Caso *Espósito*, sentencia del 23 de diciembre de 2006, párrafo 16.

...se plantea la paradoja de que sólo es posible cumplir con los deberes impuestos al Estado Argentino por la jurisdicción internacional en materia de derechos humanos restringiendo fuertemente los derechos de defensa y a un pronunciamiento en un plazo razonable, garantizados al imputado por la Convención Interamericana. Dado que tales restricciones, empero, fueron dispuestas por el propio tribunal internacional a cargo de asegurar el efectivo cumplimiento de los derechos reconocidos por dicha Convención, a pesar de las reservas señaladas, es deber de esta Corte, como parte del Estado Argentino, darle cumplimiento en el marco de su potestad jurisdiccional.

Esta decisión adoptada por la Corte Suprema de Justicia de Argentina dio cumplimiento a la sentencia de la Corte Interamericana, a pesar de que había concluido que en el caso concreto la interpretación del tribunal internacional ocasionaba una fuerte restricción a los derechos a la defensa y a ser juzgado en un plazo razonable garantizados por la Convención Americana. De esta forma, de una manera notable, la Corte Argentina reconoció no sólo la autoridad de la Corte Interamericana por encima de la suya, sino, además, el carácter obligatorio de sus sentencias, a pesar de estar en desacuerdo con su contenido y mandato.

No obstante lo anterior, estas decisiones permiten replantear el debate sobre los límites aceptables a las acciones penales para perseguir los delitos contra los derechos humanos. La Corte Interamericana en sus decisiones ha hecho referencia específica en muchos casos a que las violaciones *graves* contra los derechos humanos no admiten obstáculos a su investigación y sanción, como son las prescripciones y las amnistías. Ello debe llevar a la Corte a construir una lista, determinando cuáles son esas violaciones graves, para lo cual resultan claros algunos delitos contra los derechos humanos ya calificados por el derecho internacional, como son, por ejemplo, la tortura, la desaparición forzada de personas y la ejecución arbitraria de personas.

4. *La inoponibilidad de la cosa juzgada fraudulenta*

Otro aspecto muy importante que puede enfrentar la ejecución de las órdenes de las sentencias de la Corte Interamericana de investigar y sancionar son las relativas a la oposición de la cosa juzgada en el derecho interno. Sobre el particular, la Corte se ha pronunciado desconociendo los efectos de la cosa juzgada obtenida en forma fraudulenta.

El desarrollo de la legislación y de la jurisprudencia internacionales, particularmente con ocasión del Estatuto de Roma y la jurisprudencia de los tribunales penales internacionales especiales y del Tribunal Penal Internacional,[41] han permitido el examen y la revisión de la llamada "cosa juzgada fraudulenta", que resulta de un juicio en el que no se han respetado las reglas del debido proceso, o cuando los jueces no obraron con independencia e imparcialidad.[42] Así, en el caso Carpio Nicolle la Corte Interamericana estableció que un Estado no puede invocar como eximente de su obligación de investigar y sancionar, las sentencias emanadas de juicios que no cumplan con los estándares de la Convención Americana:[43]

> El juicio del... caso, ante los tribunales nacionales, estuvo contaminado por tales graves vicios. Por tanto, no podría invocar el Estado, como eximente de su obligación de investigar y sancionar, las sentencias emanadas en procesos que no cumplieron los estándares de la Convención Americana. La regla básica de interpretación contenida en el artículo 29 de dicha Convención disipa toda duda que se tenga al respecto... La situación general imperante en el sistema de justicia que denota su impotencia para mantener su independencia e imparcialidad frente a las presiones de que puedan ser objeto sus integrantes, en casos cuyas características guardan similitud con las que presenta el del señor Carpio Nicolle y demás víctimas, coadyuva en el sostenimiento de tal afirmación. En el cumplimiento de la obligación de investigar y sancionar en el... caso, el Estado debe remover todos los obstáculos y mecanismos de hecho y de derecho que mantienen la impunidad, otorgar las garantías de seguridad suficientes a los testigos, autoridades judicia-

---

41   *Cfr., inter alia*, Estatuto de Roma de la Corte Penal Internacional, U.N. Doc. A/CONF.183/9 (1998), artículo 20; Estatuto del Tribunal Internacional para Ruanda, UN Doc. S/Res/955 (1994), artículo 9; y Estatuto del Tribunal Internacional para la ex Yugoslavia, UN Doc. S/Res/827 (1993), artículo 10. *Cfr., inter alia,* Noveno informe del Secretario General, del 30 de agosto de 2004, Misión de Verificación de las Naciones Unidas en Guatemala, U.N. Doc. A/59/307; Decimocuarto informe sobre derechos humanos del 10 de noviembre de 2003, Misión de Verificación de las Naciones Unidas en Guatemala, U.N. Doc. A/58/566; y Quinto informe sobre la situación de los derechos humanos en Guatemala del 6 de abril de 2001 de la Comisión Interamericana de Derechos Humanos, OEA/Ser.L/V/II.111 Doc. 21 rev. Véase el Protocolo de Estambul, Publicación de las Naciones Unidas, N° de venta E.01.XIV.1

42   Caso *Carpio Nicolle y otros*, sentencia de fondo de 22 de noviembre de 2004, párrafo 131.

43   Caso *Carpio Nicolle y otros*, párrafos 132-135.

les, fiscales, otros operadores de justicia y a los familiares de las víctimas, así como utilizar todas las medidas a su alcance para diligenciar el proceso... El Estado debe adoptar medidas concretas dirigidas a fortalecer su capacidad investigativa. En este sentido, habrá que dotar a las entidades encargadas de la prevención e investigación de las ejecuciones extrajudiciales de suficientes recursos humanos, económicos, logísticos y científicos para que puedan realizar el procesamiento adecuado de toda prueba, científica y de otra índole, con la finalidad de esclarecer los hechos delictivos. Dicho procesamiento debe contemplar las normas internacionales pertinentes en la materia, tales como las previstas en el Manual de las Naciones Unidas sobre la prevención e investigación eficaces de las ejecuciones extralegales, arbitrarias o sumarias.

Con anterioridad ya la Corte Interamericana se había pronunciado implícitamente sobre la inoponibilidad de la cosa juzgada, en un caso muy delicado sobre el secuestro, tortura y ejecución de niños de la calle por parte de cuerpos de policía en Guatemala. En efecto, en el caso Niños de la Calle (Villagrán Morales y otros), la Corte penetró y analizó el expediente de los juicios llevados a cabo en la jurisdicción interna, llegando a la conclusión de que en los mismos, a pesar de haber sentencias absolutorias, había ocurrido una manipulación del debido proceso en cuanto a la falta de investigación y acusación por los delitos de secuestro, tortura y homicidios, y en cuanto a la omisión y valoración de las pruebas fundamentales. En virtud de ello, la Corte, en su sentencia de fondo, concluyó que en ese caso el Estado había incumplido con su obligación de investigar efectiva y adecuadamente los hechos para sancionar a los responsables:[44]

> 233. Visto en su conjunto el proceder de aquellos jueces, se hace evidente que fragmentaron el acervo probatorio y luego pretendieron enervar, caso por caso, los alcances de todos y cada uno de los elementos probatorios de a responsabilidad de los imputados. Esto contraviene los principios de valoración de la prueba, de acuerdo con los cuales las evidencias deben ser apreciadas en su integralidad, es decir, teniendo en cuenta sus relaciones mutuas, y la forma como se prestan soporte unas a otras o dejan de hacerlo. De esa manera el Estado dejó de cumplir con la obligación de investigar efectiva y adecuadamente los hechos de que se trata, en violación del artículo 1.1 de la Convención Americana, en conexión con el artículo 8 de a misma.

---

44 Caso *Niños de la Calle* (*Villagrán Morales y otros*), sentencia de fondo dictada el 19 de noviembre de 1999.

228. Al confrontar los hechos de este caso con lo expuesto anteriormente, se puede constatar que Guatemala ha realizado diversas actuaciones judiciales sobre aquéllos. Sin embargo, es evidente que los responsables de tales hechos se encuentran en la impunidad, porque no han sido identificados ni sancionados mediante actos judiciales que hayan sido ejecutados. Esta sola consideración basta para concluir que el Estado ha violado el artículo 1.1 de la Convención, pues no ha castigado a los autores de los correspondientes delitos. Al respecto, no viene al caso discutir si las personas acusadas en los procesos internos debieron o no ser absueltas. Lo importante es que, con independencia de si fueron o no ellas las responsables de los ilícitos, el Estado ha debido identificar y castigar a quienes en realidad lo fueron, y no lo hizo.

230. *Al respecto, observa la Corte que los procesos judiciales internos revelan dos tipos de deficiencias graves: en primer lugar, se omitió por completo la investigación de los delitos de secuestro y tortura (supra, párr. 66.b). En segundo lugar, se dejaron de ordenar, practicar o valorar pruebas que hubieran sido de mucha importancia para el debido esclarecimiento de los homicidios (supra, párrs. 104-121).* (Resaltados añadidos).

En virtud de esa importante conclusión, mediante la cual se desconoció en definitiva la cosa juzgada del derecho interno obtenida en violación a las garantías del debido proceso pautadas en la Convención Americana, la Corte Interamericana, en su sentencia de reparaciones en ese caso, resolvió que el Estado debe investigar y sancionar a los responsables en el derecho interno:[45]

8. Que el Estado de Guatemala debe investigar los hechos del presente caso, identificar y sancionar a los responsables y adoptar en su derecho interno las disposiciones que sean necesarias para asegurar el cumplimiento de esta obligación.

Otro caso interesante donde la Corte Interamericana ha ordenado a un Estado en su sentencia dejar sin efecto una sentencia que gozaba en el derecho interno de la característica de la cosa juzgada fue en el caso Mauricio Herrera. En su sentencia sobre excepciones preliminares, fondo, reparaciones y costas, del 2 de julio de 2004, la Corte Interamericana declaró que la condena penal al periodista Mauricio Herrera por el delito de difamación por los artículos que había publicado en el diario *La Nación* sobre un controvertido cónsul de Costa Rica, violó no sólo el derecho a la

---

45 Caso *Niños de la Calle* (*Villagrán Morales y otros*), sentencia de reparaciones, dictada el 26 de mayo de 2001.

libertad de expresión consagrado en el artículo 13 de la Convención, sino además el derecho al debido proceso, en virtud de que -entre otros hechos- la condena de primera instancia no había podido ser sometida a un recurso de revisión en sus hechos y en el derecho, violándose con ello el artículo 8.2.h de la Convención.[46]

En virtud de ello, la Corte Interamericana dispuso entre sus mandatos reparatorios y restablecedores, que se dejara sin efecto la sentencia de condena penal:[47]

> 4. Que el Estado debe dejar sin efecto, en todos sus extremos, la sentencia emitida el 12 de noviembre de 1999 por el Tribunal Penal del Primer Circuito Judicial de San José, en los términos señalados en los párrafos 195 y 04 de la ... Sentencia.

En su resolución sobre cumplimiento de sentencia dictada por la Corte Interamericana el 12 de septiembre de 2005, ésta determinó que el Estado sólo había dado cumplimiento parcial, por lo que mantendría abierto 1 procedimiento de supervisión de cumplimiento de los puntos pendientes de acatamiento en el presente caso, a saber:

> 2. ...
>
> a) dejar sin efecto, en todos sus extremos, la sentencia emitida el 12 de noviembre de 1999 por el Tribunal Penal del Primer Circuito Judicial de San José, en los términos señalados en los párrafos 195 y 204[48] de la... Sentencia

---

46 Sentencia sobre excepciones preliminares, fondo, reparaciones y costas del 2 de julio de 2004, puntos resolutivos 1 y 2.

47 Sentencia sobre excepciones preliminares, fondo, reparaciones y costas del 2 de julio de 2004, punto resolutivo 4.

48 En el referido párrafo 195 de la sentencia de la Corte Interamericana se indicó que [l]os efectos de la... sentencia [interna del 12 de noviembre de 1999] son: 1) declaración del señor Mauricio Herrera Ulloa como autor de cuatro delitos de publicación de ofensas en la modalidad de difamación; 2) la imposición al señor Mauricio Herrera Ulloa de la pena de 40 días multa por cada delito, a ¢2.500,00 (dos mil quinientos colones) cada día, para un total de 160 días de multa. En aplicación de las reglas del concurso material 'se redu[jo] a pena al triple de la mayor impuesta', es decir, a 120 días multa, para un total de 300.000,00 (trescientos mil colones); 3) la condena civil resarcitoria contra el señor Mauricio Herrera Ulloa y el periódico 'La Nación', representado por el señor Fernán Vargas Rohrmoser, en carácter de responsables civiles solidarios, al pago de ¢60.000.000,00 (sesenta millones de colones) por concepto de daño moral causado por las publicaciones en el periódico 'La Nación' de los días 19, 20 y 21 de marzo de 1995 y de 13 de diciembre de 1995; 4) la orden de que el señor Mauricio Herrera Ulloa publique el 'Por Tanto' de la sentencia en el periódico

emitida por la Corte Interamericana *(punto resolutivo cuarto de la Sentencia de 2 de julio de 2004)*;...

Posteriormente, en su segunda resolución sobre cumplimiento, del 22 de septiembre de 2006, la Corte determinó que de la información aportada por las partes surgía que Costa Rica ha cumplido parcialmente con su obligación de dejar sin efecto la sentencia interna emitida el 12 de noviembre de 1999 (señalados en los incisos 1, 2, 4, 5, 6 y 8 del párrafo 195 de la sentencia de la Corte), pero que en su sentencia del 2 de julio de 2004 la Corte estableció que el Estado debe dejar sin efecto la sentencia penal interna emitida el 12 de noviembre de 1999 "en todos sus extremos, incluyendo los alcances que ésta tiene respecto de terceros".[49]

Este aspecto pendiente de cumplimiento por el Estado costarricense estaba referido concretamente a dejar sin efecto la condena civil resarcitoria contra el señor Mauricio Herrera Ulloa y el periódico *La Nación*, en carácter de responsables civiles solidarios, por concepto de daño moral causado, así como la condena al señor Mauricio Herrera Ulloa y al periódico *La Nación* al pago de las costas procesales.[50] Esta resolución sobre cumplimiento concluyó requiriendo al Estado que diera total cumplimiento a la sentencia de la Corte Interamericana a fin de dejar sin efecto la referida sentencia de derecho interno, en todos sus extremos penales y civiles, incluso respecto a terceros, recordándole que las obligaciones convencionales de los Estados Partes vinculan a todos los poderes y órganos del Estado. Por ello, debido a que un órgano judicial estatal ejecutó dos de los extremos contemplados en la referida sentencia interna,

---

'La Nación', en la sección denominada 'El País' en el mismo tipo de letra de los artículos objeto de la querella; 5) la orden de que el periódico 'La Nación' retire el 'enlace' existente en *La Nación Digital*, que se encuentra en internet, entre el apellido Przedborski y los artículos querellados; 6) la orden de que el periódico 'La Nación' establezca una liga en *La Nación Digital* entre los artículos querellados y la parte dispositiva de la sentencia; 7) la condena al señor Mauricio Herrera Ulloa y al periódico 'La Nación', representado por el señor Fernán Vargas Rohrmoser, al pago de las costas procesales por la cantidad de ¢1.000,00 (mil colones) y de las costas personales por la cantidad de ¢3.810.000,00 (tres millones ochocientos diez mil colones); y 8) la inscripción del señor Mauricio Herrera Ulloa en el Registro Judicial de Delincuentes".

49 Caso *Herrera Ulloa*, supervisión de cumplimiento de sentencia, resolución del 22 de septiembre de 2006, puntos 12 y 13.

50 Puntos de la sentencia interna emitida el 12 de noviembre de 1999 señalados en los incisos 3 y 7 del párrafo 195 de la sentencia de la Corte Interamericana.

corresponde al Estado adoptar las medidas necesarias para dar cumplimiento a lo dispuesto por esta Corte, lo cual debe ser realizado de oficio y debió ser cumplido en el plazo de seis meses, contado a partir de la notificación de la Sentencia de esta Corte. Por lo anterior, es preciso que el Estado presente información actualizada sobre el cumplimiento de este punto.[51]

5. *Los efectos generales o expansivos de las sentencias de la Corte*

La jurisprudencia de la Corte Interamericana sobre la obligación de los Estados de investigar, procesar y sancionar las violaciones graves a los derechos humanos, incluso removiendo los obstáculos para ello, como suelen ser las prescripciones y las amnistías, ha sido acogida por las altas cortes de Latinoamérica.

De esta manera, como dijimos *supra*, las sentencias interamericanas tienen un efecto general o *erga omnes*, para todos los Estados partes de la Convención Americana, a la Comisión Interamericana y para las víctimas. Así, la interpretación de la Convención Americana pasa a tener el efecto de cosa juzgada, no sólo frente al caso concreto decidido, sino frente a futuros casos.

Ello ha ocurrido en casos en los cuales los Estados, a pesar de no haber sido partes en el proceso ante la Corte Interamericana, han decidido incorporar los estándares de esas sentencias internacionales.

La Corte Suprema de Argentina ha acogido de una manera firme y muy importante la jurisprudencia de la Corte Interamericana sobre el deber del Estado de investigar y sancionar las violaciones graves a los derechos humanos.

Un caso que ejemplifica lo anterior es la sentencia de la Corte argentina en 2004,[52] con ocasión del recurso de hecho deducido por el Estado argentino (y el Estado chileno) en la causa seguida contra Enrique Lautaro Arancibia Clavel, en el caso del asesinato en Buenos Aires de quien había sido comandante en jefe del ejército de Chile, general Carlos Prats, y su esposa. Conforme a la sentencia que lo condenó a prisión perpetua, Aran-

---

51 Caso *Herrera Ulloa*, supervisión de cumplimiento de sentencia, resolución del 22 de septiembre de 2006, punto 16.

52 Sentencia del 24 de agosto de 2004.

cibia participó, entre marzo de 1974 y noviembre de 1978, en la Dirección Nacional de Inteligencia Nacional (DINA) chilena "...en la persecución de opositores políticos al régimen de Pinochet exiliados en Argentina". El problema se había originado en la decisión de la Cámara de Casación, la cual cuestionó el tipo penal aplicado para la condena, y había determinado que en ese caso la acción penal estaba prescrita.

Sin embargo, la Corte Suprema argentina, en virtud de los delitos imputados y probados a Arancibia (homicidios, torturas y desaparición forzada de personas), determinó que "en función de los principios que emanan de la jurisprudencia de la Corte Interamericana de Derechos Humanos" no resultaba aplicable la prescripción. Para llegar a esa conclusión, la alta Corte argentina fundamentó su decisión en la jurisprudencia de la Corte Interamericana relativa al deber del Estado de investigar y sancionar los crímenes contra los derechos humanos, citando ampliamente la sentencia del caso Velásquez Rodríguez,[53] para afirmar que en virtud de ello "...quedó claramente establecido el deber del Estado de estructurar el aparato gubernamental, en todas sus estructuras del ejercicio del poder público, de tal manera que sus instituciones sean capaces de asegurar la vigencia de los derechos humanos, lo cual incluye el deber de prevenir, investigar y sancionar toda violación de los derechos reconocidos por la Convención".[54]

De allí que la Corte argentina haya concluido que la imprescriptibilidad se fundamenta en que los crímenes contra la humanidad son "...generalmente practicados por las mismas agencias de poder punitivo operando fuera del control del derecho penal, es decir, huyendo al control y a la contención jurídica". Por lo cual, teniendo en cuenta que las desapariciones forzadas de personas fueron cometidas en Argentina por "...fuerzas de seguridad o fuerzas armadas operando en función judicial..." no puede "...sostenerse razonablemente que sea menester garantizar la extinción de la acción penal por el paso del tiempo en crímenes de esta naturaleza".

---

53 Caso *Velásquez Rodríguez*, sentencia del 29 de julio de 1988, considerando 172.

54 Sentencia del 24 de agosto de 2004, párrafo 36.

Así, como consecuencia de los fundamentos emanados de las sentencias e la Corte Interamericana a las cuales hizo referencia expresa la Corte Suprema de Justicia de Argentina, ésta concluyó estableciendo que[55]

> la aplicación de las disposiciones de derecho interno sobre prescripción constituye una violación del deber del Estado de perseguir y sancionar, y consecuentemente, compromete su responsabilidad internacional (conf. CIDH, caso "Barrios Altos", sentencia del 14 de marzo de 2001, considerando 41, serie C, núm. 75; caso "Trujillo Oroza vs. Bolivia" - Reparaciones, sentencia del 27 de febrero de 2002, considerando 106, serie C, núm. 92; caso "Benavides Cevallos" - cumplimiento de sentencia, resolución del 9 de septiembre de 2003, considerandos 6° y 7°).

Otro caso de suma importancia en el cual la Corte Suprema de Argentina aplicó la jurisprudencia de la Corte Interamericana en casos en los cuales el Estado no fue parte se refiere a la declaratoria de inconstitucionalidad de las leyes 23.492 y 23.521 ("Punto Final" y "Obediencia Debida"), para lo cual basó buena parte de sus razonamientos en la sentencia del caso Barrios Altos. El 14 de junio de 2005 la Corte Suprema argentina emitió una sentencia trascendental a través de la cual privó de efectos jurídicos esas leyes sobre "Punto Final" y "Obediencia Debida", fundamentándose para ello en la jurisprudencia de la Corte Interamericana, particularmente en el caso "Barrios Altos", al establecer que "la traslación de las conclusiones de la Corte Interamericana en 'Barrios Altos' al caso argentino resulta imperativa, si es que las decisiones del Tribunal internacional mencionado han de ser interpretadas de buena fe como pautas jurisprudenciales".[56] En el caso bajo análisis, la Corte argentina expresó que "... las leyes de punto final y de obediencia debida presentan

---

55 Párrafos 23 y 36 de la sentencia de la Corte Suprema de la República Argentina en la causa Arancibia Clavel, Enrique Lautaro s/ homicidio calificado y asociación ilícita y otros, causa 259 C. Buenos Aires, 24 de agosto de 2004. Los tribunales argentinos ya habían efectuado con anterioridad razonamientos contra la aplicación de la prescripción en casos de graves violaciones a los derechos humanos, como por ejemplo, en el recurso de apelación interpuesto por Emilio Eduardo Massera -expediente 30514- contra la decisión del juez que le había denegado la excepción de prescripción, la Cámara se pronunció en septiembre de 1999 estableciendo el carácter imprescriptible del crimen de la desaparición forzada de personas.

56 Corte Suprema de Justicia de la Nación, sentencia del 14 de junio de 2005. "Recurso de hecho deducido por la defensa de Julio Héctor Simón en la causa Simón, Julio Héctor y otros s/ privación ilegítima de la libertad, etc. causa 17.768", párrafo 24.

los mismos vicios que llevaron a la Corte Interamericana a rechazar las leyes peruanas de 'autoamnistía'. Pues, en idéntica medida, ambas constituyen leyes *ad hoc*, cuya finalidad es la de evitar la persecución de lesiones graves a los derechos humanos".[57] A los fines de hacer cesar la vigencia de estas leyes sin que pudiera derivarse de ellas efecto alguno, al igual que en la sentencia del caso Barrios Altos, que declaró que las leyes de amnistía peruanas carecían de efectos jurídicos, la Corte argentina concluyó que "...la mera derogación de las leyes en cuestión, si ella no viene acompañada de la imposibilidad de invocar la ultractividad de la ley penal más benigna, no alcanzaría a satisfacer el estándar fijado por la Corte Interamericana".[58] Finalmente, la alta Corte argentina precisó que la supresión de estas leyes debía permitir la persecución de los delitos graves contra los derechos humanos, sin que sus anteriores beneficiarios pudieran invocar ni la prohibición de retroactividad de la ley penal más grave ni la cosa juzgada:

> ...a fin de dar cumplimiento a los tratados internacionales en materia de derechos humanos, la supresión de las leyes de punto final y de obediencia debida resulta impostergable y ha de producirse de tal forma que no pueda derivarse de ellas obstáculo normativo alguno para la persecución de hechos como los que constituyen el objeto de la presente causa. Esto significa que quienes resultaron beneficiarios de tales leyes no pueden invocar ni la prohibición de retroactividad de la ley penal más grave ni la cosa juzgada.[59]

De manera similar, el Tribunal Constitucional del Perú ha aplicado la jurisprudencia de la Corte Interamericana en casos en los cuales ese Estado no ha sido parte. Ello ha ocurrido incluso de una manera inversa, que no deja de ser curiosa, en la cual el Tribunal peruano ha recepcionado y aplicado la jurisprudencia interamericana en el caso argentino Bulacio. En el caso de Vera Navarrete,[60] el Tribunal Constitucional peruano des-

---

57   Corte Suprema de Justicia de la Nación, sentencia del 14 de junio de 2005. "Recurso de hecho deducido por la defensa de Julio Héctor Simón en la causa Simón, Julio Héctor y otros s/ privación ilegítima de la libertad, etc. causa 17.768", párrafo 24.

58   Corte Suprema de Justicia de la Nación, sentencia del 14 de junio de 2005. "Recurso de hecho deducido por la defensa de Julio Héctor Simón en la causa Simón, Julio Héctor y otros s/ privación ilegítima de la libertad, etc. causa 17.768", párrafo 28.

59   Corte Suprema de Justicia de la Nación, sentencia del 14 de junio de 2005. "Recurso de hecho deducido por la defensa de Julio Héctor Simón en la causa Simón, Julio Héctor y otros s/ privación ilegítima de la libertad, etc. causa 17.768", párrafo 31.

60   Sentencia del 9 de diciembre de 2004, exp. 2798-04-HC/TC.

arrolló las implicancias del artículo 25 de la Convención Americana, estableciendo la doble dimensión de la protección judicial: el derecho de las víctimas a la verdad, la justicia y la reparación y la obligación de las autoridades de desarrollar los procesos judiciales a su cargo determinando las figuras delictivas aplicables "... a tenor de las disposiciones del Derecho Internacional que resulten aplicables".[61] Como fundamento para llegar a esa determinación, ese alto tribunal se basó en la jurisprudencia del caso Bulacio, a fin de desarrollar el sentido y la seriedad de la obligación de investigar.[62] Refiriéndose a la desaparición forzada de personas, en consistencia con la jurisprudencia de la Corte Interamericana, el Tribunal estableció que se trata de un delito permanente,[63] por lo que el hecho que "...la figura típica de desaparición forzada de personas no haya estado siempre vigente, no resulta impedimento, para que se lleve a cabo el correspondiente proceso penal por dicho delito y se sancione a los responsables".[64]

En sentido similar, la Corte Constitucional de Colombia, acogiendo los criterios expresados en la jurisprudencia de la Corte Interamericana, en casos en los cuales ese Estado no ha sido parte, ha reiterado la inadmisibilidad de las amnistías y "autoamnistías". Así, en su sentencia sobre la inconstitucionalidad del artículo 13 de la Ley 733 de 2002, que establece que los autores o partícipes de los delitos de terrorismo, secuestro, extorsión, no podían ser beneficiados con amnistías e indultos, la Corte Constitucional basó su fundamentación en el derecho internacional, y concretamente en las sentencias de la Corte Interamericana. De esta manera, la Corte Constitucional colombiana estableció en su sentencia que, al tratarse de "delitos atroces", no puede admitirse "...el otorgamiento de auto amnistías, amnistías en blanco, leyes de punto final o cualquiera otra modalidad que impida a las víctimas el ejercicio de un recurso judicial efectivo como lo ha subrayado la Corte Interamericana de Derechos Humanos".[65]

---

61 Sentencia del 9 de diciembre de 2004, párrafo 13.
62 Sentencia del 9 de diciembre de 2004, párrafo 19.
63 Véase sentencia del Tribunal Constitucional en el caso *Genaro Villegas Namuche* del año 2002.
64 Sentencia del 9 de diciembre de 2004, párrafo 22.
65 Corte Constitucional de Colombia, sentencia C-695/02, 28 de agosto de 2002.

En términos de referencia más generales, pero igualmente concluyentes, se pronunció la Corte Constitucional de Colombia con ocasión de su pronunciamiento sobre la constitucionalidad de la aprobación del Estatuto de Roma de la Corte Penal Internacional a través de la Ley 742, del 5 de junio de 2002. La Corte Constitucional declaró constitucional dicha aprobación;[66] para ello, refiriéndose en términos generales a la jurisprudencia de la Corte Interamericana de Derechos Humanos, reiteró que[67]

> "...los principios y normas de derecho internacional aceptados por Colombia (artículo 9, CP.), el Estatuto de Roma, y nuestro ordenamiento constitucional, que sólo permite la amnistía o el indulto para delitos políticos y con el pago de las indemnizaciones a que hubiere lugar (artículo 150, numeral 17, de la CP.), no admiten el otorgamiento de autoamnistías, amnistías en blanco, leyes de punto final o cualquiera otra modalidad que impida a las víctimas el ejercicio de un recurso judicial efectivo como lo ha subrayado la Corte Interamericana de Derechos Humanos".[68]

Esta referencia en términos generales a la Corte Interamericana se vio complementada por una referencia a su sentencia en el caso Barrios Altos, en una cita de pie de página que hizo la propia Corte Constitucional en su sentencia, en la cual expresó:[69]

> La Corte Interamericana de Derechos Humanos ha señalado las condiciones para que una amnistía sea compatible con los compromisos adquiridos por los Estados Partes en la Convención Americana de Derechos Humanos. Por ejemplo, en el *caso Barrios Altos (Chumbipuma Aguirre y otros vs. Perú)*, Sentencia de 14 de marzo de 2001 la Corte Interamericana decidió que las leyes de amnistía peruanas eran contrarias a la Convención y que el Estado era responsable por violar el derecho de las víctimas a conocer la verdad sobre los hechos y obtener justicia en cada caso en el contexto nacional.

V. LAS CONDENAS AL PAGO DE SUMAS DE DINERO

La Convención Americana dispone que la parte del fallo que disponga indemnización compensatoria se podrá ejecutar en el respectivo Estado,

---

66 Corte Constitucional de Colombia, sentencia C-578/02, 30 de julio de 2002.
67 Corte Constitucional de Colombia, sentencia C-578/02, 30 de julio de 2002.
68 Corte Constitucional de Colombia, sentencia C-578/02, 30 de julio de 2002.
69 Corte Constitucional de Colombia, sentencia C-578/02, 30 de julio de 2002.

por el procedimiento interno vigente para la ejecución de sentencias contra el Estado.[70]

A los fines de supervisar el cumplimiento de las condenas al pago de sumas de dinero por concepto de indemnización compensatoria, la Corte Interamericana ha establecido una serie de lineamientos importantes.

Así, en relación con el plazo para el caso de las indemnizaciones a las víctimas o sus beneficiarios y el reintegro de costas y gastos (daño material, daño inmaterial y gastos y costas), la Corte ha establecido que éstas deben cumplirse dentro de plazos diversos contados a partir de la notificación de sentencia: un año;[71] seis meses;[72] doce meses;[73] en otros casos noventa días para el pago del daño inmaterial;[74] y veinticuatro meses contados a partir de notificación para familiares no identificados o víctimas no identificadas.[75]

Con relación a los destinatarios del pago de las indemnizaciones establecidas a favor de las víctimas o sus familiares (mayores de edad), la Corte Interamericana como regla general dispone en sus sentencias que éste sea hecho directamente a éstas; y si alguno hubiera fallecido o fallece, el pago será hecho a sus herederos.[76] En el caso Yatama, la Corte dis-

---

70 Artículo 68.2, CADH.

71 Caso *Yatama*, párrafo 266.

72 Caso *Lori Berenson Mejía*, párrafo 245; caso *Ricardo Canese*, párrafo 216; caso *Herrera Ulloa*, párrafo 204; caso Bulacio, párrafo 157; caso *Juan Humberto Sánchez*, párrafo 196; caso *Las Palmeras*, reparaciones, párrafo 86; caso *Trujillo Oroza*, reparaciones, párrafo 133; caso *Bámaca Velásquez*, reparaciones, párrafo 96; caso *Cantoral Benavides*, reparaciones, párrafo 91; caso *Cesti Hurtado*, reparaciones, párrafo 74; caso *"Niños de la Calle"* (*Villagrán Morales y otros*), reparaciones, párrafo 114; caso *"Panel Blanca"* (*Paniagua Morales y otros*), reparaciones, párrafo 220; caso *Blake*, reparaciones, párrafo 71; caso *Suárez Rosero*, reparaciones, párrafo 104; caso *Castillo Páez*, reparaciones, párrafo 114; caso *Loayza Tamayo*, reparaciones, párrafo 185; caso *Garrido y Baigorria*, reparaciones, párrafo 86; caso *Caballero Delgado y Santana*, reparaciones, párrafo 60; caso *Neira Alegría y otros*, reparaciones, párrafo 63; y caso *El Amparo*, reparaciones, párrafo 43.

73 Caso *Caracazo*, reparaciones, párrafo 134; y caso *Baena Ricardo y otros*, párrafo 212.

74 Caso *Baena Ricardo y otros*, párrafo 212.

75 Caso *Caracazo*, reparaciones, párrafo 134.

76 Caso *Bámaca Velásquez*, reparaciones, párrafo 97; caso *"Niños de la Calle"* (*Villagrán Morales y otros*), reparaciones, párrafo 115; caso *De la Cruz Flores*, párrafo 180; caso *Tibi*, párrafo 272; caso *Hermanos Gómez Paquiyauri*, párrafo 245; caso

puso que el pago de la indemnización por concepto de daños material e inmaterial establecida en la sentencia se debía entregar a la "organización Yatama", la cual debía "distribuirla según corresponda".[77]

En cuanto a la moneda de pago, la Corte Interamericana normalmente dispone en sus sentencias que el Estado debe cumplir sus obligaciones de carácter pecuniario mediante el pago en dólares de los Estados Unidos o en una cantidad equivalente en moneda nacional del Estado, utilizando para el cálculo respectivo el tipo de cambio entre ambas monedas que esté vigente en la plaza de Nueva York, Estados Unidos de América, el día anterior al pago.[78] En el caso Tibi, la Corte dispuso que el Estado debía cumplir las obligaciones económicas señaladas en la sentencia "me-

---

Molina Theissen, párrafo 99; caso *Maritza Urrutia*, párrafo 186; caso *Myrna Mack*, párrafo 294; caso *Caracazo*, párrafo 135; caso *Trujillo Oroza*, reparaciones, párrafo 134; caso *Cantoral Benavides*, reparaciones, párrafo 92; caso *Blake*, reparaciones, párrafo 71; caso *Suárez Rosero*, reparaciones, párrafo 105; caso *Castillo Páez*, reparaciones, párrafo 114, y caso *Loayza Tamayo*, reparaciones, párrafo 186.

77 Caso *Yatama*, párrafo 268.

78 Caso *De la Cruz Flores*, párrafo 184; caso *"Instituto de Reeducación del Menor"*, párrafo 334; caso *Bulacio*, párrafo 158; caso *Juan Humberto Sánchez*, párrafo 197; caso *"Cinco Pensionistas"*, párrafo 183; caso *Las Palmeras*, reparaciones, párrafo 92; caso *Caracazo*, reparaciones, párrafo 139; caso *Trujillo Oroza*, reparaciones, párrafo 137; caso *Bámaca Velásquez*, reparaciones, párrafo 100; caso *Durand y Ugarte*, reparaciones, párrafo 28; caso *Cantoral Benavides*, reparaciones, párrafo 95; caso *Barrios Altos*, reparaciones, párrafo 40; caso *Comunidad Mayagna (Sumo) Awas Tingni*, párrafo 170; caso *Cesti Hurtado*, reparaciones, párrafo 76; caso *"Niños de la Calle" (Villagrán Morales y otros)*, reparaciones, párrafo 119; caso *"Panel Blanca" (Paniagua Morales y otros)*, reparaciones, párrafo 225; caso *Blake*, reparaciones, párrafo 71; caso *Suárez Rosero*, reparaciones, párrafo 109; caso *Castillo Páez*, reparaciones, párrafo 114; caso *Loayza Tamayo*, reparaciones, párrafo 188; caso *Garrido y Baigorria*, reparaciones, párrafo 39; caso *Caballero Delgado y Santana*, reparaciones, párrafo 31; caso *Neira Alegría y otros*, reparaciones, párrafo 64; caso *El Amparo*, reparaciones, párrafo 45; caso *Yatama*, párrafo 268; caso *Femín Ramírez*, párrafo 133; caso *Comunidad Indígena Yakye Axa*, párrafo 268; caso de la *Comunidad Moiwana*, párrafo 228; caso *Caesar*, párrafo 138; caso *Lori Berenson Mejía*, párrafo 244; caso *Carpio*, párrafo 149; caso *Masacre de Plan de Sánchez*, párrafo 120; caso *Ricardo Canese*, párrafo 218; caso *Hermanos Gómez Paquiyauri*, párrafo 249; caso *Molina Theissen*, párrafo 102; caso *Herrera Ulloa*, párrafo 203; caso *Maritza Urrutia*, párrafo 190; caso *Myrna Mack*, párrafo 297; caso *Juan Humberto Sánchez*, párrafo 197; caso *"Cinco Pensionistas"*, párrafo 183; caso *Las Palmeras*, reparaciones, párrafo 87, y caso *Hilaire, Constantine y Benjamin y otros*, párrafo 220.

diante el pago en euros",[79] y en el caso Aloeboetoe y otros la Corte dispuso que el Estado también podía cumplir con su obligación depositando una suma equivalente en florines holandeses.[80]

Sin embargo, para el caso de que el Estado incurra en mora, la Corte Interamericana dispone que aquél deberá pagar un interés sobre la cantidad adeudada, correspondiente al interés bancario moratorio en dicho Estado".[81] De esta forma, en un caso concreto en el cual el Estado no pagó la mora correspondiente, la Corte Interamericana dispuso que dicho Estado debía cancelar los intereses moratorios generados, durante el tiempo en que incurrió en mora respecto del pago de las indemnizaciones por concepto de daño moral.[82]

---

79   Caso *Tibi,* sentencia del 7 de septiembre de 2004, párrafo 276.

80   Para determinar esa equivalencia la Corte estableció que "se utilizará el tipo de cambio vendedor del dólar estadounidense y del florín holandés en la plaza de Nueva York el día anterior al del pago". Caso Aloeboetoe y otros, reparaciones, párrafo 99.

81   Caso *Acosta Calderón,* párrafo 173; caso *Yatama,* párrafo 273; caso *Fermín Ramírez,* párrafo 136; caso *Comunidad Indígena Yakye Axa,* párrafo 240; caso *Comunidad Moiwana,* párrafo 231; caso *Hermanas Serrano Cruz,* párrafo 216; caso *Caesar,* párrafo 141; caso *Lori Berenson Mejía,* párrafo 245; caso *Carpio Nicolle,* párrafo 153; caso *Masacre de Plan de Sánchez,* párrafo 123; caso *"Instituto de Reeducación del Menor",* párrafo 338; caso *Ricardo Canese,* párrafo 221; caso *19 Comerciantes,* párrafo 293; caso *Herrera Ulloa,* párrafo 204; caso *"Cinco Pensionistas",* párrafo 184; caso *Suárez Rosero,* reparaciones, párrafo 111; caso *Myrna Mack,* párrafo 299; caso *Bulacio,* párrafo 159; caso *Juan Humberto Sánchez,* párrafo 198; caso *Hilaire, Constantine y Benjamín y otros,* párrafo 221; caso *Comunidad Mayagna (Sumo) Awas Tingni,* párrafo 171; caso *Cesti Hurtado,* reparaciones, párrafo 78; y caso *Loayza Tamayo,* reparaciones, párrafo 190; caso *De la Cruz Flores,* párrafo 186; caso *Tibi,* párrafo 278; caso *Hermanos Gómez Paquiyauri,* párrafo 251; caso *Molina Theissen,* párrafo 104; caso *Maritza Urrutia,* párrafo 192; caso *Las Palmeras,* reparaciones, párrafo 94; caso *Caracazo,* párrafo 141; caso *Trujillo Oroza,* reparaciones, párrafo 139; caso *Bámaca Velázquez,* reparaciones, párrafo 103; caso *Cantoral Benavides,* reparaciones, párrafo 97; caso *"Niños de la Calle" (Villagrán Morales y otros),* reparaciones, párrafo 121; caso *"Panel Blanca" (Paniagua Morales y otros),* reparaciones, párrafo 227; caso *Blake,* reparaciones, párrafo 74; caso *Castillo Páez,* reparaciones, párrafo 117; caso *Cantos,* párrafo 75; caso *Garrido y Baigorria,* reparaciones, párrafo 90; caso *Caballero Delgado y Santana,* reparaciones, párrafo 65; caso *Neira Alegría y otros,* reparaciones, párrafo 68, y caso *El Amparo,* reparaciones, párrafo 49.

82   Caso *Baena Ricardo y otros,* competencia, párrafo 21, y caso *Baena Ricardo y otros,* resolución de cumplimiento del 22 de noviembre de 2002, resolutivo cuarto.

Las cantidades asignadas en la sentencia de la Corte Interamericana bajo los conceptos de indemnizaciones por daño material e inmaterial y por reintegro de costas y gastos *no pueden ser afectados, reducidos o condicionados por motivos fiscales actuales o futuros*, por lo cual deben ser entregados a los beneficiarios en forma íntegra.[83]

Otro aspecto importante que ha sido resuelto por la Corte Interamericana se refiere al caso de que por causas atribuibles a los beneficiarios no fuera posible que éstos reciban el pago de las indemnizaciones dentro del plazo que haya sido indicado. En esos casos la Corte Interamericana ha dispuesto que el Estado debe consignar los montos a favor de los beneficiarios en una cuenta o certificado de depósito en una institución bancaria (nacional) solvente, en dólares estadounidenses o su equivalente en moneda nacional y en las condiciones financieras más favorables[84] que per-

---

83 *Cfr.* caso *Acosta Calderón,* párrafo 172; caso *Yatama,* párrafo 271; caso *Fermín Ramírez,* párrafo 135; caso *Comunidad Moiwana,* párrafo 230; caso *Caesar,* párrafo 140; Caso *Carpio,* párrafo 152; caso *Tibi,* párrafo 277; caso *"Instituto de Reeducación del Menor",* párrafo 337; caso *Ricardo Canese,* párrafo 220; caso *Hermanas Serrano Cruz,* párrafo 214; y caso *Masacre de Plan de Sánchez,* párrafo 122; caso *Hermanos Gómez Paquiyauri,* párrafo 250; caso *Molina Theissen,* párrafo 103; caso *Myrna Mack,* párrafo 298; caso *Bulacio,* párrafo 159; caso *Juan Humberto Sánchez,* párrafo 198; caso *Comunidad Mayagna (Sumo) Awas Tingni,* párrafo 171; caso *Lori Berenson Mejía,* párrafo 245; caso *Herrera Ulloa,* párrafo 204; caso *"Cinco Pensionistas",* párrafo 184; caso *Hilaire, Constantine y Benjamin y otros,* párrafo 221; caso *Cesti Hurtado,* reparaciones, párrafo 77; caso *De la Cruz Flores,* párrafo 185; caso *19 Comerciantes,* párrafo 292; caso *Maritza Urrutia,* párrafo 191; caso *Las Palmeras,* reparaciones, párrafo 93; caso *Caracazo,* reparaciones, párrafo 140; caso *Trujillo Oroza,* reparaciones, párrafo 138; caso *Bámaca Velásquez,* reparaciones, párrafo 101; caso *Cantoral Benavides,* reparaciones, párrafo 96; caso *"Niños de la Calle" (Villagrán Morales y otros),* reparaciones, párrafo 120; caso *"Panel Blanca" (Paniagua Morales y otros),* reparaciones, párrafo 226; caso *Suárez Rosero,* reparaciones, párrafo 110; caso *Loayza Tamayo,* reparaciones, párrafo 189; caso *Blake,* reparaciones, párrafo 73; caso *Castillo Páez,* reparaciones, párrafo 116; y caso *Garrido y Baigorria,* reparaciones, párrafo 89; caso *Caballero Delgado y Santana,* reparaciones, párrafo 64; caso *Neira Alegría y otros,* reparaciones, párrafo 67, y caso *El Amparo,* reparaciones, párrafo 48; caso *Godínez Cruz,* Indemnización Compensatoria, párrafos 52-53; y caso *Velásquez Rodríguez,* Indemnización Compensatoria, párrafos 57 y 58.

84 La Corte Interamericana interpreta que la expresión "en las condiciones más favorables" se refiere a que "todo acto o gestión del agente fiduciario debe asegurar que la suma asignada mantenga su poder adquisitivo y produzca frutos o dividendos suficientes para acrecerla; la frase según la práctica bancaria [nacional], indica que el agente fiduciario debe cumplir fielmente su encargo como un buen padre de familia

mitan la legislación y la práctica bancarias del Estado. Si al cabo de diez años la indemnización no ha sido reclamada, la cantidad será devuelta al Estado, con los intereses devengados.[85]

A pesar de que, como hemos visto, la Corte ha adoptado al dólar de los Estados Unidos de América como *moneda de referencia para establecer el monto de los pagos de las indemnizaciones*, en otros casos ha establecido que el Estado deberá pagar los montos correspondientes, al valor actual de los salarios dejados de percibir en el correspondiente periodo (salarios caídos).[86] En este sentido, en el caso Baena Ricardo y otros (270 trabajadores), en virtud del cumplimiento imperfecto del Estado de Panamá del mandato de indemnización de la Corte Interamericana, en supervisión del cumplimiento de su sentencia, la Corte determinó que el Estado debía determinar de nuevo, de acuerdo con el derecho interno aplicable, las cantidades específicas correspondientes a los salarios caídos y demás derechos laborales de cada una de las 270 víctimas, sin excluir a ninguna de ellas. Esta nueva determinación debía realizarla el Estado, observando las garantías del debido proceso y según la legislación aplicable a cada víctima, de manera que pudieran presentar sus alegatos y

---

y tiene la potestad y la obligación de seleccionar diversos tipos de inversión, ya sea mediante depósitos en moneda fuerte como el dólar de los Estados Unidos u otras, adquisición de bonos hipotecarios, bienes raíces, valores garantizados o cualquier otro medio aconsejable, como precisamente lo ordenó la Corte, por la práctica bancaria [nacional]". Véase caso *Suárez Rosero*, interpretación de la sentencia sobre reparaciones, párrafo 32, y caso *Velásquez Rodríguez*, interpretación de la sentencia de indemnización compensatoria, párrafo 31.

85 *Cfr.* caso *Yatama,* párrafo 272; caso *Comunidad Indígena Yakye Axa,* párrafo 238; y caso *Comunidad Moiwana,* párrafo 229. Véase también caso *Masacre de Plan de Sánchez,* párrafo 121; caso *Lori Berenson Mejía,* párrafo 246; caso *Ricardo Canese,* párrafo 219; caso *Herrera Ulloa,* párrafo 205; caso *Tibi,* párrafo 274; caso *Acosta Calderón,* párrafo 170; caso *Fermín Ramírez,* párrafo 134; caso *Hermanas Serrano Cruz,* párrafo 215; caso *Caesar,* párrafo 139; caso *Lori Berenson,* párrafo 246; caso *Carpio,* párrafo 150; caso *Masacre de Plan de Sánchez,* párrafo 121; caso *De la Cruz,* párrafo 182; caso *Tibi,* párrafo 274; caso *"Instituto de Reeducación del Menor",* párrafo 335; caso *Ricardo Canese,* párrafo 219; caso *Hermanos Gómez Paquiyauri,* párrafo 247; caso *19 Comerciantes,* párrafo 289; caso *Molina Theissen,* párrafo 101 y caso *Herrera Ulloa,* párrafo 205.

86 Caso *Baena Ricardo y otros,* párrafo 212.

pruebas y se les informara los parámetros y legislación utilizadas por el Estado para realizar los cálculos.[87]

Por otro lado, a fin de evitar posibles fraudes que violaran el carácter de orden público de las reparaciones ordenadas por la Corte Interamericana, ésta dispuso que los finiquitos firmados por algunas víctimas o sus derechohabientes como requisito para recibir el pago por los montos indemnizatorios dispuestos en la sentencia y que fueron calculados por el Estado, son válidos únicamente en cuanto reconocen el pago de la cantidad de dinero que en ellos se estipula, por lo cual la Corte estableció que carecen de validez las renuncias que en ellos se hicieron en el sentido de que las víctimas o sus derechohabientes quedaban satisfechas con el pago, por lo que tales renuncias no impiden la posibilidad de que las víctimas o sus derechohabientes presenten reclamaciones y comprueben que el Estado debía pagarles una cantidad distinta por los salarios caídos y demás derechos laborales que les corresponden, por lo cual las cantidades adelantadas fueron consideradas por la Corte Interamericana como un adelanto de la totalidad de la reparación pecuniaria debida, para lo cual el Estado tuvo que presentar a la Corte una copia de los finiquitos que comprobaban la entrega de los cheques.[88]

Otra decisión interesante en el tema de las modalidades de ejecución de las condenas indemnizatorias ha sido la orden de creación de una fundación, con el propósito de brindar a los beneficiarios la posibilidad de obtener los mejores resultados de la aplicación de los montos recibidos por reparaciones. Ello ocurrió en el caso Aloeboetoe y otros, cuya entidad, sin fines de lucro, se constituiría en la ciudad de Paramaribo, capital de Suriname, y fue integrada por cinco personas, quienes manifestaron su aceptación y se desempeñarían *ad honorem*.[89] Esta Fundación tenía por objeto prestar asesoramiento a los beneficiarios.[90]

---

87 Caso *Baena Ricardo y otros*, competencia, párrafo 21, y caso *Baena Ricardo y otros*, resolución de cumplimiento del 22 de noviembre de 2002, resolutivo primero.

88 Caso Baena Ricardo y otros, competencia, párrafo 21, y caso Baena Ricardo y otros, resolución de cumplimiento del 22 de noviembre de 2002, resolutivos quinto y sexto.

89 Caso *Aloeboetoe y otros*, reparaciones, párrafo 103. "Los miembros de la Fundación, en reunión plenaria, definirán, con la colaboración de la Secretaría ejecutiva de la Corte, su organización, estatuto y reglamento así como la forma de operación de los fideicomisos. La Fundación comunicará a la Corte los textos definitivamente aprobados. La Fundación estará destinada a actuar como fideicomitente de los fon-

En el caso de la Comunidad Moiwana, la Corte Interamericana adoptó la modalidad de un Fondo de desarrollo. Ello lo motivó el hecho de que la operación militar de 1986 había destruido las propiedades de la aldea de Moiwana, lo cual forzó a los sobrevivientes a huir. De allí que tanto los representantes de las víctimas como la Comisión Interamericana pusieron especial énfasis en la necesidad de implementar un programa de desarrollo que proveyera servicios sociales básicos a los miembros de la comunidad, cuando éstos regresaran. El Estado, por su parte, expresó su voluntad de pagar los costos razonables para que los sobrevivientes y familiares comenzaran las actividades culturales. Con base en ello, la Corte estimó que Suriname debía crear un fondo de desarrollo por un monto en dólares de los Estados Unidos de América, que será destinado a programas de salud, vivienda y educación de los miembros de la comunidad. Los elementos específicos de dichos programas debían ser determinados por un comité de implementación, y debían ser completados en un plazo de cinco años, a contar de la notificación de la sentencia.[91]

---

dos depositados en Suritrust y a asesorar a los beneficiarios en la aplicación de las reparaciones recibidas o de las rentas que perciban del fideicomiso", caso *Aloeboetoe y otros*, reparaciones, párrafo 105.

90 "... Si bien los hijos de las víctimas se cuentan entre los principales beneficiarios, sus madres o los tutores que los tienen a su cargo no quedan relevados de la obligación de prestarles gratuitamente asistencia, alimento, vestido y educación. La Fundación tratará que las indemnizaciones percibidas por los hijos menores de las víctimas sean utilizadas para gastos posteriores de estudio o para formar un pequeño capital cuando comiencen a trabajar o se casen y que sólo se inviertan en gastos comunes cuando razones serias de economía familiar o de salud así lo exigieren. Para sus operaciones, el Gobierno... entregará a la Fundación, dentro de los 30 días de su constitución, un aporte único de [una cantidad de dólares de los Estados Unidos de América) o su equivalente en moneda local al tipo de cambio vendedor vigente en el mercado libre al momento de efectuarse el pago". Caso *Aloeboetoe y otros*, reparaciones, párrafos 106 y 107.

91 La Corte dispuso que ese Comité "... estará encargado de determinar las modalidades de implementación del fondo de desarrollo, y estará conformado por tres miembros. El referido comité deberá contar con un representante designado por las víctimas y otro por el Estado; el tercer miembro de dicho comité será designado de común acuerdo entre los representantes de las víctimas y el Estado. Si dentro de los seis meses a partir de la notificación de la... sentencia, el Estado y los representantes no hubieren llegado a un acuerdo respecto de la integración del comité de implementación, la Corte los convocará a una reunión para decidir sobre este asunto". Caso *Comunidad Moiwana*, párrafos 213-215.

En el caso de que la indemnización ordenada en la sentencia de la Corte Interamericana haya sido en favor de niños o niñas, la Corte ha dispuesto que -mientras sean menores de edad- el Estado consigne los montos a su favor en una inversión en una institución bancaria solvente, en dólares estadounidenses o su equivalente en moneda nacional, dentro de un plazo de seis meses y en las condiciones financieras más favorables que permitan la legislación y la práctica bancarias. En estos supuestos la Corte dispone que si transcurridos cinco años contados a partir de la adquisición de la mayoría de edad de las personas beneficiarias la indemnización no es reclamada, el capital y los intereses devengados pasarán a los demás beneficiarios de las reparaciones a prorrata.[92]

En la supervisión del cumplimiento en un caso,[93] la Corte autorizó a las partes a que los pagos de las indemnizaciones correspondientes a los beneficiarios menores de edad se realizaran a través de una inversión en certificados de depósito a término, en vez de la constitución de un fideicomiso ordenado en la sentencia sobre reparaciones, debido a que la inversión en certificados de depósito a término era la más favorable para los menores beneficiarios. Incluso, la Corte requirió al Estado que tomara las medidas necesarias para que en un futuro los menores no vieran sus intereses afectados por la inflación. En otro caso,[94] en aras de cumplir con la sentencia de reparaciones emitida por el Tribunal, el Estado le solicitó la opinión sobre si los gastos administrativos y financieros que generarían los fideicomisos ordenados en la mencionada sentencia como forma de pago para los beneficiarios menores de edad podían deducirse, en desmedro del capital depositado y en perjuicio de los intereses de los referidos

---

92 *Cfr.*, entre otros, caso *Bulacio*, párrafo 160; caso *Juan Humberto Sánchez*, párrafo 199; caso *Tibi*, párrafo 275; caso *Las Palmeras*, reparaciones, párrafo 89; caso *Caracazo*, reparaciones, párrafo 137; caso *"Niños de la Calle" (Villagrán Morales y otros)*, reparaciones, párrafo 118; caso *"Panel Blanca" (Paniagua Morales y otros)*, reparaciones, párrafo 223; y caso *Loayza Tamayo*, reparaciones, párrafo 184.

93 Caso *Baena Ricardo y otros*, competencia, párrafo 108; caso *Caballero Delgado y Santana*, reparaciones, párrafo 61 y resolutivo primero; caso *Caballero Delgado y Santana*, cumplimiento de sentencia, resolución de la Corte Interamericana de Derechos Humanos del 4 de diciembre de 2001, visto 3, y Nota CDH-10.319/643 del 20 de enero de 1999.

94 Caso *Baena Ricardo y otros*, competencia, párrafo 108; caso *Barrios Altos*, reparaciones, párrafo 35 y punto resolutivo segundo *in fine*, y caso *Barrios Altos*, cumplimiento de sentencia, resolución de la Corte Interamericana de Derechos Humanos del 28 de noviembre de 2003, visto 15.

beneficiarios. Al respecto, la Corte le respondió que dichos gastos debían ser sufragados por el Estado, sin que este último pudiera deducir porcentaje alguno de las indemnizaciones correspondientes a los menores, en detrimento del capital depositado en fideicomiso.[95]

Una modalidad especial de ejecución de una condena de indemnización no determinada directamente por la Corte Interamericana fue la ocurrida en el caso Ivcher Bronstein, cuya determinación quedó referida a la ley interna de Perú y se llevó a cabo mediante un arbitraje. En la sentencia dictada en dicho caso por la Corte Interamericana el 6 de febrero de 2001, se dispuso que para el resarcimiento relativo a los dividendos y demás remuneraciones que le hubieran correspondido al señor Ivcher como accionista mayoritario y funcionario de la empresa Latinoamericana de Radiodifusión S. A., se aplicaría el derecho interno:[96]

> 8. Que el Estado debe facilitar las condiciones para que Baruch Ivcher Bronstein pueda realizar las gestiones necesarias para recuperar el uso y goce de sus derechos como accionista mayoritario de la Compañía Latinoamericana de Radiodifusión S. A., como lo era hasta el 1 de agosto de 1997, en los términos de la legislación interna. En cuanto al resarcimiento relativo a los dividendos y las demás percepciones que le hubieran correspondido como accionista mayoritario y funcionario de dicha Compañía, deberá igualmente aplicarse el derecho interno. Para todo ello, las peticiones respectivas deben someterse a las autoridades nacionales competentes.

Sobre este particular, en la sentencia de interpretación de esa sentencia, del 6 de febrero de 2001, emitida por la Corte Interamericana el 4 de septiembre de 2001, decidió sobre este particular:

> 2. Que para determinar la indemnización que pudiera corresponder por los daños materiales causados al señor Ivcher, se deberá atender a lo que resulte procedente en los términos de la legislación peruana, formulando las reclamaciones respectivas ante las autoridades nacionales competentes para resolverlas.

---

95 Caso *Baena Ricardo y otros,* competencia, párrafo 108, y caso *Barrios Altos*, cumplimiento de sentencia, resolución de la Corte Interamericana de Derechos Humanos de 28 de noviembre de 2003, considerandos 7-13 y punto resolutivo segundo.

96 Caso *Ivcher Bronstein*, sentencia de fondo y reparaciones dictada el 6 de febrero de 2001.

En el procedimiento de supervisión del cumplimiento de esta sentencia de la Corte Interamericana, el Estado señaló que, en cuanto a la reparación del daño material, era aplicable el artículo 8 de la Ley 27775, "que regula el procedimiento de ejecución de sentencias emitidas por Tribunales Supranacionales". En este sentido, las partes decidieron que la determinación del monto a pagar, la responsabilidad patrimonial y el monto indemnizatorio se tramitará a través de un procedimiento arbitral de carácter facultativo.

De esa forma, mediante el laudo arbitral del 4 de julio de 2005 se dispuso que el Estado debía pagar varias sumas de dinero por concepto de dividendos y honorarios dejados de percibir, así como por concepto de la "pérdida del valor" de la Compañía Latinoamericana de Radiodifusión, S. A., lo cual incluyó los intereses legales al 30 de junio de 2005. [97]

VI. LAS MEDIDAS GENERALES RELATIVAS A CONSTITUCIONES

A partir del caso de "La última tentación de Cristo" resultó evidente que la actuación de la Corte Interamericana para la protección de los derechos humanos como un tribunal constitucional internacional en la práctica, en el sentido de que si la violación a los derechos garantizados en la Convención Americana tiene su causa en una norma constitucional -aun y cuando su interpretación haya sido validada por las altas cortes de derecho interno-, la Corte Interamericana puede, en su fallo, no sólo declarar que la norma constitucional y la decisión judicial doméstica que la aplicó son violatorias del tratado, sino además, en aplicación de éste, puede ordenar la reparación de la violación, lo cual lógicamente incluye la modificación de la Constitución para adaptarla al tratado. En efecto, la Corte Interamericana, en su sentencia de fondo en dicho caso, constató la violación del artículo 13 de la Convención Americana por el artículo 19, número 12, de la Constitución chilena, y, en consecuencia, de conformidad con los artículos 1.1 y 2 del tratado, ordenó al Estado la modificación de dicha norma constitucional para adaptarla a ese instrumento interna-

---

97 Caso *Ivcher Bronstein*, supervisión de cumplimiento de sentencia, resolución del 21 de septiembre de 2005. No obstante, como se señaló en esta resolución de cumplimiento, para ese momento "Sin embargo, el Estado y la víctima están de acuerdo en que el pago de los montos indemnizatorios fijados en dicho laudo, el cual fue emitido el 4 de julio de 2005, no se ha efectuado todavía".

cional, y así permitir finalmente la exhibición de la película *La última tentación de Cristo* es ese país:[98]

87. En el derecho de gentes, una norma consuetudinaria prescribe que un Estado que ha ratificado un tratado de derechos humanos debe introducir en su derecho interno las modificaciones necesarias para asegurar el fiel cumplimiento de las obligaciones asumidas. Esta norma es universalmente aceptada, con respaldo jurisprudencial (*cfr. "principe allant de soi"*; *Echange des populations grecques et turques*, avis consultatif, 1925, C.P.J.I., série B, no. 10, p. 20; y *Caso Durand y Ugarte, supra* nota 20, párr. 136). La Convención Americana establece la obligación general de cada Estado Parte de adecuar su derecho interno a las disposiciones de dicha Convención, para garantizar los derechos en ella consagrados. Este deber general del Estado Parte implica que las medidas de derecho interno han de ser efectivas (principio del *effet utile*). Esto significa que el Estado ha de adoptar todas las medidas para que lo establecido en la Convención sea efectivamente cumplido en su ordenamiento jurídico interno, tal como lo requiere el artículo 2 de la Convención. Dichas medidas sólo son efectivas cuando el Estado adapta su actuación a la normativa de protección de la Convención.

88. En el presente caso, al mantener la censura cinematográfica en el ordenamiento jurídico chileno (artículo 19 número 12 de la Constitución Política y Decreto Ley número 679) el Estado está incumpliendo con el deber de adecuar su derecho interno a la Convención de modo a hacer efectivos los derechos consagrados en la misma, como lo establecen los artículos 2 y 1.1 de la Convención.

…

90. En consecuencia, la Corte concluye que el Estado ha incumplido los deberes generales de respetar y garantizar los derechos protegidos por *la Convención y de adecuar el ordenamiento jurídico interno a las disposiciones de ésta, consagrados en los artículos 1.1 y 2 de la Convención Americana sobre Derechos Humanos.*

…

97. Respecto del artículo 13 de la Convención, la Corte considera que el Estado debe modificar su ordenamiento jurídico con el fin de suprimir la censura previa, para permitir la exhibición cinematográfica y la publicidad de la película *La última tentación de Cristo*, ya que está obligado a respetar el derecho a la libertad de expresión y a garantizar su libre y pleno ejercicio a toda persona sujeta a su jurisdicción.

---

98 Corte IDH, caso *"La última tentación de Cristo"*, sentencia de fondo del 5 de febrero de 2001.

98. En relación con los artículos 1.1 y 2 de la Convención, las normas de derecho interno chileno que regulan la exhibición y publicidad de la producción cinematográfica todavía no han sido adaptadas a lo dispuesto por la Convención Americana en el sentido de que no puede haber censura previa. *Por ello el Estado continúa incumpliendo los deberes generales a que se refieren aquéllas disposiciones convencionales. En consecuencia, Chile debe adoptar las medidas apropiadas para reformar, en los términos del párrafo anterior, su ordenamiento jurídico interno de manera acorde al respeto y el goce del derecho a la libertad de pensamiento y de expresión consagrado en la Convención* (resaltados añadidos).

Por lo tanto, si la violación al derecho a la libertad de expresión sin censura previa contenida en el artículo 13 de la CADH había sido constatada por la Corte IDH, ésta debía disponer, de conformidad con el artículo 63.1 de dicho tratado, "que se garantice al lesionado en el goce de su derecho o libertad conculcados" y por lo tanto, disponer asimismo, "que se reparen las consecuencias de la medida o situación que ha configurado la vulneración de esos derechos". Por lo cual, con base en las anteriores consideraciones del derecho internacional de los derechos humanos, la Corte Interamericana estableció en los puntos resolutivos de la sentencia, la siguiente orden reparatoria:

4. *Decide que el Estado debe modificar su ordenamiento jurídico interno, en un plazo razonable, con el fin de suprimir la censura previa para permitir la exhibición de la película La última tentación de Cristo*, y debe rendir a la Corte Interamericana de Derechos Humanos, dentro de un plazo de seis meses a partir de la notificación de la presente Sentencia, un informe sobre las medidas tomadas a ese respecto (resaltados añadidos).

El Estado chileno dio cumplimiento a la reparación ordenada por la sentencia de la Corte Interamericana, y por iniciativa del Ejecutivo, el Legislativo procedió a modificar la norma contenida en el citado artículo 19, número 12, de su Constitución, con la finalidad de dejar sin efecto la censura previa para la exhibición de películas (y demás espectáculos públicos).

Estos hechos fueron informados por las partes (CIDH, peticionarios y el Estado) y constatados por la Corte Interamericana en su resolución sobre cumplimiento del 28-11-03.[99] En efecto, el 10 de julio de 2001 el Congreso Nacional de Chile aprobó el proyecto de reforma constitucional destinado a consagrar el derecho a la libre creación artística y a la eliminación de la censura cinematográfica sustituyéndola por un sistema de calificación que sería regulado por ley. Esta reforma fue promulgada e incorporada a la carta fundamental el 25 de agosto de 2001 mediante la publicación en el *Diario Oficial de Chile* de la Ley 19.742.

Igualmente, todos los otros extremos de la sentencia de la Corte Interamericana fueron cumplidos en este caso: la Ley 19.846 (Ley sobre Calificación de la Producción Cinematográfica) se publicó y entró en vigor el 4 de enero de 2003, y en su artículo primero estableció un sistema para la calificación de la producción cinematográfica, que se realiza por edades, destinado a orientar a la población adulta respecto de los contenidos de la producción cinematográfica y de proteger a la infancia y a la adolescencia en atención a lo señalado en diversos tratados internacionales suscritos por el mencionado Estado; el 9 de enero de 2003 la película *La última tentación de Cristo* fue recalificada por el nuevo Consejo de Calificación, y quedó comprendida dentro de la categoría "para mayores de 18 años", y la empresa encargada de la distribución en Chile de la película *La última tentación de Cristo*, *United International Pictures*, realizó la *avant premier* el 11 de marzo de 2003 en la sala del Cine Arte Alameda en Santiago, donde se exhibe "desde entonces para todo público mayor de 18 años"; el Ejecutivo adoptó el Decreto supremo de Educación 18, del 6 de enero de 2003, publicado en el *Diario Oficial de la República de Chile* del 11 de julio de 2003, por medio del cual se aprobó el Reglamento sobre Calificación de la Producción Cinematográfica, con el que se dio "término al proceso de modificación [del] ordenamiento jurídico interno [de Chile], en el sentido de eliminar la censura previa a las producciones cinematográficas"; el 21 de junio de 2002 se pagó la suma de 4,290.00 dólares mediante cheque a nombre de la Asociación de Abogados por las Libertades Públicas.[100]

En virtud de este cumplimiento ejemplar del Estado de Chile, el cual incluyó nada menos que una modificación expresa a la Constitución, la

---

99 Véase caso *"La última tentación de Cristo" (Olmedo Bustos y otros)*, supervisión de cumplimiento de sentencia, resolución de la Corte Interamericana de Derechos Humanos del 28 de noviembre de 2003, párrafos 19-23.

100 *Idem.*

Corte Interamericana resolvió: "1. Declarar que el Estado de Chile ha dado pleno cumplimiento a la sentencia de la Corte Interamericana de Derechos Humanos de 5 de febrero de 2001"; y por lo tanto, "2. Dar por terminado el caso "La última tentación de Cristo" y archivar el expediente".[101]

La otra sentencia en la cual la Corte Interamericana expresamente le ordenó a un Estado la modificación de su Constitución para adaptarla a la Convención Americana fue el caso Caesar.

El señor Winston Caesar fue sometido a castigos corporales con latigazos "gato de nueve colas", el cual fue considerado un instrumento utilizado para infligir una forma de castigo cruel, inhumano y degradante. En este caso la Corte Interamericana declaró que el Estado de Trinidad y Tobago había violado en perjuicio del señor Winston Caesar los derechos a la vida, a la integridad personal, al debido proceso y a la tutela judicial, consagrados en los artículos 4, 5, 8 y 25 de la Convención Americana sobre Derechos Humanos, en relación con el artículo 1.1 de la misma.[102]

En su sentencia en el caso Caesar, del 11 de marzo de 2005, la Corte Interamericana estableció que la sección 6 de la Constitución de la República de Trinidad y Tobago, que data de 1976, establece que ninguna norma anterior a la entrada en vigencia de ésta puede ser objeto de impugnación constitucional en cuanto a sus secciones 4 y 5. En ese caso, los castigos corporales habían sido impuestos con base en la Ley de Delitos contra la Persona, la cual fue declarada por la Corte Interamericana como incompatible con la Convención Americana. En virtud de ello, la Corte determinó que cualquier disposición que determine su inimpugnabilidad, también lo es, en virtud de que Trinidad y Tobago, al ser parte de la Convención en el momento de los hechos, no puede invocar las disposiciones de su derecho interno para justificar el incumplimiento de sus obligaciones internacionales. En virtud de ello, la Corte concluyó que la "cláusula de exclusión" contenida en la sección 6 de la Constitución de Trinidad y Tobago, al imposibilitar que la Ley de Penas Corporales sea impugnada, resultaba incompatible con la Convención Americana. En consecuencia, la Corte ordenó que el Estado enmiende, dentro de un plazo razonable, la mencionada sección 6 de la Constitución de Trinidad y Tobago, en cuan-

---

101 *Ibidem*, puntos resolutivos.

102 Caso *Caesar*, sentencia del 11 de marzo de 2005, puntos resolutivos.

to imposibilite a las personas el acceso a un recurso efectivo ante un tribunal competente para la protección de violaciones de sus derechos humanos.[103]

Con base en ello, la Corte Interamericana dispuso en su sentencia, que como parte de las medidas reparatorias y de prevención, "4. El Estado debe enmendar, dentro de un plazo razonable, la Sección 6 de la Constitución de Trinidad y Tobago, en los términos del párrafo 133 de la presente Sentencia".[104]

VII. LAS MEDIDAS GENERALES RELATIVAS A LEYES

La Corte Interamericana ha adoptado diversas órdenes de adoptar, modificar o dejar sin efecto leyes. Es decir, adoptar leyes que permiten al Estado cumplir con obligaciones convencionales, como tipificar adecuadamente la desaparición forzada de personas;[105] modificar leyes que contienen elementos que impiden el ejercicio de derechos para adaptarlas a las obligaciones convencionales;[106] o dejar sin efecto leyes que son contrarias a la Convención Americana.[107]

En el caso Barrios Altos, en su sentencia de fondo del 14 de marzo de 2001,[108] la Corte declaró que conforme a los términos del reconocimiento de responsabilidad internacional efectuado por el Estado, que éste había violado el derecho a la vida consagrado, el derecho a la integridad personal y el derecho a las garantías judiciales y a la protección judicial, consagrados en los artículos 4, 5, 8 y 25, respectivamente, de la Convención Americana, como consecuencia de la promulgación y aplicación de las leyes de amnistía 26479 y 26492. En este sentido, la Corte declaró que "4... las leyes de amnistía N° 26479 y N° 26492 son incompatibles con la

---

103 *Ibidem*, párrafo 133.

104 *Ibidem*, punto resolutivo cuarto.

105 Caso *Blanco Romero y otros*, sentencia de fondo dictada el 28 de noviembre de 2005.

106 Caso *Barrios Altos (Chumbipuma Aguirre y otros vs. Perú)*, sentencia de fondo del 14 de marzo de 2001.

107 Caso *Caesar*, sentencia de 11 de marzo de 2005.

108 Caso *Barrios Altos (Chumbipuma Aguirre y otros vs. Perú)*, sentencia de fondo del 14 de marzo de 2001.

Convención Americana sobre Derechos Humanos y, en consecuencia, *carecen de efectos jurídicos*" (resaltados añadidos).

En virtud de los términos contenidos en la sentencia de fondo de la Corte Interamericana con relación a que las leyes de amnistía 26479 y 26492 son incompatibles con la Convención Americana sobre Derechos Humanos y, en consecuencia, "carecen de efectos jurídicos", la Comisión Interamericana interpuso un recurso de interpretación, el cual fue decidido mediante la sentencia del 3 de noviembre de 2001, en la cual la Corte determinó con claridad los "efectos generales" de dicha declaración:[109] "2. Que, dada la naturaleza de la violación constituida por las leyes de amnistía Nº 26479 y Nº 26492, lo resuelto en la sentencia de fondo en el caso Barrios Altos tiene *efectos generales*" (resaltados añadidos).

De esta forma, por primera vez la Corte Interamericana actuó en la práctica como un tribunal constitucional, al disponer con efectos generales, que unas "leyes contrarias a la Convención Americana carecen de efectos jurídicos". Esta declaración se bastaba por sí misma, y de hecho los juicios penales del caso Barrios Altos se reiniciaron como si estas leyes efectivamente carecieran de efectos jurídicos. No obstante, en la ejecución de su sentencia la Corte quiso asegurarse de que el Estado peruano expresamente dejara sin efectos esas leyes de amnistía, lo cual supondría ya sea derogarlas por parte de su Congreso o anularlas por su Tribunal Constitucional.

En su resolución del 28 de noviembre de 2003, la Corte Interamericana declaró que era indispensable que el Estado del Perú informara a la Corte, entre otros, sobre los "puntos pendientes de cumplimiento" relativos a la investigación y sanción de los responsables:[110]

16. …

g) la aplicación de lo dispuesto por la Corte en su sentencia de interpretación de la sentencia de fondo en este caso "sobre el sentido y alcances de la declaración de ineficacia de las Leyes Nº 26479 y [Nº]

---

109 Caso *Barrios Altos (Chumbipuma Aguirre y otros vs. El Perú)*. Interpretación de la sentencia de fondo (artículo 67, Convención Americana sobre Derechos Humanos), sentencia del 3 de septiembre de 2001.

110 Caso *Barrios Altos*, cumplimiento de sentencia, resolución de la Corte Interamericana de Derechos Humanos del 28 de noviembre de 2003.

26492" (*punto resolutivo 5.a) de la Sentencia sobre Reparaciones de 30 de noviembre de 2001*), en el caso que el Estado tuviese alguna otra información además de la que ya remitió al Tribunal...

En virtud de ello, la Corte decidió en esta resolución "6. Exhortar al Estado a que adopte todas las medidas que sean necesarias para dar efecto y pronto cumplimiento a las reparaciones ordenadas en las sentencias del 14 de marzo y 30 de noviembre de 2001, y que se encuentran pendientes de cumplimiento, de acuerdo con lo dispuesto en el artículo 68.1 de la Convención Americana sobre Derechos Humanos", y "7. Requerir l Estado que presente a la Corte Interamericana de Derechos Humanos, a más tardar el 1 de abril de 2004, un informe detallado en el cual indique todas las medidas adoptadas para cumplir con el deber de investigar los hechos para determinar las personas responsables de las violaciones de los derechos humanos a los que se hizo referencia en la sentencia sobre el fondo, así como para divulgar públicamente los resultados de dicha investigación y sancionar a los responsables, y para cumplir con las otras reparaciones ordenadas por esta Corte que se encuentran pendientes de cumplimiento, tal y como se señala en el considerando décimo sexto de la presente Resolución". A tales fines, la Corte decidió mantener abierto el procedimiento de supervisión de cumplimiento de los puntos pendientes de acatamiento en ese caso.

Posteriormente, la Corte Interamericana asumió que el Estado peruano había aceptado su declaración sobre la ineficacia de las leyes de amnistía 26479 y 26492, por ser contrarias a la Convención, en virtud de que dicho Estado había abierto los juicios penales y estaba procesando a personas por hechos que antes estaban amparados por esas leyes. De allí en adelante, la Corte supervisó el cumplimiento de sus sentencia sobre este particular, en el ámbito de las investigaciones y sanciones a los responsables. Así, en 2004 la Corte Interamericana adoptó una nueva resolución sobre el cumplimiento de sus sentencias de fondo y de reparaciones en el caso Barrios Altos, en la cual ya no se hizo mención expresa a dichas leyes, sino al deber de investigar los hechos para determinar las personas responsables de las violaciones de los derechos humanos a los que se hizo referencia en la sentencia sobre el fondo, así como divulgar públicamente los resultados de dicha investigación y la sanción de los responsables.[111]

---

111 Caso *Barrios Altos*, cumplimiento de sentencia, resolución de la Corte Interamericana de Derechos Humanos del 17 de noviembre de 2004.

En el caso Yatama, la Corte Interamericana ordenó la modificación de la ley electoral, requiriéndole al Estado "implementar las medidas de reparación relativas a la creación de un recurso judicial sencillo, rápido y efectivo contra las decisiones del Consejo Supremo Electoral..., las reformas a la Ley Electoral... de 2000..., y a la adopción de las medidas necesarias para garantizar los derechos políticos de los miembros de las comunidades indígenas y étnicas de la Costa Atlántica..., dentro de un plazo razonable".[112]

VIII. OTRAS MEDIDAS REPARATORIAS

Las medidas reparatorias adoptadas en sus sentencias por la Corte Interamericana han sido de la más diversa índole, dependiendo de las características de cada caso. Para ello, la Corte se ha basado en su facultad innominada otorgada por la Convención Americana, para disponer que se garantice a la víctima el goce de su derecho violado y que se reparen las consecuencias de la medida o situación que ha configurado la vulneración de esos derechos.[113]

Estas medidas han consistido, entre otras, en planes de formación en derechos humanos para policías y fuerzas militares, revisión de programas, revisión de planes, monumentos en honor a las víctimas, actos de perdón, tratamientos médicos y psicológicos a las víctimas, planes sociales, planes educativos, y otros muchos más.

En algunos casos la medida reparatoria se ha materializado mediante la adopción de actos de gobiernos o actos administrativos por parte del Poder Ejecutivo. Tal fue el caso, por ejemplo, de las medidas de la liberación de María Elena Loayza Tamayo y su reincorporación al servicio docente, adoptada por el Poder Ejecutivo y entes de su administración pública, en cumplimiento de la sentencia de la Corte IDH. En efecto, el 17 de septiembre de 1997 la Corte IDH dictó sentencia sobre el fondo del caso María Elena Loayza Tamayo *vs.* Perú, en la cual resolvió entre sus particulares, "5. Que ordena que el Estado del Perú ponga en libertad a María Elena Loayza Tamayo dentro de un plazo razonable...". En acatamiento a dicha sentencia, la liberación de la víctima fue realizada por el

---

112 Caso *Yatama*, párrafo 267.

113 Artículo 63.1, CADH.

Estado el 16 de octubre de 1997, y fue acordada su reincorporación a actividades docentes (como profesora en historia y geografía del Colegio Nacional de Mujeres "Rímac", quedando pendientes para esa fecha la Universidad San Martín de Porres y la Escuela de Arte Dramático) mediante la resolución directorial 2273 del 17 de diciembre de 1997. Dichas medidas fueron calificadas por la Corte IDH como de "cumplimiento parcial" en su sentencia de reparaciones en dicho caso, dictada el 27 de noviembre de 1998,[114] ya que diversos aspectos de las reparaciones ordenadas -incluyendo la investigación y sanción- como la jubilación y las indemnizaciones, no habían sido cumplidas. Este incumplimiento por parte del Estado peruano aún perduraba en 2006, ¡ocho años después de dictada la sentencia!, como fue declarado reiteradamente por la Corte Interamericana en sus resoluciones sobre el cumplimiento de esta sentencia.[115]

Las modalidades de cumplimiento de las otras medidas reparatorias que ha adoptado la Corte Interamericana son de índole muy variada. Así, en el caso Masacre Plan de Sánchez la Corte requirió que el Estado implementara el programa de vivienda durante un plazo que no excediera de cinco años. En ese caso, además, el Estado debía crear un comité de evaluación de la condición física y psíquica de las víctimas, e inmediatamente después de su constitución, proporcionar los tratamientos respectivos, por un plazo de cinco años. Por último, el Estado fue condenado a implementar los programas de desarrollo dentro de un plazo de cinco años. Todos estos plazos se contaban a partir de la notificación de la sentencia.[116]

En otro caso la Corte dispuso que el Estado implementara un programa de educación especial y asistencia vocacional, un acto público de reconocimiento de responsabilidad internacional y la constitución de un Comité,

---

114 Corte IDH, caso *María Elena Loayza Tamayo,* sentencia sobre el fondo del 17 de septiembre de 1997; sentencia de reparaciones en dicho caso, dictada el 27 de noviembre de 1998, párrafos 109, 112 y 113.

115 Caso *María Elena Loayza Tamayo*, resolución del 27 de noviembre de 2002 sobre cumplimiento de sentencia; resolución del 27 de noviembre de 2003 sobre cumplimiento de sentencia, y resolución del 3 de marzo de 2005 sobre cumplimiento de sentencia.

116 Caso *Masacre Plan de Sánchez*, sentencia de reparaciones, dictada el 19 de noviembre de 2004, párrafo 117.

dentro del plazo de seis meses luego de la publicación de la sentencia. Respecto del tratamiento médico y psicológico, la Corte dispuso que éste se debía iniciar inmediatamente después de la constitución del comité. Con relación al otorgamiento de un lugar para los restos de uno de los internos, la Corte dispuso que el Estado debía dar cumplimiento a dicha medida dentro del plazo de quince días.[117]

En relación con el trámite para la ejecución de la restitución o bien el pago de la indemnización por no poder restituir a cada una de las víctimas en sus puestos de trabajo, la Corte dispuso que debía realizarse observando las garantías del debido proceso y según la legislación aplicable a cada víctima, de manera que puedan presentar sus alegatos y pruebas y se les informe los parámetros y legislación utilizadas por el Estado.[118]

Otro tema importante en las modalidades de ejecución de las sentencias de fondo y reparación de la Corte Interamericana tiene que ver con los acuerdos reparatorios celebrados entre la Comisión y los representantes de las víctimas con el Estado. La Corte ha dispuesto que una vez que el acuerdo ha sido homologado por su sentencia, cualquier controversia o diferencia que se suscite será dilucidada por el Tribunal.[119] La Corte ha aprobado acuerdos de reparación integral a los familiares de las víctimas, por encontrarse ajustado a la Convención Americana y contribuir a la realización del objeto y fin de ésta en el caso sujeto a examen. Pero ha advertido que para dar cumplimiento a dicho acuerdo es pertinente que el Estado adopte las medidas de reparación anteriormente referidas, en los plazos y condiciones acordados en el Acuerdo, y de conformidad con lo establecido por el tribunal en su sentencia.[120]

---

117 Caso *Instituto de Reeducación del Menor*, párrafo 331.

118 Caso *Baena Ricardo y otros*, competencia, párrafo 21, y caso *Baena Ricardo y otros*, resolución de cumplimiento del 22 de noviembre de 2002, resolutivo segundo.

119 Caso *Huilca Tecse*, párrafo 122.

120 Caso *Durand y Ugarte*, reparaciones, párrafos 41-42, y caso *Barrios Altos*, reparaciones, párrafos 46 y 47.

APÉNDICE

10. ALGUNOS ASPECTOS COMPARATIVOS DEL DERECHO DE AMPARO EN MÉXICO Y VENEZUELA*

Héctor Fix Zamudio

SUMARIO: I. *Antecedentes y evolución de ambas instituciones*. II. *Complejidad del amparo mexicano y sus equivalencias en el derecho venezolano*. III. *El amparo contra leyes en el ordenamiento mexicano y la inconstitucionalidad de las leyes en el de Venezuela*. IV. *Habeas corpus y amparo de la libertad*. V. *El amparo en estricto sentido en ambos ordenamientos*. VI. *Conclusiones*

I. ANTECEDENTES Y EVOLUCIÓN DE AMBAS INSTITUCIONES

Consideramos útil y conveniente el estudio comparativo de las instituciones libertarias que reciben la denominación común de "amparo" en los ordenamientos de México y Venezuela, puesto que al resaltar sus puntos de contacto y de diferencias, podemos extraer enseñanzas que pueden emplearse por los estudiosos de ambos países, tanto para apreciar en su debida dimensión a las propias instituciones, como para aprovechar las experiencias en provecho recíproco.

Por otra parte, es conveniente mencionar que se tiene el propósito de expedir una ley reglamentaria del amparo para la República de Venezuela, para lo cual se ha integrado una comisión que debe redactar un anteproyecto, y a este respecto estimamos que resultaría provechoso el cotejo de los principios establecidos en la Constitución venezolana con los que imperan en el ordenamiento mexicano, para aprovechar la práctica centenaria de este último, y a la vez incorporar los adelantos que se observan

* Publicado en *Libro-Homenaje a la memoria de Lorenzo Herrera Mendoza*, Vol. II, Fundación Rojas Astudillo, Caracas, 1970, pp. 335-390.

en instrumentos similares que, inclusive con el mismo nombre, se han ido estableciendo en otros países latinoamericanos.[1]

A) Por lo que respecta a México, sin mencionar los diversos intentos que se realizaron previamente,[2] es posible afirmar que el amparo mexicano se conformó de manera precisa en la Constitución Yucateca de 16 de mayo de 1841, en sus artículos 8°, 9° y 62, aun cuando sólo en el ámbito local de dicha entidad federativa, para proteger a los habitantes del Estado contra leyes y actos de las autoridades de la misma entidad que violasen la Constitución y particularmente los derechos fundamentales calificados como "garantías individuales", todo ello debido a la inspiración del ilustre publicista mexicano Manuel Crescencio Rejón, a quien se considera con justicia como uno de los padres del amparo mexicano.[3]

En el ámbito nacional, el juicio de amparo se consagró en el documento denominado Acta de Reformas, promulgado el 18 de mayo de 1847,[4] en cuyo artículo 25 se determinó textualmente: "Los tribunales de la Federación *ampararán* a cualquiera habitante de la República en el ejercicio y conservación de los derechos que le concedan esta Constitución y las leyes constitucionales, contra todo ataque de los Poderes Legislativo y Ejecutivo; ya sea de la Federación, ya de los Estados; limitándose dichos tribunales a impartir su protección en el caso particular sobre que verse el proceso, sin hacer ninguna declaración general respecto de la ley o del acto que la motivare".

Este precepto está inspirado directamente en los argumentos expuestos por nuestro gran jurisconsulto Mariano Otero, en su conocido "voto particular" al dictamen de la mayoría de la Comisión de Constitución, en el

---

1   *Cfr.* Héctor Fix Zamudio: "La protección procesal de las garantías individuales en América Latina", en *Revista Iberoamericana de Derecho Procesal.* Madrid, 1967; pp. 9-85.

2   Los cuales son mencionados minuciosamente por Ignacio Burgoa, *El juicio de amparo,* 6ª ed., México, 1968; pp. 82-102

3   *Cfr.* Suprema Corte de Justicia de la Nación: *Homenaje a don Manuel Crescencio Rejón,* México, 1960, pp. 53 y ss.

4   La denominación de Acta de Reformas se apoya en el hecho de que este instrumento introdujo modificaciones a la Constitución Federal de 4 de octubre de 1824. *Cfr.* Felipe Tena Ramírez, *Leyes Fundamentales de México, 1808-1967,* 3ª ed., México, 1967, pp. 439 y ss.; Santiago Oñate: "El Acta de Reformas de 1847", en la obra *Derechos del Pueblo Mexicano. México a trates de sus Constituciones,* tomo II, México, 1967, pp. 13-44.

seno del Constituyente que inició sus labores en la ciudad de México en el mes de diciembre de 1846, en aquellos dramáticos momentos en que el ejército estadounidense se aproximaba a la capital, venciendo la valiente pero desorganizada resistencia de nuestro ejército, tan inferior en número y recursos en relación con el ya entonces poderoso de nuestro vecino del Norte[5]

Por tal motivo, a Mariano Otero se le califica también justificadamente como el otro padre del amparo, aun cuando existe una controversia, que consideramos en cierto modo bizantina, sobre la preeminencia del propio Otero o de Manuel Crescencio Rejón en la consagración del amparo mexicano, ya que no puede adoptarse una actitud parcial, sino atribuir a ambos, en la misma proporción, la paternidad de nuestra máxima institución procesal.[6]

---

5   En la parte relativa de su clásico "voto particular", el ilustre Mariano Otero expresaba: "...Comprometida una guerra en la que México lucha nada menos que por su existencia; ocupada la mitad de su territorio por enemigo que ya tiene siete Estados en su poder; cuando acaba de sucumbir nuestra primera ciudad marítima y se halla seriamente amenazada aun la misma capital, ninguna cosa sería mejor que la existencia de alguna organización política que evitando las dificultades anteriores dejase para después el debate de los principios fundamentales. Pero ella no existe, y para llevar a cabo esa misma guerra es preciso hacer que cuanto antes cese la complicación que la dificulta. En la guerra todavía con más razón que en la paz, un pueblo no puede vivir y resistir sino cuando cuenta con la acción de todos los elementos de su poder, y siendo su organización política la sola que los combina, dirige y regulariza, no es posible que él se salve si se mantiene bajo una organización enteramente viciosa...". Transcrito por Felipe Tena Ramírez: *Leyes Fundamentales de México, cit.,* p. 444.

6   En favor de Otero se pronuncian F. Jorge Gaxiola en su libro *Mariano Otero, creador del juicio de amparo,* México, 1937, y Manuel Herrera y Lasso, "Los constructores del amparo", en *Revista Mexicana de Derecho Público,* tomo I, N° 4, México, abril-junio de 1947, pp. 369 y ss.; y en cuanto a Rejón, su defensor más apasionado ha sido Carlos A. Echánove Trujillo, en varios artículos y especialmente en su libro *La vida pasional e inquieta de D. Crescendo Rejón,* México, 1941. Sin embargo, consideramos más acertada la posición de Felipe Tena Ramírez, *Derecho constitucional mexicano,* 8ª ed., México, 1967, pp. 459-460, nota 463, en el sentido de que Rejón es el inventor y Otero el fundador del amparo, en tanto que el tratadista Ignacio Burgoa, *El juicio de amparo, cit.,* pp. 120-123, sostiene justificadamente que tanto el yucateco (Rejón) como el aliscience (Otero) contribuyeron a crear el amparo, habiendo desempeñado, dentro de su formación paulatina, diversos y distintos actos, y colaboraron en la misma medida a configurar a nuestra máxima institución jurídica.

La institución libertaria mexicana se consolidó definitivamente en los artículos 101 y 102 de la Constitución Federal de 5 de febrero de 1857, en los cuales se establecieron los principios esenciales que se conservan considerablemente ampliados en la actualidad.[7]

Durante la vigencia de la citada Carta Federal de 1857, el amparo mexicano desarrolló considerablemente su esfera protectora, y debido a una interpretación artificiosa del artículo 14 de la propia ley suprema, se introdujo el amparo en materia judicial, que un sector de la doctrina considera como una verdadera "degeneración"[8] pero que en realidad se impuso corno una necesidad de centralizar la administración de la justicia, por una desconfianza, que todavía subsiste, hacia los tribunales locales, y motivó la declaración de inconstitucionalidad del artículo 8° de la ley reglamentaria de los citados artículos 101 y 102, que prohibía expresamente el amparo en materia judicial, por estimar la Suprema Corte de Justicia que dicho precepto era contrario a los postulados de la ley suprema.[9]

---

7   El texto primitivo de los citados artículos 101 y 102 de la Carta de 1857 establecía lo siguiente: "Artículo 101: Los tribunales de la federación resolverán toda controversia que se suscite: I. Por leyes o actos de cualquiera autoridad que violen las garantías individuales; II. Por leyes o actos de la autoridad federal que vulneren o restrinjan la soberanía de los Estados; III. Por leyes o actos de las autoridades de éstos que invadan la esfera de la autoridad federal". "Artículo 102: Todos los juicios de que habla el artículo anterior se seguirán, a petición de la parte agraviada, por medio de procedimientos y formas del orden jurídico, que determinará la ley. La sentencia será siempre tal que sólo se ocupe de individuos particulares, limitándose a protegerlo!; y ampararlos en el caso especial sobre que verse el proceso, sin hacer ninguna declaración general respecto de la ley o acto que la motivare". Este último precepto fue modificado por decreto de 12 de noviembre de 1908, agregándole el siguiente párrafo: "Cuando la controversia se suscite con motivo de violación de garantías individuales en asuntos judiciales del orden civil, solamente podrá ocurrirse a los tribunales de la Federación después de pronunciada la sentencia que ponga fin al litigio y contra la cual no conceda la ley ningún recurso cuyo efecto pueda ser su revocación".

8   *Cfr.* Emilio Rabasa: *La Constitución y la dictadura*, 3ª Ed., México, 1956, pp. 217 y ss.; *id., El artículo 14. Estudio constitucional*, 2ª ed., México, 1955, pp. 111 y ss.

9   *Cfr.* Miguel Mejía: *Errores constitucionales. Las arbitrariedades judiciales y los juicios de amparo*, México, 1886, pp. 9 y ss.; Silvestre Moreno Cora: *Tratado del juicio de amparo conforme a las sentencias de los tribunales federales*, México, 1902, pp. 403 y ss.; José María Lozano: *Tratado de los derechos del hombre*, México, 1876, pp. 441 y ss.

También durante el imperio de los citados preceptos constitucionales se expidieron varias leyes reglamentarias del juicio de amparo, que perfeccionaron tanto la tutela como el procedimiento del instrumento libertario.

Así se promulgaron los siguientes ordenamientos: Ley Orgánica de procedimientos de los Tribunales de la Federación que exige el artículo 102 de la Constitución Federal, de 30 de noviembre de 1861; Ley Orgánica de los artículos 101 y 102 de la Constitución, de 30 de enero de 1869; y Ley Orgánica de los artículos 101 y 102 de la Constitución, de 14 de diciembre de 1882.

Con posterioridad a estas leyes específicas, el legislador incorporó la reglamentación del amparo en el Código Procesal Civil, como ocurrió tratándose del Código de Procedimientos Federales de 6 de octubre de 1897, título II, capítulo VI, artículos 745-849; y el Código Federal de Procedimientos Civiles de 26 de diciembre de 1908, título II, capítulo VI, artículos 661-796.[10]

La Constitución vigente, de 5 de febrero de 1917, recogió toda la evolución anterior, reconociendo expresamente la complejidad protectora de la institución, incluyendo el amparo contra resoluciones judiciales, que se aceptó claramente,[11] desarrollándose minuciosamente los principios a través de dos preceptos, el 103 y el 107, este último prácticamente reglamentario, ya que consigna todas y cada una de las bases, que la doctrina ha calificado como "principios fundamentales del juicio de amparo".[12]

---

10 El estudio de estos ordenamientos puede consultarse en Ignacio Burgoa: *El juicio de amparo, cit.,* pp. 123-128; Romeo León Orantes: *El juicio de amparo,* 3ª ed., Puebla, 1957, pp. 30-45; Nilda Rosa Muñoz Vázquez: *Evolución del juicio de amparo desde el punto de vista de sus leyes reglamentarias,* tesis, México, pp. 75-132.

11 A este respecto son significativas las palabras contenidas en la exposición de motivos del proyecto de Constitución presentado por don Venustiano Carranza al Congreso Constituyente, el 1º de diciembre de 1916: "...El pueblo mexicano está ya tan acostumbrado al *amparo* en los juicios civiles, para librarse de las arbitrariedades de los jueces, que el gobierno a mi cargo ha creído no sólo injusto, sino impolítico, privarlo ahora de tal recurso, estimando que bastará limitarlo únicamente a los casos de verdadera y positiva necesidad, dándole un procedimiento fácil y expedito para que sea efectivo, como se servirá ver la Cámara en las bases que se proponen para su reglamentación...". *Diario de los Debates del Congreso Constituyente,* tomo I, México, 1917, p. 263.

12 *Cfr.* Ignacio Burgoa: *El juicio de amparo, cit.,* pp. 272-309; Octavio A. Hernández *Curso de amparo. Instituciones fundamentales,* México, 1966, pp. 12 y ss.

Ya en vigor la Carta de 1917, se expidieron dos leyes reglamentarias del juicio de amparo, la de 18 de octubre de 1919 y la todavía vigente, con numerosas modificaciones, de 30 de diciembre de 1935.

Tanto los preceptos constitucionales como la legislación de amparo (incluyendo la Ley Orgánica del Poder Judicial de la Federación, también de 30 de diciembre de 1935), además de modificaciones menores, ha experimentado tres reformas que pueden calificarse de fundamentales:

a) Las contenidas en el decreto de 30 de diciembre de 1950, publicado en el *Diario Oficial de la Federación* el 19 de febrero de 1951, y en vigor a partir del 20 de mayo siguiente, que introdujeron los Tribunales Colegiados de Circuito, como órganos auxiliares de la Suprema Corte de Justicia en materia de amparo.[13]

b) Las disposiciones de los decretos de 30 de octubre de 1962 y 3 de enero de 1963, con imperatividad a partir del 5 de febrero siguiente, los cuales establecieron una serie de preceptos protectores de los campesinos sujetos a la reforma agraria, en cuanto figuren como partes en los juicios de amparo en los cuales se controviertan derechos agrarios individuales o colectivos.[14]

c) Las más recientes, contenidas en los decretos de 19 de junio de 1967 y 3 de enero de 1968, publicados respectivamente en los diarios oficiales de 25 de octubre de 1967 y 30 de abril de 1968, pero que entraron simultáneamente en vigor el 28 de octubre de 1968, con el propósito fundamental de establecer una redistribución en el conocimiento de los juicios de amparo, dejando sólo los más importantes, por razones económicas, morales y sociales, en la Suprema Corte de Justicia, y los restantes en la competencia de los Tribunales Colegiados de Circuito, cuyo número es aumentado considerablemente.[15]

De la simple enumeración legislativa anterior podemos comprender la lenta y paulatina evolución que ha sufrido nuestra institución libertaria, a

---

13   *Cfr.* Romeo León Orantes: *El juicio de amparo, cit.,* pp. 90-138.

14   *Cfr.* Ignacio Burgoa: *El juicio de amparo en materia agraria,* México, 1964, pp. 111 y ss.

15   *Cfr.* Héctor Fix Zamudio: "Algunas consideraciones respecto a las reformas constitucionales al poder judicial federal", en *Boletín del Instituto de Derecho Comparado de México,* N° 55, México, enero-abril de 1966, pp. 3-63; *id.,* "Reformas constitucionales al poder judicial federal", en *Revista de la facultad de Derecho de México,* N° 65, enero-marzo de 1967, pp. 82-123.

partir de sus modestos orígenes en la Constitución Yucateca de 1841 y el Acta de Reformas de 1847, hasta convertirse en un instrumento sumamente complejo, que, como lo precisaremos más adelante, tutela prácticamente todo el ordenamiento jurídico mexicano contra cualquier acto ilegal o inconstitucional de cualquier autoridad.

B) Contrastando con la tradición centenaria del juicio de amparo mexicano, la institución del mismo nombre, en su sentido estricto, ha sido consagrada muy recientemente en el ordenamiento constitucional venezolano, y con mayor precisión en el artículo 49 de la Constitución vigente de 23 de enero de 1961; pero esto no significa que se hubiese introducido sorpresivamente en el citado texto fundamental ni que se carezca de una tradición a este respecto en el derecho venezolano, ya que el citado artículo 49 constitucional constituye la culminación de una serie de ensayos anteriores para consagrar un instrumento procesal tutelar de los derechos fundamentales de la persona humana estatuidos por la misma ley suprema.

En efecto, entre los citados antecedentes podemos mencionar como importantes:

a) La disposición contenida en el artículo 123, ordinal 11, de la Constitución de 16 de julio de 1936, reiterado en el artículo 128, ordinal 11, de la ley suprema de 5 de mayo de 1945, que estableció un medio de impugnación ante la Corte Federal y de Casación que se dirigía en general contra todos los actos del poder público violatorios de la Constitución, lo que abría la puerta a la jurisprudencia del citado Tribunal Supremo para proteger a los ciudadanos contra cualquier acto violatorio de la ley suprema, y por tanto, de sus derechos fundamentales; pero esta disposición fue aplicada aisladamente tratándose de ciertos actos administrativos violatorios de los derechos del hombre, y su eficacia fue muy limitada, particularmente por falta de una adecuada reglamentación.[16]

b) Proyecto de Ley de Amparo Personal, presentada a la Cámara de Senadores de la República de Venezuela por sus redactores los juristas Ma-

---

16   *Cfr.* Ernesto Wolf: *Tratado de derecho constitucional venezolano,* tomo II, Caracas, 1945, pp. 200-202; Pablo Ruggieri Parra: "El recurso de inconstitucionalidad contra las decisiones judiciales", en *Cultura Jurídica,* año II, Nº 8, Caracas, octubre-diciembre de 1942, p. 374, Luis Marinas Otero; *Las Constituciones de Venezuela,* Madrid, 1965, p. 87.

rio Briceño-Iragorry, Manuel R. Egaña y Luis Loreto, con fecha 18 de junio de 1945.[17]

Aun cuando el propósito fundamental de este proyecto fue reglamentar esencialmente el *habeas corpus,* estimado en su significación de "amparo de la libertad personal", y así se expresa en la exposición de motivos correspondientes, en la redacción del artículo primero de este propio proyecto, se consigna una amplitud protectora más extensa que la simple tutela de la libertad física, en cuanto proponía: *"El amparo personal* procede siempre que una persona se encuentre ilegítimamente privada de su libertad o esté sufriendo o tema sufrir restricciones en *cualquier otro de los derechos personales que garantiza la Constitución".*[18]

c) Un nuevo intento se realizó en la redacción del anteproyecto que sirvió de base a la Constitución de 1947, ya que en su primitiva redacción se incluía el artículo 55, en los siguientes términos: "La ley dispondrá lo necesario para que toda persona en cuyo perjuicio se viole *cualquiera de las garantías contenidas en esta Constitución* pueda ocurrir a la autoridad judicial y sea *amparada* efectivamente por ésta del acto violatorio, en forma que no sufra menoscabo en sus derechos y pueda ejercerlos oportunamente"; pero desafortunadamente, dicho precepto fue retirado por los redactores del anteproyecto y no llegó a discutirse en el seno del Constituyente.[19]

d) En sustitución del amparo en sentido amplio que se proponía en el anteproyecto, la Comisión sometió al Congreso la adopción del *habeas corpus,* que de esta manera se consagró en el artículo 32 de la Constitu-

---

17 El texto de este proyecto puede consultarse como apéndice al estudio de Ángel Francisco Brice, "El juicio de amparo y el anteproyecto de Constitución", en *Boletín de la Academia de Ciencias Políticas y Sociales,* tomo XI, Nos. 1-4, Caracas, enero-diciembre de 1946, pp. 131-138.

18 La doctrina ha destacado esta amplitud protectora que excede con mucho a la limitada del *habeas corpus. Cfr.* Ángel Francisco Brice: *El juicio de amparo y el anteproyecto de Constitución, cit.,* pp. 110-111; Id. "Habeas corpus y derechos de amparo", en *Revista de Derecho y Legislación,* Nos. 581-582, Caracas, octubre-noviembre de 1959, pp. 201-202; José A. de Miguel S.: "Amparo y *habeas corpus* en la Constitución de 1961", en *Revista del Colegio de Abogados del Distrito federal,* N° 130, Caracas, julio-diciembre de 1965, p. 41.

19 *Cfr.* Ángel Francisco Brice: *El juicio de amparo y el anteproyecto de Constitución, cit.,* pp. 116-122; José A. de Miguel: *El amparo y el habeas corpus en la Constitución de 1961,* cit. p. 41.

ción de 5 de junio de 1947, de la siguiente manera: "A toda persona detenida o presa con violación de las garantías establecidas en esta Constitución en resguardo de la *libertad individual,* le asiste el recurso de *habeas
corpus.* Este recurso podrá ser ejercitado por el interesado o por cualquier
otra persona a nombre de aquél, y será admisible cuando la ley no consa-
gre contra la orden, acto o procedimiento que lo motive, ningún recurso
judicial ordinario. La ley determinará los tribunales que conocerán y de-
cidirán en forma breve y sumaria de las denuncias del caso, así como las
demás condiciones necesarias para el ejercicio de este recurso".

No llegó a dictarse la ley reglamentaria correspondiente, pero el citado
precepto tuvo aplicación de acuerdo con las reglas provisionales establecidas por la disposición transitoria decimoquinta de la propia ley fundamental.[20]

Aun cuando el establecimiento de este instrumento de carácter tradicional para tutelar específicamente la libertad física de la persona humana
constituyó un adelanto en el lento camino de la evolución de la protección judicial de los derechos del hombre, la doctrina la consideró insuficiente y se luchó por el establecimiento del amparo propiamente dicho,
de acuerdo con el modelo mexicano, como instancia judicial para la tutela
efectiva no sólo de la citada libertad individual sino de todos y cada uno
de los derechos individuales y sociales consagrados constitucionalmente
en beneficio de la persona humana, debiendo destacarse en este sentido
los trabajos del tratadista venezolano Ángel Francisco Brice.[21]

---

20 La citada disposición transitoria preceptuaba: "Mientras la ley establece fa competencia definitiva, se atribuye a los tribunales de Primera Instancia en lo Penal el conocimiento del recurso de *habeas corpus.* Dentro de las veinticuatro horas siguientes
al recibo de las denuncias, dichos tribunales requerirán de los funcionarios bajo cuya
custodia estuvieren los detenidos, los motivos de la privación de la libertad, y acto
seguido, con vista de los resultados de la inquisición, ordenarán: 1° El sometimiento
a juicio si hubiere lugar a él; 2° Que se dicte la correspondiente resolución administrativa si la detención obedeciere a causales de esta índole; 3° La inmediata libertad
del detenido, si no estuviere dentro de los casos anteriores, sin perjuicio del procedimiento a que hubiere lugar, si los funcionarios ejecutivos incurrieren en responsabilidad penal por abuso de sus funciones".

21 En sus estudios ya citados: *El juicio de amparo y el anteproyecto de Constitución,* y
Habeas corpus y derecho de amparo, así como su monografía "La libertad individual y las formas de protegerla", en *Revista del Colegio de Abogados del Estado Zu-
lia,* año IV, N° 45, Maracaibo. marzo de 1939, pp. 1633-1651. La obra de Angel
Francisco Brice para divulgar el amparo mexicano y procurar la consagración de

e) La Constitución autoritaria de 15 de abril de 1953 significó un claro retroceso respecto de la evolución anterior, ya que además de suprimir el *habeas corpus* otorgó en el artículo 36 facultades exorbitantes al Presidente de la República para suspender los derechos individuales por simple decreto dictado en Consejo de Ministros.[22]

f) Finalmente, todo este desarrollo culmina con el artículo 49 de la Constitución vigente de 23 de enero de 1961, en el cual se establece el amparo en el sentido amplio que se venía propugnando: "Los tribunales *ampararán* a todo habitante de la República en el goce y ejercicio de los *derechos y garantías que la Constitución establece* de conformidad con la ley. El procedimiento será breve y sumario, y el juez competente tendrá potestad para establecer inmediatamente la situación jurídica infringida".

Este precepto debe estimarse como uno de los aciertos más destacados de la avanzada Carta Fundamental de 1961, como lo ha hecho notar la doctrina,[23] ya que en una redacción breve y precisa se establecen los elementos esenciales de la institución protectora de todos los derechos fundamentales de la persona humana consagrados constitucionalmente y que debe desarrollar una ley reglamentaria que, como se ha dicho, se encuentra en proceso de elaboración.

Debe señalarse también que además del amparo en sentido propio, la ley suprema de 1961 vuelve a consignar el *habeas Corpus* suprimido en la Constitución de 1953, y lo hace en el artículo quinto transitorio, con el nombre de "amparo de la libertad personal", estableciendo las disposiciones reglamentarias provisionales necesarias para su aplicación inmediata,

---

una institución similar en Venezuela, es destacada por César Nieto Torres, *El habeas corpus en la Constitución Venezolana,* Mérida, 1967, pp. 20-21.

22 Advierte el tratadista Ramón Escovar Salom que el texto de 1953 fue concebido con mentalidad fundamentalmente ejecutiva, pues en pocas Constituciones el Presidente de la República disponía de mayor amplitud de atribuciones que en ésta: *Orden político e historia en Venezuela,* 2ª Ed., Caracas, 1966, pp. 89-90; Luis Marinas Otero: *Las Constituciones de Venezuela, cit.,* pp. 102-103; *Cfr,* también la crítica que sobre la desaparición del *habeas corpus* en la ley suprema de 1953 formula José A. de Miguel: *El amparo y el habeas corpus en la Constitución de 1961, cit.,* p. 31.

23 *Cfr.* Rafael Caldera: "La nueva Constitución venezolana", separata de la *Revista de la facultad de Derecho,* Universidad de Los Andes, año VI, Nº 8, Mérida, diciembre de 1960, p. 12.

en tanto se expida la ley reglamentaria a que se refiere el citado artículo 49 constitucional.

Esta situación ha provocado algunas dudas en la doctrina, pues en tanto que un sector de ella se inclina a considerar que las disposiciones transitorias resultan también aplicables al amparo en toda su extensión,[24] otros tratadistas estiman que si bien el *habeas corpus* queda comprendido dentro del propio artículo 49 constitucional, la reglamentación del artículo quinto transitorio se refiere únicamente a esta institución como instrumento autónomo del amparo propiamente dicho, y por tanto se trata de dos medios procesales diferentes.[25]

Este último punto de vista es el que se desprende de la exposición de motivos del proyecto que sirvió de base al Constituyente para expedir la citada Carta de 1961,[26] y así se ha interpretado por las autoridades dependientes del Ministerio de Justicia, en cuanto el referido ministerio ha elaborado, con independencia de la ley reglamentaria de amparo, un proyecto de Ley de *Habeas Corpus* que fue sometido al Congreso y el cual se encuentra pendiente de aprobación.[27]

En resumen, puede afirmarse que en la Carta de 1961 se consagró definitivamente el derecho de amparo como instrumento procesal para proteger todos los derechos fundamentales de la persona humana consagrados constitucionalmente, y un sector de esta tutela, que se refiere exclusivamente a la libertad individual, es decir, lo que se conoce como "amparo de la libertad personal" o *habeas Corpus,* se reglamenta provi-

---

24 En este sentido, Morris Sierralta: *Los recursos de amparo y habeas corpus en el derecho constitucional venezolano,* Caracas, 1961, pp. 27 y ss.

25 *Cfr.* José A. de Miguel: *Amparo y habeas corpus en la Constitución de 1961, cit.,* pp. 46-47; Carmen Beatriz Romero de Encinoso: "El recurso de habeas corpus", en *Boletín del Colegio de Abogados del Estado Lara,* N° 2, Barquisimeto, junio de 1968. p. 7.

26 En la parte relativa de la mencionada exposición de motivos se dice: ". . .En cuanto al *amparo,* se establece solamente el principio general para que la ley lo reglamente; pero a fin de no dejar en suspenso su eficacia basta la promulgación de la ley respectiva, se consagra en las disposiciones transitorias el derecho de *habeas corpus,* reglamentándolo de manera provisional...". *Cfr.* "Exposición de Motivos al Proyecto de Constitución, 1960", en *Revista del Ministerio de Justicia,* N° 37, Caracas, abril-junio de 1961, p. 69.

27 *Cfr.* Ministerio de Justicia de la República de Venezuela: *Exposición de Motivos y Proyecto de Ley de Habeas Corpus,* Caracas, 1965.

sionalmente y de manera autónoma en el artículo quinto transitorio de la propia ley suprema venezolana; por la que la tendencia que se apunta es la de expedir dos leyes reglamentarias: una, cuyo anteproyecto se encuentra en proceso de elaboración y que abarcaría el amparo propiamente dicho, es decir, la tutela de todos los derechos del hombre, con excepción de la libertad personal, y una Ley de *Habeas Corpus,* cuyo proyecto ya fue presentado al Congreso por el Ministerio de Justicia, que sólo reglamentaría el procedimiento judicial para proteger la libertad individual o física, en sustitución de las disposiciones provisionales del artículo quinto transitorio constitucional.

II. COMPLEJIDAD DEL AMPARO MEXICANO Y SUS EQUIVALENCIAS EN EL DERECHO VENEZOLANO

Una vez descritos en forma sumaria los antecedentes y evolución de las dos instituciones, es preciso advertir que no obstante la misma denominación, que deriva de la tradición hispánica común,[28] debe señalarse una diferencia radical de estructura que separa profundamente al instrumento mexicano del venezolano.

En efecto, de todos los procedimientos para tutelar judicialmente los derechos humanos, que reciben el nombre de "amparo" en el derecho iberoamericano, y que ya llegan a trece, citando por orden alfabético los ordenamientos de Argentina, Bolivia, Costa Rica, Chile, Ecuador, El Salvador, Guatemala, Honduras, México, Nicaragua, Panamá, Paraguay y Venezuela,[29] el instrumento procesal mexicano es el que asume una mayor complejidad, puesto que bajo una aparente unidad, comprende una serie de medios tutelares que en los otros países latinoamericanos están reglamentados de manera independiente o de acuerdo con procedimientos específicos.

---

28 La genealogía jurídica española del vocablo "amparo" en su significación de instrumento procesal para tutelar los derechos humanos, la hemos destacado en nuestro: estudio "Diversos significados jurídicos del amparo en el derecho latinoamericano", en *Boletín del Instituto de Derecho Comparado de México,* Nº 52, México, enero-abril de 1965, pp. 124 y ss.; reproducido en *Rivista di Diritto Agrario,* Milán, julio-septiembre de 1967, pp. 508 y ss.

29 *Cfr.* Héctor Fix Zamudio: *La protección procesal de las garantías individuales en América Latina, cit.,* pp. 57-69.

Si lo cotejamos con la institución venezolana, de acuerdo con las bases que se encuentran señaladas en el artículo 49 de la Constitución de 1961, el juicio de amparo mexicano asume características que rebasan notoriamente la esfera protectora de la primera, por lo que debemos encontrar su equivalencia, además del propio amparo, en otros instrumentos procesales diversos, reglamentados de manera especial, y que en México se agrupan bajo la misma denominación.

En efecto, aun cuando en sus orígenes definidos por los artículos 101 y 102 de la Constitución de 1857, que mencionamos anteriormente, el juicio de amparo mexicano tenía por objeto exclusivamente la protección judicial de los derechos del hombre o "garantías individuales" consagrados constitucionalmente, así como el equilibrio entre las esferas federal y local, todo ello a través del agravio individual y contra todo acto de autoridad que infringiese tales derechos fundamentales, paulatinamente se fue ampliando su esfera protectora, a tal grado que en la actualidad pueden señalarse cinco aspectos diversos, aun cuando con ciertos principios comunes, y que gráficamente pueden describirse acudiendo al símil de la federación, es decir, afirmando que el juicio de amparo posee ciertos principios comunes, o centrales y cinco aspectos autónomos, con bases peculiares.[30]

a) Así, en primer término, podemos señalar que el propio juicio de amparo, cuando opera contra actos de autoridad que ponen en peligro la vida, afectan la libertad personal fuera de procedimiento judicial, implican deportación o destierro, penas infamantes, etc., funciona de una manera similar al tradicional *habeas corpus,* y por eso puede calificarse como "amparo de la libertad";[31] y a reserva de ahondar sobre el problema, encontramos un paralelismo entre esté sector del instrumento tutelar mexicano con el derecho de *habeas corpus* regulado por la disposición transitoria quinta de la Constitución venezolana de 1961.

b) En segundo lugar, el amparo mexicano se utiliza para impugnar las disposiciones legislativas que se consideran contrarias a la Constitución Federal, pero siempre a través de la afectación personal y únicamente con efectos estrictamente particulares, configurando lo que la doctrina y la

---

30 *Cfr.* Héctor Fix Zamudio: *El juicio de amparo,* México, 1964, pp. 243 y ss.; 377 y ss.

31 *Cfr.* Héctor Fix Zamudio: *op, ult. cit.,* pp. 246 y ss.; 378 y ss.

jurisprudencia han calificado como "amparo contra leyes",[32] pudiendo descubrir equivalencias con lo que en el derecho venezolano se conoce como procedimientos de inconstitucionalidad, en sus dos vías de *acción* (o recurso objetivo) y *excepción* (o recurso subjetivo) respecto de la impugnación de las leyes que colidan con la Carta fundamental.[33]

c) El aspecto peculiar de la institución mexicana y que la distingue de cualquier otro instrumento del mismo nombre en el derecho latinoamericano, es el relativo a la impugnación de las resoluciones judiciales, cuando se alega que en las mismas se han aplicado incorrectamente las disposiciones legales secundarias, configurando lo que se ha denominado "amparo judicial", o bien, debido a su similitud con el recurso de casación, como "amparo casación",[34] ya que en este supuesto la función del amparo es la impugnación de las resoluciones judiciales para controlar su legalidad, aun cuando un sector importante de la doctrina, encabezado por el tratadista Ignacio Burgoa, sostiene que en todo caso, aun cuando se controvierta estrictamente un problema de legalidad, indirectamente se cuestiona una materia constitucional.[35]

Sin adentrarnos, en esta ocasión, en una controversia difícil de resolver de manera definitiva, lo que no puede discutirse es el paralelismo, por no decir, la identidad entre el amparo contra resoluciones judiciales y el recurso de casación, ya que este último, de acuerdo con el modelo español, subsistió durante algún tiempo paralelamente con el amparo, pero fue absorbido por este último y suprimido definitivamente por el artículo 30 de la Ley Reglamentaria del Juicio de Amparo de 1919.[36]

---

32 Entre otros, Mariano Azuela: "Aportación al estudio del amparo contra leyes", en *Revista Jurídica Veracruzana*. tomo VII, N° 1, Jalapa, Veracruz, marzo de 1957, pp. 7-43.

33 *Cfr.* José Guillermo Andueza: *La jurisdicción constitucional en el derecho venezolano,* Caracas, 1955, pp. 35 y ss

34 *Cfr.* Héctor Fix Zamudio: "Reflexiones sobre la naturaleza procesal del amparo", en *Revista de la Facultad de Derecho de México* N° 56, México, octubre-diciembre de 1964, pp. 980 y ss.

35 *Cfr.* Ignacio Burgoa: *El juicio de amparo, cit.,* pp. 161-197.

36 Son numerosos los autores que han señalado las semejanzas entre el recurso de casación y el juicio de amparo, y en este sentido nos limitaremos a señalar el más reciente *y* completo, que es de Alejandro Ríos Espinoza: *Amparo y Casación*, México, 1960.

Si pretendemos encontrar un medio de impugnación semejante en el derecho venezolano, debemos buscarlo en el recurso de casación regulado por los artículos 418 a 444 del Código de Procedimiento Civil vigente, de 4 de julio de 1916;[37] por el Código de Enjuiciamiento Criminal, reformado por ley de 15 de diciembre de 1961, artículos 327 a 347,[38] y por los artículos 77 a 84 de la Ley Orgánica de Tribunales y de Procedimiento del Trabajo, reformada el 18 de noviembre de 1959.

Debemos destacar a este respecto que la impugnación de las resoluciones judiciales en México, a través del llamado amparo judicial, y en Venezuela, por conducto del recurso de casación, además de algunos aspectos peculiares que no interesa conocer en este momento, en relación con la forma de introducir la instancia y señalar las violaciones procesales y de fondo correspondientes, se asienta en bases diversas, especialmente desde el punto de vista orgánico.

En efecto, en el derecho mexicano, que desde la Constitución Federal de 1824, y posteriormente las también federales de 1857 y vigente de 1917, ha seguido fielmente en este aspecto al sistema estadounidense, por tal motivo coexisten dos esferas jurisdiccionales: la de carácter local, que corresponde a cada una de las Entidades Federativas, las cuales designan y organizan libremente sus propios tribunales, y la de naturaleza federal, que se sustenta en los tribunales de la Federación; cada una de estas esferas con su competencia específica, con excepción de algunas materias que pueden ser objeto de jurisdicción concurrente, en los términos del artículo 104, fracción I, primer párrafo, de la Constitución Federal.[39]

---

37   Cfr. Pedro Pineda León, *Lecciones elementales de derecho procesal civil,* tomos III y IV, 2ª Ed., Mérida, 1964, pp. 55 y ss.; Luis Loreto, "El hecho y el derecho en la casación civil venezolana", en *Revista de la Facultad de Derecho,* N° 34, Caracas, 1966, pp. 10-26.

38   Cfr. Arminio Borjas: *Exposición del Código de Enjuiciamiento Criminal Venezolano,* tomo III, Buenos Aires. 1947. pp. 133 y ss

39   La parte relativa del citado precepto constitucional dispone: "Artículo 104. Corresponde a los Tribunales de la Federación conocer: I. De todas las controversias del orden civil o criminal que se susciten sobre el cumplimiento y aplicación de leyes federales o de los tratados internacionales celebrados por el Estado Mexicano. *Cuando dichas controversias sólo afecten intereses particulares, podrán conocer también de ellas, a elección del actor, los jueces y tribunales del orden común de los Estados, del Distrito Federal y Territorios.* Las sentencias de primera instancia serán apelables para ante el superior inmediato del juez que conozca del asunto en primer grado...".

Por el contrario, en el ordenamiento constitucional venezolano podemos observar una evolución centralizadora cada vez más intensa, y así desde la Constitución de 1945 se nacionalizó toda la administración de justicia, que anteriormente también tenía el doble carácter de federal y local o (estadal) que subsiste en México, para establecerse una sola organización judicial exclusivamente federal, según lo previsto por el artículo 15, numeral 7, de dicha Carta fundamental.[40]

Una segunda diferencia bastante importante la descubrimos en la enorme variedad de códigos, tanto sustantivos como procesales, en el ordenamiento mexicano, ya que las Entidades Federativas pueden legislar autónomamente en la materia civil y penal -por el contrario, la legislación mercantil y laboral es únicamente de competencia federal nacional-, de manera que existen una treintena de códigos que debemos multiplicar por cuatro (en las materias civil y penal, tanto sustantivas como de carácter adjetivo), lo que ha provocado una verdadera maraña de disposiciones y una serie de conflictos interminables, todo ello debido a la conservación de un sistema federal que pretende aproximarse lo más posible al de los Estados Unidos.

Por ello, aun cuando se observa una tendencia hacia la unificación, que también se presenta en los propios Estados Unidos, todavía subsiste en México esa multiplicidad de códigos, no obstante que la misma no es inherente ni forzosa en el sistema federal, en el cual se presentan diversas modalidades, que van desde la plena unificación, como en el caso de Brasil y Venezuela, hasta el caso de Argentina, en donde se ha unificado la materia sustantiva, aun cuando no la procesal.[41]

---

40   Dicho precepto establecía en su parte conducente: "Los estados convienen en reserva, a la competencia del Poder Federal... 7° Todo lo relativo a la administración de justicia y del Ministerio Público en el territorio nacional de acuerdo con lo previsto en la Constitución y en las leyes"; y en la Constitución vigente de 1961, el artículo 136, ordinal 23, considera de la competencia del poder nacional: "La administración de justicia y la creación, organización y competencia de los tribunales". Para el alcance de los citados preceptos, *cfr.* Pedro Pineda León: *Lecciones elementales de derecho procesal civil,* tomo I, pp. 29-30; José Andrés Fuenmayor G.: "Unificación de los Códigos Procesales Civiles y Penales en Venezuela", en el volumen *Actas del Primer Congreso Mexicano y Segundas lomadas Latinoamericanas de Derecho Procesal,* México, 1960, pp. 317-320.

41   *Cfr.* el fundamental estudio de Niceto Alcalá-Zamora y Castillo: "Unificación de los Códigos Procesales Mexicanos, tanto civiles como penales", en las citadas *Actas del*

En el ordenamiento venezolano no se ha planteado ese problema de la diversidad, ya que desde su separación de la Gran Colombia, es decir, a través de toda su vida como nación independiente, se ha regido por códigos únicos, tanto en materia sustantiva como procesal.[42]

Este diverso criterio sobre el régimen federal ha separado hasta en el nombre, al ordenamiento mexicano del de los restantes países de América Latina que conservan la estructura también federal, ya que se sigue utilizando la denominación oficial de "Estados Unidos Mexicanos", calificación que ha sido abandonada por Venezuela desde la Constitución de 1953[43] y por Brasil en su texto fundamental de 24 de enero de 1967,[44] en tanto que la República Argentina, no obstante su proximidad al sistema estadounidense en muchos aspectos, no ha utilizado ese calificativo.

En consecuencia, el juicio de amparo contra resoluciones judiciales en el sistema mexicano ha servido desde su establecimiento, primero jurisprudencial y posteriormente legislativo, a partir de la vigencia de la Constitución de 1857, como un medio de centralización judicial,[45] en cuanto significa que todas las resoluciones dictadas por los tribunales locales (y también federales) son impugnables a través del propio juicio de amparo ante los organismos judiciales de la Federación, y son estos últimos los que pronuncian la última palabra respecto de todos los negocios judicia-

---

Primer Congreso Mexicano y Segundas Jornadas Latinoamericanas de Derecho Procesal, pp. 265 y ss.

42 *Cfr.* Luis Loreto: "Estado actual del derecho procesal civil en Venezuela", en *Revista de Derecho Procesal,* año I, primera parte, Buenos Aires, 1943, pp. 211-212; José Andrés Fuenmayor G: *Unificación de los Códigos Procesales Civiles y Penales en Venezuela, cit.,* pp. 316-317.

43 Que cambió el nombre anterior de Estados Unidos de Venezuela por el de República de Venezuela. *Cfr.* Luis Marinas Otero: *Las Constituciones de Venezuela, cit.,* pp. 100-101.

44 *A* partir de la Constitución Republicana de 1891 se había adoptado también la denominación de Estados Unidos del Brasil. *Cfr.* T. B. Cavalcanti: *Las Constituciones de los Estados Unidos del Brasil,* Madrid, 1958, pp. 325 y ss.

45 Esto ocurrió con la casación venezolana en cierta medida, aun cuando con menor fuerza, debido a la unidad de las legislaciones sustantivas y procesales, desde su establecimiento, por Ley de 13 de junio de 1876, en tanto subsistió la dualidad federal y estadal de la organización judicial. *Cfr.* Pedro Pineda León: *Lecciones elementales de derecho procesal civil,* tomo III, pp. 51 y ss. Pablo Ruggieri Parra: *La supremacía de la Constitución y su defensa, cit.,* p. 30.

les del país;[46] por lo que ésta ha sido, precisamente, una de las razones más poderosas del extraordinario florecimiento de nuestra máxima institución procesal.

Esta centralización de la justicia, cada vez más patente, ha culminado con la última reforma constitucional al artículo 104 constitucional por decreto de 19 de junio de 1967, y que entró en vigor, con las modificaciones a la legislación de amparo, el 28 de octubre de 1968, en cuanto se estableció ya claramente lo que en la práctica se venía realizando, de la obligatoriedad de la jurisprudencia de los tribunales federales -siempre que se cumplan determinados requisitos-[47] para todos los órganos judiciales del país, incluyendo, por supuesto, los locales, tratándose de todas las disposiciones legales, es decir, incluyendo también las leyes de los Estados.[48]

En resumen, mientras en México existe una multiplicidad de códigos civiles y penales (sustantivos y procesales), y una doble jurisdicción (fe-

---

46   En esta virtud, el ilustre tratadista mexicano Emilio Rabasa, consideraba justificadamente desde el punto de vista de la pureza dogmática, que el amparo judicial lesionaba la autonomía también judicial de las Entidades Federativas, y consecuentemente, el régimen federal: *La Constitución y la dictadura, cit.,* pp. 220-221.

47   De acuerdo con lo dispuesto por los artículos 192, 193 y 193 bis de la Ley de Amparo, y 95 de la Ley Orgánica del Poder Judicial de la Federación en su texto vigente, para que sea imperativa la jurisprudencia establecida por la Suprema Corte de Justicia en los asuntos de competencia, es necesario que se establezca en cinco fallos no interrumpidos por otro en contrario, en el mismo sentido y por el voto aprobatorio, cuando menos de catorce magistrados si la decisión corresponde al Tribunal en Pleno y cuatro si es pronunciada por una de las Salas; y en cuanto a la jurisprudencia establecida por los Tribunales Colegiados de Circuito, también resulta necesario que se contenga en cinco fallos similares no interrumpidos en contrario, y por el voto unánime de los tres magistrados que los integran. *Cfr.* Ignacio Burgoa: *El juicio de amparo, cit.,* pp. 855-856.

48   Esta reforma, cuyo alcance es de gran trascendencia, cambia el sistema anterior, según el cual sólo era obligatoria la jurisprudencia de la Suprema Corte de Justicia -establecida en cinco fallos similares y no contradichos y por cierto número de votos-tratándose de resoluciones dictadas en juicios de amparo y únicamente cuando se tratara de interpretación de la Constitución Federal, tratados internacionales y leyes federales (artículos 107, fracción XIII, constitucional, y artículos 192 a 194 de la Ley de Amparo, en el texto que estuvo en vigor hasta el mes de octubre de 1968). En la actualidad -véase nota anterior-, la jurisprudencia imperativa no sólo puede establecerla la Suprema Corte sino también los Tribunales Colegiados de Circuito, en todos los asuntos de su competencia y también respecto de la interpretación de leyes locales. *Cfr.* Ignacio Burgoa: *El juicio de amparo, cit.,* p. 855.

deral y local), la República de Venezuela está regida sólo por códigos únicos en todas las materias y desde 1945 se estableció la unidad jurisdiccional a través de los tribunales nacionales, siendo indispensable tomar en cuenta esta diferencia tan notoria para determinar el alcance del amparo judicial por una parte y de la casación por la otra, en ambos países.

d) El amparo mexicano también se utiliza para impugnar los actos de las autoridades administrativas, violatorios tanto de la Constitución como de la legislación secundaria.

La doctrina más autorizada ha puesto de relieve que, en realidad, el llamado "amparo administrativo" debe dividirse en dos grandes ramas[49] de acuerdo con la naturaleza de los actos que se combaten y de la función que realiza, y es por ello que, en un sentido, cuando el juicio de amparo se emplea para impugnar actos o resoluciones de la administración activa que infrinjan los derechos constitucionales o legales de los particulares, se puede afirmar que funciona como un proceso que tradicionalmente se ha calificado de "contencioso-administrativo".[50]

Por otra parte, desde la creación de tribunales administrativos de jurisdicción delegada, que se inició con el establecimiento del Tribunal Fiscal de la Federación en la Ley de Justicia Fiscal de 27 de agosto de 1936 - actualmente regulado por su Ley orgánica de 24 de diciembre de 1966-,[51]

49　Esta doble configuración del amparo administrativo ha sido destacada primeramente I por Antonio Carrillo Flores: *La defensa jurídica de los particulares frente a la administración en México.* México, 1939, pp. 256 y ss., y más recientemente, por Felipe Tena Ramírez: "Fisonomía del amparo administrativo", en el volumen *El pensamiento jurídico de México en el Derecho Constitucional,* México, 1961, pp. 111-132.

50　Con mayor precisión, "proceso administrativo", según lo ha puesto de relieve con gran profundidad Niceto Alcalá-Zamora y Castillo.- "Proceso administrativo", en *Revista de la Facultad de Derecho de México,* N° 51, México, julio-septiembre de 1963, pp. 603-608.

51　En el concepto de que su competencia se ha ampliado paulatinamente de manera que rebasa la materia estrictamente fiscal y se aproxima a la de un tribunal administrativo propiamente dicho, *Cfr.* Héctor Fix Zamudio: "Principios esenciales del proceso fiscal federal mexicano", en el volumen *Ensayos de derecho administrativo y tributario para conmemorar el XXX aniversario de la Ley de Justicia Fiscal,* México, 1967, pp. 279-314; Dolores Heduán Virués: *Las junciones del Tribunal Fiscal de la Federación,* México, 1964; Humberto Briseño Sierra: *Derecho procesal fiscal,*

e implantados, según este modelo, tribunales fiscales en varias Entidades Federativas (Colima, Guanajuato y Tamaulípas), el juicio de amparo también se ha utilizado y se emplea para impugnar las resoluciones de los citados órganos judiciales administrativos, configurando un recurso de casación administrativa, como se desprende de las reformas a la legislación de amparo que entraron en vigor en el mes de octubre de 1968, que cambiando la orientación anterior de considerar los fallos de los citados tribunales como actos administrativos, los han asimilado plenamente a las resoluciones de carácter judicial.[52]

Si queremos descubrir instrumentos procesales equivalentes a estos dos sectores del amparo administrativo mexicano en el ordenamiento venezolano, debemos tomar en consideración no dos sino tres aspectos en el derecho de Venezuela, según explicaremos de la manera más breve posible.

En primer término, el amparo administrativo mexicano puede aproximarse al derecho de amparo establecido por el artículo 49 de la Constitución venezolana de 1961, si tomamos en consideración que a través del instrumento procesal mexicano se pueden impugnar, indiscriminadamente y a través del mismo procedimiento, los actos generales y particulares así como las resoluciones dictadas por las autoridades administrativas, y por supuesto, dentro de tales actos se encuentran aquellos que infringen los derechos fundamentales de la persona humana, o "garantías individuales" -y también sociales- consagradas por la Carta Fundamental de México.[53]

Es en este último sentido, como no es posible equiparar los dos amparos en sentido estricto, el de México y el de Venezuela, con la diferencia de que según las bases de la ley fundamental venezolana, el procedimiento para tutelar los derechos del hombre debe regularse en forma específica, mientras que en el derecho mexicano se impugnan a través de un solo procedimiento -el del amparo indirecto o de doble instancia- tanto los actos ilegales como aquellos que infrinjan directamente los derechos de la persona humana consagrados constitucionalmente, y esto se debe al pen-

---

México, 1964; Alfonso Nava Negrete: *Derecho procesal administrativo*, México, 1959, pp. 277 y ss.

52   *Cfr.* Héctor Fix Zamudio: *Algunas consideraciones respecto a las reformas constitucionales al poder judicial federal, cit.,* pp. 40-41.

53   *Cfr.* Ignacio Burgoa: *Las garantías individuales,* 5ª ed., México, 1968, pp. 139 y ss.

samiento tradicional en un sector de la doctrina mexicana, en el sentido de que toda violación de las disposiciones legales secundarias implica en forma indirecta una infracción a los preceptos de la Carta suprema que consignan el principio de la legalidad de los actos de autoridad (artículos 14 y 16 constitucionales)[54]

Sería muy difícil dilucidar en esta oportunidad el interrogante sobre la naturaleza de las violaciones legales o constitucionales impugnadas a través del amparo administrativo mexicano, pero sí es posible concluir en el sentido de que el procedimiento unitario para impugnar en México toda clase de actos de las autoridades administrativas, inclusive los que infringen los derechos humanos, ha determinado que estos últimos no se tutelen adecuadamente, ya que no puede dárseles el mismo tratamiento procesal que a los derechos ordinarios de los mismos particulares.[55]

Por lo que se refiere a la impugnación de los actos y resoluciones de la administración activa que violan los derechos ordinarios de los particulares, el mismo amparo administrativo tiene semejanza con lo que puede calificarse como "jurisdicción contencioso-administrativa", en el derecho venezolano.[56]

---

54 La parte relativa de los citados preceptos dispone lo siguiente: "Artículo 14. A ninguna ley se dará efecto retroactivo en perjuicio de persona alguna. Nadie podrá ser privado de la vida, de la libertad o de sus propiedades, posesiones o derechos, sino mediante juicio seguido ante los tribunales previamente establecidos, en el que se cumplan las formalidades esenciales del procedimiento y conforme a las leyes expedidas con anterioridad al hecho. En los juicios del orden criminal queda prohibido imponer, por simple analogía y aun por mayoría de razón, pena alguna que no esté decretada por una ley exactamente aplicable al delito de que se trata. En los juicios del orden civil, la sentencia definitiva deberá ser conforme a la letra, o a la interpretación jurídica de la ley, y a falta de ésta se fundará en los principios generales del derecho". "Artículo 16. Nadie puede ser molestado en su persona, familia, domicilie, papeles o posesiones, sino en virtud de mandamiento escrito de la autoridad competente, que funde y motive la causa legal del procedimiento...".

55 Esta falta de concordancia entre el procedimiento y la tutela de los derechos fundamentales, con exclusión de la protección de la libertad individual fuera de procedimiento judicial, lo hemos hecho notar en nuestro trabajo "La adecuación del proceso a la protección de los derechos", en *Revista de la Facultad de Derecho de México*, Nº 61, México, enero-marzo de 1966, pp. 97-110.

56 Sobre el alcance de la jurisdicción contencioso-administrativa en Venezuela, *Cfr.* Allan-Randolph Brewer Carias: *Las instituciones fundamentales del derecho administrativo y la jurisprudencia venezolana*, Caracas, 1964, pp. 298-303; Eloy Lares Martínez: *Manual de derecho administrativo*, Caracas, 1963, pp. 493 y ss.

Sin embargo, para evitar equívocos es necesario aclarar que el juicio de amparo mexicano es siempre un proceso de anulación del acto o resolución que se estima violatorio,[57] por lo que a través del propio amparo no se puede intentar lo que la doctrina ha denominado "contencioso de plena jurisdicción", ya que esta última instancia se tramita en el derecho mexicano, al menos en la esfera nacional, ante el Tribunal Fiscal de la Federación -que como puede comprenderse y se ha mencionado anteriormente, no es puramente tributario- y cuyas Salas (actualmente siete) poseen competencia, en los términos del artículo 22, fracciones VII y VIII, de la Ley Orgánica del citado Tribunal Fiscal, para conocer de los juicios que se inicien contra las resoluciones definitivas que se dicten sobre interpretación y cumplimiento de contratos de obras públicas celebrados por las dependencias del Poder Ejecutivo Federal; y las que constituyan responsabilidades contra funcionarios o empleados de la Federación o del Departamento del Distrito Federal, por actos que no sean delictuosos.

Por el contrario, en el derecho venezolano, la calificada como "jurisdicción contencioso-administrativa" comprende tanto el "contencioso de anulación" como el llamado "de plena jurisdicción", y en ambos supuestos, la impugnación de los actos y resoluciones de las autoridades administrativas se interpone directamente ante los órganos judiciales ordinarios o especializados, pues no se ha implantado un tribunal administrativo propiamente dicho.[58]

---

57 En la parte conducente del artículo 80 de la Ley Reglamentaria del Juicio de Amparo, al referirse a los efectos de la sentencia que otorga la protección al particular afectado, dispone: "La sentencia que conceda el amparo tendrá por objeto restituir al agraviado en el pleno goce de la garantía individual violada, restableciendo las cosas al estado que guardaban antes de la violación, cuando el acto reclamado sea de carácter positivo...". *Cfr.*, para el alcance de esta disposición, Ignacio Burgoa: *El juicio de amparo, cit.*, pp. 515-515; Octavio A. Hernández: *Curso de amparo, cit.*, pp. 289-291; Romeo León Orantes: *El juicio de amparo, cit.*, pp. 242-244.

58 El artículo 206 de la Constitución venezolana de 1961, dispone: "La jurisdicción contencioso-administrativa corresponde a la Corte Suprema de Justicia y a los demás tribunales que determine la Ley. Los órganos de la jurisdicción contencioso-administrativa son competentes para anular los actos administrativos generales e individuales contrarios a derecho, inclusive por desviación de poder; condenar al pago de sumas de dinero y a la reparación de daños y perjuicios originados en la responsabilidad de la administración y disponer lo necesario para el restablecimiento de las situaciones jurídicas subjetivas lesionadas por la actividad administrativa".

Finalmente, podemos encontrar algún paralelismo, aun cuando con aspectos diversos, por lo que se refiere a lo que en el derecho mexicano configura el amparo directo o de una sola instancia ante la Suprema Corte de Justicia o los Tribunales Colegiados de Circuito, contra los fallos del Tribunal Fiscal de la Federación (y tribunales tributarios de los Estados, ya mencionados),[59] respecto a lo que en Venezuela constituye el recurso de apelación ante la Sala Político-Administrativa de la Corte Suprema contra las resoluciones dictadas por el Tribunal de Apelaciones sobre el Impuesto sobre la Renta, en los términos de los artículos 83 y siguientes de la ley de la materia.[60]

e) Podemos señalar un quinto aspecto del juicio de amparo mexicano, que se implantó recientemente con motivo de las ya señaladas reformas de octubre de 1962 y enero de 1963, las que tuvieron por objeto introducir sustanciales modificaciones a la legislación de amparo, todas ellas de carácter protector para los campesinos sujetos a la reforma agraria cuando intervienen en el juicio de amparo en defensa de sus derechos colectivos e individuales, también de carácter agrario.

En efecto, con anterioridad a las mencionadas reformas, los campesinos estaban sujetos a los principios rígidos del amparo en materia administrativa -tomando en consideración que las autoridades agrarias pertenecen o forman parte del Ejecutivo Federal,[61] y frecuentemente obtenían resoluciones desfavorables de los tribunales de la Federación, debido a que no

---

59 De acuerdo con las disposiciones vigentes, el amparo directo administrativo contra las resoluciones de los tribunales administrativos federales, particularmente el Tribunal Fiscal de la Federación, se tramita en única instancia ante la Sala Administrativa (Segunda) de la Suprema Corte de Justicia -y que equivale en cierto sentido a la Sala Político-Administrativa de la Corte Suprema de Venezuela- cuando el interés del asunto sea superior a quinientos mil pesos (aproximadamente cuarenta mil dólares) o bien, cuando a juicio de la misma Suprema Corte de Justicia, el asunto asuma una importancia trascendente para los intereses de la nación, cualquiera que sea su cuantía (art. 25, fracción III. de la Ley Orgánica del Poder Judicial de la Federación).

60 Esta materia ha sido calificada por la doctrina como "contencioso-fiscal", aun cuando la impugnación está limitada exclusivamente a las materias relativas al impuesto sobre la renta. *Cfr.* Allan-Randolph Brewer Carías: *Las instituciones fundamentales del derecho administrativo y la jurisprudencia venezolana, cit.,* pp. 448 y ss.

61 De acuerdo con el artículo 33 del Código Agrario vigente, el Presidente de la República es la suprema autoridad agraria. *Cfr.* Lucio Mendieta y Núñez: *El problema I agrario de México,* 8ª ed. México, 1964, pp. 252 y ss.

cuentan con un asesoramiento jurídico adecuado a pesar de la creación, en el año de 1963, de una Procuraduría de Asuntos Agrarios, la cual es insuficiente para prestar asistencia legal a todos los campesinos que la requieran.[62]

En la actualidad, cuando los campesinos intervienen como actores e incluso como terceros interesados en un juicio de amparo contra actos o resoluciones de las autoridades agrarias que afecten sus derechos de esta naturaleza, se les protege a través de reglas especiales sobre la redacción de la demanda Representación, ofrecimiento y presentación de pruebas, plazos preclusivos especiales, etc., que sería largo enumerar, ya que el mismo juzgador del amparo, y aun en ocasiones las autoridades demandadas, deben suplir las deficiencias y corregir los errores en que incurran los propios campesinos durante la tramitación del propio juicio de amparo.[63]

Debe aclararse que sólo aquellos campesinos sujetos al régimen de la reforma agraria están protegidos por estas disposiciones tutelares; es decir, los que forman parte del sistema de propiedad colectiva peculiar del derecho mexicano y que se conoce con el nombre de propiedad ejidal y comunal -y sus integrantes como ejidatarios y comuneros, respectivamente[64]-, pues los propietarios individuales, así sea aquellos que explotan

---

62 El artículo primero de la Ley respectiva, dispone: "Precédase a integrar la Procuraduría de Asuntos Agrarios, con el personal que se juzgue necesario, para que tanto en las oficinas centrales como en las foráneas del Departamento Agrario, radiquen procuradores que tendrán a su cargo el asesoramiento gratuito de los campesinos que necesiten hacer gestiones legales ante las autoridades y Oficinas agrarias competentes".

63 En relación con el amparo en materia agraria, pueden consultarse: Ignacio Burgoa: *El amparo en materia agraria,* cit.; Luis del Toro Calero: *El juicio de amparo en materia agraria,* tesis, México, 1964; Héctor Fix Zamudio: "Lineamientos fundamentales del proceso social agrario en el derecho mexicano", en *Atti della Seconda Assemblea, Istituto di Diritto Agrario Internazionale e Comparato,* vol. I. Milán, 1964, pp. 402-415.

64 La propiedad ejidal y la comunal son de carácter colectivo, y su titularidad no corresponde al poder público, sino a los poblados respectivos (llamados núcleos de población); el primer nombre no corresponde a la tradición española de "ejido", sino que se le otorga por el error en que incurrió la primera ley agraria de 6 de enero de 1915, de calificar como "ejido" a todas las tierras que se otorgaban a un poblado que carecía de ellas o eran insuficientes para su subsistencia; y que pueden explotarse tanto individual como colectivamente; en cuanto a las propiedades comunales son las que tradicionalmente han correspondido a las comunidades indígenas y siempre

predios dentro de los límites que señalan las disposiciones agrarias, llamados pequeños propietarios, deben sujetarse a las reglas generales del amparo administrativo.

Podemos encontrar un equivalente del llamado amparo en materia, agraria, aunque desde luego alejado en muchos aspectos del sistema mexicano, en el procedimiento judicial seguido por el Instituto Agrario Nacional de Venezuela, en contra de los propietarios de los predios respectivos, para decidir, sin necesidad de previa declaración de utilidad pública, sobre la expropiación de las tierras necesarias para los fines de la reforma agraria, y que de acuerdo con los artículos 35 y siguientes de la Ley de Reforma Agraria, en relación con los preceptos relativos de la Ley de Expropiación por causa de utilidad pública o social, de 4 de noviembre de 1947, corresponde a los jueces que ejerzan la competencia en lo civil en primera instancia en el lugar de ubicación de los bienes, y contra los fallos de estos jueces, se puede apelar ante la Corte Suprema de Justicia, Sala Político-Administrativa.[65]

III. EL AMPARO CONTRA LEYES EN EL ORDENAMIENTO MEXICANO Y LA INCONSTITUCIONALIDAD DE LAS LEYES EN EL DE VENEZUELA

Después del breve examen de los cinco sectores que integran el juicio de amparo mexicano y los instrumentos procesales equivalentes, que es posible descubrir en el ordenamiento jurídico venezolano, resulta conveniente, para los fines del estudio comparativo que estamos efectuando, centrar nuestra atención sobre aquellos aspectos en los que podemos descubrir mayor afinidad entre los dos sistemas, con el objeto de encuadrar, hasta donde ello sea posible, los derechos de amparo de ambos países.

A este respecto, podemos ensayar el cotejo del amparo mexicano contra la inconstitucionalidad de las leyes y su equivalente venezolano, o sea,

---

se explotan colectivamente. *Cfr.* Lucio Mendieta y Núñez: *El problema agrario de México, cit.,* pp. 177 y ss.; Ángel Caso: *Derecho agrario,* México, 1950, pp. 221 y ss; Víctor Manzanilla Schaffer: *Reforma Agraria Mexicana,* Colima, México, 1966, pp. 116 y ss.; Martha Chávez P. de Velázquez: *El derecho agrario de México,* México, 1964, pp. 209 y ss.

65   *Cfr.* Ramón Fernández Belardi: *Régimen jurídico de la reforma agraria,* Maracaibo, 1961, pp. 21 y ss.; Ramón Vicente Casanova: *Derecho Agrario,* Mérida, 1967, pp-183-189; Allan-Randolph Brewer Carías: *La expropiación por causa de utilidad publica o interés social,* Caracas, 1966, pp. 45 y ss.; 250 y ss.

los métodos para lograr la declaración de inconstitucionalidad de los preceptos legales que colidan con la Carta fundamental.

A) En el sistema imperante en el derecho mexicano, la impugnación de las disposiciones legales que se estimen contrarias a la Constitución Federal, únicamente puede efectuarse a través del juicio de amparo y ante los tribunales de la Federación; pero recientemente se ha perfilado la posibilidad de que los jueces de las Entidades Federativas decidan sobre estos problemas de inconstitucionalidad de las disposiciones legales aplicables en los juicios ordinarios que se tramitan ante ellos; pero como quiera que sus decisiones son impugnables a través del juicio de amparo, en todo caso este instrumento procesal constituye la vía para plantear en última instancia estas mismas cuestiones de inconstitucionalidad.[66]

En esta virtud, se puede afirmar que el amparo contra leyes asume actualmente en el derecho mexicano, una doble configuración:

a) A través de lo que podemos llamar *acción de inconstitucionalidad de las leyes,* las disposiciones legales que se estiman contrarias a la Carta fundamental se impugnan por medio de un verdadero proceso en el cual figuran como contrapartes del particular demandante nada menos que los órganos del Estado que intervinieron en el procedimiento legislativo correspondiente, o sean, el Congreso de la Unión y las Legislaturas de los Estados que las expidieron; el Presidente de la República y los gobernadores de las Entidades Federativas que las promulgaron, y los secretarios de Estado que las refrendaron y ordenaron su publicación.

La reclamación debe hacerse en primera instancia ante los jueces (federales) de distrito, de acuerdo con lo establecido por los artículos 107, fracción VII, de la Constitución Federal; 114, fracciones I y II, de la Ley Reglamentaria del Juicio de Amparo, y 42, fracciones III y IV, de la Ley Orgánica del Poder Judicial de la Federación.

Las sentencias dictadas por los citados jueces de distrito en estos juicios de amparo -que constituyen lo que utilizando la terminología carneluttiana podemos denominar "proceso al legislador"[67]- pueden impugnarse, en

---

66 *Cfr.* Héctor Fix Zamudio: "Algunos problemas que plantea el amparo contra leyes", en *Boletín del Instituto de Derecho Comparado de México,* N° 37, México, enero-abril de 1960, pp. 24 y ss.

67 *Cfr.* Francesco Carnelutti: "Aspetti problematici del processo al legislatore", en *Rivista di diritto processuale,* Padua, 1959, 10-13.

principio, por conducto del recurso que la legislación califica como "revisión" (en realidad, apelación) ante el Tribunal en Pleno de la Suprema Corte de Justicia; pero una vez que el referido Tribunal en Pleno establece jurisprudencia obligatoria -es decir, si decide sobre la cuestión de inconstitucionalidad de determinada disposición legal a través de cinco resoluciones no interrumpidas, por el voto aprobatorio al menos de catorce magistrados, en los términos del artículo 192 de la Ley de Amparo-, la segunda instancia de los juicios de amparo en los cuales se plantea el mismo problema jurídico se turna a las Salas de la propia Corte, para que apliquen dicha jurisprudencia, a no ser que estimen que en determinado asunto se presentan razones graves para dejar de sustentarla, pues en ese supuesto remiten el propio asunto al Tribunal en Pleno para que resuelva el caso, ratificando o no esa jurisprudencia.[68]

b) Existe otro medio de impugnación, siempre a través del derecho de amparo, que podemos calificar de *recurso de inconstitucionalidad de las leyes,* el cual se apoya en el artículo 133 de la Constitución Federal,[69] y lo hemos calificado de esta manera en virtud de que consideramos que la impugnación de las resoluciones judiciales a través del amparo constitu-

---

68 El artículo 84, fracción I, inciso a), de la Ley de Amparo, preceptúa sobre el particular: "Es competente la Suprema Corte de Justicia para conocer del recurso de revisión en los casos siguientes: I. Contra las sentencias pronunciadas por los jueces del Distrito, cuando: a) Se impugne una ley por estimarla inconstitucional. En este caso conocerá el recurso el pleno de la Suprema Corte de Justicia. Establecida jurisprudencia, las revisiones pasarán por turno al conocimiento de las Salas, las que fundarán su resolución en dicha jurisprudencia. No obstante, si las Salas estiman que en una revisión en trámite hay razones para dejar de sustentar la jurisprudencia, las darán a conocer al pleno para que éste resuelva el caso, ratificando o no esa jurisprudencia".

69 El referido precepto constitucional dispone: "Esta Constitución, las leyes del Congreso de la Unión que emanen de ella y todos los tratados que estén de acuerdo con la misma, celebrados y que se celebren por el Presidente de la República, con aprobación del Senado, serán la Ley Suprema en toda la Unión. Los jueces de cada Estado se arreglarán a dicha Constitución, leyes y tratados, a pesar de las disposiciones en contrario que pueda haber en las Constituciones o leyes de los Estados". Este precepto está inspirado, a través del artículo 126 de la Constitución de 1857, en el artículo 6°, párrafo segundo, de la Carta Fundamental de los Estados Unidos, de 1787, que establece en su parte conducente: "Esta Constitución, las leyes de los Estados Unidos que en virtud de ella se promulgaren y todos los tratados hechos o que se hicieren bajo la autoridad de los Estados Unidos, serán la primera ley del país. Los jueces-de cada Estado estarán obligados a observarla, aun cuando hubiere alguna disposición contraria en la Constitución o en los códigos de los Estados".

yen en realidad un recurso -próximo o similar al de casación, según lo hemos manifestado anteriormente- y no un proceso autónomo.[70]

A través de este recurso, que configura lo que en ocasiones de manera impropia se califica como control de inconstitucionalidad por vía de "excepción", la cuestión de inconstitucionalidad se plantea dentro de un proceso ordinario, de manera que se impugna la sentencia de los jueces ordinarios a través del juicio de amparo, alegándose que no cumplieron con la obligación que les impone el citado artículo 133 constitucional, de preferir la ley suprema, es decir, la Constitución Federal, leyes nacionales y tratados internacionales, sobre cualquier otra disposición legislativa ordinaria que la contradiga.

En este supuesto, no se demanda al legislador sino que se combate una resolución judicial, y formalmente se señala como autoridad demandada al juez que la ha dictado, todo ello en una sola instancia ante las Salas de la Suprema Corte de Justicia o bien ante los Tribunales Colegiados de Circuito, según las reglas de competencia que se aplican a los amparos contra fallos de carácter judicial.

Tratándose de juicios de amparo de una sola instancia cuyo conocimiento corresponda a los Tribunales Colegiados de Circuito, los artículos 107, fracción IX, de la Constitución Federal; 83, fracción V, y 84, fracción II, de la Ley Reglamentaria del Juicio de Amparo, determinan que los fallos que pronuncien estos tribunales son impugnables a través del recurso de revisión -en realidad, apelación- ante el Pleno de la Suprema Corte de Justicia, únicamente para resolver sobre la cuestión de constitucionalidad planteada.[71]

Debemos hacer la aclaración de que en todo caso, para interponer una acción o un recurso de inconstitucionalidad de las leyes por conducto del juicio de amparo, se requiere que el demandante haya sufrido un agravio

---

70   Cfr. Héctor Fix Zamudio: *El juicio de amparo, cit.*, pp. 267-268; id., *Reflexiones sobre la naturaleza procesal del amparo, cit.*, pp. 989 y ss.; J. Ramón Palacios: *Instituciones de Amparo*, Puebla, 1963, pp. 35 5 y ss. En contra, Ignacio Burgoa: *El juicio de amparo, cit.*, pp. 190 y ss.

71   El artículo 11, fracción V, de la Ley Orgánica del Poder Judicial de la Federación, preceptúa: "Corresponde a la Suprema Corte de Justicia conocer en pleno:... V. del recurso de revisión contra sentencias que en amparo directo pronuncien los Tribunales Colegiados de Circuito, cuando decidan sobre la constitucionalidad de una ley, siempre que no se funden en la jurisprudencia de la Suprema Corte de Justicia..."

actual, personal y directo; de manera que no se concibe la posibilidad de una acción popular.[72]

Por otra parte, los efectos del fallo protector dictado en beneficio del agraviado por la disposición legal que los tribunales de amparo consideren contraria a la Carta fundamental, son siempre de carácter particular y concreto, prohibiéndose expresamente, tanto por el texto constitucional como por el de la ley reglamentaria, las declaraciones generales o *erga omnes* (arts. 107, fracción II, y 76, respectivamente),[73] y este principio, que se considera consustancial con la naturaleza del juicio de amparo mexicano, se ha calificado como "relatividad de la sentencia de amparo", o bien tradicionalmente como "fórmula de Otero", ya que se trata de una redacción que se ha trasmitido casi sacramentalmente desde su consagración en el artículo 25 del documento llamado Acta de Reformas de 1847,[74] que como expresamos en su oportunidad, se debe a la inspiración del ilustre jurisconsulto Mariano Otero (ver notas 5 y 6).[75]

B) En el derecho venezolano, la impugnación judicial de la inconstitucionalidad de las leyes se realiza en una triple dirección, que señalaremos muy sucintamente.

---

72 Sobre las características del agravio actual, personal y directo como requisito de procedencia del juicio de amparo, *cfr.* Ignacio Burgoa: *El juicio de amparo, cit.,* pp. 275 y ss.; Octavio A. Hernández: *Curso de Amparo, cit.,* pp. 77 y ss.

73 La parte conducente del artículo 76 de la Ley Reglamentaria del Juicio de Amparo, establece: "Las sentencias que se pronuncien en los juicios de amparo sólo se ocuparán de los individuos particulares o de las personas morales, privadas u oficiales que lo hubiesen solicitado, limitándose a ampararlos y protegerlos, si procediere, *en el caso especial sobre el que verse la demanda sin hacer una declaración general respecto de la ley o acto que lo motivare...".*

74 El citado artículo 25 del Acta de Reformas de 1847, disponía: "Los tribunales de la Federación ampararán a cualquiera habitante de la República en el ejercicio y conservación de los derechos que le concedan esta Constitución y las leyes constitucionales, contra todo ataque de los poderes Legislativo y Ejecutivo, ya de la Federación, ya de los Estados: *limitándose dichos tribunales a impartir su protección en el caso particular sobre el que verse el proceso, sin hacer declaración general respecto de la ley o del acto que lo motivare".*

75 Sobre este llamado principio de la relatividad de las sentencias de amparo existe una amplia elaboración doctrinal, pero citaremos a los autores más recientes, Ignacio Burgoa: *El juicio de amparo, cit.,* pp. 280 y ss.; Octavio Hernández: *Curso de amparo, cit.,* pp. 83 y ss.

a) *La objeción de inconstitucionalidad,* previa a la promulgación de las leyes -institución que los juristas colombianos califican en su país de "objeción de "inexequibilidad"-,[76] y que consiste en la facultad, que se otorga al Presidente de la República para oponerse a la promulgación de una ley expedida por el Congreso, cuando estime que la misma colide con la Carta fundamental, para lo cual, dentro del plazo fijado para la promulgación de las leyes -diez días-, puede ocurrir ante la Corte Suprema de Justicia solicitando su decisión acerca de la inconstitucionalidad alegada, debiendo decidir dicho Alto Tribunal dentro del plazo de diez días contados desde el recibo de la comunicación del Jefe del Ejecutivo, en la inteligencia de que si negare la inconstitucionalidad o no resuelve dentro del citado plazo, el referido Presidente de la República deberá promulgar la ley respectiva dentro de los cinco días siguientes a la decisión de la Corte o al vencimiento del plazo respectivo (art. 73, párrafo cuarto de la Constitución Nacional de 1961).

b) *La acción popular de inconstitucionalidad* (o recurso objetivo),[77] según la cual, cualquier persona, aun sin ser afectada por las disposiciones legales respectivas, puede demandar ante la Corte Suprema de Justicia la inconstitucionalidad de los preceptos legislativos -nacionales, estadales o municipales- que colidan con la Constitución Nacional.[78]

El artículo 215, en sus ordinales 3º y 4º, de la Carta fundamental vigente de 1961, regula en forma muy amplia la facultad de la Corte Suprema para "declarar la nulidad total o parcial de las leyes nacionales y demás actos de los cuerpos legislativos que colidan con esta Constitución", y "declarar la nulidad total o parcial de las leyes estadales, de las ordenanzas municipales y demás actos de los cuerpos deliberantes de los Estados o municipios que colidan con esta Constitución..."; debiendo tomarse en consideración que, de acuerdo con la parte final del citado precepto cons-

---

76 Sobre la objeción de inexequibilidad en Colombia y en Panamá, podemos citar, entre otros, J. A. C. Grant: "El Control de la constitucionalidad de las leyes a petición del Ejecutivo previamente a su promulgación. La experiencia de Colombia", en *Revista Mexicana de Derecho Público,* vol. I, Nº 3, México, enero-marzo de 1957, pp. 224 y ss.; Carlos Bolívar Pedreschi: *El control de la constitucionalidad en Panamá,* Panamá, 1965, pp. 270 y ss.

77 Esta última es la terminología de José Guillermo Andueza: *La jurisdicción constitucional en el derecho venezolano,* cit, pp. 35-36.

78 *Cfr.* José Guillermo Andueza: *op. ult. cit.,* pp. 36-37; Humberto J. La Roche: *Derecho Constitucional,* 8ª ed., Maracaibo, 1966, pp. 115-117.

titucional en relación con la disposición decimoquinta transitoria de la
misma ley fundamental, la competencia para conocer la inconstitucionalidad de las leyes nacionales corresponde a la Corte en Pleno, en tanto
que la impugnación de los restantes preceptos -estadales y municipales-
debe tramitarse ante la Sala Político-Administrativa.

El procedimiento, de carácter contradictorio y sumario, sólo está previsto por los artículos 25 y siguientes de la Ley Orgánica de la Corte Federal -esta última fusionada con la Corte de Casación para integrar la actual Corte Suprema de Justicia, según la disposición transitoria decimoquinta de la Constitución-, debiendo tomarse en cuenta los principios que
ha ido conformando la jurisprudencia a través de la práctica de este medio de impugnación, que se implantó desde la Constitución de 1858, por
lo que se refiere a la inconstitucionalidad de leyes locales y se consolidó
plenamente en la Carta de 1893.[79]

Las características esenciales de esta acción de inconstitucionalidad,
que la separan del amparo contra leyes en el derecho mexicano, ejercitado por vía de acción, son su popularidad -ya que en el derecho mexicano
siempre se exige la afectación actual, personal y directa-, y especialmente
los efectos de anulación *erga omnes* de las disposiciones impugnadas,
cuando la Corte Suprema dicta sentencia estimatoria[80] -efectos generales
que se prohíben expresamente en la legislación mexicana.[81]

---

79 *Cfr.*, sobre los antecedentes de esta acción popular de inconstitucionalidad, Ernesto
    Wolf: *Tratado de Derecho constitucional venezolano, cit.*, tomo II, pp. 167 y ss:
    José Guillermo Andueza: *op. ult. cit.*, pp. 99 y ss.; Pablo Ruggeri Parra: *Supremacía
    de la Constitución y su defensa, cit.*, pp. 30 y ss.

80 Sobre los efectos generales de la declaración de inconstitucionalidad, *cfr.* José Gui-
    llermo Andueza: *La jurisdicción constitucional en el derecho venezolano, cit.*, pp.
    99 y ss.; Humberto J. La Roche: *Derecho constitucional, cit.*, pp. 116-117; Ernesto
    Wolf: *Tratado de derecho constitucional venezolano, cit.*, tomo II, pp. 175-176.

81 Sin embargo, deben tomarse en cuenta los principios restrictivos contenidos en el
    artículo 7°, ordinal 10, de la Ley Orgánica de la antigua Corte Federal, de 2 de agos-
    to de 1953, todavía en vigor mientras no se dicte la Ley Orgánica de la actual Corte
    Suprema de Justicia, y que dispone en lo conducente: "La nulidad (de las leyes) se
    limitará al párrafo, artículo o artículos en que aparezca la colisión, salvo que estos
    sean de tal importancia, por su conexión con los demás que, a juicio de la Corte, su
    nulidad acarreare la de todo el acto legislativo,..."; y por otra parte, la tendencia res-
    trictiva se observa también en dos direcciones, según la doctrina y la jurisprudencia:
    la colisión de la norma impugnada respecto a la Constitución, debe ser evidente, y se
    debe procurar en todo raso armonizar su interpretación con la propia Ley Suprema.

c) *El control de la constitucionalidad por vía de excepción*[82] o "excepción de inconstitucionalidad" (recurso objetivo),[83] en realidad, por vía incidental.[84]

Este medio se encuentra previsto por el artículo 7° del Código de Procedimiento Civil vigente, el cual dispone: "Cuando la ley vigente, cuya aplicación se pida, colidiere con alguna disposición constitucional, los tribunales aplicarán ésta con preferencia".

Esto significa que la cuestión de inconstitucionalidad se puede plantear por las partes -generalmente, el demandado- en un proceso ordinario, y se puede llevar a través de las diversas instancias ante la Corte Suprema de Justicia, como un problema incidental a la materia de la causa; pero, en forma diversa de lo que ocurre con la acción popular u objetiva, la parte proponente debe tener interés personal, actual y directo, y los efectos de la sentencia que declare fundada la cuestión de inconstitucionalidad son estrictamente particulares y concretos, es decir, entre las partes del proceso en el cual se planteó; por lo que el fallo estimatorio se traduce en la desaplicación de la disposición legal impugnada y en ese caso concreto.[85]

Esta excepción de inconstitucionalidad del derecho venezolano tiene puntos de contacto con el que calificamos de recurso de inconstitucionalidad de las leyes en el derecho mexicano, tanto por su planteamiento in-

Cfr. Ernesto Wolf: *op. ult. cit.*, tomo II, pp. 177 y *ss.*; Procuraduría General de la República de Venezuela: *Doctrina de la Procuraduría General de la República. 1964.* Caracas, 1965, pp. 156-157.

82 Terminología utilizada por Humberto J. La Roche: *Derecho constitucional, cit.*, p. 118.

83 Según el criterio de José Guillermo Andueza: *La jurisdicción constitucional en el derecho venezolano, cit.*, pp. 37 y ss.

84 La doctrina italiana ha hecho notar con gran agudeza, que cuando se plantea una cuestión de inconstitucionalidad respecto de la ley aplicable en un proceso ordinario, se trata de una cuestión incidental a la materia de fondo, por lo que no resulta correcto hablar en estricto sentido de "excepción", ya que no siempre es el demandado, aunque sí con frecuencia, el que haga valer la propia cuestión. *Cfr,* Piero Calamandrei: *La ilegitimidad constitucional de las leyes en el proceso civil,* trad. de Santiago Sentís Melendo, en el volumen *Estudio sobre el proceso civil,* pp. 32-33; Mauro Cappelletti: *El control judicial de la constitucionalidad de las leyes en el derecho comparado,* trad. de Cipriano Gómez y Héctor Fix Zamudio, México, 1966, pp. 53 y ss.

85 *Cfr.* José Guillermo Andueza, *La jurisdicción constitucional en el derecho venezolano. cit.*, p. 38; Humberto J. La Roche: *Derecho constitucional, cit.*, p. 118.

cidental dentro de un proceso ordinario como por los efectos concretos del fallo protector.

IV. "HABEAS CORPUS" Y AMPARO DE LA LIBERTAD

Uno de los sectores en los cuales se observan mayores puntos de contacto es el relativo a la protección de la libertad personal, tutelada, respectivamente, por el "amparo de la libertad" en el derecho mexicano, y por el *habeas corpus* o "amparo de la libertad personal" en el ordenamiento constitucional venezolano, respectivamente.

A) En el derecho mexicano existe un sector del juicio de amparo, con principios autónomos, que tiene por objeto la protección rápida y eficaz de ciertos derechos de la persona humana -entre ellas, esencialmente, la libertad física-, que se ha considerado como de mayor trascendencia para la dignidad de la persona humana, de acuerdo con la dolorosa experiencia histórica.[86]

Fue el primer aspecto del amparo mexicano que arraigó rápidamente en la práctica, porque la institución nació en un período de agitaciones políticas y revolucionarias que afectaron profundamente a la libertad, la integridad moral y la propiedad de los habitantes del país, sirviendo de escudo protector que salvó a muchas personas del paredón, del servicio forzado de las armas, de las confiscaciones y de las penas infamantes, superando, con su gran amplitud tutelar, el tradicional *habeas corpus* angloamericano, como lo hizo notar el ilustre Ignacio L. Vallarta.[87]

A este respecto, la doctrina extranjera reconoce que, entre las naciones de América, México se ha distinguido y se distingue en la defensa jurídi-

---

86 El tratadista mexicano Mariano Azuela, ha sostenido con gran acierto que: "El espíritu del juicio de amparo escapa a lo que es mera descripción técnica y sólo puede ser captado mediante penetración profunda en nuestra dolorosa y peculiar historia". "El aspecto formal del amparo. Esquema de su evolución histórica y de su estructura general, en el volumen *México ante el pensamiento jurídico-social de Occidente,* México, 195 5, pp. 87-88.

87 *El juicio de amparo y el writ of habeas corpus. Ensayo crítico comparativo sobre esos recursos constitucionales,* 2ª ed., México, 1896, pp. 37 y ss.

ca de la libertad, porque "ningún otro pueblo de la tierra le ha dedicado tanta atención".[88]

La esfera jurídica de los particulares titulada por el "amparo de la libertad" se encuentra definida por el artículo 37 de la Ley Reglamentaria del Juicio de Amparo, según el cual esta protección específica se extiende a todos aquellos actos de autoridad que pongan en peligro la vida, signifiquen un ataque a la libertad personal fuera de procedimiento judicial, o impliquen deportación, destierro o actos prohibidos por el artículo 22 constitucional.[89]

Cuando se impugna esta clase de actos a través del amparo, el procedimiento respectivo sigue reglas específicas, diversas del de carácter ordinario del propio juicio de amparo, y que le otorgan una naturaleza flexible, en cuanto se configura como un trámite sencillo y breve en el cual imperan, al menos en teoría, los principios de concentración y oralidad.

En efecto, en este sector la demanda puede ser interpuesta por cualquier persona en nombre del agraviado que se encuentra imposibilitado para hacerlo -lo que ocurre con frecuencia-, aun cuando el promovente sea menor de edad o mujer casada.[90]

El juez del amparo está dotado de amplios poderes de investigación y de dirección del proceso, con la facultad de dictar las medidas necesarias para lograr la comparecencia del presunto agraviado (arts. 17 y I 18 de la ley reglamentaria respectiva), con la obligación de dictar de oficio la me-

---

88 *Cfr.* Carlos Sánchez Viamonte: *El habeas corpus, garantía de libertad,* 2a ed., Buenos Aires. 1956, p. VI.

89 Este precepto establece en su parte relativa: "Quedan prohibidas las penas de mutilación y de infamia, las marca; los azotes, los palos, el tormento de cualquier especie, la multa excesiva, la confiscación de bienes y cualesquiera otras penas inusitadas y trascendentales, así como la pena de muerte por delitos políticos, la cual sólo puede imponerse al traído a la patria en guerra extranjera, al parricida, al homicida con alevosía, premeditación y ventaja, al incendiario, al plagiario, al salteador de caminos, al pirata y a los reos de delitos graves del orden militar..."

90 La referencia a la mujer casada es una supervivencia de leyes de amparo expedidas cuando la codificación civil establecía la necesidad de autorización del marido o del juez para que la propia mujer compareciere en juicio, pero resulta inútil en la actualidad, ya que el artículo 2° del Código Civil para el Distrito y Territorios Federales, aplicable en toda la República en materia federal -e idéntico criterio impera en todos los Códigos Civiles de la República- establecen la plena y misma capacidad jurídica del hombre y de la mujer.

dida cautelar denominada "suspensión del acto reclamado", y que consiste en la comunicación a las autoridades señaladas como demandadas del mandato para que paralicen la ejecución de los actos impugnados (art. 123, fracción I, de la propia ley reglamentaria).

El ejercicio de la acción no está sujeto a plazo preclusivo, ya que puede hacerse valer en cualquier tiempo (art. 22, fracción II, de la citada ley reglamentaria), inclusive a cualquier hora del día o de la noche (art. 23, segundo párrafo, de la misma ley).

La demanda puede formularse no sólo por escrito sino también oralmente, es decir, por comparecencia ante el juez del amparo (art. 117) y en determinados casos, por telégrafo; pero en este último supuesto debe ratificarse por escrito dentro de los tres días siguientes (art. 113 y 119).

La competencia en primera instancia para conocer de este tipo de amparo corresponde a los jueces federales de distrito, cualquiera que sea la jerarquía de la autoridad que se señale como demandada; pero en aquellos lugares en que no reside un juez federal -que normalmente tienen su asiento en las capitales o ciudades importantes de cada una de las Entidades Federativas, y desde luego en la ciudad de México- se faculta a los jueces locales en cuya jurisdicción radique la autoridad que ejecuta o trate de ejecutar el acto violatorio, ya sea de primera instancia o en su defecto cualquiera de las autoridades judiciales del lugar, para recibir la demanda de amparo contra los actos mencionados, y ordenar provisionalmente la paralización de los efectos de los actos reclamados que pretenden realizarse en su jurisdicción (suspensión provisional), remitiendo los autos al juez de distrito más próximo para que continúe el procedimiento (arts. 38, 39 y 40 de la Ley Reglamentaria del Juicio de Amparo).

Contra las resoluciones dictadas por los jueces de distrito en esta materia, puede apelarse -a través del llamado recurso de revisión- ante los Tribunales Colegiados de Circuito, que son los que deciden en definitiva, con la única excepción de los juicios de amparo en materia penal en que se reclame exclusivamente la violación del citado artículo 22 constitucional (ver nota 89), cuyo conocimiento corresponde a la Corte Suprema (arts. 84, fracción I, inciso a), y 85, fracción II, de la Ley de Amparo.

Por lo que se refiere a la impugnación de las resoluciones privativas de la libertad dictadas en procedimiento judicial, el sistema es diverso, ya que si tales resoluciones son sentencias definitivas, se siguen las reglas del amparo de una sola instancia, y por tanto equivale a una casación en materia penal, pero existen cierto tipo de determinaciones pronunciadas por los jueces penales -tanto locales como federales- respecto de las cuales se sigue una tramitación que, sin ser tan liberal como la descrita respecto de los actos privativos de la libertad fuera de procedimiento judicial y restantes comprendidos por el artículo 17 de la Ley de Amparo, implican una tramitación más flexible.

En efecto, cuando se trata de la impugnación de la orden de aprehensión -que según el artículo 16 constitucional sólo puede ser dictada por autoridad judicial llenando ciertas formalidades-,[91] el llamado auto de formal prisión (en realidad, de sujeción a proceso), previsto por el artículo 19 de la Carta fundamental;[92] de las decisiones sobre la libertad cau-

---

91 Existe diferencia en las legislaciones constitucionales de México y Venezuela por lo que se refiere a las órdenes de aprehensión por delitos que merecen pena corporal, ya que de acuerdo con el artículo 16 de la Ley Suprema mexicana, las autoridades administrativas no pueden expedir órdenes de aprehensión ni detener a persona alguna, a no ser que sea sorprendida *in fraganti* o bien si en el lugar no existe autoridad judicial, pero con la obligación de entregar al detenido inmediatamente a esta última. En forma diversa, el artículo 60, ordinal Io, tercer párrafo de la Constitución venezolana dispone: "En caso de haberse cometido un hecho punible, las autoridades de policía podrán adoptar las medidas provisionales, de necesidad y de urgencia indispensables para asegurar la investigación del hecho y en enjuiciamiento de los culpables. La ley fijará el término breve y perentorio en que tales medidas deberán ser comunicadas a la autoridad judicial, y establecerá además el plazo en que ésta provea, entendiéndose que han sido revocadas y privadas de todo efecto, sí ella no las confirma en el referido plazo". Con apoyo en esta disposición, el artículo 75 H. del Código de Enjuiciamiento Criminal, reformado el 15 de diciembre de 1961. autoriza a los funcionarios de la *Policía judicial* para disponer como máximo de un plazo de *ocho días* para poner al acusado a disposición del Tribunal Instructor. También debe aclararse que mientras en México, la Policía Judicial se encuentra bajo la autoridad y el mando inmediato del Ministerio Público, según el artículo 21 constitucional, y a su vez, el citado Ministerio depende del Ejecutivo, de manera diferente, en Venezuela, la Policía Judicial se encuentra bajo la autoridad de los tribunales de instrucción, según el artículo 75-I del referido Código de Enjuiciamiento Criminal.

92 El llamado auto de formal prisión, o con mayor corrección de sujeción a proceso, está regulado por el artículo 19 de la Constitución Mexicana, en cuya parte relativa se establece: "Ninguna detención podrá exceder del término de *tres días,* sin que se justifique con un *auto de formal prisión,* en que se expresarán: el delito que se impute al acusado; los elementos que constituyen aquél; lugar, tiempo y circunstancias de ejecución y los datos que arroje la averiguación previa, los que deben ser bastantes para comprobar el cuerpo del delito y hacer probable la responsabilidad del acusado...". Y a este respecto, también existe diferencia con el sistema venezolano, ya que según lo dispuesto por el invocado artículo 75-H del Código de Enjuiciamiento

cional; el plazo para dictar sentencia en el proceso penal, y la duración de la prisión preventiva (art. 20, fracciones I, VIII y X, párrafos primero y segundo, de la Constitución Federal, en relación con el 37 de la Ley de Amparo),[93] el agraviado puede elegir entre el juez federal de distrito y el superior del tribunal al cual impute la violación, siguiéndose en ambos casos el procedimiento del amparo, ya que el tribunal ordinario de superior jerarquía actúa como juez de amparo y no por su propia jurisdicción.

Por otra parte, en estos casos el mismo agraviado no está obligado a agotar los recursos ordinarios que como regla se establece para las restantes resoluciones judiciales, ni tampoco esperar a que se dicte la sentencia definitiva, para impugnar estas violaciones, sino que acude directamente el juez del amparo, ya sea el federal o el ordinario superior al juez a quien se imputa la resolución que estima ilegal o inconstitucional,[94] independientemente de que en todo tipo de amparo contra actos o resoluciones de materia penal impera el principio llamado de la "suplencia de la queja", en beneficio del afectado con tales actos o resoluciones, o sea, que el juez del amparo está obligado a corregir oficiosamente los errores en que hubiese incurrido el acusado al formular su demanda (art. 107, fracción

---

Criminal, "...El Tribunal instructor deberá decidir acerca de la detención en el término de *noventa y seis (96) horas,* salvo que en los casos graves y complejos, requiera un término mayor, *que no pasará de ocho (8) días",*

93 El referido artículo 37 de la Ley de Amparo preceptúa: "La violación de las garantías de los artículos 16 en materia penal (orden de aprehensión), 19 (auto de formal prisión) y 20, fracciones I, VIII y X. párrafos primero y segundo de la Constitución Federal, *podrá reclamarse ante el juez de distrito que corresponda o ante el superior del tribunal que baya cometido la violación".* El citado artículo 20 constitucional enumera los derechos del acusado en el proceso penal, entre los cuales se encuentra el de ser puesto en libertad caucional, cumpliendo determinados requisitos y si el delito que se le imputa merezca ser castigado con pena cuyo término medio aritmético no sea mayor de cinco años de prisión (fracción I); debe ser juzgado antes de cuatro meses si se tratare de delitos cuya pena máxima no exceda de dos años de prisión; y antes de un año si la pena máxima exceda de ese tiempo (fracción VIII); y finalmente, en los párrafos primero y segundo de la fracción X, se prohíbe la prolongación de la prisión o detención por falta de pago de honorarios de defensores o por cualquiera otra prestación de dinero, por causa de responsabilidad civil o algún otro motivo análogo; y tampoco puede prolongarse la prisión preventiva por más tiempo del que como máximo fije la ley al delito que motivare el proceso.

94 Sobre esta jurisdicción concurrente y el principio de definitividad en materia penal, *cfr.* Ignacio Burgoa: *El juicio de amparo,* cit. pp. 409-410; pp. 289 y ss.; Octavio A. Hernández: *Curso de Amparo, cit.,* pp. 134 y ss; 93 y ss.

II, de la Constitución Federal, y 76, tercer párrafo, de la Ley de Amparo).[95]

B) Por lo que se refiere al *habeas corpus* o amparo de la libertad personal en el derecho venezolano, nos referiremos sólo a la legislación vigente y al proyecto que se ha sometido al Congreso.

a) Como lo expresamos en su oportunidad, son aplicables al *habeas Corpus* las reglas provisionales contenidas en la disposición quinta transitoria de la Constitución Nacional, que se pueden resumir de la siguiente manera:

a') Cualquier persona está facultada para interponer la instancia en nombre del agraviado, por la privación o restricción de su libertad con violación de los derechos que a este respecto le otorga la Carta fundamental, es decir, esencialmente las previstas por el artículo 60 constitucional.[96]

b') Es juez competente el de Primera Instancia en lo Penal que tenga jurisdicción en el lugar donde se haya ejecutado el acto que motiva la solicitud o donde se encuentre la persona agraviada.

c') El procedimiento es sumario, ya que el juzgador, una vez recibida la solicitud -en realidad, demanda-, ordenará inmediatamente al funcionario bajo cuya custodia esté la persona agraviada, que informe dentro del plazo de veinticuatro horas sobre los motivos de la privación o restricción de la libertad, y abrirá la averiguación respectiva, debiendo decidir en un plazo no mayor de noventa y seis horas después de presentada la propia solicitud, sobre la expedición del mandamiento de *habeas corpus,* cuyos

---

95   Según lo establecido por el artículo 107, fracción II, de la Constitución Federal, y 76, tercer párrafo, de la Ley Reglamentaria respectiva: "Podrá también suplirse la deficiencia de la queja en *materia penal* y la de la parte obrera en materia de trabajo cuando se encuentre que ha habido en contra del agraviado una violación manifiesta de la ley que lo ha dejado sin defensa, y en *materia penal,* además, cuando se le haya juzgado por una ley que no es exactamente aplicable al caso...". *Cfr.* Juventino V. Castro: *La suplencia de la queja deficiente en el amparo.* México, 1953, pp. 39 y ss.; Armando Chávez Camacho: "La suplencia de la deficiencia de la queja", en *Jus,* N° 67. México, febrero de 1944, pp. 95 y ss.

96   Respecto a la delimitación de los derechos de libertad protegidos por el *habeas corpus* en relación con los tutelados propiamente por el derecho de amparo en estricto sentido, puede consultarse a Roberto Albornoz Berti: "El Estado moderno y los derechos fundamentales del hombre", en *Revista de la Facultad de Derecho,* Universidad de Los Andes, N° 15, Mérida, diciembre de 1967, pp. 190-191.

efectos consisten en la inmediata libertad del agraviado o el cese de las restricciones que se le hayan impuesto.

d') No se habla de medidas cautelares, pero en cambio el mandamiento definitivo de *habeas corpus* puede condicionarse por el juez, si lo estima necesario, al otorgamiento de una caución o prohibición de la salida del país de la persona agraviada, por un plazo que no podrá exceder de treinta días, si lo considera necesario.

e') El propio mandamiento no es definitivo, ya que el juez de Primera Instancia respectivo debe consultarlo con el superior,[97] al cual debe remitir los autos el día en que dicte su resolución o al siguiente, en la inteligencia de que la citada consulta no impide la ejecución inmediata de la decisión (protectora), y el citado Tribunal Superior debe decidir dentro de las setenta y dos horas siguientes a la fecha de recibo de los propios autos.[98]

Esta regulación provisional es demasiado esquemática y plantea una serie de problemas de difícil resolución en la práctica,[99] que determinan la necesidad de una ley reglamentaria que permita el funcionamiento expedito de esta institución protectora, que es el objetivo del proyecto del Ministerio de Justicia que se encuentra en estudio en el Congreso.[100]

---

97 Estos órganos judiciales son los llamados Tribunales Superiores que pueden ser Colegiados (Cortes integradas por tres magistrados) o unipersonales (Juzgados Superiores), en los términos de los artículos 77, 78 y 80, inciso D, ordinal 1º de la Ley Orgánica del Poder Judicial.

98 *Cfr.* César Nieto Torres: *El habeas Corpus, cit.,* pp. 21-22; Roberto Albornoz Berti: *El Estado moderno y los derechos fundamentales del hombre, cit.,* pp. 197-200; José A. de Miguel: *Amparo y habeas corpus en la Constitución de 1961,* pp. 41 y ss.; Carmen Beatriz Romero de Encinoso: *El recurso de habeas corpus, cit.,* pp. 6-7.

99 *Cfr.* Las críticas que endereza Albornoz Berti, *op. ult. cit.,* pp. 200, y los diversos problemas prácticos que menciona Romero Encinoso, *op. ult. cit.,* pp. 8 y ss.

100 En la parte relativa de la Exposición de motivos del proyecto de Ley de Habeas Corpus presentado por el Ministerio de Justicia ante las Cámaras se sostiene: "...Hemos creído conveniente ir dictando leyes parciales que protejan los derechos humanos e ir asimilando la experiencia que nos depare la aplicación de sus disposiciones. Es por esto que el Ministerio de Justicia ha procedido a elaborar un proyecto de *habeas corpus* para proteger la libertad y la seguridad personales, que es uno de los derechos fundamentales del hombre y sobre la cual debe descansar todo sistema democrático. Por otra parte, como la libertad personal ha sido el derecho que más se ha olvidado en nuestra historia política, él debe merecer nuestras primeras preocupaciones...".

b) Resulta interesante realizar un cotejo del citado proyecto de Ley de Habeas Corpus con los lineamientos del sector del amparo mexicano que se hace valer contra los actos privativos de la libertad, en virtud de que, como lo señalaremos en cada caso, se advierte una influencia bastante pronunciada de la legislación mexicana respecto del citado proyecto venezolano.

a') En primer término, el proyecto modifica sustancialmente el criterio establecido por la disposición quinta transitoria constitucional respecto a los tribunales competentes para conocer del *habeas corpus,* en cuanto distribuye el conocimiento de este instrumento procesal en diversos tribunales -Corte Suprema de Justicia, Juzgados de Primera Instancia en lo Penal, Consejos de Guerra Permanente y Juzgados de distrito o departamento-, de acuerdo con la jerarquía de la autoridad a la cual se atribuye el acto privativo de la libertad.

Es una solución que, de acuerdo con la exposición de motivos, tiende a evitar las presiones políticas a que puede estar sometido un juez inferior cuando el acto violatorio se imputa a una autoridad de elevada jerarquía, y por otra parte, establecer una mayor flexibilidad que facilitaría el procedimiento de *habeas corpus* cuando se otorga competencia a los jueces de distrito o departamento para conocer denuncias contra funcionarios estadales o municipales.

En esto se apartaría del sistema de la legislación mexicana, pues ya hemos mencionado que todos los actos y resoluciones privativas de la libertad personal, ya sea fuera de procedimiento judicial -que es lo que comprende el amparo de la libertad estrictamente considerado- como las órdenes de aprehensión, auto de formal prisión, determinaciones sobre libertad caucional, etc., estas últimas dictadas por órganos judiciales, se impugnan siempre ante los jueces del distrito, y en el primer caso, cuando no existe en el lugar uno de tales jueces federales, se otorga competencia provisional a los juzgadores locales.

Debemos advertir, para evitar confusiones, que los jueces de distrito según la organización mexicana no son equiparables a los de la misma denominación del derecho venezolano, pues los primeros derivan su denominación de la influencia estadounidense -*District Judes*-, siempre de carácter federal, y fueron introducidos por la Constitución Federal de

1824 (art. 143),[101] y actualmente están distribuidos en las ciudades más importantes de la República en calidad de jueces nacionales, pues ya hemos visto que en México existe una doble jurisdicción, la federal y la de los Estados.

El sistema de distribución de competencias que sustenta el proyecto que examinamos, indudablemente que motivará conflictos de competencia que actualmente no existen con la jurisdicción única de los jueces de Primera Instancia en lo Penal, y así lo reconoce la exposición de motivos, y se procura que tales conflictos no entorpezcan la rápida tramitación del *habeas corpus,* y para ello han recurrido en buena parte al sistema de la Ley Reglamentaria del Juicio de Amparo, que en sus artículos 47 a 49 prevé la situación, frecuente debido a la gran extensión del amparo mexicano, de la interposición de demandas de amparo ante juez incompetente, que las remite, en cuanto se percata de esta circunstancia, al que estima debe conocer del asunto, en la inteligencia de que el inferior no puede discutir la determinación del superior, todo lo cual se sigue en términos generales en los artículos 13 a 17 del proyecto del Ministerio de Justicia que estamos examinando.

b') Una característica similar entre las dos instituciones y que ya se contempla en la disposición quinta transitoria constitucional, es la circunstancia de que cualquier persona está en posibilidad de solicitar el amparo en México y el *habeas corpus* en Venezuela, a nombre del presunto agraviado, que generalmente se encuentra impedido para comparecer[102] -lo que en la exposición de motivos del proyecto se califica de "acción popular"-, con la diferencia de que esta situación sólo procede en el derecho

---

101 *Cfr.* Felipe Tena Ramírez: *Leyes Fundamentales de México, cit.,* pp. 189-190. Sobre los tribunales de distrito en los Estados Unidos, *Cfr.* Lewis Mayers: *El sistema legal de los Estados Unidos,* trad. de Ernesto Weinschelbaum, Buenos Aires, 1958, pp. 88-90.

102 En la parte relativa del artículo *6°* del proyecto se establece: "La solicitud de *habeas corpus* se hará por escrito y deberá estar firmada por el agraviado o por *cualquier persona que obre en su favor...",* y a su vez, el artículo 17 de la Ley de Amparo determina sobre este aspecto: "Cuando se trate de actos que importen peligro de privación de la vida, ataques a la libertad personal fuera de procedimiento judicial, deportación o destierro o alguno de los actos prohibidos por el artículo 22 de la Constitución Federal, *y el agraviado se encuentre imposibilitado para promover el amparo, podrá hacerlo cualquiera otra persona en su nombre, aunque sea menor de edad o mujer casada...".*

mexicano tratándose de actos dictados *fuera de procedimiento judicial,* y de que la demanda debe ratificarse ante el juez del amparo, una vez que se logra su comparecencia.[103]

A este respecto, debemos anotar que en relación con estos actos privativos de la libertad fuera de procedimiento judicial, la legislación mexicana autoriza que la demanda puede interponerse por comparecencia, es decir, que el presunto agraviado o la persona que acuda al juez del amparo en su nombre, puede solicitar oralmente la protección (art. 117 de la Ley de Amparo), levantándose un acta en la que se contenga los datos correspondientes, en tanto que en el proyecto venezolano se exige que sea siempre por escrito (art. 6º).[104]

Consideramos que la demanda oral ha sido muy útil en la práctica mexicana, puesto que ha permitido que personas sin instrucción e inclusive analfabetas -lo que por desgracia es frecuente en los medios rurales, aunque tienda a reducirse en los países latinoamericanos- puedan acudir a solicitar la protección en forma rápida y personal, limitándose las posibles suplantaciones a través de la ratificación posterior de la demanda, una vez que se logra la comparecencia del agraviado.

Por el contrario, estimamos que el proyecto que examinamos se excede en su afán de tutela de la libertad, al establecer en su artículo 29 un pro-

---

103 El citado artículo 17 preceptúa sobre este particular: "...En este caso -es decir, cuando otra persona interpone el amparo en nombre del agraviado imposibilitado de hacerlo- el juez dictará todas las medidas necesarias para lograr la *comparecencia del agraviado,* y habido que sea, ordenará se le *requiera para que dentro del término de tres días ratifique la demanda de amparo;* si el interesado la ratifica se tramitará el juicio; si no la ratifica se tendrá por no presentada la demanda, quedando sin efecto las providencias que se hubiesen dictado". En cuanto a la impugnación de actos o resoluciones que afecten la libertad, dictadas por los organismos judiciales, el artículo 16 de la Ley de Amparo, establece lineamientos más favorables a la representación del acusado, que en otros sectores del mismo amparo, al disponer que: "Si el acto reclamado emana de un procedimiento del orden penal, bastará para la admisión de la demanda, la aseveración que de su carácter haga el defensor... Si apareciere que el promovente del juicio carece del carácter con que se ostentó, la autoridad que conozca del amparo le impondrá una multa de diez a cien pesos y ordenará la ratificación de la demanda.

104 Según lo que afirma César Nieto Torres: *El habeas corpus en la Constitución venezolana, cit.,* p. 25, en las modificaciones que al proyecto ha propuesto la Comisión Permanente de Política Interior de la Cámara de Diputados, se encuentra la de exigir, además de la forma escrita, que la demanda se presente bajo juramento.

cedimiento *iniciado de oficio* por el mismo juzgador, cuando tenga conocimiento, fundado en prueba suficiente, de que alguna persona ha sido privada ilegalmente de su libertad y es de temerse sea transportada fuera del territorio de su circunscripción o que se le hará sufrir algún perjuicio personal arbitrariamente; pues si existe "acción popular" para denunciar tales hechos, se derivan más inconvenientes que ventajas a través de un proceso iniciado de oficio.[105]

Es indudable que el señalamiento de los días en que puede presentarse la solicitud de *habeas corpus,* tal como se indica en el artículo 4° del proyecto, se encuentra inspirado en lo dispuesto por el artículo 23 de Ley de Amparo mexicana, en cuanto en el citado proyecto se establece que son días hábiles para la promoción, sustanciación y decisión del *habeas corpus* todos los días del año, excepto los domingos, el primero de enero, el jueves y viernes santos, el primero de mayo, el veinticinco de diciembre y los señalados en la Ley de Fiestas Nacionales, no obstante lo cual, cuando el solicitante jure la urgencia y el juez considere que el caso lo amerite, podrá actuar durante estos días, además de que se consideran igualmente hábiles todas las horas del día y de la noche.[106]

Por lo que se refiere a los menores privados de la libertad que: soliciten *habeas corpus,* el proyecto adopta la misma solución establecida para todos los sectores del amparo por el artículo 6° de la ley reglamentaria mexicana, es decir, que el propio menor puede pedir la protección cuando

---

105 Decía el ilustre Piero Calamandrei, "La relatividad del concepto de acción", trad. De Santiago Sentís Melendo, en el volumen *Estudios sobre el proceso civil,* reimpresión, Buenos Aires, 1961, p. 140, que de acuerdo con el concepto que modernamente nos hemos formado de la función del juez, para mantenerse imparcial no debe iniciar el proceso de propia iniciativa, pues debe esperar a ser requerido y limitarse a hacer justicia a quien la pide.

106 La parte relativa del artículo 23 de la Ley de Amparo, establece: "Son días hábiles para la promoción, substanciación y resolución de los juicios de amparo, todos los del año, con exclusión de los domingos, el 1° de enero, 5 de febrero, 1° y 5 de mayo, 14 y 16 de septiembre, 12 de octubre y 20 de noviembre. Puede y promoverse en cualquier día y a cualquiera hora del día o de la noche, si se trata de actos que importen peligro de privación de la vida, ataques a la libertad personal, deportación, destierro o algunos de los actos prohibidos por el artículo 22 de la Constitución Federal, así como la incorporación forzosa al ejército y armada nacionales... En casos urgentes y de notorios perjuicios para el quejoso, los jueces podrán habilitar los días y las horas inhábiles, para la admisión de la demanda. .." (en los casos en que no es posible promoverse en cualquier día).

su representante legal se halle ausente o impedido, pues en ese caso el juez, sin perjuicio de dictar las providencias ordenadas por la ley respectiva, le nombrará un defensor para que lo represente en el procedimiento; y si el agraviado es mayor de catorce años, podrá designar su defensor en la solicitud de *habeas corpus*.[107]

c') Por lo que respecta al sujeto pasivo o demandado en el procedimiento de *habeas corpus,* el artículo 5° del proyecto del Ministerio de Justicia, evidentemente se inspiró en la redacción del artículo 11 de la Ley Reglamentaria del Juicio de Amparo, en cuanto entiende por autoridad inculpada la que dicta, ordena o ejecuta el acto privativo de la libertad.[108]

d') El procedimiento que establece el proyecto es sumarísimo y gratuito, en los términos del artículo 2° del proyecto, estableciéndose en el artículo 36 que las costas serán a cargo del agraviado si la solicitud fuere denegada, y de cargo de la autoridad inculpada, si fuere otorgada.[109]

Este procedimiento sumario es similar, en cierto modo, al establecido por la Ley Reglamentaria del Juicio de Amparo, si tomamos en consideración ciertas diferencias terminológicas y la falta de regulación de medidas precautorias, que son indispensables en estos instrumentos tutelares.

Lo que el título VI del proyecto que examinamos califica de I mandamiento de *habeas corpus,* equivale a lo que la ley reglamentaria regula como auto admisorio de la demanda, en los términos del artículo 147 de la propia ley.[110]

---

107 El artículo 6° de la Ley de Amparo, determina: "El menor de edad podrá pedir amparo sin la intervención de su legítimo representante, cuando éste se halle ausente o impedido; pero en tal caso, el juez, sin perjuicio de dictar las providencias que sean urgentes, le nombrará un representante especial para que intervenga en el juicio. Si el menor hubiere cumplido ya catorce años, podrá hacer la designación de representante en el escrito de demanda".

108 Según el artículo 11 de la ley reglamentaria respectiva: "Es autoridad responsable la que dicta u ordena, ejecuta o trata de ejecutar la ley o el acto reclamado".

109 El problema de la gratuidad del proceso no existe en México, pues el artículo 17 constitucional consagra, al menos en teoría, el principio del Servicio judicial gratuito, prohibiendo las costas judiciales y en cuanto a las costas procesales, no se prevé su condena en la legislación de amparo, de manera que cada parte sufraga las propias.

110 La parte relativa del citado precepto establece: "Si el juez de distrito no encontrare motivo de improcedencia, o se hubiesen llenado los requisitos omitidos, admitirá la demanda, y en el mismo *auto,* pedirá *informe* con justificación a las autoridades res-

También en la Ley de Amparo mexicana se prevé la exigencia del informe de las autoridades demandadas sobre los actos que se estiman violatorios por el agraviado, según el artículo 149,[111] informe que puede solicitarse por telegrama, según el diverso artículo 31.[112]

Según el artículo 31 del proyecto, una vez rendido el informe y I traída a presencia del juez la persona agraviada, se hará relación de los hechos contenidos en la solicitud y en el informe, se examinarán las causas de la privación de la libertad y se dictará sentencia en el término de cuarenta y ocho horas, plazo dentro del cual el juez puede ordenar se practiquen las diligencias probatorias que decrete de oficio o a petición de parte, en el supuesto de que en el informe se negare la exactitud de los hechos o actos denunciados.

Ahora bien, estos plazos son ilusorios, como lo ha demostrado la práctica del amparo mexicano, pues teóricamente, según el proyecto que examinamos, la sentencia en el proceso de *habeas corpus* se dictaría en tres o cuatro días, ya que el informe de la autoridad debe rendirse dentro del plazo máximo de veinticuatro horas y el juez tiene que fallar a las cuarenta y ocho horas de rendido el citado informe y lograda la presencia de la persona agraviada (arts. 21 y 31 del referido proyecto).

A nuestro modo de ver, los redactores del multicitado proyecto se inspiraron en la ley reglamentaria mexicana y proponen la introducción de las reglas de la tramitación, pero no del fondo del amparo, sino de la provi-

---

ponsables y hará saber dicha demanda al tercero perjudicado, si lo hubiere; señalará día y hora para la celebración de la audiencia, a más tardar dentro del término de treinta días, y dictará las demás providencias que procedan con arreglo a esta ley...". *Cfr.* Ignacio Burgoa: *El juicio de amparo, cit.,* pp. 624-625.

111 El referido artículo 149 dispone en su parte conducente: "Las autoridades responsables deberán rendir su informe con justificación dentro del término de cinco días, pero el juez de distrito podrá ampliarlo hasta por otros cinco si estimare que la importancia del caso lo amerita. Las autoridades responsables deberán rendir su informe con justificación exponiendo las razones y fundamentos legales que estimen pertinentes para sostener la constitucionalidad del acto reclamado o la improcedencia del juicio y acompañarán, en su caso, copia certificada de las constancias que sean necesarias para apoyar dicho informe...".

112 Él citado precepto establece: "En casos urgentes, cuando lo requiera el orden público o fuere necesario para la mejor eficacia de la notificación, la autoridad que conozca del amparo o de! incidente de suspensión podrá ordenar que la notificación se haga a las autoridades responsables por la *vía telegráfica,* sin perjuicio de hacerla conforme al artículo 28, fracción I, de esta ley" (por medio de oficio).

dencia cautelar denominada "suspensión del acto reclamado", que, cuando no se otorga de oficio, se determina a través de un procedimiento incidental en los términos del artículo 131 de la Ley Reglamentaria.[113]

Resultaría más conveniente, como la experiencia mexicana lo demuestra, el establecimiento de plazos más razonables para decidir sobre el fondo de la petición de *habeas corpus,* los cuales pueden ser intermedios entre los señalados por el proyecto y los establecidos en la legislación mexicana -ya que según los artículos 147 y 149 de la Ley de Amparo, el juez cuenta con un plazo de treinta días para dictar sentencia y las autoridades demandadas con cinco días prorrogables, si el asunto lo amerita, para rendir sus informes con justificación[114]-, introduciéndose paralelamente providencias cautelares[115] para evitar la consumación de los actos violatorios o mayores perjuicios a los agraviados.

---

113 El artículo 131 de la Ley de Amparo determina: "Promovida la suspensión, conforme al artículo 124 de esta ley, el juez de distrito pedirá *informe previo* a la autoridad respectiva, quien deberá rendirlo dentro de *veinticuatro horas.* Transcurrido dicho término, con informe o sin él, se celebrará una *audiencia* dentro de *cuarenta y ocho horas,* excepto el caso previsto en el artículo 133 (cuando la autoridad resida fuera del lugar del juicio), en la fecha y hora que se hayan señalado en el auto inicial, en las que las partes podrán ofrecer las pruebas documental o de inspección ocular que estimen pertinentes, las que se recibirán desde luego, y oyendo los alegatos del quejoso, del tercero perjudicado, si lo hubiera, y del Ministerio Público, *el juez resolverá en la misma audiencia,* concediendo o negando la suspensión, o lo que fuere procedente con arreglo al artículo 134 de esta ley. . . (cuando se demuestra que se resolvió sobre la suspensión en otro juicio de amparo igual, se declara sin materia el incidente)".

114 El procedimiento para estudiar el fondo del amparo es concentrado, es decir, de carácter sumario, ya que sólo se celebra una audiencia, en la que se reciben los medios de prueba, se escuchan los alegatos de las partes y en principio debe dictarse la sentencia respectiva; esta audiencia se ha calificado por el foro y la jurisprudencia como "audiencia constitucional", por haber sido prevista en el artículo 107, fracción VII, de la Constitución Federal, y regulada por el artículo 155 de la Ley Reglamentaria y para distinguirla de la llamada "audiencia incidental", prevista por el diverso artículo 131 de la misma Ley, y a la que se hace mención en la nota 113 de este trabajo. *Cfr.* Héctor Fix Zamudio: *El juicio de amparo, cit.,* pp. 270-272.

115 Aun cuando la tradición, desde los primeros tiempos de la introducción del amparo y a través de las diversas leyes reglamentarias ha calificado al instrumento para evitar la consumación del acto o perjuicios al agraviado durante la tramitación del fondo del amparo, como "suspensión" del acto reclamado, se trata en realidad de una providencia o medida cautelar, particularmente cuando se afecta la libertad personal, en la que no se limita a mantener la situación preexistente, ya que por medio de esta suspensión es posible poner en libertad al agraviado con las medidas de asegura-

Estas medidas cautelares deben dictarse oficiosamente, como ocurre en el derecho mexicano tratándose de actos que ponen en peligro la vida, ataque a la libertad personal fuera de procedimiento judicial, etc. -los que dan lugar al procedimiento específico que calificamos como "amparo de la libertad" propiamente dicho [116]-, o bien, en casos menos graves, por medio de una tramitación incidental, como la ya mencionada en el artículo 131 de la Ley de Amparo, y que es la que tomaron en cuenta los redactores del proyecto venezolano. [117]

De esta manera, el retardo a veces inevitable de la sentencia protectora no causaría perjuicios irreparables al agraviado, debido a la medida cautelar, que evitaría la consumación del acto violatorio y la producción de tales perjuicios. [118]

---

miento necesarias. *Cfr.* Héctor Fix Zamudio: *op. ult. cit.,* pp. 277-278; Ricardo Couto: *Tratado teórico-práctico de la suspensión en el amparo,* 2ª ed., México, 1957, pp. 219 y ss.; Humberto Briseño Sierra; *Teoría y Técnica del amparo, cit.,* tomo II, pp. 91 y ss.; Luis Torres García: *Naturaleza Jurídica de la Suspensión del acto reclamado,* tesis, México, 1962, pp. 139 y ss.

116 Este tipo de medida cautelar se ha denominado de oficio, en los términos del artículo 123 de la Ley Reglamentaria del Juicio de Amparo, en virtud de que el Juzgador, con la sola lectura de la demanda, en virtud de la naturaleza de lo! actos que se impugnan, decreta oficiosamente la providencia, sin tramitación alguna, es decir, de plano, con la notificación inmediata a la autoridad inculpada, inclusive por la vía telegráfica si se estima necesario. *Cfr.* Ricardo Couto: *op. ult. cit.,* pp. 105 y ss.; Ignacio Soto Gordoa y Gilberto Liévana Palma: *La suspensión del acto reclamado en el juicio de amparo.* México, 1959, pp. 39 y ss.

117 Este segundo tipo de medida cautelar, prevista en el artículo 124 de la Ley Reglamentaria, constituye lo que la doctrina y la jurisprudencia denominan "suspensión a petición de parte", ya que para que el juez la decrete se requiere la solicitud de la parte agraviada, y de una tramitación incidental, que da lugar a lo que la misma ley llama 'incidente de suspensión". *Cfr.* Couto: *op. ult. cit.,* pp. 196 y ss.

118 Sólo en el artículo 33 del proyecto venezolano se advierte un esbozo de medida cautelar en cuanto determina que "al efectuarse la presentación del agraviado, el juez que conozca de la causa requerirá a la autoridad inculpada para que *mantenga a la persona agraviada a su disposición,* sin que ello impida que sea trasladada ante una autoridad judicial que lo requiera para diligencias sumarias...", lo que puede equipararse a lo establecido por el primer párrafo del artículo 136 de la Ley de Amparo, en cuanto dispone: "Si el acto reclamado afecta la libertad personal, la suspensión sólo producirá el efecto de que el *quejoso queda a disposición del juez de distrito,* únicamente por lo que se refiere a su libertad personal, quedando a disposición de la autoridad que debe juzgarlo, cuando el acto emane de un procedimiento del orden penal por lo que hace a la continuación de éste...".

Si examinamos las disposiciones del proyecto venezolano, encontramos reglas similares a las que produce la llamada "suspensión del acto reclamado" en el derecho mexicano, tratándose de la privación de la libertad, sólo que algunos de ellos se consideran como consecuencia de la sentencia de *habeas corpus,* no obstante que resultarían más eficaces si se establecieran a través de medidas cautelares, sin esperar a la decisión del proceso libertario en cuanto al fondo.

Así, el artículo 34, que no hace sino reproducir una norma de la disposición transitoria quinta constitucional, establece que por efecto de la sentencia de *habeas corpus* favorable al agraviado, éste quedará [libre desde el momento en que se dé lectura al fallo, si fue traído al tribunal, y en los demás casos el juez ordenará las medidas conducentes para lograr esa libertad, pero que el propio *juzgador podrá sujetar esta decisión al otorgamiento de caución o prohibición de salida del país de la persona agraviada, por un término que no podrá exceder de treinta días,* si lo considerase necesario.

Por otra parte, el mismo precepto del proyecto propone que si el *solicitante tiene derecho a libertad bajo fianza, el juez deberá fijar el monto de la caución y disponer su libertad, una vez prestada la fianza de acuerdo con las prescripciones legales.*

Este artículo 31 del proyecto lo podemos comparar en este aspecto a lo que dispone el artículo 136 de la Ley de Amparo mexicana por lo que se refiere a la suspensión de los actos privativos de la libertad personal, y que en su parte conducente establece que cuando el acto que se impugna en amparo consista en la detención del quejoso efectuada por autoridades administrativas o por la policía judicial, como responsable de algún delito, la suspensión -es decir, la medida cautelar- se otorgará, si procediere, sin perjuicio de que se haga la consignación que corresponda. Si se concediere la suspensión en los casos de órdenes de aprehensión, el juez de distrito dictará las *medidas que estime necesarias para el aseguramiento del quejoso, a efecto de que pueda ser devuelto a la autoridad responsable* -es decir, inculpada-, si no se le concediere el amparo.

También por efecto de la misma providencia precautoria, el *agraviado puede ser puesto en libertad bajo caución* -y el principal medio de caución es la fianza-, conforme a las leyes federales o locales aplicables al caso.[119]

d') Finalmente nos referiremos a los motivos de improcedencia de la solicitud de *habeas corpus,* y que en cierta manera poseen su equivalente en los motivos de improcedencia del amparo, de acuerdo con la legislación mexicana.

En efecto, si examinamos el artículo 19 del proyecto en relación con el 73 de la Ley Reglamentaria del Juicio de Amparo, advertimos que la primera fracción de esta última y el ordinal primero de la otra determinan la improcedencia de la solicitud de *habeas corpus* y del derecho de amparo, respectivamente, contra actos o resoluciones de la Corte Suprema de Justicia de ambos países, lo que resulta explicable, ya que no es conveniente impugnar resoluciones del Tribunal Supremo ante tribunales inferiores.[120]

El ordinal 3º del artículo 19 del proyecto tiene su equivalente en la fracción XIII del artículo 73 de la Ley de Amparo, en cuanto coinciden en la inadmisibilidad de una impugnación respecto de un acto judicial que admite recursos ordinarios, que son los que pueden remediar la situación en el procedimiento respectivo, y la diferencia entre ambos sistemas radica en que en el derecho mexicano el amparo resulta procedente una vez que se agotaron todos los recursos ordinarios pertinentes,[121] con la circunstancia de que si se trata de ciertas resoluciones dictadas , en el proceso penal, como las órdenes de aprehensión y los llamados autos de formal prisión, los mismos pueden combatirse directamente en amparo sin agotar los recursos ordinarios respectivos.[122]

---

119   Sobre los efectos de la suspensión del acto reclamado en materia penal, *cfr.* Ignacio Burgoa: *El juicio de amparo, cit,* pp. 710-726; Ricardo Couto: *Tratado teórico-práctico de la suspensión en el amparo, cit.,* pp. 147-176, Humberto Briceño Sierra: *Teoría y técnica del amparo, cit.,* tomo II, pp. 170 y ss.

120   *Cfr.* Ignacio Burgoa: *op. ult. cit.* p. 450; Octavio A. Hernández: *Curso de amparo, cit.,* p. 238.

121   La mencionada fracción XIII del artículo 73 de la Ley de Amparo establece en su parte relativa: "El juicio de amparo es improcedente: ...XIII. Contra las resoluciones judiciales respecto de las cuales conceda la ley algún recurso o medio de defensa, dentro del procedimiento, por virtud del cual puedan ser modificadas, revocadas o nulificadas, aun cuando la parte agraviada no lo hubiese hecho valer oportunamente.

122   *Cfr.* Ignacio Burgoa: *El juicio de amparo, cit.,* pp. 289; Octavio A. Hernández: *Curso de amparo, cit.,* pp. 93-94.

También encontramos una semejanza entre el motivo de improcedencia del ordinal 5° del referido artículo 19 del proyecto, respecto de las fracciones III y IV del citado artículo 73 de la Ley de Amparo, ya que ambos se refieren a la *litis pendentia* y a la *cosa juzgada,* evitando que se interpongan dos o más solicitudes sobre la misma materia y respecto de las mismas partes.[123]

En cuanto a los otros casos de improcedencia previstos por el proyecto venezolano, nos limitaremos a examinar aquellos que consideramos discutibles; y a este respecto debemos aludir al ordinal 7° del multicitado artículo 19, en cuanto considera inadmisible la petición de *habeas corpus* respecto de los *actos de gobierno dictados en ejercicio de facultades constitucionales,* que a primera vista parece una limitación peligrosa, ya que la distinción entre actos administrativos y de gobierno es muy difícil de establecer en la práctica, como lo ha demostrado la experiencia mexicana en cuanto a la jurisprudencia de la Suprema Corte, la que se ha mostrado muy vacilante e imprecisa al considerar inadmisible el amparo respecto de actos políticos.[124]

Tampoco resulta conveniente la improcedencia del *habeas corpas* respecto de los actos dictados como consecuencia de la aplicación de la Ley de Vagos y Maleantes, a menos que se hubiese infringido alguna garantía constitucional, en los términos del ordinal 9° del artículo 19 del proyecto venezolano, pues la misma doctrina ha demostrado la pertinencia de la impugnación de tales actos, que pueden ser lesivos de la libertad de los

---

123 Las mencionadas fracciones disponen: "El juicio de amparo es improcedente: III... Contra leyes o actos que sean materia de otro juicio de amparo que si encuentre pendiente de resolución, ya sea en primera o única instancia, o en revisión, promovido por el mismo quejoso, contra las mismas autoridades y por el propio acto reclamado, aunque las violaciones constitucionales sean diversas; IV. Contra leyes o actos que hayan sido materia de una ejecutoria en otro juicio de amparo, en los términos de la fracción anterior".

124 *Cfr.* tesis N° 89, pp. 162-163, consignada en volumen relativo a la jurisprudencia común al Pleno y las Salas de la Suprema Corte de Justicia, Apéndice al *Semanario Judicial de la Federación* publicado en el año de 1965: "La violación de los derechos políticos no da lugar al juicio de amparo, porque no se trata de garantías individuales".

afectados, sin contar con una defensa adecuada dentro del procedimiento respectivo.[125]

V. El amparo en estricto sentido en ambos ordenamientos

Nos queda ahora delimitar lo que viene a constituir el derecho de amparo entendido en su significación propia en los ordenamientos de México y de Venezuela.

En ambas países existe una connotación amplia de las dos instituciones, pues hemos advertido que en el derecho mexicano abarca nada menos que cinco aspectos autónomos, en tanto que en el sistema venezolano, cuyas bases fundamentales se encuentran en el artículo 49 de la Constitución de 1961, comprende dos sectores, el amparo de la libertad o *habeas corpus y* el amparo en su significado estricto.

A) El derecho de amparo en su sentido más propio, en el derecho mexicano, consiste, en principio, en la protección judicial de todos los derechos individuales y sociales consagrados por los primeros veintiocho artículos de la Constitución Federal,[126] según expresamos con anterioridad, descartando la tutela de la vida y de la libertad cuando son afectadas fuera de procedimiento judicial, por ser objeto de un procedimiento específico que ya examinamos en el número anterior de este trabajo, calificándolo de "amparo de la libertad".

Ahora bien, no obstante que este significado del derecho de amparo es aquel que ha trascendido al campo internacional, precisamente por iniciativa de las delegaciones mexicanas a las reuniones de Bogotá y París,

---

125 *Cfr.* Carmen Beatriz Romero de Encinoso: *El recurso de habeas corpus,* cit, pp. 7-9. Los problemas procesales a que da lugar el enjuiciamiento específico de vagos y maleantes, la cual tiene su origen en la legislación española, los había examinado hace tiempo Niceto Alcalá-Zamora y Castillo respecto de la ley venezolana de 14 de agosto de 1939, que constituye el antecedente, a través de la de 1943, de la vigente de 18 de julio de 1956: "El sistema procesal de la ley relativa a vagos y maleantes", en *Ensayos de derecho procesal.* Buenos Aires, 1944, esp. pp. 225-228.

126 Aun cuando debe tomarse en consideración que por la relación que existe entre estos preceptos constitucionales y otros que regulan derechos subjetivos públicos de los gobernados, la extensión protectora real del juicio de amparo excede actualmente lo estrictamente previsto por los preceptos situados en el título primero, capítulo I, de nuestra Carta fundamental, sobre "garantías individuales". *Cfr.* Ignacio Burgoa: *El juicio de amparo, cit.,* pp. 256 y ss.

respectivamente, y consagrados en los artículos XVIII y 8° de las Declaraciones Americana y Universal de los Derechos del Hombre;[127] no está perfectamente delimitado en la legislación de amparo, pues se confunde con la tutela de los derechos e intereses legítimos de los particulares frente a la administración, a través de lo que se ha llamado "control de la legalidad" -o contencioso administrativo-, según lo expresamos anteriormente.[128]

Y esta tutela indiscriminada de los derechos ordinarios y fundamentales, no obstante que estos últimos, por referirse a la dignidad humana, requieren de una protección especial,[129] ha provocado que en la práctica carezca de verdadera eficacia, ya que los jueces del amparo deben considerar al mismo nivel, por ejemplo, la reclamación de una negativa de la autoridad para expedir una licencia para el funcionamiento de una negociación, que la violación de la libertad de expresión, del derecho de igualdad ante la ley, de la libertad de tránsito, etc., pues no existe ninguna disposición, como aquella que se estatuye en la legislación brasileña, para otorgar preferencia al amparo solicitado por infracción de los derechos

---

127 Dichos artículos establecen: "Artículo XVIII (De la Declaración Americana). Toda persona puede ocurrir a los tribunales para hacer valer sus derechos. Asimismo debe disponer de un procedimiento sencillo y breve por el cual la justicia la *ampare* contra los actos de la autoridad que violen en su perjuicio alguno de los derechos fundamentales consagrados constitucionalmente". "Artículo 8° (De la Declaración Universal). Toda persona tiene derecho a un recurso efectivo, ante los tribunales competentes, que la *ampare* contra actos que violen sus derechos fundamentales reconocidos por la Constitución o por la ley". *Cfr.,* para todo lo relativo a la influencia mexicana en la redacción de estas disposiciones, a Felipe Tena Ramírez: "El aspecto mundial del amparo. Su expansión internacional", en el volumen *México ante el pensamiento jurídico social de Occidente.* México, 1955, pp. 129-152.

128 *Cfr.* Antonio Carrillo Flores: *La defensa jurídica de los particulares frente a la administración en México, cit.,* pp. 274 y ss., con gran agudeza ha señalado los inconvenientes de pretender dar a través del amparo una solución única a problemas distintos, es decir, a la tutela de los derechos constitucionales del hombre, y la de los intereses legítimos y derechos subjetivos de los administrados.

129 *Cfr.* Mauro Cappelletti: *La jurisdicción constitucional de la libertad,* trad. de. Héctor Fix Zamudio, México, 1961, pp. 1-3. Señala la trascendencia ultraindividual de los derechos fundamentales, ya que su violación no sólo afecta a la persona que directamente la sufre, sino que hiere a todos y cada uno de los integrantes de la sociedad.

constitucionales del hombre, respecto del mismo amparo pero contra infracciones de leyes ordinarias, o "control de legalidad".[130]

Por eso resulta difícil una comparación más o menos precisa de este instrumento libertario en su significación estricta en relación con lo que deberá configurar el derecho de amparo en el sistema venezolano, pues en tanto que en México se mezclan en el mismo sector del amparo administrativo -ya que las violaciones de los derechos del hombre por las autoridades legislativas y judiciales dan lugar a otros medios de control- lo que es propiamente el contencioso-administrativo y el amparo propiamente dicho; en el sistema venezolano, sus principios constitucionales se encuentran delimitados, el primero, en el artículo 206 de la Carta fundamental, y el amparo, en el artículo 49.

B) Ahora bien, ¿qué derechos debe tutelar el amparo en el derecho venezolano?

Sería muy sencillo concluir, que todos los derechos y garantías[131] de los habitantes de la República de Venezuela, establecidos en su beneficio por la Constitución Nacional, en los términos del multicitado artículo 49.[132]

Pero esta aparente sencillez se complica cuando tratamos de delimitar tales derechos fundamentales, que la misma Carta fundamental clasifica de individuales, sociales, económicos y políticos, y además todavía queda el problema de los llamados derechos implícitos, según el artículo 50 de la ley suprema de Venezuela.[133]

---

130 El artículo 17 de la ley reglamentaria del Mandato de Seguridad Nº 1.533, de 31 de diciembre de 1951, institución que es un equivalente del derecho de amparo en los países iberoamericanos que lo consagran, dispone en su parte conducente: "Los procesos de mandamiento de seguridad tendrán preferencia sobre todos actos judiciales, salvo el *habeas Corpus"*. *Cfr.* Héctor Fix Zamudio: "Mandato de seguridad y juicio de amparo", en el volumen *Tres estudios sobre el mándalo de seguridad brasileño.* México, 1963, pp. 61-62.

131 En realidad, las llamadas "garantías individuales" no son otra cosa que derechos subjetivos públicos de los gobernados. *Cfr.* Héctor Fix Zamudio: *La protección procesal de las garantías individuales en América Latina, cit.,* pp. 9-15.

132 *Cfr.* Roberto Albornoz Berti:(*El Estado moderno y los derechos fundamentales del hombre, cit.,* pp. 190 y ss., para la delimitación entre los derechos protegidos por el *habeas corpus y* los tutelados por el amparo.

133 El artículo 50 de la Constitución venezolana dispone: "La enunciación de los derechos y garantías contenidos en esta Constitución no debe entenderse como negación

Pero cualquiera que sea el sistema de delimitación que se adopte, lo cual no intentaremos dilucidar en esta oportunidad, lo que interesa para los efectos de este análisis comparativo son los lineamientos procesales del derecho de amparo, tal como se perfila en el breve y conciso texto constitucional que debe servir de apoyo al legislador para reglamentarlo, y que se resumen en esta frase del tantas veces citado artículo 49 constitucional: *"El procedimiento será breve y sumario y el juez competente tendrá potestad para establecer inmediatamente la situación jurídica infringida"*[134]

Son arduos los problemas que se presentan al legislador venezolano para reglamentar esta escueta disposición constitucional, y que constituye el extremo opuesto del artículo 107 de la Carta fundamental mexicana, que regula minuciosamente las bases del juicio de amparo, llegando inclusive a la reglamentación.

Varios han sido los juristas venezolanos que han invocado el ejemplo de la institución mexicana para la futura legislación, entre los cuales habíamos mencionado a Ángel Francisco Brice (ver nota 21), y más recientemente, José A. de Miguel S.,[135] claro que con las modificaciones que requiere su adaptación al ordenamiento jurídico venezolano.

El derecho de amparo en Venezuela no comprendería la impugnación de inconstitucionalidad de las leyes, ni de las resoluciones judiciales, ya que en esta materia existen instrumentos específicos, como lo son la acción de inconstitucionalidad y la casación;[136] tampoco abarcaría el sector calificado de "contencioso-administrativo", como ya indicamos antes, y por ello no requiere de una ley reglamentaria tan amplia y compleja como la mexicana, pues esta última agrupa, como ya hemos insistido en varias ocasiones, a cinco instrumentos con relativa autonomía, aun cuando

---

de otros que, siendo inherentes a la persona humana, no figuren expresamente en ella".

134   *Cfr.* José A. de Miguel: *Amparo y habeas corpus en la Constitución de 1961, cit.,* p. 43, el cual considera que, a través del referido artículo 49 constitucional, el Constituyente acogió tímidamente la institución del amparo, y más que acogerla, prometió gestionar su acogida.

135   En su monografía citada en la nota anterior, esp. pp. 36 y ss

136   Esta es la opinión expresa de Ángel Francisco Brice: *Habeas corpus o derecho de amparo, cit.,* p. 205, id., *El juicio de amparo y el anteproyecto de constitución, cit.,* pp. 108-109.

agrupados bajo la misma denominación y ciertos principios comunes.[137] En términos muy generales, podemos afirmar que los futuros redactores de la ley reglamentaria del amparo venezolano pueden aprovechar la experiencia centenaria de la institución mexicana en varios aspectos esenciales, que señalaremos brevemente: a) En primer término, en su carácter de proceso autónomo y no de recurso, como en ocasiones se le ha querido configurar.[138]

b) Su naturaleza extraordinaria, ya que requiere, salvo casos excepcionales, el agotamiento de los recursos ordinarios, cuando éstos sean adecuados y eficaces.[139]

c) La instancia de parte agraviada con reglas muy flexibles respecto a su representación, pues como no se trata de la libertad personal, estimamos inconveniente el establecimiento de una acción popular que sólo se justifica en el *habeas corpus.*[140]

d) Un procedimiento en el cual imperen la concentración, la oralidad y la inmediación en la recepción de los elementos de convicción, el impulso oficial de la tramitación y amplios poderes de dirección del juzgador;[141] en otras palabras, muy similar al de *habeas corpus,* con algunas diferencias; pero en lo que debe insistirse y no se ha regulado en el ordenamiento mexicano, es en una disposición que establezca la preferencias del *habeas corpus* y del amparo sobre los restantes procesos ordinarios.

---

137 *Cfr.* José A. de Miguel: *Amparo y habeas corpus en la Constitución de 1961,* pp. 46-47; estima exagerada la dimensión de la ley reglamentaria mexicana.

138 *Cfr.* Héctor Fix Zamudio: *Reflexiones sobre la naturaleza procesal del amparo, cit.,* pp. 935 y ss., trabajo en el cual expresamos nuestra convicción de que este sector constituye un verdadero proceso y no un recurso, a la inversa del amparo judicial. En este mismo sentido, José A. de Miguel: *op, ult, cit.,* pp. 33-34. Por el contrario Roberto Albornoz Berti, *El Estado moderno y los derechos fundamentales del hombre, cit.,* p. 193, lo caracteriza como "derecho, *recurso* y como garantía".

139 Esto es lo que la doctrina y la jurisprudencia mexicanas ha calificado como "principio de definitividad del acto reclamado", y con el cual está de acuerdo Ángel Francisco Brice: *El juicio de amparo y el anteproyecto de Constitución,* cit. pp. 128 y ss.

140 La acción popular para solicitar el amparo estrictamente considerado la propone José A. de Miguel *Amparo y habeas corpus en la Constitución de 1961, cit.,* p. 36.

141 Estas características se presentan, al menos teóricamente, en el procedimiento del amparo de doble instancia, que es el aplicable al amparo mexicano propiamente dicho. *Cfr.* Héctor Fix Zamudio: *El juicio de amparo, cit.,* pp. 269 y ss

e) El aspecto que ha regulado con mayor perfección la legislación mexicana, siguiendo las huellas de la jurisprudencia de los tribunales federales, la cual ha continuado complementando a las disposiciones legislativas, es el relativo a las providencias cautelares, calificadas, según hemos dicho, como "suspensión del acto reclamado"; y en lo personal, consideramos que en esta materia se concentra la experiencia más valiosa del derecho de amparo mexicano, que puede utilizar con mayor provecho el legislador de Venezuela.[142]

f) Otro aspecto establecido con precisión en el ordenamiento mexicano es el relativo al cumplimiento coactivo de la sentencia que otorga el amparo, pues ha recogido una larga experiencia en la difícil lucha por imponer a las autoridades un mandato judicial protector de los derechos fundamentales del hombre, llegando inclusive al uso de la fuerza pública y la ejecución por el juzgador, cuando la naturaleza del acto lo permita, sin excluir la destitución de la autoridad inculpada que se niegue a cumplir el fallo, repita el acto impugnado o actúe con evasivas; incluyendo su ulterior enjuiciamiento ante los jueces federales.[143]

Pero los juristas venezolanos no sólo pueden acudir a la experiencia de México sino que también les es posible utilizar la práctica de otras instituciones similares que, no obstante su establecimiento relativamente reciente, han arraigado profundamente en las legislaciones de otros países latinoamericanos,[144] como los de Centroamérica, particularmente Guatemala,[145] y en especial, por su gran acopio doctrinal y jurisprudencial, a la

---

142 Sobre la importancia de la suspensión en el juicio de amparo, *cfr.*, entre otros, Ricardo Couto: *Tratado teórico-práctico de la suspensión en el juicio de amparo, cit.*, pp. 43 y ss.

143 Claro que esto último si el funcionario no cuenta con inmunidad, pues en este caso, se denuncia la situación ante los órganos encargados de exigir la responsabilidad. *Cfr.* Héctor Fix Zamudio: "La responsabilidad de los sujetos procesales en el juicio de amparo", en *Revista de la Facultad de Derecho de México* N° 59, México, julio-septiembre de 1965, pp. 613-631.

144 Precisamente, Ángel Francisco Brice: *El juicio de amparo y el anteproyecto de Constitución, cit.*, pp. 102-108, consideraba que el amparo venezolano debía inspirarse en instituciones que han surgido para los pueblos indohispanos, y citaba a Guatemala, Honduras, México, Nicaragua, El Salvador, la provincia argentina de Santiago del Estero, etc.

145 Para el origen y desarrollo del derecho de amparo de Guatemala, con anterioridad a la vigente Ley de 1966, *cfr.* Ramiro Auyón Baraeond: *El procedimiento de amparo*, tesis, Guatemala, 1955, esp. pp. 39 y ss.

acción de amparo argentina, tanto nacional como provincial,[146] y el mandamiento de seguridad brasileño.[147].

Para concluir este estudio comparativo, que no obstante su superficialidad se ha alargado en demasía, plantearemos una última inquietud a los colegas venezolanos.

Nos referimos al propósito que se advierte en el legislador de Venezuela de regular en ordenamientos separados, por una parte, el *habeas corpus*, y por el otro, la intención de expedir una ley de amparo qué comprenda esta institución en su acepción estricta.

Nos atrevemos a opinar que si bien esta dispersión puede tener la ventaja, que se apunta en la exposición de motivos del proyecto de Ley de Habeas Corpus del Ministerio de Justicia, en el sentido de que permitiría ir implantando paulatinamente las instituciones libertarias, presenta el serio inconveniente de duplicar disposiciones jurídicas que pueden ser comunes en dos instituciones que poseen tantos puntos de contacto, como

---

146 Sobre la acción de amparo argentina la bibliografía es impresionante, por lo que nos limitaremos a citar los trabajos más amplios y recientes: Genaro R. Carrió *Recurso de amparo y técnica judicial,* Buenos Aires, 1959; id., *Algunos aspecto, del recurso de amparo,* Buenos Aires, 1959; Segundo V. Linares Quintana: *Acción de amparo. Estudio comparado con el juicio de amparo de México y el mandato di seguridad del Brasil,* Buenos Aires, 1961; Abel Houssay: *Amparo judicial,* Bueno Aires, 1961; Alfredo Orgaz: *El recurso de amparo,* Buenos Aires, 1961; Cario Sánchez Viamonte: *Juicio de Amparo,* Buenos Aires, 1963; Augusto Mario Morello *Régimen Procesal del amparo en la provincia de Buenos Aires,* Buenos Aires, 1961 José Luis Lazzarini: *El juicio de amparo,* Buenos Aires, 1967, etc.

147 La institución brasileña consagrada actualmente por el artículo 141, parágrafo 21, de la Constitución Federal de 24 de enero de 1967, con el nombre de "mandado de seguranca", vocablo que ha sido traducido como "mandato o mandamiento de seguridad", e inclusive como "mandato de amparo", constituye un equivalente, en varios sentidos, del derecho de amparo que existe en varios países iberoamericanos, como un instrumento protector de los derechos fundamentales de la persona humana y ello explica su extraordinario florecimiento en los últimos años. *Cfr.* Alfredo Buzaid: "Juicio de amparo e mandado de seguranca", en *Actas del Primer Congreso Mexicano y Segundas Jornadas Latinoamericanas de Derecho Procesal, cit.,* pp. 107 y ss.; estudio reproducido en *Revista de Direito Processual Civil,* vol. 5° Sao Paulo, 1966. pp. 30 y ss.; Niceto Alcalá-Zamora y Castillo: "El mandato de seguridad brasileño visto por un extranjero", en el volumen *Tres estudios sobre el mandato de seguridad brasileño, cit.,* pp. 97 y ss.; Alejandro Ríos Espinoza: "Mandamiento de seguridad", en *Revista de la Facultad de Derecho de México,* N° 53, México, enero-marzo de 1964, pp. 77-166; Héctor Fix Zamudio: *Mandato de seguridad y juicio de amparo, cit.,* esp. pp. 28 y ss.

el amparo y el *habeas corpus,* los que es posible agrupar en un solo ordenamiento, marcando las diferencias que se presentan, en capítulos diferentes, después de indicar reglas generales aplicables a ambas.

Podemos citar a este respecto varios ejemplos de leyes de amparo cen-
troamericanas que comprenden también el *habeas corpus* en su reglamentación, como ocurre con las de Honduras (Ley de Amparo de 14 de
abril de 1936") y Nicaragua (Ley de Amparo de 6 de noviembre de
1950).[148]

Pero podemos ir todavía más adelante, ya que, no obstante sus diferencias, también los procedimientos de acción y excepción (o más bien, incidente de inconstitucionalidad,[149] pueden reglamentarse conjuntamente
con el amparo y *habeas corpus,* pues aun cuando los dos primeros no
persiguen la finalidad de proteger directamente los derechos del hombre -
aunque sí de manera indirecta-, todos estos instrumentos tienen el objetivo común de la salvaguardia de la Constitución, por lo que su inclusión
en un mismo ordenamiento es posible y conveniente, ya que existen categorías procesales comunes, como las relativas a la instancia, los medios
de prueba, las facultades del juzgador, las partes, la representación, etc.,
que pueden regularse de manera general, sin perjuicio de separar en capítulos independientes a las disposiciones específicas.

Esta corriente, que ya se observa en la Ley Reglamentaria del Juicio de
Amparo mexicano, la que regula inclusive instituciones que no son estrictamente de control constitucional, como la casación y el conten-cioso-
administrativo, tiende a extenderse, y así podemos mencionar a la ley
salvadoreña de Procedimientos Constitucionales de 14 de enero de 1960,
que comprende tres instituciones: el proceso de inconstitucionalidad de
las leyes, el de amparo y el de exhibición personal o *habeas corpus*[150]

---

148 *Cfr.* Héctor Fix Zamudio: *La protección procesal de las garantías individuales en
América Latina, cit,* pp. 52-53; Jesús González Pérez: "El proceso de amparo en
México y en Nicaragua", en *Revista de Administración Pública,* año V, N° 14. Ma-
drid, mayo-agosto de 1954, pp. 297-321.

149 Resulta indudable que también a través de la acción y del Incidente de inconstitucionalidad se tutelan, así sea de manera indirecta, los derechos del hombre, cuando
los mismos son afectados por las disposiciones legales impugnadas, que de esta manera coliden con los preceptos constitucionales que consagran los citados derechos
fundamentales. *Cfr.* Héctor Fix Zamudio: *op. ult, cit.,* pp. 44-52.

150 *Cfr,* Héctor Fix Zamudio: *Veinticinco años de evolución de la justicia constitucional
(1940-1965),* México, 1968, pp. 44-45. Este ordenamiento agrupa: proceso de in-

También en el derecho panameño se han agrupado varias instituciones de control constitucional, tales como *habeas corpus,* amparo, objeción de inexequibilidad, consultas sobre constitucionalidad y recurso de inconstitucionalidad, todas en la Ley sobre Recursos Constitucionales y de Garantía, de 24 de octubre de 1956.[151]

Recientemente el ordenamiento guatemalteco ha seguido la tendencia anterior, como lo demuestra la promulgación, el 3 de mayo de 1966, del decreto número 8 de la Asamblea Constituyente, intitulado Ley de Amparo, Habeas Corpus y de Constitucionalidad, y que agrupa los instrumentos de control constitucional en un solo ordenamiento legislativo.[152]

VI. CONCLUSIONES

Después de las reflexiones que hemos realizado al cotejar los dos instrumentos protectores de las libertades y derechos fundamentales en México y en Venezuela, podemos expresar las siguientes conclusiones:

a) No obstante su común denominación, que proviene de la ascendencia hispánica de ambos ordenamientos, entre las dos instituciones existen diferencias de estructura que conviene precisar.

En efecto, el amparo mexicano es una institución sumamente compleja que bajo su aparente unidad comprende cinco sectores autónomos, con principios peculiares, aun cuando todos ellos regidos por elementos comunes; estos cinco sectores son: el que podemos calificar de "amparo de la libertad", "el amparo contra leyes", "el amparo-casación", "el amparo administrativo" y "el amparo en materia agraria".

b) Si queremos encontrar instituciones equivalentes en el derecho venezolano, descubrimos que el primer sector, que calificamos como "amparo

---

constitucionalidad con efectos generales (título II, artículos 6-11); proceso de amparo (título III, artículos 12-37); *habeas corpus* (titulo IV, artículos 38-77).

151 *Cfr.* Carlos Bolívar Pedreschi: *El control de la constitucionalidad de Panamá,* Panamá, 1965, esp. pp. 175 y ss.

152 Este ordenamiento comprende los siguientes instrumentos: amparo propiamente dicho (capítulos I a VIII, artículos 1 a 74); el recurso de exhibición personal o *habeas corpus* (capítulo IX, artículos 75-95); de la inconstitucionalidad de las leyes en casos concretos, es decir, el control incidental (capítulo X, artículos 96-104), y recurso (en realidad, acción) de inconstitucionalidad, con efectos generales (capítulo XI, artículos 105-111).

de la libertad", tiene su correspondencia en el "habeas corpus" o "amparo de la libertad personal", regulado por la disposición transitoria quinta de la Constitución de 1961.

El amparo contra leyes, o impugnación de las disposiciones legales contrarias a la Carta fundamental, puede equipararse a los tres instrumentos para combatir las leyes que colidan con la Constitución Nacional en el derecho venezolano, a saber: la objeción de inconstitucionalidad, previa a la promulgación de las leyes; la acción popular de inconstitucionalidad, y el control de la constitucionalidad por vía de excepción.

El que podemos calificar como "amparo-casación", ya que tiene estrechos puntos de contacto con la casación, como resulta lógico, tiene su equivalente en el recurso de casación civil, penal y laboral del derecho venezolano.

Por lo que respecta a lo que se denomina "amparo administrativo", éste puede subdividirse en dos aspectos, el primero de los cuales opera como sustitutivo del llamado "contencioso-administrativo", puesto que constituye el medio de impugnación contra los actos y resoluciones de la administración activa, y el segundo puede calificarse como "casación administrativa", pues a través del mismo se combaten los fallos de los tribunales administrativos de jurisdicción delegada, especialmente el Tribunal Fiscal de la Federación.

Si lo referimos al ordenamiento venezolano, el primer aspecto tiene su equivalente en la "jurisdicción de lo contencioso-administrativo", en la inteligencia de que el amparo mexicano en este sector está limitado al "contencioso de anulación", en tanto que en Venezuela también se ha establecido el de "plena jurisdicción", que en México sólo existe como instancia ante el citado Tribunal Fiscal de la Federación; y en cuanto a la casación administrativa, podemos descubrirla, claro que con lineamientos diversos, en el recurso de apelación ante la Corte Suprema de Justicia de las resoluciones del Tribunal de Apelaciones del Impuesto sobre la Renta.

Finalmente, aunque en un plano más alejado, es posible comparar el que llamamos "amparo en materia agraria" con el procedimiento de expropiación que establece la Ley de Reforma Agraria.

c) De todos estos procedimientos, nos interesan particularmente, por su proximidad al amparo propiamente dicho, los relativos a la impugnación de las leyes inconstitucionales, el *habeas corpus* y el amparo en sentido estricto.

Respecto del amparo contra leyes, descubrimos dos diferencias esenciales en el derecho venezolano: en el sistema mexicano es precisa siempre la existencia de un agravio actual, personal y directo para acudir al amparo contra la ley inconstitucional, en tanto que en Venezuela esto se exige sólo en la vía incidental o de excepción, pero en la acción de inconstitucionalidad existe una verdadera "acción popular"; y en segundo término, en México la declaración de inconstitucionalidad tiene efectos exclusivamente particulares y se traduce en la desaplicación de las disposiciones impugnadas en el caso concreto, en tanto que el fallo de la Corte Suprema de Justicia venezolana, salvo los casos de vía incidental, implica una declaración general con efectos *erga omnes*.

De aquí que podemos considerar que sólo en la llamada vía incidental o por "excepción" tenemos una institución semejante a lo que hemos llamado "recurso de inconstitucionalidad de las leyes" en el derecho mexicano.

d) Por lo que se refiere al amparo contra los actos privativos de la libertad, encontramos muchos puntos de contacto con el *habeas corpus* o "amparo de la libertad personal" del derecho venezolano, pues inclusive varias de las disposiciones que se proponen en el proyecto de Ley de Habeas Corpus redactado por el Ministerio de Justicia están inspiradas en la legislación mexicana, en algunos casos con bastante proximidad.

e) El amparo en sentido estricto, entendido como el instrumento judicial para la tutela de todos los derechos fundamentales de la persona humana consagradas constitucionalmente, no se encuentra debidamente precisado en la legislación mexicana, como sí lo está, aun cuando muy esquemáticamente, en el artículo 49 de la Constitución venezolana de 1961.

A este respecto, es posible afirmar que en el sistema mexicano se confunde en un solo procedimiento la impugnación de los actos de la administración activa a través del amparo, tanto cuando implican la afectación de los intereses legítimos o los derechos subjetivos de los gobernados -contencioso administrativo-, como cuando significan la violación de los derechos humanos consagrados constitucionalmente -amparo en sentido estricto-, lo que ha provocado que se pierda eficacia en la tutela de los derechos humanos, adquiriéndose, por tanto, una delimitación más precisa.

f) En la futura reglamentación del amparo venezolano es posible utilizar la experiencia centenaria de la institución mexicana, en cuanto al procedimiento, que en principio es concentrado, impera la oralidad en la recepción de los medios de prueba y se otorgan al juzgador facultades de dirección del proceso.

Pero los aspectos que deben considerarse como más importantes como modelo para la proyectada legislación venezolana del proceso de amparo, son los relativos a las providencias cautelares, o "suspensión del acto reclamado", que se han perfeccionado lentamente en el crisol de la jurisprudencia previamente a su consagración legislativa, y en segundo término, un adecuado procedimiento de ejecución de las sentencias que otorgan la protección al agraviado, que sin perjuicio de su perfeccionamiento, ha demostrado, en términos generales, su eficacia práctica.

g) Pero también los juristas mexicanos tenemos mucho que aprender de la nueva institución venezolana, precisamente por su juventud, que le hará tomar nuevos derroteros, sin abandonar el ejemplo de instituciones similares establecidas con anterioridad, y particularmente por la separación estricta entre la tutela de los derechos humanos consagrados constitucionalmente y la impugnación de los actos ilegales de las autoridades administrativas, ya que estos últimos se combaten a través de la jurisdicción contencioso-administrativa y no a través del amparo, como ocurre en México, directa o indirectamente.

h) Por otra parte, en la futura reglamentación del amparo venezolano en sentido estricto, es posible tomar en cuenta el ejemplo de otras legislaciones iberoamericanas que han agrupado en un solo ordenamiento varios o inclusive la totalidad de los instrumentos de control de la constitucionalidad de los actos de autoridad, como ocurre respecto de Honduras y Nicaragua, cuyas leyes de amparo reglamentan también el *habeas corpus,* y las de El Salvador, Panamá y Guatemala, que agrupan todos los medios procesales de control constitucional.

A este respecto podemos señalar que la Ley Reglamentaria del Juicio de Amparo mexicano comprende, como hemos visto, cinco sectores autónomos, algunos de los cuales, como la casación y el contencioso-administrativo, no son estrictamente instrumentos de control de la constitucionalidad.

La ventaja del agrupamiento de estos instrumentos tutelares consiste en evitar su dispersión en varios ordenamientos y establecer disposiciones generales comunes, sin perjuicio de los preceptos específicos correspondientes.

i) De cualquier manera, el estudio comparativo entre los derechos de amparo de México y de Venezuela será siempre fructífero, pues aportará a los estudiosos de los dos países hermanos una mayor comprensión del alcance, la estructura y la noble finalidad de los dos instrumentos para la defensa jurídica de la libertad, una de los más elevadas aspiraciones del Estado democrático de derecho.

11. REGLAMENTO DEL CONSEJO DE LA JUDICATURA DE LA REPÚBLICA DE VENEZUELA DE 5 DE OCTUBRE DE 1973[*]

Héctor FIX-ZAMUDIO
Director e Investigador del Instituto de
Investigaciones Jurídicas de la UNAM

I. INTRODUCCIÓN

Con fecha 5 de octubre de 1973 ("Gaceta Oficial de la República de Venezuela de 3 de diciembre siguiente) el Consejo de la Judicatura de la Citada República, expidió su Reglamento, cuyo examen nos lleva a meditar sobre la tendencia que se advierte en algunos países de América Latina, siguiendo el ejemplo de ordenamientos europeos, para establecer organismos dirigidos a garantizar la independencia de los tribunales judiciales y vigilar la conducta de sus miembros, los que han recibido los nombres de Consejo de la Magistratura, Consejo de Justicia, o bien, como en el caso de Venezuela, Consejo de la Judicatura.

II. LOS MODELOS EUROPEOS

1. Podemos encontrar un organismo similar en *España*, o sea, el Consejo Judicial establecido por Real Decreto de 21 de junio de 1926, estimado como un organismo superior judicial en el orden gubernativo y disciplinario, dependiente del Ministro de Gracia y Justicia; pero en realidad, la institución que se examina, se desarrolla plenamente en esta segunda posguerra, ya que fue introducida con el nombre de Consejo Superior de la Magistratura en los artículos 83 y 84 de la Constitución francesa de 13 de octubre de 1946 (actualmente artículo 65 de la Carta Fundamental de 4 de octubre de 1958); artículos 104 y 105 de la Ley Suprema italiana de 27

---

[*]   Publicado en *Gaceta Informativa de Legislación y Jurisprudencia*, México, N° 11, Julio-Septiembre de 1974, pp. 485-495.

de diciembre de 1947; y 143 y 144, de la Constitución de Turquía de julio de 1961.

2. *Italia*. En términos muy breves podemos describir el Consejo Superior de la Magistratura italiano,- regulado por los citados artículos 104 y 105 constitucionales, los cuales fueron reglamentados por la Ley de 24 de marzo de 1958, N° 195 y el Decreto Presidencial de 16 de septiembre del mismo año, N° 916.

Se trata de un organismo integrado esencialmente por representantes de la judicatura, pero del cual forman parte también el presidente de la República y otros miembros designados por el Parlamento entre profesores universitarios que sustenten cátedras jurídicas y entre abogados con quince años de ejercicio. La atribución fundamental de este Consejo se hace consistir en el conocimiento y decisión sobre los nombramientos, las adscripciones traslados, ascensos y las medidas disciplinarias relativos a todos los jueces y magistrados de la República Italiana, con excepción de los miembros de la Corte Constitucional.

3. *Francia*. El artículo 65 de la vigente Constitución de la República Francesa de 4 de octubre de 1958, dispone que: "El Consejo Superior de la Magistratura será presidido por el presidente de la República. El Ministro de Justicia será su vicepresidente de pleno derecho y podrá suplir al presidente de la República. El Consejo Superior comprenderá además nueve miembros designados por el presidente de la República en las condiciones fijadas por la Ley Orgánica. El Consejo Superior de la Magistratura formulará propuestas para los nombramientos de los magistrados-jueces de la Corte de Casación y para los de Presidente primero de la Corte de Apelaciones. Dará su opinión con arreglo a las condiciones establecidas por la ley orgánica. El Consejo Superior de la Magistratura estatuirá como consejo de disciplina de los magistrados-jueces. En tal caso lo presidirá el Presidente primero de la Corte de Casación."

La Ley Orgánica respectiva está contenida en la ordenanza N° 58-1271 de 22 de diciembre de 1958, complementada por el Decreto N° 58-305 de 19 de febrero de 1959, relativo al funcionamiento del citado organismo.

4. *Turquía*. Siguiendo el ejemplo de los ordenamientos de Italia y Francia, la República de Turquía introdujo el Consejo Superior de la Magistratura en los artículos 148 y 144 de su Carta Fundamental de 1961, que resulta conveniente transcribir: "*El Consejo Superior de la Magistratura se compondrá de dieciocho miembros titulares y cinco suplentes de los*

miembros titulares serán elegidos por el Tribunal de Casación reunidas sus Salas y seis por los magistrados de primera clase, entre ellos mismos y en escrutinio secreto. La Cámara Nacional y el Senado de la República, elegirán respectivamente, tres miembros en escrutinio secreto y por mayoría absoluta del número total de sus miembros, entre las personas que hubieren ejercido las funciones de juez en los Tribunales Superiores o que reúnan las condiciones exigidas para ser miembros de estos Tribunales. Siguiendo estas mismas normas, el Tribunal de Casación, reunidas todas sus Salas, elegirá dos miembros suplentes; los jueces de primera clase, la Cámara Nacional y el Senado de la República elegirán, respectivamente, un miembro suplente…".

> "*Artículo 144*. Corresponderá al *Consejo Superior de la Magistratura* decidir acerca de todas las cuestiones de calificación de los jueces. La decisión que por cualquier motivo prive a un juez del ejercicio de su profesión será dictada por la mayoría absoluta de la Asamblea General. El Ministro de Justicia podrá, en el caso que lo juzgue necesario, dirigirse al Consejo Superior de la Magistratura para que se inicien medidas disciplinarias respecto de un juez. Será sometida a la aprobación del Consejo Superior de la Magistratura la supresión de un Tribunal. El control de los jueces corresponderá a los jueces de una clase superior, habilitados por el *Consejo Superior de la Magistratura*, con fines precisos."

III. La institución en América Latina

1. *Colombia*. Fue la legislación colombiana la primera que consagró un organismo similar a los mencionados anteriormente, con el nombre de Consejo Superior de la Judicatura, de acuerdo con el Decreto número 2798 de 21 de octubre de 1955, intitulado "Normas relacionadas con la Administración de Justicia", en cuyos artículos segundo y cuarto se estableció como organismo adscrito al Ministerio de Justicia e integrado por cinco miembros, uno como representante del profesorado de las Facultades de Derecho oficialmente reconocidas; dos representantes de la judicatura; un representante del Ministerio Público y un representante de los abogados en ejercicio.

Dicho Consejo funcionaba como tribunal disciplinario al ejercer la suprema vigilancia de los funcionarios de la rama jurisdiccional y del Ministerio Público, así como el control del ejercicio honorable de la profesión de abogado.

El Consejo fue transformado en Tribunal Disciplinario por Ley de 20 de octubre de 1972, actualmente se integra por cuatro magistrados elegidos paritariamente por las cámaras legislativas para periodos de cinco años, de ternas que le envía el presidente de la República, de manera que tanto el Senado como la Cámara eligen, respectivamente, dos magistrados principales, con sus respectivos suplentes.

De acuerdo con el último ordenamiento citado, el *Tribunal Disciplinario* conoce, en única instancia, de los procesos por faltas disciplinarias que se sigan contra los miembros de la Corte Suprema de Justicia, los Consejeros de Estado y Fiscales del mismo Consejo, el Procurador General de la Nación, los magistrados de los Tribunales; Superior Militar, Superior de Aduana, Superior de Distrito Judicial, Seccionales de lo Contencioso-Administrativo y sus respectivos Fiscales, lo mismo que de las faltas en que incurran los magistrados del mismo Tribunal Disciplinario; el cual también resuelve los procesos contra los abogados por contravenciones a la ética o a sus deberes profesionales, conforme al estatuto del ejercido de la abogacía, y finalmente, actúa como tribunal para dirimir los conflictos de competencia que ocurran entre las distintas jurisdicciones.

En segunda instancia corresponde al propio Tribunal Disciplinario la resolución de los procesos seguidos en primer grado ante la Procura duna General de la Nación, por faltas disciplinarias contra los procuradores delegados, los procuradores del Distrito Judicial y los fiscales de juzgado.

2. *Perú*. La institución se ha desarrollado considerablemente en la legislación peruana a través de la creación del Consejo Nacional de Justicia por Decreto Ley N° 18.060 de 23 de diciembre de 1969, el que tuvo por objeto moralizar la administración de justicia, asegurar la independencia del poder judicial y la idoneidad de su personal.

Este ordenamiento fue objeto de modificaciones a través de la Ley Orgánica del citado Consejo Nacional de Justicia, contenida en el Decreto Ley N° 18.831 de 13 de abril de 1971 la cual fue complementa da por el diverso Decreto Ley 18.985 de 12 de octubre, y el Reglamento del Consejo de 23 de noviembre, ambos de 1971.

De acuerdo con la legislación actual, el *Consejo Nacional de Justicia* se integra con diez delegados: dos del Poder Ejecutivo; dos del Poder Legislativo; dos del Poder Judicial; uno de la Federación Nacional de Colegios de Abogados; uno del Colegio de Abogados de Lima y uno por cada Programa Académico de Derecho de las dos Universidades Nacionales más antiguas.

a) Las facultades de este organismo son muy amplias, pudiendo mencionarse que, en primer lugar le corresponde elegir a los magistrados de todo el Poder Judicial de la República, a los magistrados del Fuero Agrario y a los del Fuero Privativo de Trabajo, con excepción de los Jueces de Paz no Letrados, así como a los Jueces Coactivos, los que deben re unir los requisitos exigidos por la Ley Orgánica del Poder Judicial para los Jueces de Primera Instancia.

b) También compete al Consejo Nacional de Justicia evaluar la labor de los magistrados del Poder Judicial, excepción hecha de los Jueces de Paz no Letrados, y de oficio o a instancia de parte, debe iniciar proceso disciplinario en contra de los magistrados del Poder judicial, de los Fueros Agrario y del Trabajo y de los Jueces Coactivos, con excepción de los Jueces de Paz no Letrados.

c) Dicho Consejo posee el derecho de iniciativa en la formación de las leyes destinadas a perfeccionar el ordenamiento judicial nacional vigente; y a proponer al Gobierno Nacional las reformas que sean necesarias en la estructura y funcionamiento del Poder Judicial, debiendo absolver las consultas que sobre asuntos de interés nacional puedan formularle los Poderes del Estado.

d) El Consejo Nacional de Justicia debe asumir la responsabilidad permanente de estudiar y proponer la reforma de los Códigos y Leyes Orgánicas que le soliciten los Poderes del Estado, para lo que accionará directamente sobre las Comisiones que se constituyan o que él proponga para dicho fin, solicitando al Poder Ejecutivo las medidas conducentes a acelerar la labor de las citadas Comisiones.

3. *Propuestas para su introducción en México.* Si bien no existe una institución similar a las establecidas en Colombia, Perú y Venezuela, sin embargo podemos señalar que se ha manifestado la inquietud para su introducción en nuestro país, siguiendo el ejemplo de Europa y de los mencionados países latinoamericanos

En efecto, en la ponencia que presentó el autor de estas líneas ante el Segundo Congreso Mexicano de Derecho Procesal que se efectuó en la dudad de Zacatecas, durante los días 7 a 11 de agosto de 1966, se propuso el establecimiento de un Consejo Supremo Judicial, integrado en su mayor parte por representantes de los tribunales de la Federación, designados por la Suprema Corte de Justicia, y que este cuerpo fuera presidido por el presidente del mismo Alto Tribunal, y que además debían formar parte de dicho organismo, con voz pero sin voto, para no menoscabar la independencia judicial, representantes de las otras ramas del poder público, con el objeto de que expresaran sus puntos de vista sobre las decisiones del Consejo, todo lo cual se resolvería en una colaboración de funciones.

En dicho Congreso se aceptó por unanimidad la idea del establecimiento del referido Consejo como un órgano que centralizaría las funciones administrativas del departamento judicial, supliendo, además, la ausencia de la Secretaría de Justicia, todo ello con el propósito esencial de asegurar la independencia, eficacia y decoro de los tribunales y la garantía de los beneficios de la carrera judicial, siguiendo en esto último al artículo 217 de la Constitución venezolana de 1961, que transcribimos más adelante.

Por el contrario, de acuerdo con los debates realizados en la sesión del 9 de agosto del citado año de 1966, los congresistas, por aclamación, desecharon el punto de vista del ponente sobre la colaboración de funciones y resolvieron que no deberían intervenir representantes de los poderes legislativo y ejecutivo en el mencionado Consejo Supremo Judicial.

4. *Venezuela*. Antes de comentar en forma específica el Reglamento que motiva estas líneas, debe hacerse mención que el Consejo de la Judicatura fue introducido en el artículo 217 de la Constitución de 23 de enero de 1961, según el cual: "La Ley Orgánica respectiva creará el Consejo de la Judicatura cuya organización y atribuciones fijará con el objeto de asegurar la independencia, eficacia y decoro de los Tribunales y de garantizar a los jueces los beneficios de la carrera judicial. En él deberá darse adecuada representación a las otras ramas del poder público"

La Ley Orgánica del Poder Judicial de 30 de junio de 1956 fue reformada por leyes de 26 de agosto y 16 de septiembre de 1969, para consagrar los lineamientos esenciales del referido Consejo de la Judicatura, el que, según su artículo 34, debe funcionar en la capital de la República, integrado por nueve miembros designados: cinco principales por la Corte Suprema de Justicia en la Sala Político-Administrativa; dos principales por el Congreso de la República; y cada uno de los principales tendrá dos suplentes designados en la misma forma y oportunidad.

De acuerdo con los artículos 122 y 123 de la citada Ley Orgánica reformada, los miembros del Consejo de la Judicatura durarán cinco años en sus funciones y requieren las mismas condiciones que para ser Magistrado de la Suprema Corte de Justicia.

Dicho Consejo actuará como Cuerpo Colegiado; tendrá un Presidente y un Vicepresidente, que serán elegidos anualmente por el propio Consejo, el cual ejercerá las siguientes atribuciones:

a) Designar, en el mes de septiembre inmediato a la iniciación de cada periodo constitucional, los jueces de los Tribunales Superiores Colegiados, los Jueces Superiores y de Primera Instancia de la jurisdicción ordinaria y especial, de Instrucción, de Distritos y Departamentos, de Parroquias y de Municipios, excluyendo a los de la jurisdicción militar.

b) Nombrar y remover los Defensores Públicos de Presos e Inspectores de Tribunales.

c) Inspeccionar y vigilar el funcionamiento de los tribunales ordinarios y especiales, con excepción de los militares, sin perjuicio de lo que dispongan otras leyes en materia de servicio de inspección.

d) Conocer de oficio, por denuncia o a instancia de parte, de las faltas cometidas por los miembros del poder judicial y los Defensores Públicos de Presos en toda la República.

e) Preparar un anteproyecto de Presupuesto del Poder Judicial y presentarlo al Ejecutivo Nacional.

f) Dictar su propio reglamento.

Según el párrafo segundo del citado artículo 123, los procedimientos disciplinarios que se sigan ante el Consejo de la Judicatura se tramitarán conforme a lo previsto en el Código de Procedimiento Civil para los juicios breves, hasta en tanto se dicte la Ley de la Carrera Judicial.

Para complementar la disposición anterior, el mismo Consejo expidió un Reglamento del Procedimiento Disciplinario con fecha 20 de enero de 1971 (publicado en la Gaceta Oficial de 10 de febrero siguiente).

Según el artículo 136 la inspección y la vigilancia de los tribunales ordinarios y especiales, con excepción de los militares, que corresponde al Consejo de la Judicatura, se ejercerá por medio de un servicio especial de inspección de tribunales.

IV. Comentarios sobre el Reglamento del Consejo de la Judicatura de la República de Venezuela

El mencionado Reglamento, que como se ha dicho, fue expedido por el Consejo de la Judicatura en uso de sus facultades previstas por el inciso f) del artículo 121 de la Ley Orgánica del Poder Judicial, establece en forma minuciosa el desarrollo de las bases consignadas en la citada Ley Orgánica, antes mencionadas, en cuanto a la estructura y funciones del citado organismo.

Después de hacer mención de la composición del Consejo y de las facultades generales que le corresponden, el artículo 7° del Reglamento que se analiza, establece que los órganos ordinarios de este órgano son los encargados de atender la marcha de todos los asuntos; de determinar la política judicial del país; velar por la eficaz administración de justicia; de señalar las necesidades de creación, modificación o supresión de servicios judiciales; de atender las necesidades materiales de los tribunales y defensorías públicas de presos; de propender a la seguridad social de los miembros del poder judicial y demás funcionarios de la administración de justicia y en general, todo cuanto atañe al poder judicial.

Se consideran como órganos ordinarios del Consejo: el Presidente, el Vicepresidente, los Magistrados y el Secretario (artículo 8°).

Se señala que la Sesión Administrativa de Magistrados es la máxima autoridad del Consejo; la que será presidida por el Presidente o quien haga sus veces, con un *quórum* de cinco Magistrados, y que todas las decisiones deben ser tomadas por esta mayoría (artículos 9-11).

El Presidente y el Vicepresidente son electos por el Consejo al iniciarse el periodo constitucional, dentro de su seno; durarán un año en el ejercicio de sus funciones y podrán ser reelegidos por periodos iguales (artículo 2°); el primero representa al Consejo y ejerce amplias facultades jurídicas y administrativas (artículo 12); en tanto que el segundo suple las faltas temporales y accidentales del Presidente y ejerce las funciones que le corresponde como magistrado, así como las demás que pueda atribuirle la Sesión Plenaria de Magistrados (artículo 13)

Por lo que se refiere a los Magistrados, se reitera que deben cumplir las mismas condiciones para ser Magistrados de la Corte Suprema de Justicia y que deben ser designados de acuerdo con lo previsto por el artículo 34 de la Ley Orgánica del Poder Judicial, que se ha mencionado con anterioridad (artículos 14-17).

A continuación, el citado Reglamento se ocupa del nombramiento y funciones del secretario del Consejo, designado y removido libremente por éste (artículos 19-20); de las deliberaciones del Consejo (artículos 21-29); de las elecciones internas del propio Consejo (artículos 30-32); de la identificación de los Magistrados del Consejo, de los jueces y de otros funcionarios (artículos 33-36), y de lo relativo a las faltas, licencias y vacaciones de los Magistrados del repetido Consejo (artículos 37-41).

El Titulo II del ordenamiento que se comenta se refiere a la estructura del Consejo de la Judicatura, que es de dos clases: la jurisdiccional y la administrativa. La primera está formada por el tribunal disciplinario, y la última por los *órganos ejecutivos, de control técnico, operativos y de asesoramiento.*

Por otra parte, además de los mencionados, el Consejo cuenta con un órgano de fiscalización y de control, denominado Contraloría Interna (artículo 42).

1. El *Tribunal Disciplinario* está formado por los magistrados del Consejo actuando como cuerpo colegiado; por el Secretario y por el alguacil, en la inteligencia de que el Presidente tendrá las funciones de sustanciación de las causas contra los funcionarios del poder judicial, so metidos a la potestad disciplinaria del Consejo (artículo 43).

El Tribunal Disciplinario puede actuar de *oficio* cuando tuviere noticias que algún funcionario sometido a su potestad ha incurrido en falta, e igual procedimiento se observará cuando de cualquier informe de los inspectores de tribunales aparecieren señalados hechos que requieran el enjuiciamiento de un juez (artículo 46).

El mismo Tribunal debe iniciar el procedimiento respectivo por denuncio de los interesados (artículos 47-50); o por excitativa de un representante del Ministerio Público, de una Sala de la Corte Suprema de Justicia o del Ejecutivo Nacional (artículo 51).

Al iniciarse la tramitación, debe notificarse al funcionario encausado, el cual deberá informar personalmente o por escrito, haciéndose representar por un abogado en ejercicio o por un Defensor Público de Presos; el Consejo puede ordenar de oficio la práctica de pruebas durante todo el procedimiento, pero se consideran inadmisibles las de posiciones juradas y la de juramento decisorio, así como los elementos de convicción manifiestamente impertinentes o ilegales.

Las decisiones del Consejo en esta materia sólo pueden pronunciarse con el voto favorable de cinco Magistrados por lo menos y se publicarán en la Gaceta Oficial de la República de Venezuela, transcribiéndose en copia certificada al funcionario acusado e incorporándose a su expediente administrativo, y únicamente cuando se trate de una sanción de amonestación privada, el Consejo puede resolver que no se publique en la forma señalada (artículo 52-72); la inhibición (excusa) y la recusación de los Magistrados del Consejo deben basarse en las causas establecidas por el Código de Procedimiento Civil (artículo 73-79).

2. El Consejo de la Judicatura está conformado, desde el punto de vista administrativo, por *órganos ejecutivos, por órganos de control técnico; por órganos operativos* y por *órganos de asesoramiento*, pudiendo crear, cuando lo considere conveniente, nuevos órganos, oficinas y servicios, y modificar o suprimir los existentes (artículos 80-81).

a) Los órganos ejecutivos del Consejo son la Presidencia y la Secretaría General (artículos 82-88).

b) Son órganos de control-técnico: el Departamento de Jurisprudencia y Estudio de Sentencias; el Departamento de Defensorías Públicas de Presos; el Departamento de Causas Penales y Publicación de Requisitorias y el Departamento de Estadísticas (artículo 84).

Son importantes las funciones y atribuciones de *los Defensores Públicos de Presos,* los cuales, además de la obligación de informar al Consejo, a través del Departamento respectivo, sobre el estado en que se encuentran las causas que tienen a su cargo, en los primeros cinco días de cada mes; deben asumir la representación de los procesados en los casos previstos en el Código de Enjuiciamiento Criminal; defender a los declarados pobres por los tribunales; inspeccionar el tratamiento que se dé a los detenidos para informar al juez de la causa y a las demás autoridades competentes; asistir a las visitas semanales de cárcel y hace en ellas las peticiones que estimen necesarias; ofrecer y desahogar los elementos de convicción pertinentes; nombrar defensores auxiliares que intervengan en el desahogo de pruebas y otras diligencias que deban practicarse en el lugar del juicio o fuera de él; etcétera (artículos 87-89).

c) Los órganos operativos están constituidos por la Inspectoría General de Tribunales, la División de Servicios Administrativos y la División de Archivos Judiciales (artículo 92).

Es preciso destacar a la *Inspectoría General de Tribunales* como el órgano del Consejo que centraliza todo lo relativo a la inspección y vigilancia de los Tribunales, que funciona en la misma sede del Consejo, y dispone de un cuerpo de inspectores y de todo el personal que requiera para el cumplimiento de las funciones que tiene atribuidas (artículos 118-119).

d) Los órganos de asesoramiento del Consejo están constituidos por la División de Programación y Presupuesto, la División de Personal y de Información, Divulgación y Relaciones Públicas (artículo 96).

e) Finalmente, existe un órgano de fiscalización y control denominado Contraloría interna, con la función de vigilancia de las actividades administrativas del Consejo, y de manera especial sobre el gasto. mediante procedimientos preventivos o *a posteriori*, con autoridad para intervenir cualquiera dependencia administrativa, previa autorización del propio Consejo, al cual está subordinado en todas sus funciones (artículo 100).

3. Se dedica un titulo especial a la *inspección y vigilancia de la administración de justicia* como una de las funciones esenciales del Consejo y que se realiza directamente por los Magistrados del propio Consejo, por medio del Cuerpo de Inspectores de Tribunales, por Inspectores *ad-hoc* o Delegados (artículo 105).

El Consejo o un Magistrado, cuando lo consideren conveniente a la idónea administración de justicia, podrán practicar la inspección de un tribunal o de un expediente en particular, a través de un delegado *ad hoc*, que podrá ser una persona extraña al cuerpo de inspectores o inclusive un juez de jerarquía superior al inspeccionado (artículo 106).

Para los efectos de inspección y vigilancia, los tribunales deben rendir al Consejo informes mensuales de los asuntos ingresados, pendientes y terminados, y en la primera quincena de enero, un informe de los trabajos realizados en el año anterior (artículo 108).

Para realizar estas funciones se estableció un *Cuerpo de Inspectores de Tribunales*, integrado por un Inspector General y los inspectores que sean necesarios, dependiente del Consejo de la Judicatura, con sede en la Capital de la República y con jurisdicción en todo el territorio de Venezuela;

pero también puede el mismo Consejo destacar inspectores en las distintas circunscripciones judiciales, con el propósito de ejercer una mayor vigilancia en la administración de justicia, y además, crear servicios de inspección y vigilancia de carácter regional cuando el referido Consejo lo estime necesario (artículos 109-110).

La inspección de tribunales será ordinario o especial: la primera se practicará según lo disponga el Consejo, y la última tendrá lugar en casos excepcionales o de urgencia; podrá referirse a uno o varios tribunales y podrá ser practicada por cualquier magistrado del Consejo, por propia iniciativa o por comisión del organismo, por el Inspector General o por los inspectores de tribunales, según la disponga el Consejo o su Presidente (artículo 144).

Además de sus funciones normales, los inspectores deben vigilar permanentemente el funcionamiento de los órganos judiciales, con facultad para solicitar la exhibición de cualquier expediente, libros, archivos o documentos necesarios para tales fines y también podrán presenciar los actos procesales que se realicen en el tribunal o fuera de él, no reservados por la ley a determinadas personas o funcionarios, a fin de constatar la forma en que se llevan a cabo; y en su caso, admitir la concurrencia de las personas que presenten las quejas, levantando actas del procedimiento (artículos 121-124).

12. LA TEORÍA DE ALLAN R. BREWER CARÍAS SOBRE EL DERECHO DE AMPARO LATINOAMERICANO Y EL JUICIO DE AMPARO MEXICANO*

Héctor FIX-ZAMUDIO
Investigador Emérito del Instituto de Investigaciones Jurídicas
de la Universidad Nacional Autónoma de México

Para el muy distinguido jurista venezolano
Allan R., Brewer-Carías,
como homenaje a su impresionante
y fecunda producción jurídica.

I. INTRODUCCIÓN

1. En el muy merecido homenaje a uno de los más destacados juristas latinoamericanos, nos centraremos en alguna de sus muchas aportaciones, que es la relativa al penetrante análisis comparativo del derecho de amparo latinoamericano, en el cual establece un conjunto de lineamientos que son de gran utilidad para estudiar con profundidad esta institución tutelar de los derechos humanos en nuestra región, pero que ha tenido repercusiones en otros ordenamientos, especialmente de Europea Continental, y además con trascendencia a varios instrumentos internacionales.

2. Debemos destacar que los estudios del jurista venezolano son impresionantes y abarcan prácticamente todo el enorme campo del derecho público contemporáneo, ya que ha incursionado en los campos de los derechos administrativo, constitucional, procesal internacional, y sería temerario siquiera intentar una simple descripción de una obra extremadamente prolífica. Por ello únicamente podemos señalar algunos de sus estudios más extensos, como son los contenidos en su obra *Instituciones Políticas y Constitucionales,* en VII volúmenes (Caracas-San Cristóbal,

---

* Publicado en *El derecho público a comienzos del Siglo XXI. Estudios en Homenaje al Profesor Allan R. Brewer-Carías,* Madrid, Civitas, 2003, T. I, pp. 1125-1163.

1996-1997)[1], la minuciosa y muy documentada obra *Judicial Review in Comparative Law* (Cambridge, Inglaterra, Cambridge University Press, 1989), como resultado de los cursos que dictó en esa Universidad como titular de la Cátedra Simón Bolívar durante los años 1985-1986; y más recientemente ha aparecido una recopilación muy extensa de sus estudios publicados en los idiomas inglés y francés (ya que también ha sido profesor de las Universidades francesas París II y de Aix-en-Provence, y en la Universidad Internacional de Derecho Comparado de Estrasburgo). Esta última obra, *Études de Droit Pubic Comparé,* ha sido patrocinada por la Academia Internacional de Derecho Comparado, de la que es Vicepresidente, y publicada por la prestigiada editorial Bruylant (Bruselas, 2001, 1182 pp.)[2].

3. De la simple descripción anterior, que es únicamente ejemplificativa, podemos observar la gran extensión y profundidad de la obra del profesor Brewer-Carías. Pero por nuestra parte, como hemos dicho, nos limitaremos a comentar sus ideas en relación con el derecho de amparo que tienen su génesis en un breve pero muy penetrante estudio, con motivo de su participación en el XI Curso Interdisciplinario de Derechos Humanos, organizado por el Instituto Interamericano de Derechos Humanos en la ciudad de San José, Costa Rica, en el año de 1993, intervención que se publicó con el nombre *El amparo a los derechos humanos y a las libertades constitucionales (Una aproximación comparativa)* (Caracas, Editorial Jurídica Venezolana, 1993).

---

1   Los títulos específicos de esta monumental obra son: Tomo I, *El régimen constitucional del Estado*; Tomo II, *El régimen del poder público y su distribución vertical: el poder nacional, el régimen federal y municipal*; Tomo III, *La distribución horizontal del poder público: el sistema de gobierno*; Tomo IV, *Los derechos y garantías constitucionales*; Tomo V, *El derecho y acción de amparo*; Tomo VI, *La justicia constitucional*; y Tomo VII, *La justicia administrativa*.

2   Como el sumario de esta voluminosa obra es muy extenso, únicamente nos limitamos a destacar que comprende cuatro secciones: I. *Derecho administrativo comparado*; II. *Derecho constitucional comparado*; III. *Derecho constitucional de la integración*, y XIV *Justicia constitucional comparada*.

II. LA DOCTRINA DE BREWER CARÍAS SOBRE
EL DERECHO DE AMPARO LATINOAMERICANO

4. En primer lugar, el distinguido jurista venezolano establece un concepto genérico del amparo como *derecho constitucional de los ciudadanos derivado del derecho de supremacía de la Constitución a obtener la protección judicial a sus derechos y libertades por todos los tribunales*. Este concepto sirve de punto de partida al autor para establecer varias categorías del amparo: A) En primer término analiza la protección por conducto de medios judiciales ordinarios, y como ejemplos cita los llamados writs angloamericanos, entre ellos el hábeas corpus, el mandamus, la injunction y la prohibition; el référé francés, y el procedimiento especial de urgencia italiano[3].

5. B) En segundo lugar se sitúa al *amparo como pretensión constitucional a través de múltiples instrumentos jurisdiccionales ordinarios, pero específico para la protección de los derechos y libertades fundamentales*. En este sector se citan como ejemplos el juicio de amparo mexicano, que agrupa cinco instrumentos procesales, como son la tutela de la libertad personal equivalente al hábeas corpus; el procedimiento equivalente al proceso administrativo; la reclamación contra las normas generales; la impugnación de las resoluciones judiciales por medio de un recurso de casación federal; y la protección de los campesinos sujetos a la reforma agraria; el derecho de amparo de Venezuela, según la anterior Carta Fundamental de 1961, que comprende no sólo la acción de amparo propiamente dicha sino que incluye también la libertad e integridad personales (hábeas corpus), así como otras acciones y recursos establecidos en el ordenamiento jurídico, de acuerdo con lo dispuesto por la Ley Orgánica de Amparo sobre Derechos y Garantías Constitucionales en vigor a partir del 22 de enero de 1988 (situación actual). Dentro de esta categoría se comprende también la acción de tutela establecida por la Carta colombiana de 1991, ya que además de este instrumento específico, la protección de los derechos fundamentales se ejerce ante los tribunales mediante otras acciones o recursos que puede establecer el legislador.

6. C). Un tercer sector comprende *una garantía jurisdiccional específica (acción o recurso) para la protección de los derechos y libertades*

---

3   *El amparo a los derechos humanos y a las libertades constitucionales (Una aproximación comparativa)*, Editorial Jurídica Venezolana, Caracas 1993, pp. 15-51.

fundamentales, que puede considerarse como el amparo en sentido estricto. Dentro de esta categoría, el profesor Brewer-Carías señala varias hipótesis: a) la primera se refiere *al amparo como una acción o recurso que se ejerce ante un organismo jurisdiccional especializado (Tribunal o Corte Constitucional)*: Como ejemplos el autor cita al recurso de amparo español, la *Verfassugnsbeschwerde* alemana y la *Beschwerde* austríaca, que literalmente pueden traducirse como queja constitucional, pero la doctrina española los califica como recurso de amparo[4].

7. b) Una segunda hipótesis comprendería el *amparo específico* que se hace valer ante el *organismo judicial supremo de la jurisdicción ordinaria (Corte o Tribunal Supremo)*. Aquí el autor cita como ejemplos al recurso de derecho público de Suiza (*Staatrechtliche Beschwerde)* y el recurso de amparo de Costa Rica (el cual se ejerce a partir de 1989 ante la Sala Constitucional de la Corte Suprema).

8. c) *El amparo como una acción o recurso ejercido ante una globalidad de tribunales.* En esta categoría, el profesor Brewer comprende el recurso de amparo en Argentina, que surgió primero en la jurisprudencia de la Corte Suprema y en las Constituciones de las Provincias, pero que fue constitucionalizado en las reformas de agosto de 1994; el recurso de amparo en Perú (previsto en las Constituciones de 1979 y 1993); el recurso de protección de Chile (consagrado en la Constitución de 1980, reformada por el plebiscito de 1989); así como las acciones de tutela colombiana y la de amparo venezolana, ambas en sentido propio; el derecho de amparo en Guatemala y en Uruguay (en este último país no fue consagrado expresamente en la Constitución de 1966, sino únicamente en la ley de 1988).

9. d) Un lugar especial está reservado a la Constitución Federal brasileña de 1988, en la cual se establecieron varios instrumentos específicos para la tutela de un sector de los derechos fundamentales, tales como el *mandado de segurança colectivo,* el hábeas data, y el *mandado de injunçâo.* Como se verá más adelante, el instrumento protector calificado de hábeas data ha trascendido a varios ordenamientos latinoamericanos recientes.

---

4   *Cf.,* Häberle, Peter, "El recurso de amparo en el sistema germano-federal de jurisdicción constitucional", trad, de Ruiz Miguel, Carlos en la obra coordinada por García Belaúnde, Domingo y Fernández Segado, Francisco, *La jurisdicción constitucional en Iberoamérica,* Dykinson, Madrid 1997, pp. 225-282.

10. En la segunda parte de su estudio comparativo, Brewer-Carías clasifica el derecho de amparo de acuerdo con los *derechos y libertades protegidos*, y con este enfoque distingue varios sectores: a) En primer lugar el relativo a la protección de todos los derechos fundamentales (que incluye a las llamadas garantías, de acuerdo con la denominación tradicional que comprende a ciertos derechos instrumentales, pero de carácter sustantivo, y en esta categoría comprende al ordenamiento venezolano de 1961 y la ley de 1988); b) en segundo término sitúa a los ordenamientos constitucionales que distinguen el amparo en sentido estricto de la acción o recurso de *hábeas corpus* (este último para proteger la libertad e integridad personales, como ocurre en los ordenamientos de Costa Rica; Argentina con anterioridad a la reforma de 1994; Uruguay y Guatemala); c) en tercer lugar señala el derecho de amparo que únicamente tutela ciertos derechos esenciales, los que de acuerdo con el criterio de la Ley Fundamental de Alemania son considerados *fundamentales (Grundrechte)* y se enumeran específicamente. Este mismo criterio es seguido por las Constituciones española de 1978, chilena de 1980, y de cierta manera, la colombiana de 1991, ya que incluye también el *hábeas corpus*.

11. La tercera parte del estudio del destacado jurista venezolano se refiere a las *personas protegidas*, que divide el derecho de amparo que procede respecto tanto de las personas físicas como las colectivas (éstas últimas con la denominación tradicional de personas morales); del amparo solicitado por algunas personas de derecho público, que en general está limitado a ciertos entes, ya que para este sector debe utilizarse la diversa acción de inconstitucionalidad o los conflictos de atribución.

12. Finalmente, se aborda la cuestión de *los motivos de la protección*, que también abarca varias categorías, como: a) el llamado *amparo contra particulares*, en realidad contra los grupos de presión, que ahora se conocen también como poderes privados, que surgió en la jurisprudencia de la Corte Suprema de Argentina a partir del conocido caso *Samuel Kot* (1957), pero que se ha extendido en varios ordenamientos latinoamericanos, y reconocido expresamente en la reforma constitucional de la Carta Argentina en agosto de 1994, pero también, como regla general, en las Leyes Fundamentales de Venezuela, Uruguay, Chile, Perú, con restricciones en Costa Rica, Guatemala y Colombia; b) el amparo que sólo procede contra actos de autoridades públicas en España, Alemania, Austria y México.

13. c) Una tercera categoría está constituida por los ordenamientos que admiten el derecho de amparo contra actos de leyes y disposiciones generales, y desde este punto de vista señala la acción o recurso de amparo contra leyes en Venezuela, México, Perú, Guatemala, y de cierta manera en Costa Rica, ya que en este último ordenamiento el promovente del amparo debe solicitar su conversión en una acción de inconstitucionalidad de las disposiciones generales en las cuales se apoyen los actos impugnados. En otras legislaciones no se admite por conducto del amparo la impugnación de las disposiciones legislativas, o bien se limitada sólo a las calificadas como *autoaplicativas*, y entre los ordenamientos que establecen dicha limitación, el autor señala a Argentina (si bien esta situación se modificó posteriormente en las reformas de 1994), Brasil, Uruguay, Colombia y España. Una mención especial se refiere al amparo contra actos y hechos administrativos y contra conductas omisivas de la administración, cuando los mismos afectan derechos e intereses legítimos en el ámbito de la legalidad.

14. d) El aspecto final que examina el profesor Brewer-Carías es el relativo al amparo contra sentencias y otras resoluciones judiciales, que se admite con modalidades en el derecho de amparo en Venezuela, Perú, Colombia (aun cuando se limitó por la Corte de Constitucionalidad en un fallo de primero de octubre de 1992), así como en España, ordenamiento en el cual procede en gran parte contra resoluciones judiciales, y en la legislación mexicana, en la cual posee una gran amplitud, inclusive por violaciones a la legalidad, por lo que se ha transformado en un recurso de casación federal, como se señalará más adelante (ver *infra* párrafo 90-91).

III. Una ojeada sobre el derecho de amparo en Latinoamérica y España

15. En este apartado pretendemos elaborar una visión del derecho de amparo en Latinoamérica y su adopción por el ordenamiento constitucional español de 1931 y 1978, con el objeto de poder situar al amparo mexicano en este esquema general, y posteriormente abordarlo de acuerdo con los criterios elaborados por el ilustre profesor Brewer-Carías.

16. En primer término cabe destacar que el amparo mexicano en sus lineamientos originales fue el paradigma de numerosos ordenamientos latinoamericanos, en los cuales, aun cuando con matices y modalidades,

tiene el significado original de instrumento procesal sencillo y rápido para proteger los derechos humanos consagrados constitucionalmente, el cual incluyó también en sus orígenes la tutela de la libertad e integridad personales, que en varios ordenamientos de la Región corresponden al *hábeas corpus*.

17. De acuerdo con este modelo histórico, desde fines del siglo XIX se introdujo en el derecho de amparo en algunos ordenamientos latinoamericanos. Así, se puede constatar que el primer país que introdujo el amparo *con posterioridad* a su consagración en la Constitución Federal mexicana de 1857, fue El Salvador en su Carta Fundamental de 13 de agosto de 1836, y lo siguieron Honduras y Nicaragua en sus Constituciones y Leyes de Amparo, expedidas en los dos países en el año de 1894; Guatemala en la reforma constitucional de 11 de marzo y Argentina en la Carta de la Provincia de Santa Fe de 13 de agosto, ambas de 1921; posteriormente se extendió a otros ordenamientos constitucionales, hasta llegar a la situación actual que se describe en el párrafo siguiente[5].

18. Considerado el derecho de amparo en sentido estricto de acuerdo con el pensamiento del profesor Brewer-Carías, y además con la misma denominación de acción, recurso, proceso o juicio de amparo, la institución ha sido establecida en las siguientes constituciones latinoamericanas, citadas por orden alfabético: *Argentina* (1853-1860, texto reformado en agosto de 1994), artículo 43, primero y segundo párrafos, y consagrado también en varias constituciones provinciales; *Bolivia* (1967), artículo 19; *Costa Rica* (1949, reformada en 1989), artículo 48; *Ecuador* (1978, texto revisado en 1998), artículo 95; *El Salvador* (1983), artículo 247; *Guatemala* (1985), artículo 265; *Honduras* (1982), artículo 183; *México* (1917), artículos 103 y 107; *Nicaragua* (1987), artículo 188; *Panamá* (1972-1983), artículo 50; *Paraguay* (1992), artículo 128; *Perú* (1993),

---

5   *Cf.,* Fix-Zamudio, Héctor, "Diversos significados jurídicos del amparo en el derecho Iberoamericano", en *Boletín Mexicano de Derecho Comparado de México*, n° 52, enero-abril de 1965, pp. 119.132, reproducido en la *Rivista di diritto agrario*, Milano, julio-septiembre de 1967, pp. 502-518, e incorporado posteriormente al libro del mismo autor, *Latinoamérica: Constitución, proceso y derechos humanos*, UDUAL-Miguel Ángel Porrúa, México 1988, pp. 131-154.

artículo 200.2; *Uruguay* (1966), implícitamente artículos 7° y 72; y *Venezuela* (1999), artículo 27[6].

19. Además debe tomarse en consideración que el derecho de amparo fue consagrado, por influencia del modelo mexicano, en la *Constitución Republicana española de 9 de diciembre de 1931* (artículos 105 y 121, inciso b)[7], y restablecido en la *Constitución de 1978*, sometida a referéndum el 29 de diciembre de ese año (artículos 53.2, 161.1 y 162)[8]. Por influencia del derecho español, el amparo fue establecido con el nombre de *recurso de amparo*, en el *Territorio de Macau*, antigua colonia portuguesa que recientemente fue incorporado a la República Popular de China, pero con un estatuto de autonomía, en el artículo 17 de la Ley número 112, de 29 de agosto de 1991, que establece las bases de la organización judicial, y también en el artículo 19 de la Constitución de 1992 del *Archipiélago de Cabo Verde*, también colonia portuguesa, pero actualmente país independiente[9].

6   *Cf.,* Fix-Zamudio, Héctor, "El derecho de amparo mexicano y su proyección en los ordenamientos latinoamericanos. Instituciones similares y equivalentes", en *Estudios de derecho y ciencias sociales, Revista de la Facultad de Derecho y Ciencias Sociales de la Universidad Michoacana de San Nicolás Hidalgo*. Morelia, México, 2002, pp. 7-38.

7   *Cf.,* Fix-Zamudio, Héctor, "El derecho de amparo en México y en España, su influencia recíproca", publicado primeramente en *Revista de Estudios Políticos*, Madrid, enero-febrero de 1979, pp. 283-309, y reproducido en el libro del mismo autor, *Ensayos sobre el derecho de amparo*, 2ª ed., Porrúa-UNAM, México 1999, pp. 285-328; Alcalá-Zamora y Castillo, Niceto, "Significado y funciones del Tribunal de Garantías Constitucionales" en la obra del mismo autor *Ensayos de derecho procesal civil, penal y constitucional, Revista de Jurisprudencia Argentina*, Buenos Aires 1944, pp. 524-526; García Ruiz, José Luis, *El recurso de amparo en el derecho español*, Editora Nacional, Madrid 1980, pp. 51-56; Ferrer Mac-Gregor, Eduardo, *La acción constitucional de amparo en México y en España. Estudio de derecho comparado*, Porrúa, México 2000, pp. 19-42.

8   La bibliografía es muy amplia, por lo que citaremos sólo algunas obras específicas: Cascajo Castro, José Luis y Gimeno Sendra, Vicente, *El recurso de amparo*, primera reimpresión de la primera edición, Tecnos, Madrid 1985; Gimeno Sendra Vicente y Garberi Llobregat, José, *Los procesos de amparo (Ordinario, constitucional e internacional)*, Editorial Colex, Madrid 1994.

9   *Cf.,* Cardinale, Paulo, "O amparo de direitos fundamentais o direito comparado e no ordenamento jurídico de Macau", en *Revista Jurídica de Macau* (bilingüe português-chino), pp. 51-92.

20. Además del derecho de amparo en sentido estricto y con este nombre, se han establecido instrumentos similares, es decir que también tienen como objeto la protección de los derechos humanos establecidos en las Cartas Fundamentales latinoamericanas, con excepción de la libertad e integridad personales que están tuteladas por el *hábeas corpus*. Dichos mecanismos procesales no utilizan la misma denominación, pero sí nombres que pueden considerarse como sinónimos[10].

21. El primero en aparecer de dichos instrumentos equivalentes al amparo es el llamado *mandado de segurança* (que algunos autores traducen al castellano, por su semejanzas con el primero, como *mandamiento de amparo*), creado en la Constitución federal brasileña de 1934, que hoy día se encuentra regulado por el actual artículo 5, parágrafo LXIX, de la vigente Carta federal de 5 de octubre de l988. Este mecanismo procede esencialmente contra los actos inconstitucionales o ilegales de autoridades administrativas, y en general contra actos administrativos de cualquier autoridad que afecten los derechos de los gobernados. Sólo de manera excepcional puede promoverse contra resoluciones judiciales. En principio tampoco puede interponerse directamente en contra de las disposiciones legislativas que se consideren inconstitucionales, ya que únicamente pueden impugnarse los actos o resoluciones administrativas que se apoyen en dichos ordenamientos[11].

22. B) El llamado *recurso de protección* fue consagrado por el Acta Institucional número 3, expedida por el gobierno militar chileno y publicada el 13 de septiembre de 1976. Fue reglamentado por el Auto Acordado de la Corte Suprema de 2 de abril de 1977. Este mismo instrumento fue incorporado al artículo 20 de la Constitución aprobada por plebiscito de septiembre de 1980. De acuerdo con dichos ordenamientos, el citado

---

10 *Cf.*, Fix-Zamudio, Héctor, "Amparo y tutela", en *Memoria de El Colegio Nacional, 1996*, México 1997, pp. 61-92, reproducido en su libro *Ensayos sobre el derecho de amparo*, y *cit. supra* nota 7, pp. 695-726.

11 La doctrina sobre este instrumento brasileño es muy amplia, por lo que citamos sólo algunos estudios recientes: Sidou, José Oton, *Habeas corpus, mandado se segurança, mandado de injunçâo, habeas data, acción popular. As garantías ativas dos direitos coletivos*, 5ª ed., Forense, Río de Janeiro 1998; Flaks, Milton, *Do mandado de segurança. Pressupostos de impetraçâo*, Forense, Río de Janeiro 1980; Barbi, Celso Agrícola, *Do mandado de segurança*, 3ª ed., Forense, Río de Janeiro 1980; Da Silva, José Afonso, *Curso de direito constitucional positivo*, 9ª ed., 3ª reimpresión, Sao Paulo, Mlaheiros 1993, pp. 390-391.

recurso tiene por objeto proteger los derechos estimados como fundamentales, consagrados constitucionalmente contra los actos violatorios que provengan de autoridades públicas, con excepción de la libertad personal tutelada por el *hábeas corpus* (que también se conoce como recurso de amparo), este último consagrado en el artículo 21 de la mencionada Carta Fundamental.

23. Como puede observarse, se trata en realidad de un proceso de amparo con una denominación similar y que únicamente se le llamó recurso de protección, debido a que se había utilizado con anterioridad el nombre de amparo como equivalente al *hábeas corpus*[12]. En la actualidad prevalece esta última denominación con respecto del procedimiento consagrado en los artículos 16 de la Carta anterior de 1925 y 21 de la vigente de 1980, como sinónimo de *hábeas corpus*. Con la restauración del orden constitucional democrático, en virtud del plebiscito de 30 de julio de 1989, el recurso de protección inició un desarrollo sobre bases más firmes[13].

24. C) La llamada *acción de tutela* establecida por la Constitución colombiana de 7 de julio de 1991, posee funciones similares a las del amparo en el ámbito latinoamericano, por lo que se propuso la denominación de *derecho de amparo* en el proyecto presentado por el gobierno ante la Asamblea Constituyente[14]. De acuerdo con el artículo 86 de la citada Carta Fundamental, este instrumento puede hacerse valer:

---

12 El constitucionalista chileno Estévez Gasmuri, Carlos, *Elementos de derecho constitucional*. Editorial Jurídica de Chile, Santiago 1949, pp. 143-144, se refiere a la institución anterior calificándola de *amparo* o de *hábeas corpus*. Utiliza las mismas denominaciones Caffarena de Giles, Elena, *El recurso de amparo frente a los regímenes de emergencia*, Santiago 1957, pp. 152 y 187; Verdugo Marinkovic, Mario; Pfeffer Urquiaga, Emilio, y Nogueira Alcalá, Humberto, *Derecho constitucional*, Editorial Jurídica de Chile, Santiago 1994, Tomo I, pp. 330-337.

13 *Cf.,* Soto Kloss, Eduardo, *El recurso de protección. Orígenes, doctrina y jurisprudencia,* Editorial Jurídica de Chile, Santiago 1989; Lira Herrera, Sergio, *El recurso de protección. Naturaleza jurídica, doctrina y jurisprudencia,* Santiago de Chile 1990; Verdugo Marinkovic, Mario; Pfeffer Urquiaga, Emilio, y Nogueira Alcalá, Humberto, *Derecho Constitucional, cit.,* en la nota anterior, Tomo I, pp. 337-346.

14 *Cf., Proyecto de Acto Reformatorio de la Constitución Política de Colombia,* Presidencia de la República, Bogotá, febrero de 1991, p. 203, que se refiere al "Derecho de amparo".

(...) por cualquier persona en todo momento y lugar ante los órganos jurisdiccionales, mediante un procedimiento preferente y sumario, con el objeto de obtener la protección inmediata de sus derechos constitucionales fundamentales, cuando los mismos sean vulnerados o amenazados por la acción o por la omisión de cualquier autoridad. Dicha acción sólo procede cuando el afectado no disponga de otro medio de defensa judicial, salvo cuando aquélla se utilice como un mecanismo transitorio para evitar un perjuicio irreparable. La protección debe consistir en una orden para aquel respecto de quien se solicite, actúe o se abstenga de hacerlo. El fallo será de inmediato cumplimiento y puede impugnarse ante juez competente, pero en todo caso dicho juzgador debe remitirlo a la Corte Constitucional para su eventual revisión[15].

25. En el derecho latinoamericano, a partir de la entrada en vigor de la Constitución brasileña de octubre de 1988, se introdujeron varios instrumentos protectores de ciertos derechos humanos de carácter específico, mecanismos que pueden considerarse comprendidos dentro de un concepto amplio del derecho de amparo, de acuerdo con las ideas del profesor Brewer-Carías (ver *supra* párrafo 9).

26. A) El primero de ellos fue el *mandado de segurança colectivo* consagrado actualmente por el artículo 5º, parágrafo LXX, de la citada Carta Federal brasileña y que constituye la ampliación de la misma institución en su ámbito individual que, como hemos señalado anteriormente, sólo puede interponerse por los particulares afectados por la violación de sus derechos fundamentales (ver *supra* párrafo 21). El nuevo instrumento protege derechos de carácter colectivo por medio del procedimiento breve y sencillo que caracteriza al mandamiento de amparo individual, ya que ahora puede ser interpuesto por partidos políticos con representación en el Congreso Nacional, por organizaciones sindicales, por entidades gremiales o por asociaciones legalmente constituidas y en funcionamiento, que tengan cuando menos un año, en defensa de los intereses de sus miembros o asociados[16].

---

15 *Cf.,* entre otros, Arenas Salazar, Jorge, *La tutela. Una acción humanitaria*, 2ª ed., Ediciones Doctrina y Ley, Santa Fe de Bogotá 1992.

16 *Cf.,* Fix-Zamudio, Héctor, "Avances y perspectivas de la protección procesal de los derechos humanos en Latinoamérica", en *Memorias del VI Congreso Iberoamericano de Derecho Constitucional*, Universidad Externado de Colombia, Tomo II, Santa Fe de Bogotá 1998, pp. 805-858, reimpreso en el libro del mismo autor, *Protección jurídica de los derechos humanos. Estudios comparativos*, 2ª ed., Comisión Nacional de Derechos Humanos, México 1999, pp. 413-434.

27. B) Con toda razón la doctrina ha estimado que tanto en el caso de esta institución como de otras establecidas por vez primera en la Carta brasileña, aun cuando no se expida de inmediato ley reglamentaria, deben aplicarse directamente las normas fundamentales. Concretamente en el caso brasileño para facilitar esta aplicación, poco tiempo después de publicada la Ley Suprema, el Tribunal Federal de Recursos (en la actualidad Tribunal Superior de Justicia), expidió el Auto (acordado), número 1245 de 13 de diciembre de 1988, que establece las directrices del procedimiento tanto del *hábeas data* como del *mandado de injunçâo*, y les otorgan preferencia sobre los actos judiciales, con exclusión del mandamiento de amparo y del *hábeas corpus*[17].

28. Debido a los problemas que puede generar la informática en los derechos de los gobernados, el *hábeas data* ha tenido, con esa denominación, una amplia repercusión en los ordenamientos constitucionales posteriores a la Carta brasileña de 1988 que creó esta institución. En este sentido fue consagrada en las Constituciones de Paraguay de 1992, de Perú de 1993, en la reforma constitucional argentina de 1994, así como en los textos de la Ley Fundamental de Ecuador revisado en 1998 y de la Constitución de Venezuela de 1999.

29. a) El artículo 135 de la *Carta Fundamental de Paraguay* de junio de 1992, establece al respecto:

> *Del hábeas data.* Toda persona puede acceder a la información y los datos que sobre sí misma o sobre sus bienes obren en registros oficiales o privados de carácter público, así como conocer el uso que se haga de los mismos y de su finalidad. Podrá solicitar ante el magistrado competente la actualización de la rectificación o la destrucción de aquéllos, si fueren erróneos o afectaran ilegalmente sus derechos.

30. b) El artículo 200, inciso 3, de la *Constitución Peruana de 1993*, inspirándose en la institución brasileña, establece como garantía constitucional la *acción de hábeas data* que procede contra el hecho u omisión, por parte de cualquier autoridad, funcionario o persona que vulnere o amenace los derechos a que se refiere el artículo 2°, incisos 5), 6) y 7) de

---

17 *Cf.*, Sidou, Othon, J.M., "Las nuevas figuras del derecho procesal constitucional brasileño: mandado de injunçâo y hábeas data", trad. de Héctor Fix-Zamudio, en *Boletín Mexicano de Derecho Comparado*, n° 70, enero-abril de 1991, pp. 179-186; Da Silva, José Afonso, "Mandado de injunçâo e hábeas data", *Revista dos Tribunais*, Sâo Paulo 1989, pp. 53-69.

la Constitución. Sin embargo, mediante la ley 26,470 del 12 de junio de 1995, se suprimió de la protección del *hábeas data*, lo dispuesto por el citado inciso 7 del artículo 2°, de la Carta, por lo que los preceptos fundamentales que quedan comprendidos en la tutela de esta institución jurídica, disponen en la parte conducente que:

> *Artículo 2°.* Toda persona tiene derecho (...) 5) A solicitar sin expresión de causa la información que requiera y recibirla de cualquier entidad pública, en el plazo legal, con el costo que suponga el pedido. Se exceptúan las informaciones que afectan la intimidad personal y las que expresamente se excluyan por ley o por razones de seguridad nacional (...) 6) A que los servicios informáticos computarizados o no, públicos o privados, no suministren informaciones que afecten la intimidad personal y familiar.

31. Como lo señala correctamente el constitucionalista peruano, Víctor Julio Ortecho Villena, el objeto de este procedimiento es la exigencia de que los registros, archivos y centros de información contengan datos verdaderos, actualizados y dignos de credibilidad y además, la protección del honor, de la buena reputación, así como la intimidad personal y familiar[18]. Se consideró tan importante este nuevo mecanismo tutelar, que el mismo Congreso Constituyente expidió el 2 de mayo de 1994, una ley provisional para establecer el procedimiento que debía seguirse al tramitarlo. Así, en su artículo 3°, dispuso la aplicación supletoria de la Ley de Amparo y Hábeas Corpus[19].

32. c) El tercer ordenamiento que acogió esta institución de origen brasileño fue la Carta Federal argentina en su texto reformado en agosto de 1994. Al efecto establece el penúltimo párrafo del artículo 43 constitucional:

> *Hábeas data.* Toda persona podrá interponer esta acción para tomar conocimiento de los datos a ella referidos y de su finalidad, que consten en registros o bancos de datos públicos o los privados destinados a proveer informes y en caso de falsedad o discriminación, para exigir la supresión, rectificación, con-

---

18   *Cf., Jurisdicción constitucional. Procesos constitucionales*, Fondo Editorial de la Universidad Atenor Orrego de Trujillo, Trujillo, Perú 1998, p. 193.

19   *Cf.,* Ortecho Villena, Víctor Julio, *op. ult. cit.,* pp. 191-206; Rodríguez Domínguez, Elvito, *Derecho procesal constitucional*, Grijley, Lima 1997, pp. 151-165; Abad Yupanqui, Samuel B., "Hábeas data y conflicto entre órganos constitucionales. Dos nuevos procesos constitucionales", en *La Constitución de 1993. Análisis y comentarios, I,* Comisión Andina de Juristas, Lima 1994, pp. 265-272.

fidencialidad o actualización de aquéllos. No podrá afectarse el secreto de las fuentes de información periodística.

33. La doctrina considera que dicho instrumento tutela esencialmente el derecho a la intimidad frente al desarrollo vertiginoso de la informática. Aun cuando se estima que debe expedirse una ley reglamentaria de la disposición constitucional transcrita (se han presentado varias iniciativas al Congreso Nacional), en tanto esto no ocurra se sostiene que después de hacerse las gestiones previas para solicitar la información o las rectificaciones pertinentes, si no se obtiene una reparación satisfactoria, puede acudirse a la acción de amparo[20].

34. d) En la *Constitución ecuatoriana*, de acuerdo con su texto codificado en 1998, Título III, Capítulo VI, *De las garantías de los derechos,* Sección II, *Del Hábeas Data*, artículo 94, se establece:

> Toda persona tiene derecho a acceder a los documentos, bancos de datos e informes que sobre sí misma o sobre sus bienes consten en entidades públicas o privadas, así como a conocer el uso que se haga de ellos y su propósito. Podrá solicitar ante el funcionario respectivo la actualización de los datos o su rectificación, eliminación o anulación, si fueren erróneos o afectaren ilegítimamente sus derechos. Si la falta de atención causare perjuicio, el afectado podrá demandar indemnización. La ley establecerá un procedimiento especial para acceder a los datos personales que consten en los archivos relacionados con la defensa nacional[21].

35. C) El tercer instrumento novedoso introducido por la Constitución brasileña de octubre de 1988, recibe el nombre equívoco de *mandado de injunção*. Tal denominación tiene similitud aparente con el *writ of injunction* angloamericano, el cual posee un significado diverso e inclusive contrario, pues en tanto que este último constituye un mandato judicial

---

20 *Cf.*, Ekmekdjian, Miguel Angel y Pizzolo, Cologero, hijo, *Habeas Data. El derecho a la intimidad frente a la revolución informática*; Depalma, Buenos Aires 1996, pp. 95-115; Sagüés, Néstor Pedro, *Derecho procesal constitucional, 3, Acción de amparo,* 4ª ed., Editorial Astrea, 1995, Capítulo XXVII, "Amparo y hábeas data en la reforma constitucional de 1994", pp. 663-687; Seisdedos, Felipe, "Amparo, Hábeas Data y Hábeas Corpus en la reforma de 1994, en la obra *Derecho constitucional de la reforma de 1994*, Instituto Argentino de Estudios Constitucionales y Políticos, Ediciones Depalma, Tomo I, Mendoza 1995, pp. 445-448.

21 *Cf.*, Salgado Pesantes, Hernán, "La jurisdicción constitucional en el Ecuador", en la obra editada por García Belaúnde, Domingo y Fernández Segado, Francisco, *La jurisdicción constitucional en Iberoamérica,* Dykinson, Madrid 1997, pp. 586-587.

prohibitivo, ya sea provisional o definitivo, la institución brasileña regulada por el artículo 5°, fracción LXXI constitucional, procede cuando la ausencia de una norma reglamentaria impida el ejercicio de los derechos y libertades constitucionales o de las prerrogativas que se refieren a la nacionalidad, la soberanía y la ciudadanía, lo que implica que se trata de un mecanismo para lograr que se supere la omisión en que incurre una autoridad con facultades legislativas para dictar disposiciones reglamentarias[22].

36. D) Finalmente, hacemos una breve mención de la llamada *acción de cumplimiento,* que como garantía constitucional fue establecida por el artículo 200.6 de la Constitución peruana de 1993, de la siguiente manera: "La acción de cumplimiento procede contra cualquier autoridad o funcionario renuente a acatar una norma legal o un acto administrativo, sin perjuicio de las responsabilidades de ley". Este instrumento procesal fue reglamentado, conjuntamente con la acción de *hábeas data,* por la ley 26, 301, promulgada el 2 de mayo de 1994 y expedida por el mismo Congreso Constituyente con la denominación de Ley de Hábeas Data y de Acción de Cumplimiento, y como se ha mencionado tiene aplicación supletoria de la Ley de Amparo y Hábeas Corpus. (ver *supra* párrafo 30). Esta institución tiene cierta similitud con el llamado *writ of mandamus* del derecho angloamericano, que significa la petición de una orden judicial para obligar a una autoridad remisa a que cumpla con una obligación legal[23].

37. E) Las *acciones populares* como instrumentos de garantía constitucional han asumido diversos significados en el derecho Latinoamericano. En una visión panorámica y de resumen podemos señalar varias categorías: a) como medio para ejercer una acción abstracta de inconstitucionalidad; b) como una acción para reclamar la inconstitucionalidad o la ilegalidad contra reglamentos, normas y disposiciones generales de carácter administrativo; y c) como instancia para tutelar derechos o intereses difu-

---

22 *Cf.,* Sidou, Othon, J.M., *Las nuevas figuras del derecho procesal constitucional brasileño: Mandado de Injunçâo y Hábeas Data,* y Da Silva, José Afonso, *Mandado de injunçâo y hábeas data,* ambos estudios citados *supra* nota 17, pp. 169-179, y 9-52, respectivamente.

23 *Cf.,* Allen, Richard B., "Mandamus, quo warranto, prohibition and ne exeat", en *The University of Illinois Law Forum,* primavera de 1960, pp. 102 y ss.; Lawson, F.H., *Remedies of English Law,* Middlesex, Inglaterra 1972, pp. 205-210.

sos o trascendentales, y en general, de carácter colectivo. Es en esta última dirección que las acciones populares tienen similitud con el derecho de amparo en sentido amplio, por lo que sólo nos referiremos a este sector y no a los otros que hemos señalado.

38. El citado tercer sector de las acciones populares de carácter constitucional se integra con las consagradas en los ordenamientos constitucionales de Brasil y Colombia, las que están dirigidas a la protección de los llamados intereses difusos o trascendentales, que asumen cada vez mayor importancia en esta época de intenso desarrollo tecnológico y económico, en el que con frecuencia se afecta la esfera jurídica de un número indeterminado de personas, cuyos derechos no pueden ser tutelados de manera eficaz por medio de los instrumentos procesales tradicionales[24].

39. a) Los primeros ordenamientos que establecieron la *acción popular* con ese significado, lo fueron las *Constituciones Federales brasileñas* de 1946 y 1967, misma que fue regulada por la Ley 4717 de 29 de junio de 1965, que amplió la esfera de las normas constitucionales para comprender la tutela de los intereses difusos de sectores sociales indeterminados y no organizados. Dicha acción popular está regulada actualmente por el artículo 5°, fracción LXXIII, de la Carta federal vigente de 1988, de la siguiente manera:

Cualquier ciudadano es parte legítima para proponer la acción popular que pretenda anular un acto lesivo para el patrimonio público o de una entidad en el que el Estado participe, para la moralidad administrativa, para el medio ambiente o para el patrimonio histórico y cultural, quedando las costas a cargo del actor, salvo las de carácter procesal, al vencido[25].

40. La *Constitución colombiana* de 1991 regula la acción popular constitucional de manera más amplia en su artículo 88, según el cual:

24 La bibliografía sobre los intereses difusos es muy amplia, por lo que nos limitamos a citar dos obras recientes; Lozano-Higuero y Pinto, Manuel, *La protección procesal de los intereses difusos*, Madrid 1983; Hernández Martínez, María del Pilar, *Mecanismos de tutela de los intereses difusos y colectivos*, UNAM, México 1997.

25 *Cf.*, Barbosa Moreira, José Carlos, "Legitimación para la defensa de los intereses difusos", en la obra *Congreso Nacional de Derecho Procesal*, Tomo II, La Plata, Argentina 1981, pp. 1240-1288; Neves, Celso, "Legitimaçâo processual e a nova Constituçâo", en *Revista de Processo*, n° 56, octubre-diciembre de 1989, pp. 1-40; Da Silva, José Afonso, *Curso di direito constitucional positivo, cit.*, *supra* nota 11, pp. 400-408.

La ley regulará las acciones populares para la protección de los derechos e intereses colectivos, relacionados con el patrimonio, el espacio, la seguridad y la salubridad públicos, la moral administrativa, el ambiente, la libre competencia económica y otros de similar naturaleza que se definen en ella. También regulará las acciones originadas en los daños ocasionados a un número plural de personas, sin perjuicio de las correspondientes acciones particulares[26].

41. b) Aun cuando no corresponda a este sector de las acciones colectivas, el artículo 43 de la Constitución argentina reformada en agosto de 1994, recogió esa evolución sobre la tutela de los intereses difusos, pero en lugar de encomendarla a una acción específica, comprendió dicha acción expresamente en la acción de amparo, ya que el segundo párrafo de dicho precepto, dispuso:

(...) Podrán interponer esta acción (de amparo) contra cualquier forma de discriminación y en lo relativo a los derechos que protegen al ambiente, a la competencia, al usuario y al consumidor, así como a los derechos de incidencia colectiva en general, el afectado, el defensor del pueblo y las asociaciones que propendan a esos fines, registradas conforme a la ley, la que determinará los requisitos y formas de su organización.

42. Si bien no se legitima a cualquier persona por medio de una acción popular, se extiende de manera considerable dicho precepto para facultar al *Ombudsman* así como a las asociaciones que tienen por objeto la defensa de dichos derechos colectivos, para interponer la acción de amparo. Debido a lo anterior, la doctrina considera que estas reformas constitucionales, al lado del derecho de amparo clásico, han creado un *amparo colectivo*[27].

43. Toda esta variedad de instrumentos protectores de los derechos humanos que pueden comprenderse dentro del concepto elaborado por el destacado jurista venezolano Brewer-Carías como derecho de amparo en sentido amplio (ver *supra* nota 4), se ha desarrollado de manera impre-

---

26 *Cf.*, Sáchica, Luis Carlos, *Nuevo derecho constitucional colombiano*, 10ª., ed., Temis, Santa Fe de Bogotá 1992, pp. 213-222.

27 *Cf.*, Gozaíni Osvaldo Alfredo, *El derecho de amparo. Los nuevos derechos y garantías del art. 43 de la Constitución Nacional*, 2ª ed., Depalma, Buenos Aires 1998, pp. 86-100: *Id. Derecho procesal constitucional. Amparo. Doctrina y jurisprudencia*, Rubinzal-Culzoni Editores, Buenos Aires 2002, pp. 254-256; Natale, Alberto, *Comentarios sobre la Constitución. La reforma de 1994*, Depalma, Bueno Aires 1995, pp. 66-69.

sionante en el ámbito de los ordenamientos constitucionales latinoamericanos debido a la trágica experiencia de las dictaduras y gobiernos autoritarios de carácter militar que ha padecido nuestra Región durante varias décadas y si bien esta etapa trágica se ha superado de manera paulatina con el establecimiento de gobiernos tendencialmente democráticos, no se han podido desterrar por completo las infracciones a los derechos humanos de un sector importante de sus habitantes. Sin embargo, podemos destacar que ha sido significativa la labor protectora tanto de los organismos jurisdiccionales ordinarios, como de manera especial, de los Tribunales, Cortes y Salas Constitucionales que se han establecido en varios ordenamientos latinoamericanos, ya que una de sus atribuciones más importantes ha sido la de última instancia tutelar de los derechos fundamentales[28].

IV. El Derecho de Amparo en los Instrumentos Internacionales

44. El paradigma original del derecho de amparo mexicano, como instrumento sencillo y breve para tutelar los derechos fundamentales de la persona humana, fue promovido por los diplomáticos de nuestro país en las reuniones internacionales en las cuales se aprobaron varias declaraciones y tratados de derechos humanos, pero con exclusión de la protección de la libertad e integridad personales, que se confirió al *hábeas corpus*, consagrado en dichos documentos de carácter internacional.

45. La doctrina ha puesto de relieve la influencia del amparo mexicano en dichos instrumentos internacionales en los cuales se ha consagrado el establecimiento de un *recurso efectivo, sencillo y breve*, ante los tribunales y organismos internos, como requisito previo para acudir a las instancias supranacionales, para el cual se conservó el nombre de *amparo* en las versiones oficiales en castellano de los propios instrumentos[29].

46. A) En esta dirección pueden enorgullecerse los juristas mexicanos, al haber aportado sus esfuerzos para la consagración de los artículos

---

28   *Cf.*, al respecto Ferrer Mac-Gregor, *Los tribunales constitucionales en Iberoamérica*, FUNDAP, México 2002.

29   *Cf.*, entre otros, Martens, Pierre, *Le droit de recours effectif devant les instances nationales en cas de violation d'un droit de l'homme*, Université de Bruxelles, Bruxelles 1973, pp. 2-23, 3-46.

XVIII,[30] y 8º,[31] respectivamente, de las *Declaraciones Americana y Universal de los Derechos del Hombre*, suscritas en las ciudades de Bogotá y en París, en mayo y diciembre de 1948, en las cuales se establece el reconocimiento de un juicio *sencillo y breve* que *ampare* (como lo consignan los textos oficiales en castellano), el cual pueden interponer los particulares afectados por las violaciones de sus derechos fundamentales reconocidos en los ordenamientos nacionales.

47. B) El artículo 2, inciso segundo, del *Pacto Internacional de los Derechos Civiles y Políticos*, aprobado por las Naciones Unidas el 16 de diciembre de 1966, en vigor el 23 de enero de 1978, establece en lo conducente:

2. Cada uno de los Estados Partes en el presente Pacto se compromete a garantizar que: a) Toda persona cuyos derechos y libertades reconocidos en el presente Pacto hayan sido violados podrá interponer un *recurso efectivo*, aun cuando la violación hubiera sido cometida por personas que actuaban en ejercicio de sus funciones oficiales; b) La autoridad competente, judicial, administrativa o legislativa, o cualquier otra autoridad competente prevista por el sistema legal del Estado, decidirá sobre los derechos de toda persona que interponga tal recurso, y a desarrollar las posibilidades de recurso judicial; c) Las autoridades competentes cumplirán toda decisión en que se haya estimado procedente el recurso.

48. C) El artículo 25 de *la Convención Americana sobre Derechos Humanos*, suscrita en San José de Costa Rica el 22 de noviembre de 1969 y vigente a partir del 18 de julio de 1978, con el epígrafe de *Protección*

---

30 El citado precepto dispone: "Toda persona puede ocurrir a los tribunales para hacer valer sus derechos. Asímismo debe disponer de un procedimiento sencillo y breve por el cual la justicia la ampare contra actos de la autoridad que viole en su perjuicio, alguno de los derechos fundamentales consagrados constitucionalmente". *Cf.*, Fernández del Castillo, Germán, "La Declaración Americana de Derechos y Deberes del Hombre", en el volumen *México en la IX Conferencia Internacional Americana*, Secretaría de Relaciones Exteriores, México 1948, pp. 149-166.

31 Dicha norma establece: "Toda persona tiene derecho a un recurso efectivo ante los tribunales competentes que la ampare contra actos que violen sus derechos fundamentales reconocidos por la Constitución o por la ley". *Cf.*, Tena Ramírez, Felipe, "El aspecto mundial del amparo. Su experiencia internacional", en la obra *México ante el pensamiento jurídico-social de Occidente*, Jus, México 1955, pp. 120-152; *Id.* "El amparo mexicano medio de protección de los derechos humanos", en el volumen *El amparo mexicano y los derechos humanos (Dos ensayos)*, Suprema Corte de Justicia, México 1975, pp. 61-75.

Judicial tiene una redacción similar a la del Pacto de las Naciones Unidas mencionado en el párrafo anterior, pero utiliza expresamente el vocablo *amparo* en su versión oficial en castellano:

> Toda persona tiene derecho a *un recurso sencillo, rápido o a cualquier recurso efectivo* ante los jueces o tribunales competentes que la *ampare* contra actos que violen sus derechos fundamentales reconocidos por la Constitución, la ley o la *presente Convención* (es decir que la tutela se extiende también a los derechos consagrados en dicho instrumento internacional), aun cuando su violación sea cometida por personas que actúen en ejercicio de sus funciones oficiales.- 2. Los Estados Partes se comprometen: a) a garantizar que la autoridad competente prevista por el sistema legal del Estado decidirá sobre los derechos de toda persona que interponga tal recurso; b) a desarrollar las posibilidades de recurso judicial, y c) a garantizar el cumplimiento por las autoridades competentes de toda decisión en que se haya estimado procedente el recurso.

49. D) Aun cuando no existe una influencia directa del amparo mexicano y latinoamericano, el artículo 13 de la *Convención Europea para la Protección de los Derechos Humanos y las Libertades Fundamentales,* suscrita en Roma el 4 de noviembre de 1950, en vigor el 3 de septiembre de 1953, dispone que: "Toda persona cuyos derechos y libertades reconocidos en la presente Convención hubiesen sido violados, tienen derecho a que se conceda un *recurso efectivo* ante una autoridad nacional, incluso cuando la violación hubiese sido cometida por personas que actúen en ejercicio de sus facultades oficiales[32].

50. Si bien no puede afirmarse que los *recursos constitucionales* que se han establecido con el nombre genérico de *Beschwerde* (literalmente, queja), en los ordenamientos de la República Federal de Alemania, de Austria y de Suiza, se hubiesen apoyado en el cumplimiento del citado artículo 13 de la Convención de Roma, debe destacarse que estos instru-

---

32 Se ha destacado la responsabilidad de los gobiernos que han suscrito la mencionada Convención europea cuando los ordenamientos respectivos no regulen adecuadamente esa instancia procesal interna. *Cf.,* Martens, Pierre, *Le droit de recours effectif devant les instances nationales en cas de violation d'un droit de l'homme, cit., supra* nota 29, pp. 47-98.

mentos realizan una función tutelar de los derechos fundamentales similar a la del amparo latinoamericano e iberoamericano[33].

51. No pretendemos hacer un análisis de dichos instrumentos tutelares de los derechos humanos, que se interponen en última instancia ante el Tribunal Federal Constitucional alemán, la Corte Constitucional austríaca o el Tribunal Federal de Suiza, pero sí podemos destacar que el que tiene mayor aproximación con el recurso de amparo latinoamericano y el español, es la *Verfassungsbeschwerde* alemana (literalmente, queja o recurso constitucional)[34], y por ese motivo los juristas españoles traducen al castellano dicho vocablo como *recurso de amparo*[35].

V. EL AMPARO MEXICANO COMO PARADIGMA ORIGINAL Y SU EVOLUCIÓN

52. Para comprender la institución mexicana es necesario explicar muy brevemente las influencias externas que motivaron su creación, esta última en varias etapas, hasta su consagración en la Carta Federal de 5 de febrero de 1857, en la cual se configuró el modelo original de instrumento procesal sencillo y breve para la tutela de los derechos fundamentales (entonces exclusivamente de carácter individual), que a partir de entonces experimentó un desarrollo gradual pero sustancial, hasta llegar a su regulación actual, en la cual sus fines de protección se han extendido por con-

---

33 *Cf.*, Schuler, Andrea Hans, *Der Verfassungsbeschwerde in der Schweiz, der Bundesrepublik Deutschland und Österreich* (El recurso constitucional en Suiza, la República Federal de Alemania y de Austria), Zürich 1968.

34 *Cf.*, Fix-Zamudio, Héctor, "El juicio de amparo mexicano y recurso constitucional federal alemán (Breves reflexiones comparativas)", en *Boletín Mexicano de Derecho Comparado*, nº 71, mayo-agosto de 1993, pp. 461-468, reproducido en el libro del mismo autor, *Ensayos sobre el derecho de amparo*, cit., *supra* nota 7, pp. 667-694.

35 Como ejemplo podemos citar a Helmut, Simon, "La jurisdicción constitucional. Recursos de amparo de los ciudadanos", en la obra colectiva de Benda, Ernesto y otros, *Manual de derecho constitucional*, trad. castellana, Marcial Pons, Madrid 1996, pp. 834-835; Häberle, Peter, "El recurso de amparo en el sistema germano-federal de jurisdicción constitucional", trad. de Ruiz Miguel, Carlos, en la obra *Jurisdicción constitucional en Iberoamérica*, cit. *supra* nota 4, pp. 227-282.

ducto del llamado control de legalidad, a la tutela, en última instancia, de todo el ordenamiento jurídico nacional[36].

53. El juicio de amparo mexicano fue el resultado de una lenta y dolorosa evolución en que se combinaron elementos externos y factores nacionales[37]. La influencia externa puede dividirse en tres grandes corrientes: norteamericana, española y francesa.

54. A) La más ostensible es la que proviene del *derecho público de los Estados Unidos*, como ocurrió también en la mayoría de los países latinoamericanos en los primeros años de su independencia de España y de Portugal,[38] ya que los creadores del amparo mexicano pretendieron introducir los principios esenciales de la revisión judicial de las leyes de los Estados Unidos, pero entendiéndola en la forma en que la había divulgado la obra clásica de Alexis de Tocqueville, *La democracia en América del Norte*[39]. La traducción castellana de dicha obra por D.A. Sánchez de Bustamante aparecida en París en 1836, se conoció en México al año siguiente y además se hizo una reimpresión de la misma en nuestro país en 1855, año de convocatoria para la elección de los miembros del Congreso Constituyente del cual emanó la Carta federal de 1857, que consagró definitivamente el amparo[40]. También debe señalarse la influencia de la clásica institución angloamericana del *hábeas corpus*, que se incorporó al juicio de amparo mexicano pero sin el nombre tradicional con el cual se

---

36 *Cf.,* Fix-Zamudio, Héctor, "Breve introducción al juicio de amparo mexicano", en la obra del mismo autor, *Ensayos sobre el derecho de amparo, cit., supra* nota 7, pp. 11-18; Soberanes, José Luis y Martínez Martínez Faustino José, *Apuntes para la Historia del juicio de amparo*, Porrúa, México 2002, pp. 273-299.

37 *Cf.,* Fix-Zamudio, Héctor, "El juicio de amparo mexicano y el derecho constitucional comparado", en el libro *Ensayos sobre el derecho de amparo, cit. supra* nota anterior, pp. 425-466.

38 *Cf.,* Fix-Zamudio, Héctor, "Influencia del derecho angloamericano en la protección de los derechos humanos en América Latina", en *Festschrift für Karl Loewenstein (Libro de homenaje a Karl Loewenstein)*, J.C. B Mohr (Paul Siebeck), Tübingen 1971, pp. 485-508, reproducido en el libro del mismo autor, *Latinoamérica: Constitución, proceso y derechos humanos,* México, *cit. Supra nota 5*, pp. 131-154.

39 La primera edición en francés de esta obra fue publicada en París en 1835, mismo año en que apareció una traducción al inglés por Reeve, Henry, *Democracy in America*, Saunders and Oley, Londres. De esta última se han hecho múltiples reimpresiones en diferentes épocas, tanto en Inglaterra como en los Estados Unidos.

40 *De la Democracia en América del Norte*, trad. de Sánchez de Bustamante, D.A., 2 vols., Imprenta de Ignacio Cumplido, México, 1855.

le conoce en los demás países latinoamericanos y actualmente en España[41]. Además, el modelo angloamericano tuvo gran ascendiente en la adopción del régimen federal en México y en la organización de los tribunales federales, a los cuales se encomendó el conocimiento del juicio de amparo[42].

55. B) Aún cuando la *influencia española* fue menos evidente, tras tres siglos de dominación cultural y política en la Nueva España, el nombre del amparo tiene antecedentes castellanos y aragoneses[43]. También tuvo trascendencia el régimen centralista que predominó en la época colonial, que trajo como efecto la concentración de todos los asuntos judiciales del país en nuestra Suprema Corte de Justicia, por medio del juicio de amparo contra resoluciones judiciales, lo que debe considerarse como opuesto al régimen de doble jurisdicción del sistema federal norteamericano que nos sirvió de modelo[44].

56. C) Advertimos un *influjo del derecho francés*, en una triple dirección: en primer término, por conducto de las declaraciones de los derechos del hombre, calificados en nuestras constituciones como *garantías*

---

41   *Cf.,* el clásico estudio de Eder, Phanor J., "Habeas corpus disemboided. Latin American Experience", en la obra *XXth Century Comparative and Conflicts Laws. Legal Essays in Honor of Hessel E. Yntema, Leyden,* 1961, pp. 473 y ss.

42   En efecto, la primera Carta Fundamental de la época independiente expedida el 4 de octubre de 1824 recibió el nombre de Constitución Federal de los Estados Unidos Mexicanos, que conserva nuestra Ley Suprema vigente, y el artículo 123 de la primera estableció: "El poder judicial de la Federación residirá en una Corte Suprema de Justicia, en los tribunales de circuito y en los de distrito", lo que recibió la influencia directa de la organización judicial federal de los Estados Unidos, y que en esencia todavía subsiste en México.

43   Mucho se ha escrito sobre los antecedentes hispánicos sobre el juicio de amparo mexicano, pero nos limitamos a señalar como el más importante, el del derecho de Castilla, que se aplicaron directamente a las colonias españolas en América, como lo expuso Lira González, Andrés, *El amparo colonial y el juicio de amparo mexicano,* Fondo de Cultura Económico, México 1972. De manera indirecta también se invocaron los procesos forales aragoneses, como lo señaló el jurista e historiador español Fairén Guillén, Víctor, *Antecedentes aragoneses de los juicios de amparo,* UNAM, México 1971; Soberanes, José Luis y Martínez Martínez, Faustino José, *Apuntes para la Historia del Juicio de Amparo, cit., supra* nota 36, pp. 75-122.

44   *Cf.,* Noriega Cantú, Alfonso, "El origen nacional y los antecedentes hispánicos del juicio de amparo", en Jus, México, septiembre de 1942, pp. 151-172; *Id. Lecciones de Amparo,* 5ª ed., revisada por Soberanes, José Luis, Tomo I, Porrúa, México 1997, pp. 59-86.

individuales,[45] que en principio se estimaron como el contenido esencial de la protección por medio del juicio de amparo;[46] en segundo lugar, en cuanto se pretendió implantar una copia del Senado Conservador de la Constitución francesa del año VIII (1799);[47] y en una tercera dirección, que estimamos como la más trascendente, es la influencia de varios elementos de la casación francesa en el juicio de amparo contra resoluciones judiciales, que por ello se le ha calificado como *amparo-casación*[48].

57. Por lo que se refiere a los factores de carácter nacional, los juristas y los políticos mexicanos propusieron de manera paulatina una serie de instrumentos derivados de los modelos externos, que en un principio se apoyaron en organismos políticos como el Congreso Federal y el Senado Conservador, pero que se orientaron hacia procedimientos de carácter judicial, de acuerdo con el modelo generalizado en Latinoamérica de la revisión judicial norteamericana,[49] y según con esta tendencia, el amparo mexicano se creó de manera paulatina en *tres etapas sucesivas*, por conducto de las cuales se perfiló y evolucionó la institución.

58. A) En primer término, el amparo surgió, inclusive con ese nombre, en la *Constitución del Estado de Yucatán de 11 de marzo de 1841*, según

---

45   *Cf.*, Burgoa Orihuela, Ignacio, *Las garantías individuales*, 18ª ed., Porrúa, México 1984, pp. 154-200.

46   La Constitución Federal de 1857, estableció en la fracción I, de su artículo 101, que el juicio procederá únicamente contra la violación de las garantías individuales por leyes o actos de cualquier autoridad, y una redacción similar se contiene en la fracción I, del artículo 103, de la Carta Federal vigente de 1917, no obstante que en ella se elevaron a rango fundamental los derechos económicos, sociales y culturales, que desde entonces también se tutelan por el derecho de amparo.

47   La bibliografía es amplia, por lo que citamos algunos autores, Noriega Cantú, Alfonso, *El pensamiento conservador y el conservadurismo mexicano*, Tomo I, México 1972, pp. 207-248; Moreno, Daniel, "El Supremo Poder Conservador", en *Revista de la Facultad de Derecho de México*, n°. 69-70, enero-junio de 1968, pp. 255-296, Fix-Zamudio, Héctor, "Tres instituciones francesas revolucionarias y el derecho constitucional mexicano", en la obra *Bicentenario de la Revolución francesa*, UNAM, México 1991, pp. 60-64.

48   Esta última influencia ha sido reconocida ampliamente por la doctrina mexicana, especialmente por el jurista Vega, Fernando, en su artículo "El juicio de amparo y el recurso de casación francés", que apareció originalmente en la *Revista de Legislación y Jurisprudencia*, México 1989, pp. 69-86, reimpreso en la *Revista de la Escuela Nacional de Jurisprudencia,* México, julio-septiembre de 1946, pp. 221-238.

49   *Cf.*, Eder, Phanor E., "Judicial Review in Latin America", en *Ohio State Law Journal,* 1960, pp. 571 y ss.

el proyecto elaborado en el mes de diciembre de 1840 por Manuel Crescencio García Rejón estimado, con toda razón, como uno de los creadores de la máxima institución procesal mexicana. El motivo por el cual el amparo mexicano fue introducido en el ordenamiento de una entidad federativa, se debe a que en esa época se libraba una lucha encarnizada entre los partidarios del restablecimiento del sistema federal, que eran los miembros de la corriente liberal, y los conservadores que sostenían el régimen unitario consagrado en las Siete Leyes Constitucionales de 1836, entonces en vigor, ya que en esos momentos dominaba en el estado de Yucatán un gobierno local partidario de la unión federal[50].

59. B) En el ámbito nacional, el amparo fue establecido en el documento denominado *Acta Constitutiva y de Reformas* expedido el 18 de mayo de 1847, que introdujo modificaciones a la Constitución Federal de 1824, cuya vigencia fue restablecida. Este documento se inspiró de manera indiscutible en el proyecto redactado por el distinguido jurista y político mexicano Mariano Otero, considerado como el segundo padre del amparo, si se toma en cuenta que el artículo 25 de dicho ordenamiento introdujo la redacción calificada como *fórmula Otero*, que todavía subiste,[51] de acuerdo con la cual la sentencia que otorgue el amparo no debe contener declaraciones generales, de manera que cuando se combate la constitucionalidad de una ley, dicha tutela se traduce en la desaplicación de las disposiciones impugnadas, exclusivamente en beneficio de la parte reclamante[52].

---

50 *Cf.*, el volumen publicado por la Suprema Corte de Justicia, *Homenaje a don Manuel Crescencio Rejón*, México 1960. Fix-Zamudio, Héctor, "Algunos aspectos de la obra jurídica de Manuel Crescencio García Rejón", en *Edición Conmemorativa. Medio Siglo de la Revista de la Facultad de Derecho de México*, UNAM, México 1991, pp. 488-501.

51 En efecto, la parte relativa de la fracción II, del artículo 107 constitucional en vigor, dispone: "La sentencia será siempre tal, que sólo se ocupe de individuos particulares, limitándose a ampararlos y protegerlos en el caso especial sobre el que verse la queja, *sin hacer una declaración general respecto de la ley o del acto que la motivare*".

52 La bibliografía de la obra de Otero es muy amplia, por lo que nos limitamos a las obras más conocidas. Entre los estudios principales se encuentra el "Estudio Preliminar, redactado por Reyes Heroles, Jesús, a la obra por él recopilada, *Otero. Obras*, Porrúa, México, pp. 74-82 y 349-383, respectivamente; Fix-Zamudio, Héctor, *Acta Constitutiva y de Reformas de 1847*, Instituto de Estudios Constitucionales Carlos Restrepo Piedrahita, Universidad Externado de Colombia, *Temas de Derecho Públi-*

60. El texto del citado artículo 25 del Acta de Reformas de 1847, establecía lo siguiente:

> Los tribunales de la federación *ampararán* a cualquier habitante de la República *en el ejercicio y conservación de los derechos que le concede esta Constitución y las leyes constitucionales*, contra todo ataque de los Poderes Legislativo y Ejecutivo, ya de la Federación, ya de los Estados, *limitándose dichos tribunales a impartir su protección en el caso particular sobre que verse el proceso sin hacer ninguna declaración general respecto de la ley o acto que la motivare.*

61. C) Apoyándose en los antecedentes mencionados, los miembros del Congreso Constituyente de 1856-1857, entre los cuales sobresalieron en esta materia Ponciano Arriaga, Melchor Ocampo y León Guzmán, establecieron en los artículos 101 y 102 de la Constitución Federal de 5 de febrero de 1857 los lineamientos fundamentales del juicio de amparo en su concepción original, algunos de los cuales han llegado hasta nuestros días. Ésta debe considerarse como la etapa final en el nacimiento de la institución y el punto de partida de su desarrollo posterior hasta alcanzar el alto grado de complejidad con el cual se le conoce actualmente[53].

62. Es preciso destacar que en esta tres etapas de formación del juicio de amparo mexicano, tanto Manuel Crescencio García Rejón como Mariano Otero y los Constituyentes de 1856-1857, señalaron expresamente, ya sea por escrito o en los debates respectivos, que la institución que pretendían establecer estaba inspirada en la revisión judicial de la constitucionalidad de las leyes de los Estados Unidos, tal como la había divulga-

---

co nº 43, Santa Fé de Bogotá 1997, pp. 46-60, estudio reproducido en el libro compilado por Galeana, Patricia, *México y sus Constituciones*, Archivo General de la Nación-Fondo de Cultura Económica, México 1999, pp. 229-240; Sánchez Vázquez, Rafael, "La impronta de don Mariano Otero en el Acta de Reformas de 1847", en el volumen *La actualidad de la defensa de la Constitución. Memoria del Coloquio Internacional en la celebración del Sesquicentenario del Acta de Reformas Constitucionales de 1847 origen federal del juicio de amparo mexicano*, Suprema Corte de Justicia de la Nación-UNAM, México 1997, pp. 309-341; Oñate, Santiago, "El Acta de Reformas de 1847", en la obra *Derechos del Pueblo Mexicano. México a través de sus Constituciones*, 3ª ed., Cámara de Diputados-Miguel Ángel Porrúa, Tomo III, México 1985, pp. 142-150; González Oropeza, Manuel, (Estudio introductorio y compilación). *La reforma del Estado Federal. Acta de Reformas de 1847*, UNAM, México 1998.

53 *Cf.,* Zarco, Francisco, *Historia del Congreso Extraordinario Constituyente (1856-1857)*, El Colegio de México, México 1956, pp. 988-989.

do Alexis de Tocqueville en su clásica obra *La Democracia en América del Norte*[54].

63. A partir de la Constitución de 1857 advertimos un notable desarrollo del juicio de amparo, que no obstante haber nacido exclusivamente como un instrumento procesal para la tutela de las llamadas *garantías individuales* o derechos individuales clásicos, amplió su ámbito protector de manera paulatina. Para explicar brevemente esta evolución es preciso señalar las siguientes etapas:

64. a) El amparo se perfeccionó en los diversos ordenamientos reglamentarios que se expidieron con apoyo en los citados artículos 101 y 102 constitucionales, como lo fueron las Leyes de Amparo de 1861, 1869 y 1882, y en los preceptos reglamentarios que se incorporaron posteriormente a los Códigos de Procedimientos Civiles Federales de 1897 y 1908[55], ordenamientos que recogieron las enseñanzas de la jurisprudencia de la Suprema Corte de Justicia, la que transformó este medio de impugnación de un instrumento sin contornos precisos, en un verdadero proceso contra las autoridades infractoras; ello, para proteger entonces de manera predominante, la vida y la libertad de los gobernados, ya que con frecuencia se utilizó para arrancar de los pelotones de fusilamiento a los condenados a muerte por delitos políticos, o bien evitó, así sea con limitaciones, el servicio forzado de las armas o las detenciones indebidas, lo

---

54 Conviene transcribir el texto de los citados artículos 101 y 102 de la Carta Federal de 1857, para comprender mejor el punto de partida de la evolución el derecho de amparo mexicano: "Artículo 101. Los tribunales de la Federación resolverán toda controversia que se suscite: I. Por leyes o actos de cualquier autoridad que violen las garantías individuales;- II. Por leyes o actos de autoridad federal que vulneren o restrinjan la soberanía de los Estados, -II. Por leyes o actos de las autoridades de éstos, que invadan la esfera de la autoridad federal.- Artículo 102. Todos los juicios de que habla el artículo anterior se seguirán a petición de parte agraviada, por medio de procedimientos y formas del orden jurídico, que determinará una ley. La sentencia será siempre tal que sólo se ocupe de individuos particulares, limitándose a protegerlos y ampararlos en el caso especial sobre que verse el proceso, *sin hacer ninguna declaración general respecto de la ley o acto que la* motivare".

55 *Cf.,* el documentado estudio de Soberanes Fernández, José Luis, *Evolución de la Ley de Amparo,* Instituto de Investigaciones Jurídicas-Comisión Nacional de Derechos Humanos, UNAM, México 1994, en el cual se hace el cotejo, artículo por artículo de la actual Ley de Amparo, con los ordenamientos anteriores de la materia.

que otorgó a la institución el prestigio popular que conserva actualmente[56].

65. De acuerdo con las citadas leyes reglamentarias y las disposiciones relativas de los códigos mencionados, a partir de 1869 el juicio de amparo se tramitaba por medio de un procedimiento de doble instancia, la primera, ante los jueces de distrito, la segunda, de oficio ante la Suprema Corte de Justicia, con independencia de los actos que se reclamaran y de las partes que intervinieran.

66. b) Pero la transformación más importante fue la introducción del juicio de amparo contra sentencias judiciales por incorrecta aplicación de la ley secundaria. Esto ocurrió debido a una serie de causas de carácter social y político, que presionaron a la Suprema Corte para aceptar una interpretación sumamente discutible del artículo 14 de la citada Constitución Federal de 1857[57].

67. En efecto, debido a tres siglos de centralismo judicial en la época colonial española, que a su vez provocó la concentración de los abogados en las ciudades de México y de Guadalajara, en las cuales residían las únicas Audiencias (tribunales de apelación), con posterioridad a la independencia fue preciso integrar los tribunales superiores de las entidades federativas, creados por la Constitución Federal de 1824, con magistrados improvisados, con la consiguiente falta de confianza de los justiciables en dichos tribunales locales, los que también quedaron sujetos a la influencia política de las propias entidades federativas.

68. Debido a los factores anteriores, los abogados mexicanos acudieron a todos los medios, inclusive a la mencionada interpretación del artículo

---

56 Los orígenes, los debates y el desarrollo de las primeras leyes de amparo han sido analizadas por el jurista mexicano Barragán Barragán, José, *Primera Ley de Amparo de 1861* y *Proceso de discusión de la Ley de Amparo de 1869*, UNAM, ambas publicadas en México, 1980 y reimpresas en 1987, así como *Proceso de discusión de la Ley de Amparo de 1882,* UNAM, México 1993.

57 El citado artículo 14, disponía: "No se podrá expedir ley retroactiva. *Nadie puede ser juzgado ni sentenciado sino por leyes dadas con anterioridad al hecho y exactamente aplicadas a él, por el tribunal que previamente haya establecido la ley*". Dicho precepto, como se ha demostrado por la doctrina, sólo consagraba el derecho al debido proceso legal, pero se le interpretó indebidamente como si estableciera un derecho constitucional a la legalidad en los procesos judiciales. *Cf.,* Rabasa, Emilio, *El juicio constitucional. El artículo 14*, Porrúa, México 1955, obra aparecida originalmente en 1906.

14 constitucional, para sustraer los asuntos judiciales de manos de los tribunales locales, aún tratándose de la aplicación de las leyes de los Estados, para llevarlos a los tribunales federales por conducto del juicio de amparo, sin mediar una cuestión de inconstitucionalidad, sino exclusivamente la discusión sobre la legalidad de la aplicación de la ley respectiva por el juez de la causa, y debido a la revisión de oficio, todos los casos llegaban en última instancia ante la Suprema Corte de Justicia, la que concentró así todos los asuntos judiciales del país, con lo que se transformó en un tribunal federal de casación.

69. c) La Constitución vigente, promulgada el 5 de febrero de 1917, recogió la regulación anterior en sus artículos 103 (muy similar al 101 de la Carta Federal anterior de 1867), y 107, que estableció de manera minuciosa los lineamientos esenciales de la tramitación del juicio de amparo. Debe llamarse la atención sobre el hecho de que el Constituyente de Querétaro de 1916-1917, después de acalorados debates, consagró expresamente en el artículo 14 de la Carta Federal vigente la procedencia del amparo contra sentencias judiciales por la violación de las leyes secundarias. Si se toma en cuenta, además, el principio de legalidad del artículo 16 constitucional,[58] la esfera del amparo se ha extendido a tal grado, que a partir de entonces y salvo los casos limitados que la Constitución Federal y la ley reglamentaria señalan, en los cuales no procede la impugnación, el amparo protege todo el orden jurídico nacional, lo que explica la complejidad que asumido la institución en nuestros días[59].

---

58 El citado artículo 14 constitucional dispone en su parte conducente: (...). En los juicios del orden criminal queda prohibido imponer, por simple analogía y aun por mayoría de razón, pena alguna que no esté decretada por una ley exactamente aplicable al delito de que se trata.- En los juicios del orden civil, la sentencia definitiva deberá ser conforme a la letra o a la interpretación jurídica de la ley, y a falta de esta se fundará en los principios generales del derecho". La llamada garantía de legalidad se consagra en la parte relativa del artículo 16 de la Carta Federal, que ordena: "(...) Nadie puede ser molestado en su persona, familia, domicilio, papeles o posesiones, sino en virtud de mandamiento escrito de autoridad competente, que funde y motive la causa legal del procedimiento". *Cf.,* Ovalle Favela, José, *Garantías constitucionales del proceso,* 2ª ed., Oxford University Press, México 2002, pp. 271-300.

59 En efecto, el juicio de amparo mexicano tutela todo el orden jurídico nacional, con excepción de algunas hipótesis, ya que la Carta Federal y la Ley de Amparo establecen escasas limitaciones a la procedencia del propio juicio de amparo. Entre las restricciones podemos mencionar la expulsión de extranjeros indeseables sin previo juicio por parte del Ejecutivo Federal (artículo 33 constitucional), que ha sido objeto

VI. COMPLEJIDAD ACTUAL DEL AMPARO MEXICANO

70. De una manera muy esquemática podemos afirmar que en la actualidad el derecho de amparo mexicano comprende *cinco sectores*: A) el *hábeas corpus*; B) la impugnación de la inconstitucionalidad de las leyes; C) el amparo contra resoluciones judiciales; D) el amparo contra actos y resoluciones de la administración pública federal y local; E) el amparo en materia social agraria.

71. A) El sector del amparo que puede asimilarse al *hábeas corpus* y que por ello puede calificarse como *amparo de la libertad e integridad personales*, que está regulado de manera autónoma en la mayoría de las legislaciones contemporáneas, o al menos, por medio de un procedimiento específico, en nuestro país se considera como una modalidad del amparo, pero con las características clásicas de la institución, ya que procede contra actos u omisiones que afectan la libertad y la dignidad personales fuera de procedimiento judicial (o sea, respecto de detenciones realizadas por autoridades formalmente administrativas, policíacas o del ministerio público); puede interponerse por cualquier persona, inclusive un menor de edad, por escrito o de manera oral (y en casos urgentes ante los jueces locales, que deben iniciar el procedimiento en tanto se envía el expediente ante el juez federal competente, que conoce de la primera instancia), así como por telegrama y, en la actualidad, por otros medios electrónicos de comunicación; el juez debe hacer las gestiones necesarias para lograr la presencia del afectado y dictar las medidas precautorias eficaces para evitar daños graves o irreparables; el procedimiento es teóricamente muy breve y sin formalismos; no existe plazo preclusivo para presentar la demanda, etcétera (artículos 17; 22, fracción I; 23, segundo párrafo; 38, 39, 40, 117 y 119 de la Ley de Amparo).

72. B) Un segundo sector ha sido calificado *amparo contra leyes*, y se traduce en el procedimiento para combatir las disposiciones legislativas

---

de críticas doctrinales; las resoluciones en materia electoral (artículo 73, fracciones VII y VIII, de la Ley de Amparo), que actualmente se pueden combatir ante el Tribunal Electoral del Poder Judicial de la Federación (artículo 100 constitucional reformado en 1996) y sobre la procedibilidad del enjuiciamiento de los altos funcionarios y locales, por delitos comunes (artículo 11 constitucional), o sobre la responsabilidad política de los mismos funcionarios (artículo 111 de la misma Carta Federal). Sobre esta materia puede consultarse a Burgoa Orihuela, Ignacio, *El juicio de amparo*, 21ª ed., Porrúa, México 1984, pp. 451-499.

por medio del amparo. Existen dos modalidades: a) la que podemos calificar de *acción de inconstitucionalidad* (de carácter concreto) que es la interpuesta por los particulares afectados con los actos de expedición y promulgación de las mencionadas normas generales (entendidas en sentido material, es decir, leyes, reglamentos y tratados internacionales, aprobados estos últimos por el Senado Federal). En esta modalidad del derecho de amparo deben señalarse como autoridades demandadas a las que hubiesen intervenido en el procedimiento legislativo, o sea el Congreso de la Unión, las legislaturas locales, la Asamblea Legislativa del Distrito Federal, así como el Presidente de la República, los Gobernadores de los Estados o el Jefe de Gobierno del propio Distrito Federal, y sólo a los últimos cuando se trata de la expedición de los reglamentos respectivos. La primera instancia se sigue ante los jueces federales de distrito y, el segundo grado, por medio del llamado recurso de revisión (en realidad, apelación), ante la Suprema Corte de Justicia (artículos 107, fracciones VII y VIIII, de la Constitución Federal; 83, fracción IV, 84, fracción I, incisos a) y c), de la Ley de Amparo, así como 10, fracciones II, inciso c) y III; 51, fracción I; 52, fracción III; 54, fracción II, y 55, fracción II, según la materia, de la Ley Orgánica del Poder Judicial de la Federación de mayo de 1995).

73. b) El segundo aspecto del amparo contra leyes se puede denominar *recurso de inconstitucionalidad,* que se caracteriza por la *vía incidental o prejudicial*, es decir, por el planteamiento de la inconstitucionalidad de la ley aplicada en una resolución judicial impugnada en el juicio de amparo de una instancia (equivalente a un recurso de casación) ante los tribunales colegiados de circuito, los que deben decidir en el fallo la citada cuestión de inconstitucionalidad de manera incidental, y la sentencia respectiva puede combatirse, únicamente en este aspecto, por medio del recurso de revisión (apelación) ante la Suprema Corte de Justicia, la que únicamente debe resolver sobre la cuestión de inconstitucionalidad, ya que si ésta se considera improcedente o infundada, el fondo sobre la ilegalidad de la aplicación, si también se invoca, corresponde al tribunal colegiado respectivo (artículos 107, fracciones V, VI y IX, de la Carta Federal; 83, fracción V; 84, fracción II; 93, 159-169 y 166, fracción IV, segundo

párrafo de la Ley de Amparo, así como 10, fracción III, y 37, fracción I, de la Ley Orgánica del Poder Judicial de la Federación)[60].

74. Respecto de la acción concreta de inconstitucionalidad que hemos señalado anteriormente, es preciso mencionar que la sentencia estimativa dictada en esta materia por la Suprema Corte de Justicia se traduce exclusivamente en la *desaplicación* de las disposiciones normativas impugnadas en beneficio del promovente, sin hacer una declaración general, con apoyo en la tradición establecida desde 1847, por medio de la llamada *fórmula Otero* (ver *supra* párrafo 59), que subsiste en nuestra Constitución vigente y en la Ley de Amparo.

75. Este precepto ha sido objeto de un agudo debate doctrinal, en virtud de que en la mayoría de los ordenamientos latinoamericanos predominan los efectos *erga omnes* de las sentencias de inconstitucionalidad pronunciadas por los tribunales constitucionales o supremos, aún cuando subsiste la desaplicación en cada caso concreto en las impugnaciones en vía incidental. Por ello, se ha propuesto que se introduzca la declaración general en los juicios de amparo en los cuales se reclame la inconstitucionalidad de normas generales en la vía directa de acción[61]. Esta solución se ha propuesto en los proyectos elaborados por la Suprema Corte de Justicia de reforma constitucional y de nueva Ley de Amparo.

76. En efecto, en el proyecto de reforma constitucional aprobado por la Suprema Corte de Justicia en el mes de mayo del año 2001, se propone agregar un segundo párrafo a la fracción II, del artículo 107 de la Carta Federal, ya que el primer párrafo conserva la disposición relativa a los efectos particulares de las sentencias de amparo cuando se impugna la inconstitucionalidad de normas generales, de acuerdo con lo que hemos calificado como *fórmula Otero* (ver *supra* párrafo 59). Dicho segundo párrafo establece la siguiente disposición normativa:

---

60 La bibliografía sobre el amparo contra leyes, además de las obras generales sobre el juicio de amparo, comprende un número amplio de estudios específicos. Sobre estos últimos citados la reciente obra de Aguilar Álvarez y De Alba, Ernesto, *El amparo contra leyes*, México, Trillas 1989.

61 *Cf.*, Fix-Zamudio, Héctor, "La declaración general de inconstitucionalidad y el juicio de amparo", en *Boletín Mexicano de Derecho Comparado*, n° 10-11, enero agosto de 1971, pp. 51-98, reproducido en el libro del mismo autor, *Ensayos sobre el derecho de amparo*, cit. *supra* nota 7, pp. 183-256.

Sin embargo, cuando la Suprema Corte de Justicia de la Nación, en los juicios de amparo indirecto (acción de inconstitucionalidad, ver *supra* párrafo 72), establezca jurisprudencia por reiteración en la cual se determine la inconstitucionalidad o se determina la interpretación conforme de una norma general respecto de esta Constitución, *procederá a emitir la declaratoria general correspondiente, en la cual se fijarán sus alcances y condiciones en los términos de la ley reglamentaria.*

77. Este precepto recoge la corriente doctrinal predominante sobre la necesidad de la declaración general de inconstitucionalidad en el juicio de amparo contra normas generales, al menos por lo que respecta a la acción de impugnación de dichas normas, doctrina que se apoyó en dos argumentos esenciales: De acuerdo con el primero, la aplicación exclusiva de los efectos particulares cuando se impugnan normas legislativas infringe uno de los principios básicos del régimen del Estado Democrático de Derecho, que descansa en la *igualdad de los gobernados ante la ley*, el que se afecta con la subsistencia de disposiciones normativas que han sido declaradas inconstitucionales por la Suprema Corte de Justicia, ya que si bien algunas personas o entidades que cuentan con recursos económicos pueden acudir al asesoramiento profesional de distinguidos abogados para que interpongan oportunamente la demanda de amparo respectiva, el resto de la población que no cuenta con ese asesoramiento, está obligado a cumplir con el ordenamiento contrario a la Carta Federal. La declaración general que se traduce en la invalidez de las normas inconstitucionales impide que se sigan aplicando en perjuicio de un grupo mayoritario de gobernados, y por ello se ha impuesto el régimen de la declaración general, que no es absoluto, en una gran parte de los ordenamientos contemporáneos[62].

78. En segundo lugar, el dictado de sentencias caso por caso apoyadas en los mismos razonamientos y con mayor razón cuando existe jurisprudencia obligatoria, tratándose de la impugnación de normas legislativas en el juicio de amparo, retrasa considerablemente la labor de la Suprema Corte de Justicia, y por ello fue necesario que dicho alto tribunal expidiera recientemente acuerdos generales, a fin de encomendar a los tribunales colegiados de circuito, el conocimiento los juicios de amparo en revisión

---

62 *Cf.*, Fix-Zamudio, Héctor, "La declaración general de inconstitucionalidad, la interpretación conforme y el juicio de amparo mexicano", en *Revista del Instituto de la Judicatura Federal,* n° 8, México 2001, pp. 145-155.

contra normas generales, respecto de las cuales ya se hubiere establecido jurisprudencia por la propia Suprema Corte, lo cual constituye únicamente un paliativo al enorme problema del rezago[63].

79. Los razonamientos anteriores fueron acogidos en el citado proyecto de reforma constitucional, en cuya parte pertinente se afirma:

> El tema de los alcances de las sentencias de amparo es trascendental en este proyecto. La sociedad se ha pronunciado en el sentido de que el juicio de amparo sea más accesible para todos, que no nada más *sirva a gente con los suficientes recursos como para contratar un abogado especializado que pueda impugnar actos o normas contrarias a la Constitución. Ésta, como Ley Suprema, debe ser aplicada a todos por igual. Su supremacía no puede depender de la capacidad económica de los individuos para acudir al juicio de amparo.*

80. Además de la introducción de la declaración general en el juicio de amparo, tanto el proyecto de modificaciones a la Carta Federal como el de una Nueva Ley de Amparo proponen, al lado de dicha declaración general, la institución que se conoce como *interpretación conforme*, de acuerdo con la denominación que se estableció en la doctrina y en la jurisprudencia alemanas con el nombre original de *verfassungskonforme Auslegung von Gezetzen*[64]. Esta ha tenido una importante divulgación en la justicia constitucional contemporánea, en ocasiones con denominaciones diferentes (entre ellas las de sentencias interpretativas), debido a que resuelve un problema que se plantea con la declaración general de in-

---

63 Entre los autores que han apoyado la necesidad de introducir la declaración general de inconstitucionalidad en el juicio de amparo contra normas legislativas, podemos citar a Castro y Castro, Juventino V., *Hacia el amparo evolucionado*, 2ª ed., Porrúa, México 1977, pp. 34-44; Vallarta Plata, José Guillermo, "El poder judicial y el sistema de declaración general de inconstitucionalidad en Latinoamérica" en *Función del poder judicial en los sistemas constitucionales latinoamericanos,* UNAM, México 1977, pp. 169-186; Aguilar Álvarez y De Alba, Horacio, *El amparo contra leyes*, *cit. supra* nota 60, 109-128.

64 *Cf.,* Volker, Haak, *Normenkontrolle und verfassungskonforme Gezetsauslegund des Richters* (Control normativo e interpretación judicial de la conformidad constitucional), Ludwig Röhrscheid Verlag, Bonn 1963, pp. 184-213; Hesse, Konrad, *Grundzüges des Verfassungsrecht der Bundesrepublik Deutschland* (Elementos de derecho constitucional de la República Federal de Alemania), 16ª ed., Heildelberg, C.F., Müller Juristische Verlag, 1988, pp. 29-32, pp. 29-32, *Id., Escritos de derecho constitucional (Selección),* trad. de Cruz Villalón, Pedro, Centro de Estudios Constitucionales, Madrid 1983, pp. 53-57.

constitucionalidad, en cuanto a que la misma se traduce en la anulación de las disposiciones legislativas, que en todo caso produce una conmoción jurídica, ya que es necesario llenar el vacío que se deja en el ordenamiento que se considera inválido, el que no siempre es sustituido por la legislación anterior y requiere de la intervención del legislador para subsanar las infracciones a la Ley Fundamental.

81. Como lo ha señalado certeramente el destacado jurista español, Eduardo García de Enterría, la interpretación conforme tiene su origen en dos principios establecidos por la jurisprudencia de los Estados Unidos, es decir que todas las normas deben interpretarse *in Harmony with the Constitution*, a la que debe agregarse la regla que ha seguido la Corte Federal de ese país sobre la *presunción de la constitucionalidad de las leyes*, de acuerdo con la cual una norma general no debe declararse inválida, aún cuando lo sea con efectos particulares, como ocurre con el sistema americano, cuando pueda ser interpretada en consonancia con la Constitución, con mayor razón cuando la declaración de inconstitucionalidad produce efectos generales[65].

82. De lo anterior se concluye que la declaración general de inconstitucionalidad está estrechamente vinculada con la interpretación conforme, ya que ambas instituciones permiten el equilibrio y la moderación en las funciones de los organismos jurisdiccionales especializados en la solución de conflictos constitucionales, cuando dichos organismos conocen y deciden respecto de la impugnación de las normas legislativas.

83. En los proyectos de la Suprema Corte de Justicia de México, tanto de reformas constitucionales como de una Nueva Ley de Amparo, no se proponen modificaciones audaces o a menos al nivel de numerosos ordenamientos contemporáneos, en los que es suficiente un solo fallo de inconstitucionalidad con efectos generales, para que se produzca la invalidez de las normas legislativas que se estiman contrarias a la Carta Suprema. Debido a que ha sido tradicional en nuestro país la aplicación absoluta de la *fórmula Otero*, no se propone su supresión, sino exclusivamente su revisión, pero de manera prudente y moderada, de manera que pudiera calificarse de conservadora, para no cambiar radicalmente ese régimen casi sacramental.

---

65 *La Constitución como norma y El Tribunal Constitucional*, Civitas, Madrid 1981, pp. 95-103.

84. En primer, lugar la declaración general de inconstitucionalidad únicamente procedería tratándose de la segunda instancia del amparo promovido por conducto de la que hemos calificado de *acción de inconstitucionalidad* (ver *supra* párrafo 72), y por tanto no se aplicaría a las decisiones pronunciadas respecto de la cuestión de inconstitucionalidad planteadas en la impugnación de las resoluciones judiciales en el juicio de amparo de una sola instancia (*recurso de inconstitucionalidad*, ver *supra* párrafo 73). Lo que significa que se conserva la fórmula Otero de desaplicación de las normas inconstitucionales en los casos concretos, es decir, en los juicios de amparo contra resoluciones judiciales. En la parte relativa de la exposición de motivos del proyecto de reformas constitucionales antes mencionadas se señala:

(...) Cabe destacar que en el esquema que se propone únicamente tratándose de amparo indirecto (de dos instancias), en revisión en los que fueron oídas las autoridades que expidieron y promulgaron las normas generales, sólo nuestro Tribunal funcionando en Pleno, puede hacer la declaratoria con efectos generales. Ni las Salas ni los tribunales colegiados de circuito, ni los juzgados de distrito contarían con tan importante facultad (...).

85. En segundo lugar, para que pueda tener efectos la declaración general de inconstitucionalidad, se requiere que se conforme *jurisprudencia obligatoria* por parte de la Suprema Corte de Justicia. De acuerdo con la legislación actual (artículo 194 de la Ley de Amparo modificado por la disposición décima quinta transitoria de la Ley Orgánica del Poder Judicial de la Federación de mayo de 1995), la jurisprudencia del Tribunal en Pleno se forma con cinco resoluciones en el mismo sentido aprobadas al menos por ocho ministros. La innovación que se propone respecto de la citada jurisprudencia obligatoria consiste en *reducir de cinco a tres* el número de resoluciones de la Suprema Corte, de manera que para que la declaración de inconstitucionalidad produzca efectos generales debe pronunciarse en tres resoluciones aprobadas por el Tribunal en Pleno en tres sesiones distintas. En la parte relativa de la exposición de motivos del Proyecto de la Nueva Ley de Amparo, se explica con toda claridad el cambio:

(...) Otra modificación significativa consiste en la reducción de cinco a tres del número de tesis necesarias para constituir jurisprudencia. El cambio no es caprichoso ni se reduce a una mera cuestión numérica. En realidad, de lo que se trata es de encontrar un adecuado equilibrio entre los sistemas de precedentes que se siguen en otros ordenamientos o en los procesos de controversias constitucionales y acciones de constitucionalidad y la reiteración de criterios que se prevé para la Ley de Amparo. Lo importante es encontrar una solución intermedia entre ambos extremos. Esto puede obtenerse disminuyendo el número de casos a tres a efecto de que los órganos competentes, puedan, con mayor facilidad, lograr que sus criterios sean obligatorios para dar certeza a nuestro orden jurídico. Sin embargo, para que la reiteración cumpla con su finalidad, se propone que los criterios deben fijarse al resolver los asuntos en tres sesiones distintas. *Es importante destacar que cuando se trate de interpretación respecto de la constitucionalidad de normas generales, además deberá contarse con el voto aprobatorio de ocho Ministros (...).*

86. Además de lo anterior, se exige que la tesis jurisprudencial respectiva sea aprobada por el Tribunal en Pleno, y posteriormente, o sea, dentro del plazo de treinta días hábiles contados a partir de dicha aprobación, la Suprema Corte de Justicia formulará la declaración de inconstitucionalidad o de interpretación conforme, declaratoria que debe ser separada de las sentencias judiciales y en ningún caso podrá modificar el sentido de la jurisprudencia que le da origen. *Dicha declaratoria será obligatoria, tendrá efectos generales*, y deberá contener la fecha a partir de la cual surtirá sus efectos, los alcances y las condiciones de la declaratoria de inconstitucionalidad o de la declaración conforme. Además, los efectos de esas declaratorias no serán retroactivos, salvo en materia penal en los términos del artículo 14 constitucional, o sea, cuando tenga carácter favorable, como ya se ha establecido respecto de las sentencias con efectos generales en las controversias y en las acciones de inconstitucionalidad (artículos 231 y 232 del Proyecto de Nueva Ley de Amparo).

87. Debido a la importancia de las declaratorias de inconstitucionalidad o de interpretación conforme, las mismas deben publicarse tanto en el Diario Oficial de la Federación como en el órgano oficial de la entidad, que en su caso hubiera emitido la norma respecto de la cual se hace la declaración (artículo 233 del mencionado Proyecto).

88. En cuanto a la declaración de la interpretación conforme ya hemos explicado anteriormente la extensa aplicación que tiene en los ordenamientos contemporáneos y los beneficios que produce (ver *supra* párrafos 80-81), además que ya se ha utilizado por la Suprema Corte de Justicia de México en sus fallos, aun sin un reconocimiento formal de esta institución, pero de cualquier manera conviene transcribir la parte relativa de la

exposición de motivos del proyecto de Nueva Ley de Amparo, sobre esta materia:

(...) *La declaratoria de interpretación conforme*, por su parte, tiene la ventaja de permitir a la Corte establecer aquella interpretación mediante la cual sea factible salvar la constitucionalidad de la norma impugnada, para, de esa forma, garantizar la supremacía constitucional y, simultáneamente, permitir una adecuada y constante aplicación de nuestro orden jurídico (...).

89. Para otorgar eficacia a la obligatoriedad de la declaratoria general de inconstitucionalidad o de interpretación conforme, en el Proyecto se establece un mecanismo procesal ágil para evitar que se infrinja la declaración respectiva. En efecto, se propone que el afectado con la aplicación de la norma inconstitucional o en un sentido diverso del establecido por la interpretación conforme, puede denunciar el hecho ante el juez de distrito respectivo. Dicho juzgador debe dar vista a las partes en un plazo de tres días para que expongan lo que a su derecho convenga, y dentro de otro plazo de tres días deberá dictar resolución. Si la misma es en el sentido de que la autoridad involucrada realizó el acto infractor, el juez federal ordenará a dicha autoridad aplicadora que deje sin efecto el acto denunciado, y si no lo hace en un plazo de tres días se elevará el expediente a la Suprema Corte de Justicia para que determine la responsabilidad que corresponda. Si la misma autoridad incurre en repetición de la infracción denunciada, el afectado puede acudir ante el juez de distrito para denunciar la repetición del acto reclamado (artículo 208 del citado Proyecto)[66].

90. c) El sector cuantitativamente más importante lo ocupa el *amparo contra resoluciones judiciales*, que se ha calificado como *amparo judicial* o *amparo-casación* que, sin recibir esa denominación, debe considerarse como un recurso de casación federal, por medio del cual pueden combatirse todas las resoluciones judiciales del país, tanto federales como locales y de las distintas materias, en una sola instancia actualmente ante los tribuales colegiados de circuito, que son ahora de casación, pero con la posibilidad de que las Salas de la Suprema Corte puedan determinar el criterio obligatorio que debe imponerse cuando existen contradicciones de tesis entre los citados tribunales colegiados.

---

66 *Cf.*, Zaldívar Lelo de Larrea, Arturo, *Hacia una nueva Ley de Amparo*, UNAM, México 2002, pp. 107-123.

91. Este es un sector que ha crecido de manera constante, ya que en 1936 se le incorporaron las sentencias de los tribunales del trabajo (denominados juntas de conciliación y arbitraje); en 1968 las de los tribunales administrativos, y finalmente en 1992, los fallos de los tribunales federales agrarios creados en esa época. Además, la Suprema Corte de Justicia tiene facultad de atracción sobre los amparos judiciales del conocimiento de los tribunales colegiados, cuando considere que por su trascendencia así lo ameriten, ya sea de oficio, a petición fundada del correspondiente tribunal colegiado o del Procurador General de la República (artículos 107, fracciones V y VI, 158-165 y 185 de la Ley de Amparo y 37, fracción I, de la Ley Orgánica del Poder Judicial de la Federación).

92. d) El aspecto del juicio de amparo que ha decrecido es el de la impugnación de los actos y resoluciones de las autoridades administrativas federales por conducto directo del juicio de amparo, que puede calificarse como un *proceso de lo contencioso administrativo*. Este sector se tramita en un procedimiento de dos instancias, la primera ante los jueces federales de distrito y la segunda (salvo que en la sentencia dictada por dichos jueces se haga una interpretación directa de la Constitución Federal, ya que en este últimos supuesto la segunda instancia se tramita ante la segunda Sala de la Suprema Corte de Justicia), por medio del recurso de revisión interpuesto ante los tribunales colegiados de circuito. Dicho proceso se ha reducido de manera paulatina debido a la creación creciente de tribunales administrativos tanto de la Federación, como del Distrito Federal y de los Estados.

93. En la esfera nacional se estableció en el año de 1937 el Tribunal Fiscal de la Federación, que aumentó paulatinamente su competencia a cuestiones, en principio, relacionadas con el derecho tributario, pero posteriormente a otras materias administrativas, hasta que por reforma de diciembre del año 2000, a través de la modificación de la Ley Orgánica de dicho Tribunal de 1995, se transformó dicho organismo jurisdiccional en Tribunal de Justicia Fiscal y Administrativa, de competencia genérica, por lo que quedaron muy pocos casos de impugnación en doble instancia por conducto del juicio de amparo. Como en el año de 1968, por reforma constitucional y legal se estableció el amparo de una sola instancia contra las sentencias de los tribunales administrativos, cada vez más numerosos, se ha aumentado de manera constante la casación en materia administrativa y, por el contrario, se ha restringido la función contenciosa adminis-

trativa de los tribunales de amparo en la misma proporción, por lo que puede afirmarse que es un campo que tiende a desaparecer[67] (artículos 107, fracciones VII y VIII último párrafo, de la Constitución Federal; 85, fracción II, y 114 fracción II, de la Ley Amparo, así como 52, fracción II, de la Ley Orgánica del Poder Judicial Federal).

94. Finalmente, en el año de 1963 y con apoyo en la reforma constitucional de 1962, se introdujeron en la Ley de Amparo un conjunto de modificaciones para establecer ventajas procesales en beneficio de los campesinos sujetos al régimen de la reforma agraria (ejidatarios y comuneros y sus respectivas poblaciones) que permitieran equilibrar su situación frente a los propietarios agrícolas y ganaderos y las autoridades administrativas federales encargadas de desarrollar dicha reforma agraria, en virtud de que se consideró que dichos campesinos carecían en numerosos casos de asesoramiento jurídico para intervenir en las controversias agrarias. Con esta reforma se estableció un quinto proceso que se puede denominar *amparo social agrario.* Debido a la importancia que se otorgó a dichas reglas procesales, en el año de 1976 se dividió la Ley de Amparo en dos libros que antes no existían, uno sobre el amparo en general y otro sobre el amparo en materia agraria, pero sin abarcar todas las controversias en esta materia (artículo 107, fracción II, párrafos tercero y cuarto de la Carta Federal y 242 a 234 de la Ley de Amparo)[68].

95. Sin embargo, en nuestros días este sector del juicio de amparo también tiende a desaparecer, debido a que en el año de 1992 se modificó el artículo 27 constitucional para establecer los tribunales federales agrarios, integrados por un Tribunal Superior de cinco magistrados y varios tribu-

---

67 *Cf.,* Fix-Zamudio, Héctor, *Introducción a la justicia administrativa en el ordenamiento mexicano,* El Colegio Nacional, México 1983, pp. 111-121; *Id.* "La justicia administrativa en México", en la obra *Conferencias Magistrales,* Poder Judicial de la Federación, Instituto de la Defensoría Pública, México 2002, pp. 98-105; González Pérez, Jesús, *Derecho procesal administrativo,* 2ª ed., con la colaboración de Vázquez Alfaro, José Luis, UNAM-Porrúa, México 1997, pp. 709-799.

68 La bibliografía es amplia pero citamos sólo algunos estudios relativamente recientes; Fix-Zamudio, Héctor, "El juicio de amparo en materia agraria", en *Revista de la Facultad de Derecho de México,* nº 116, mayo-agosto de 1980, pp. 439-463, reproducido en el libro *Ensayos sobre el derecho de amparo, cit. supra* nota 7, pp. 329-358; Lanz Cárdenas, Fernando, *El juicio de amparo en materia agraria,* Jus, México 1977; Ponce de León, Armenta, Luis M., *Derecho procesal agrario,* México, Trillas 1988; García Ramírez, Sergio, *Elemento de derecho procesal agrario,* 2ª ed., Porrúa, México 1997.

nales unitarios establecidos en diversas regiones del país, que se encargan en la actualidad de conocer de los conflictos que con anterioridad competían a las autoridades administrativas federales (Leyes Agraria y Orgánica de los Tribunales Agrarios, ambas publicadas el 26 de febrero de 1992).

96. Contra las sentencias de dichos organismos jurisdiccionales procede el amparo de una sola instancia ante los tribunales colegiados de circuito, con lo cual se incorpora esta materia al amparo contra resoluciones judiciales o amparo-casación (ver *supra* párrafo 91), de manera que el procedimiento específico, que era de doble instancia, sólo se promueve de manera excepcional.

97. Por tanto, debemos concluir, que de acuerdo con la tendencia que se observa en el amparo mexicano, si bien todavía comprende de manera formal cinco procesos diversos, en realidad la tendencia se dirige a conservar sólo tres sectores en un futuro próximo, es decir, *hábeas corpus*, amparo contra leyes y amparo judicial o de casación. Por otra parte, el amparo en sentido estricto, es decir aquel que de manera predominante está dirigido en los ordenamientos latinoamericanos a la protección de los derechos fundamentales de la persona humana, con exclusión de la libertad e integridad personales, que mayoritariamente están tutelados por el *hábeas corpus*, no está regulado en la legislación mexicana por medio de un procedimiento específico en la actual ley reglamentaria, ya que queda comprendido dentro de la impugnación de la conducta de cualquier autoridad, cuando la misma afecte directamente un derecho consagrado en la Carta Federal, por lo que estimamos conveniente establecer una tramitación especial que podría integrar un futuro cuarto proceso.

98. En nuestro concepto, también debe quedar comprendida en este cuarto sector la violación de los derechos establecidos en los instrumentos internacionales y los tratados ratificados por el Ejecutivo Federal y aprobados por el Senado de la República de acuerdo con el artículo 133 constitucional, como lo proponen los proyectos de reforma constitucional y de una Nueva Ley de Amparo aprobados por la Suprema Corte de Justicia en mayo del año 2001 (ver *infra* párrafo 124-125).

VII. NATURALEZA

99. El derecho de amparo en Latinoamérica y España posee una naturaleza procesal variable, y por ello se le califica como *acción* o como *recurso*, ya sea que proceda como un proceso autónomo contra la conducta violatoria de los derechos humanos de las autoridades públicas, y en algunos ordenamientos también contra particulares (en realidad grupos de presión) y excepcionalmente contra sentencias judiciales, pero en otras legislaciones cuando se pueden impugnar resoluciones administrativas en forma de juicio o bien de decisiones judiciales, se tramita como un verdadero recurso, como ocurre claramente en el ordenamiento español con el *amparo constitucional*, que debe considerarse como la segunda instancia del *amparo ordinario*, que se interpone ante los tribunales ordinarios[69].

100. Debido a su complejidad procesal, en la doctrina mexicana se ha discutido, en ocasiones con apasionamiento sobre la naturaleza jurídica del juicio de amparo, y con este motivo se elaboraron varios conceptos para explicar la institución. No es esta la oportunidad para examinar dichos planteamientos, ya que se elaboraron algunas ideas que concibieron al propio derecho de amparo como *interdicto constitucional*, como institución política, como *proceso en todos sus aspectos,* como *cuasiproceso,* como *control*, y de carácter mixto, *de proceso impugnativo* y como *recurso*[70].

101. Esta diversidad de criterios se deben, desde nuestro punto de vista, a que el derecho de amparo mexicano se ha examinado más desde el punto de vista de su contenido y de sus objetivos, que de su verdadera naturaleza procesal. En efecto, durante mucho tiempo se tomó en cuenta su contenido original de institución tutelar de los derechos fundamentales, pero no su evolución posterior que como hemos dicho (ver *infra* párrafos 117-118) incorporó otros instrumentos procesales relativos al control de legalidad, o bien se reflexionó sobre la finalidad, también original, de tutelar

---

69   *Cf.,* Brewer-Carías, Allan R., *El amparo a los derechos humanos y a las libertades fundamentales, cit., supra* nota 3, pp. 15-52.

70   *Cf.,* Fix-Zamudio, Héctor, "Reflexiones sobre la naturaleza procesal del amparo", publicado originalmente en *Revista de la Facultad de Derecho de México,* n° 56, octubre-diciembre de 1964, pp. 959-112, y reproducido en el libro del mismo autor, *Ensayos sobre el derecho de amparo, cit., supra* nota 7, pp. 97-154.

exclusivamente normas constitucionales relativas a los derechos humanos y en cierta manera, el equilibrio de las competencias entre las esferas de la Federación y las de las Entidades Federativas.

102. Pero las corrientes doctrinales más recientes han tomado en cuenta esencialmente la estructura procesal del propio derecho de amparo, que es el enfoque predominante en la actualidad. Pero aún desde el ángulo procesal, al considerarse la institución como un juicio, de acuerdo con la terminología que adoptaron las leyes reglamentarias, es decir, como equivalente al proceso, imperó durante muchos años una corriente doctrinal que partió de la función original del juicio de amparo como instrumento de protección de los derechos fundamentales y por su conducto también el equilibrio de las competencias federales y locales, de acuerdo con la cual la institución debía considerarse como un *proceso autónomo de constitucionalidad*.

103. Desde este punto de vista, que fue dominante durante la vigencia de la Constitución de 1857, se afirmó que aún en el sector de la impugnación de las resoluciones judiciales que se le incorporó con posterioridad a la función originaria, según se ha dicho (ver *supra* párrafo 66-68), el amparo se constituía como una controversia independiente de la que se planteaba ante la jurisdicción ordinaria, si se tomaba en consideración que en el amparo se discute, en todo caso, un problema de constitucionalidad, pues cuando se examina la legalidad de un fallo judicial, debe estudiarse si se ha respetado el derecho subjetivo público consagrado por el artículo 14 de la Carta Federal de 1857, que se calificaba como *garantía de justicia*.

104. Por ese motivo, las Leyes de Amparo de 1869 y 1882, y los Códigos de Procedimientos Civiles de 1897 y 1908, regularon la tramitación del juicio de amparo por conducto de un procedimiento de doble instancia, la primera ante los jueces federales de distrito y la segunda, de oficio, ante la Suprema Corte de Justicia, con independencia de la materia que se debatía en los diversos procesos de amparo.

105. Sin embargo, fue el ilustre jurista mexicano Emilio Rabasa, quien sin haber cultivado el procesalismo científico (surgido en Alemania en la segunda mitad del siglo XIX, y posteriormente divulgado en Italia y España en las primeras décadas del siglo XX), señaló por primera vez con precisión la verdadera naturaleza procesal del derecho de amparo mexicano. Debe tomarse en consideración que la obra clásica de Emilio Raba-

sa denominada *El artículo 14. Estudio Constitucional,* se publicó originalmente en el año de 1906, es decir, escasamente tres años después de la conocida Lección Inaugural del insigne Giusseppe Chiovenda en la Universidad de Bolonia, que se considera como el inicio del procesalismo científico italiano, pero que se conoció en nuestro país mucho tiempo después[71].

106. En la obra mencionada, el destacado constitucionalista mexicano señaló que si bien los mencionados ordenamientos reglamentarios habían establecido en todos los supuestos de tramitación del juicio de amparo, un procedimiento de doble instancia, en su concepto no debería dársele el mismo tratamiento a la protección de los derechos fundamentales, que fue el objetivo original del derecho de amparo, que a la revisión de los fallos judiciales, especialmente los interpuestos en materia civil[72]. En su concepto se justificaba el procedimiento de doble instancia en los sectores del amparo en el cual se discutían violaciones directas de los preceptos constitucionales, pero debía seguirse una tramitación diversa en relación con la impugnación de las resoluciones judiciales, en las que se planteaba la infracción de normas secundarias, y por lo tanto constituía un control de legalidad, ya que en este último supuesto, el amparo debía considerarse como *un simple recurso* similar a la *casación*[73].

107. Estas ideas de Rabasa, aún cuando no participó en los debates del Constituyente de Querétaro de 1916-1917, se tomaron en consideración por los autores del proyecto presentado por don Venustiano Carranza al citado Congreso el primero de diciembre de 1916, pues sin reconocer expresamente dicha influencia en el artículo que fue aprobado con el número 107 (fracciones VIII y IX), se establecieron dos diversos procedimientos, uno de doble instancia, denominado *indirecto,* la primera ante los jueces federales de distrito, y la segunda, a petición de parte por conducto del llamado recurso de revisión (en estricto sentido, apelación), entonces ante la Suprema Corte de Justicia, para los procesos diversos del amparo judicial, y un procedimiento de una sola instancia, calificado de *directo,* también entonces ante la Suprema Corte de Justicia, cuando se

---

71 Lección Inaugural intitulada "La acción en el sistema de los derechos", incorporada a la obra del mismo autor, *Ensayos de derecho procesal*, trad. de Sentís Melendo, Santiago, Buenos Aires 1949, vol. I, pp. 3 y ss.

72 *El artículo 14, cit. supra* nota 57, pp. 95-102.

73 *Op. ult. cit.,* p. 102.

tratara de la impugnación de resoluciones judiciales. Esta doble tramitación se conserva actualmente (fracciones VII y VII actuales del artículo 107 constitucional, así como artículos 114-157 y 83-94 de la Ley de Amparo vigente), si bien la competencia de los tribunales federales se ha modificado, como se explicará más adelante (ver *infra* párrafos 145-146).

108. En la actualidad ya no se discute que el juicio de amparo mexicano posee una doble naturaleza procesal, como *proceso impugnativo* y como *recurso de nulidad*, que puede asimilarse a *un recurso de casación federal*. Sin embargo, tanto la legislación como la jurisprudencia incurren constantemente en confusiones derivadas del peso de la tradición de la función original del amparo, que se ha transformado de manera paulatina, hasta incorporar también el control de legalidad, como se ha sostenido en varias ocasiones, pues con frecuencia se califica al amparo como *juicio constitucional* o *juicio de garantías*, y se señalan como violaciones a las normas constitucionales, que en realidad son infracciones a la legalidad secundaria, por considerarse de manera artificial que se afectan los artículos 14 y 16 de la Carta Federal, que constituyen únicamente la vía formal para interponer el amparo, con valor puramente instrumental.

109. a) El amparo *como proceso impugnativo autónomo* se tramita, como se ha dicho, en un procedimiento de doble instancia o *indirecto*. El primer grado se hace valer ante los jueces federales de distrito, por conducto de una verdadera demanda que debe presentar el afectado (con la excepción del amparo-hábeas corpus, en que se puede interponer por cualquier persona e inclusive oralmente) (artículos 114-121). Una vez admitida dicha demanda, se corre traslado a la autoridad o autoridades demandas (que se califican como *responsables*) (artículos 145-148), las que deben contestarla en un término corto (cinco días) por conducto de un documento que se ha denominado *informe justificado* (cuya presentación extemporánea o incompleta, produce los mismos efectos de la rebeldía del demandado en el proceso civil, es decir, se tienen presuntivamente reconocidos los hechos señalados en la citada demanda) (artículo 149). Las pruebas se discuten en audiencia pública en que deben comparecer las partes, se formulan alegatos en ella, y en un plazo corto debe dictarse la sentencia de fondo (artículos 150-155). Dicho fallo de fondo se eleva ante la Suprema Corte cuando se discuten cuestiones directas de inconstitucionalidad (artículo 84, fracción I, a), y cuando se plantean violaciones a la legalidad, ante el tribunal colegiado respectivo (artículo 85,

fracción II). Cuando la parte afectada interpone el llamado recurso de revisión, se inicia la segunda instancia, en la cual se pronuncia la sentencia firme correspondiente (artículos 88-94). En principio este doble procedimiento debe utilizarse respecto de los sectores del amparo en el cual se plantean cuestiones de constitucionalidad[74].

110. b) El amparo de una sola instancia como *recurso de casación*. Como hemos dicho con anterioridad (ver *supra* párrafo 90-91), este sector que se refiere a la impugnación de las resoluciones judiciales es el que abarca el mayor número de juicios de amparo que se promueven en la práctica, y salvo los casos muy restringidos en los cuales se interponen cuestiones de inconstitucionalidad por la vía incidental, de manera predominante se discuten exclusivamente aspectos de la aplicación de disposiciones legales, ordinarias, ya sea de carácter procesal o de fondo, que actualmente se someten al conocimiento de los tribunales colegiados de circuito, a partir de las reformas constitucionales y legales que entraron en vigor en enero de 1988, salvo la facultad de atracción que corresponde a la Suprema Corte de Justicia (artículo 107, fracción V, del artículo 107 de la Carta Federal) (ver *infra* 145).

111. La Ley de Amparo todavía conserva algunos resabios de las funciones originales del amparo como instrumento para tutelar los derechos fundamentales, en cuanto el artículo 166 de dicho ordenamiento califica la instancia de *demanda*, a pesar de que en estricto sentido carece de este carácter, pues significa la interposición de un recurso, y de manera artificial se pretende conferir al juez o tribunal que dictó la resolución impugnada el carácter de *autoridad demandada* (responsable en la terminología de dicha Ley reglamentaria) (artículo 167), y en un principio se le exigía la presentación de un informe justificado (similar a la contestación de la demanda en el amparo de doble instancia), pero en la práctica se limitaba al envío de los autos respectivos, que es la situación actualmente regulada por los artículos 168 y 169 de la Ley reglamentaria.

112. La tramitación que se sigue es la que corresponde a un recurso y no a un proceso autónomo, ya que constituye la continuación del proceso

---

74 Fix-Zamudio, Héctor, "El amparo mexicano como instrumento protector de los derechos humanos", en la obra colectiva *Garantías jurisdiccionales para la defensa de los derechos humanos en Iberoamérica*, UNAM, México 1992, pp. 253-301, reproducido en su libro *Ensayos sobre el derecho de amparo, cit. supra* nota 7, pp. 619-666.

ordinario ante el juez o tribunal de la causa (aun cuando formalmente se invoca la violación de los artículos 14 y 16 constitucionales), ya que el único acto de parte se reduce a la formulación de alegatos por escrito al tribunal colegiado respectivo, y corresponde al llamado tercero perjudicado (en estricto sentido, interesado), que es la contraparte del promovente del amparo en el citado proceso ordinario, así como al ministerio público que hubiese intervenido en el proceso penal (artículo 180 de la Ley).

113. Subsisten todavía algunas hipótesis en las cuales algunas resoluciones judiciales se impugnan por medio del amparo de doble instancia (artículos 107, fracción VII y 114, fracciones III, IV y V de la Ley de Amparo)[75], pero en la mayoría de los supuestos la primera instancia carece verdaderamente de objeto, ya que excepcionalmente se requiere la presentación de medios de prueba distintos a los ofrecidos ante la jurisdicción ordinaria, por lo que con el tiempo se reducirá todavía más esta tramitación[76].

114. Como ya lo hemos sostenido, el amparo contra resoluciones judiciales constituye un verdadero *recurso de casación federal*, tal y como lo había señalado Emilio Rabasa desde principios del siglo XX (ver *supra* párrafo 107), y en virtud de que la sentencia de fondo (ya que la que se otorga por violaciones procesales siempre implica el reenvío) cuando es estimatoria, se envía al juez o tribunal de la causa para que dicte un nuevo fallo sujetándose a los lineamientos de la decisión del tribunal de amparo puede afirmarse, como lo señaló el constitucionalista mexicano Fernando Vega también a principios del siglo (XX), que se ha seguido, con ciertas modalidades, el sistema *francés* de la casación[77].

---

75 Se ha disminuido paulatinamente este sector, que ahora se reduce, según el citado artículo 114 de la Ley de Amparo, a las resoluciones dictadas fuera de juicio (jurisdicción voluntaria) o después de concluido (ejecución de sentencia, fracción III); contra las resoluciones dentro de juicio que tengan sobre las personas o las cosas una ejecución que sea de imposible reparación (fracción IV), y respecto de decisiones judiciales pronunciadas fuera o dentro del proceso, que afecten a personas extrañas a él, cuando la ley procesal no les otorgue un recurso o medida de defensa legal (fracción V).

76 *Cf.,* Fix-Zamudio, Héctor, "Reflexiones sobre la naturaleza procesal del amparo", *cit. supra* nota 7, pp. 130-141.

77 Son numerosos los autores mexicanos que han señalado las similitudes del amparo contra sentencias judiciales con el recurso de casación, y entre ellos podemos seña-

VIII. DERECHOS PROTEGIDOS

115. Debido a la redacción inalterable de los artículos 101 y 102 de la Carta Federal de 1857 y el 103 de la Constitución vigente de 1917, tal pareciera que los únicos derechos fundamentales protegidos son los individuales clásicos que se califican como *garantías individuales*. La doctrina y la jurisprudencia de la Suprema Corte de Justicia durante la vigencia de la citada Constitución de 1857, estimó que debían considerarse como derechos tutelados por el derecho de amparo, los establecidos en el primer título de dicha Carta considerados como *derechos del hombre*. El artículo primero de dicha Ley Fundamental se iniciaba con la declaración de que *El pueblo de México reconoce que los derechos del hombre son la base y el objeto de las instituciones sociales* (...)[78].

116. A pesar de su orientación iusnaturalista, la Carta Federal de 1857, no consagró una disposición similar al artículo IX de la Constitución Federal de los Estados Unidos,[79] que estableció los llamados *derechos implícitos*, las cuales fueron introducidos por influencia de este precepto en varias Constituciones latinoamericanas expedidas el siglo XIX, pero que todavía se conservan en las Cartas Fundamentales vigentes[80]. Sin

---

lar, Fix-Zamudio, Héctor, "Presente y futuro de la casación civil a través del juicio de amparo", publicado originalmente en la *Memoria de El Colegio Nacional, 1978*, México 1979, pp. 91-138, e incorporado posteriormente al libro *Ensayos sobre el derecho de amparo, cit. supra* nota 7, pp. 237-284; Alatriste de la Fuente, Miguel, *El juicio de amparo y el recurso de casación civil*, México 1948; Olea y Leyva, Teófilo, "Genealogía jurídica de la casación y el amparo en materia penal", en *Problemas Jurídicos y Sociales de México*, México 1955, pp. 41-90; Ríos Espinosa, Alejandro, *Amparo y casación*, México 1960, y Palacios, Ramón, en varios artículos entre los que destaca "El mito del amparo", en *Revista de la Facultad de Derecho de México*, nº 24, octubre-diciembre de 1956, pp. 275-301 y en su libro, *Instituciones de amparo*, Puebla 1963.

78 Al respecto, la Suprema Corte de Justicia estableció el principio de que el juicio de amparo únicamente procedía contra los derechos establecidos como "garantías individuales" consagrados expresamente por la Constitución, pero no respecto de otros principios de equidad que otras leyes consagraban y que algunos autores enumeraban entre dichas garantías. *Cf.*, Vallarta, Ignacio L., *Votos*, Tomo III, edición de Antonio J. Lozano, Imprenta y Litografía de Ireneo Paz, México 1896, pp. 1-35.

79 Dicho precepto dispuso: Art. IX Constitución de Estados Unidos.

80 Fix-Zamudio, Héctor, "Algunos aspectos de la influencia de la Constitución de los Estados Unidos en la protección de lo derechos humanos en América Latina", en el volumen *Constitución y democracia en el Nuevo Mundo. Una visión panorámica de*

embargo, la doctrina mexicana de esa época consideró que la tutela del derecho de amparo se extendía también a otros derechos individuales establecidos en otros preceptos de dicha Constitución Federal, cuando estaban relacionados o vinculados con los consagrados expresamente en los primeros veintiocho artículos constitucionales (el veintinueve se refería a la suspensión y limitación de dichos derechos en caso de emergencia)[81].

117. Es notorio, la Constitución federal vigente cuyo texto original fue promulgado el 5 de febrero de 1917, inició la tendencia que se fortaleció en la primera posguerra sobre el llamado *constitucionalismo social*, es decir, que elevó a rango fundamental los derechos de carácter social, especialmente de los sectores marginados, como los campesinos (artículo 27) y de los trabajadores (artículo 123)[82], que paulatinamente se han incrementado con la incorporación de otros derechos económicos y culturales, pero la redacción del artículo 103 de dicha Carta Fundamental quedó prácticamente idéntica a la del artículo 101 de la Constitución de 1857, es decir, se refirió exclusivamente a las *garantías individuales*, concepto que todavía predomina entre los tratadistas mexicanos[83].

---

las instituciones políticas en el Continente Americano, Universidad Externado de Colombia, Bogotá 1988, pp. 131-167, *Id.* "Algunos aspectos de la influencia del constitucionalismo de los Estados Unidos en la protección de los derechos humanos en el derecho mexicano", en la obra editada por James Frank Smith, *Derecho constitucional Comparado México-Estados Unidos*, Tomo I, UNAM, México 1991, pp. 133-190.

81   *Cf.,* Lozano, José María, *Estudio del Derecho Constitucional Patrio en lo relativo a los derechos del hombre*, publicado originalmente en (Lozano), México 1876, Imprenta del Comercio de Dublán y Lozano, y posteriormente, 3ª ed, Porrúa, México 1987. Montiel y Duarte, Isidro, *Estudios sobre garantías individuales*, publicado originalmente en Imprenta del Gobierno, en Palacio, a cargo de José María Sandoval, México 1873, actualmente, 2ª ed., facsimilar, Porrúa, México 1972.

82   La bibliografía es muy amplia, pero citamos la obra reciente de Rabasa, Emilio O., *El pensamiento político y social del Constituyente de 1916-1917*, UNAM, México 1996.

83   Las obras más conocidas sobre la materia conservan esta terminología anacrónica, como la de Burgoa Orihuela, Ignacio, *Las garantías individuales*, 30ª ed., Porrúa, México 1998, y la de Castro, Juventino V., *Garantías y amparo*, 12ª ed., Porrúa, México, 2002; Rojas Caballero, Ariel Alberto, *Las garantías individuales en México*. Sin embargo estos autores examinan no sólo los derechos individuales clásicos, sino también los económicos, sociales y culturales que se han incrementado de manera paulatina en nuestro texto constitucional.

118. No obstante esta tradición, se ha iniciado un cambio en la doctrina mexicana, que aborda recientemente el concepto de *derechos humanos*, para sustituir el anticuado de *garantías individuales*, que por inercia todavía conserva el texto constitucional; cambio que no sólo implica una modificación en la terminología, sino también de perspectiva para abarcar de manera integral a los derechos de la persona humana en el ordenamiento mexicano, que posee una dimensión cada vez más amplia, y que pretende extenderse también a los nuevos derechos de solidaridad o de la tercera generación[84].

119. Pero lo más trascendente, después de muchos años de aislamiento, es la propensión de la incorporación cada vez más intensa en el ámbito interno, de los derechos consagrados por los tratados internacionales, para complementar y perfeccionar los establecidos en el ordenamiento constitucional. Esta proyección ha sido vigorosa en los ordenamientos latinoamericanos, que han reconocido de manera paulatina la jerarquía superior de los tratados internacionales, particularmente los de derechos humanos, en el ámbito interno, y algunos ordenamientos, entre los cuales podemos citar las Constituciones peruana de 1979, argentina reformada en 1994, y venezolana de 1999, que expresamente otorgan a dichos tratados de derechos humanos jerarquía constitucional[85].

---

84 Como ejemplo podemos citar el libro de Lara Ponte, Rodolfo, *Los derechos humanos en el constitucionalismo mexicano*, 3ª ed., Porrúa, México 2002.

85 Son numerosos los estudios sobre la creciente jerarquía de los tratados internacionales de los derechos humanos en el ámbito interno de los países latinoamericanos, por lo que citaremos sólo los más recientes: Fix-Zamudio, Héctor, "El derecho internacional de los derechos humanos en las constituciones latinoamericanas y en la Corte Interamericana de Derechos Humanos" en el libro *The Modern World of Human Rights. El mundo moderno de los derechos humanos. Essays in Honor, Ensayos en honor de Thomas Buergenthal*, Instituto Interamericano de Derechos Humanos, San José de Costa Rica 1996, pp. 159-207; Dulitzky, Ariel E., "Los tratados de derechos humanos en el constitucionalismo iberoamericano" en la obra *Estudios especializados de derechos humanos, I*, Instituto Interamericano de Derechos Humanos, San José de Costa Rica 1996, pp. 129-166; Ayala Corao, Carlos, "La jerarquía constitucional de los tratados relativos a derechos humanos y sus consecuencias"; Carmona Tinoco, Jorge Ulises, "La aplicación judicial de los tratados internacionales de los derechos humanos"; Manili, Pablo Luis, "La recepción del derecho internacional de los derechos humanos por el derecho constitucional iberoamericano", y Ortíz Ahlf, Loretta, "Integración de las normas internacionales en los ordenamientos estatales de los países de Iberoamérica", estos cuatro últimos estudios en la obra *Derecho Internacional de los Derechos Humanos. Memoria del VII Congreso Iberoamericano*

120. Un sector importante de la doctrina mexicana ha sostenido de manera creciente, que el amparo debe proceder, como en otros ordenamientos latinoamericanos, contra la violación de los derechos fundamentales establecidos por los tratados internacionales ratificados por el Ejecutivo Federal y aprobados por el Senado Federal de acuerdo con lo dispuesto por el artículo 133 constitucional[86], que al incorporarse al ámbito interno según este precepto fundamental, deben considerarse como derechos fundamentales nacionales pero de *fuente internacional*. Sin embargo, los jueces federales han ignorado en un porcentaje importante estos derechos de fuente internacional cuando conocen de los juicios de amparo, y se han limitado a conocer de las violaciones de los derechos fundamentales establecidos expresamente en el texto constitucional.

121. Esta restricción se ha apoyado en el criterio anacrónico de la jurisprudencia de la Suprema Corte de Justicia, la que por mucho tiempo sostuvo que los tratados internacionales en general, sin hacer referencia expresa a los de derechos humanos, tenían el carácter de leyes federales de acuerdo con el citado artículo 133 constitucional. Sin embargo, el más alto tribunal de la República no ha podido sustraerse a la evolución que se observa actualmente sobre el creciente reconocimiento de la jerarquía superior de los tratados internacionales, y especialmente los que consagran derechos humanos, y estableció una nueva tesis en el sentido de que *los tratados internacionales se ubican jerárquicamente por encima de las leyes federales y en un segundo plano respecto de la Constitución Federal*[87].

---

de *Derecho Constitucional,* coordinado por Méndez Silva, Ricardo, UNAM, México 2002, pp. 37-90; 181-209; 371-410, y 447-467, respectivamente.

86   Este precepto que se inspira claramente en lo dispuesto por el artículo VI de la Constitución de los Estados Unidos, y que se incorporó con un texto similar en el artículo 126 de la Constitución Federal de 1857, dispone en lo conducente: "Esta Constitución, la leyes del Congreso de la Unión que emanen de ella y todos los *Tratados que estén de acuerdo con la misma, celebrados y que se celebren por el Presidente de la República, con aprobación del Senado, serán la Ley Suprema de toda la Unión (...)*". *Cf.,* Carpizo, Jorge, "La interpretación del artículo 133 constitucional" en su libro *Estudios constitucionales,* 6ª ed., Porrúa-UNAM, México 1999, pp. 22-24

87   Este criterio se estableció por unanimidad de diez votos, al resolver el Tribunal en Pleno el 11 de mayo de 1999, el amparo en revisión 1475/98, promovido por el Sindicato Nacional de Controladores de Tránsito Aéreo, Tesis LXXVII/99, publicada

122. Todo este desarrollo nos indica que los derechos establecidos en los tratados internacionales ratificados por el Presidente de la República y ratificados por el Senado, al incorporarse en el ordenamiento mexicano, de acuerdo con la tendencia contemporánea del carácter *progresivo* del derecho internacional de los derechos humanos[88], no contradicen o restringen los consagrados en nuestro ordenamiento fundamental, sino por el contrario, toda vez que los complementan y perfeccionan, al establecer condiciones más favorables a los establecidas en nuestra Carta Federal mexicana, deben considerarse al mismo nivel jerárquico de los preceptos de nuestra Ley Suprema que consagran los derechos fundamentales, aun cuando no exista un reconocimiento expreso[89].

123. Aún cuando no resultaba necesario señalar de manera expresa que los jueces federales mexicanos están obligados a aplicar los derechos humanos de fuente internacional, en los proyectos de reforma constitucional y de nueva Ley de Amparo aprobados por la Suprema Corte de Justicia, a los cuales nos hemos referido con anterioridad, se consideró conveniente establecer que dichos derechos debían comprenderse entre los tutelados por el derecho de amparo mexicano.

124. Resultó difícil la redacción de un nuevo texto tanto para el artículo 103 de la Carta Federal como del artículo primero de la Ley de Amparo, debido a que esencialmente el precepto fundamental y en menor medida el de la Ley Reglamentaria sólo mencionaban como ámbito de protección, según se ha dicho (ver *supra* párrafo 115), el relativo a las *garantías individuales*, no obstante la amplitud mayor que adquirió el objeto de la institución. Además, la dificultad se incrementó debido a que, como hemos señalado reiteradamente, el juicio de amparo mexicano comprende también la tutela de los derechos establecidos en las disposiciones legisla-

---

en el *Informe de Labores de la Suprema Corte de Justicia, 1999, Anexo de Jurisprudencia,* pp. 841-843.

88 *Cf.,* Nikken, Pedro, *La protección internacional de los derechos humanos. Su desarrollo progresivo.* Civitas-Instituto Interamericano de Derechos Humanos, Madrid 1987.

89 *Cf.,* Algunos juristas mexicanos han señalado la creciente influencia del derecho internacional de los derechos humanos en el derecho constitucional mexicano, y entre ellos podemos citar a Sánchez Bringas, Enrique, *Los derechos humanos en la Constitución y en los tratados internacionales,* Porrúa, México 2001, y Corcuera Cabezut, Santiago, *Derecho constitucional y derecho internacional de los derechos humanos,* Oxford University Press, México 2002.

tivas ordinarias, es decir, abarca también el llamado *control de la legalidad*. Debido a lo anterior, el citado proyecto propuesto como texto constitucional, es el siguiente:

> Los tribunales de la Federación resolverán toda controversia que se suscite por normas generales o actos de autoridad que violen las garantías (en estricto sentido, derechos) que consagra esta Constitución o *los derechos humanos que protegen los instrumentos internacionales generales en la materia que estén de acuerdo con la propia Constitución, celebrados y que se celebren por el Presidente de la República con aprobación del Senado*[90].

125. En el anteproyecto redactado por la comisión designada por la misma Suprema Corte de Justicia para elaborarlo, se precisó que estos instrumentos generales de carácter internacional eran las Declaraciones Americana y Universal de los Derechos Humanos; los Pactos de las Naciones Unidas sobre Derechos Civiles y Políticos y sobre Derechos Económicos, Sociales y Culturales, y la Convención Americana sobre Derechos Humanos, pero en la redacción final el Tribunal en Pleno del más alto tribunal estimó que debía redactarse un texto menos específico pero con el mismo contenido[91].

126. También debe señalarse que el Proyecto de nueva Ley de Amparo que hemos citado con frecuencia, extiende la tutela no sólo respecto de los derechos subjetivos públicos, que habían sido acotados por la jurisprudencia como aquellos que implicaban la existencia de un interés jurídico actual y directo. En efecto, al referirse al promovente del amparo se incluyen además de dichos derechos también los *intereses legítimos*, ampliamente desarrollados por la doctrina europea, especialmente la española y la italiana, que comprende también el *interés indirecto*, que se apoya en una situación de carácter jurídico, lo que significa que sin llegar al establecimiento de *acciones populares,* como los establecidos en otros

---

90 El artículo primero del Proyecto de Nueva Ley de Amparo tiene una redacción ligeramente diversa, pero con el mismo significado: "El juicio de amparo tiene por objeto resolver toda controversia que se suscite por normas generales o actos de autoridad que violen las garantías que consagra la Constitución Política de los Estados Unidos Mexicanos *o los derechos humanos que protegen los instrumentos internacionales generales en la materia que estén de acuerdo con aquélla, celebrados y que se celebren por el Presidente de la República, con aprobación del Senado".*

91 *Cf.,* Zaldívar Lelo de Larrea, Arturo, *Hacia una nueva Ley de Amparo, cit. supra* nota 66, pp. 28-40.

ordenamientos latinoamericanos (ver *supra* párrafos 37-41), amplían la protección respecto de los derechos colectivos, entre ellos los que se apoyan en los llamados *intereses difusos o transpersonales*[92].

127. Así sea con cierta inseguridad y tímidamente, se ha iniciado una corriente jurisprudencial, en especial entre algunos tribunales colegiados de circuito, que reconocieron la posibilidad de proteger los derechos colectivos derivados del interés legítimo y no exclusivamente por conducto del ejercicio de derechos subjetivos públicos, entre ellos los apoyados en los calificados como intereses difusos, lo cual implica la posibilidad de establecer un derecho de amparo de carácter colectivo protector del derecho al ambiente y otros similares[93].

128. El Proyecto de nueva Ley Reglamentaria, al modificar el concepto tradicional de la autoridad para efectos del amparo, permite la posibilidad de introducir, aun en forma acotada, el derecho de amparo contra personas privadas, que ha sido reconocido por varios ordenamientos latinoamericanos (ver *supra* párrafo 12). En efecto, la jurisprudencia tradicional de la Suprema Corte de Justicia había establecido un concepto clásico de autoridad como aquella que podía disponer de la fuerza pública para imponer sus decisiones, con lo cual restringió el amparo exclusivamente contra las dependencias centralizadas de la administración pública federal o de las entidades federativas, y de manera muy limitada respecto de organismos descentralizados, exclusivamente cuando se les confería la facultad de determinar contribuciones tributarias.

129. Recientemente la jurisprudencia de la misma Suprema Corte modificó ese criterio tradicional y consideró que debía superarse ese concepto clásico de autoridad, para adoptar uno más moderno que tomase en cuenta la facultad de crear, modificar o extinguir situaciones jurídicas de manera unilateral y obligatoria, con lo que extendió el ámbito protector respecto de organismos descentralizados.

---

92 *Cf., op. ult. cit.,* pp. 41-64.

93 *Cf.,* Cabrera Acevedo, Lucio, *El amparo colectivo protector del derecho al ambiente y de otros derechos,* Porrúa, México 2000; *Id.,* "Pasado y futuro del amparo colectivo", y Ferrer Mac-Gregor, Eduardo, "El acceso a la justicia de los intereses de grupo. (Hacia un juicio de amparo colectivo en México", estos dos últimos trabajos en el libro *Derecho procesal constitucional,* 3ª ed., Porrúa-Colegio de Secretarios de la Suprema Corte de Justicia de la Nación, Tomo I, México 2002, pp. 301-309 y 345-385, respectivamente.

130. En el citado Proyecto se modifica aún más dicho concepto de autoridad, para efectos del amparo, ya que el artículo 40, fracción II, dispone que debe considerarse como autoridad responsable (demandada), aquélla que con *independencia de su carácter formal,* "(...) dicta, ordena, ejecuta o trata de ejecutar el acto que crea, modifica o extingue situaciones jurídicas en *forma unilateral u obligatoria*; u omita el acto que de realizarse crearía, modificaría o extinguiría dichas situaciones jurídicas (...)"[94]. Lo anterior, además de comprender como demandados a organismos descentralizados del Estado, podría abarcar también la conducta de algunos particulares, cuyo número ha aumentado recientemente con las privatizaciones de servicios públicos que se encomienda a empresas privadas, o bien respecto de grupos de presión de carácter económico o social que pueden afectar la esfera jurídica de los gobernados, lo que implica la protección de los derechos humanos en las relaciones entre particulares *(Drittwirkung),* es decir, lo relativo a aquellos sectores que recientemente se han calificado como *poderes privados*[95].

IX. PERSONAS TUTELADAS

131. El carácter de las personas tuteladas está relacionada con la amplitud protectora del derecho de amparo mexicano, el cual, como lo hemos sostenido anteriormente (ver *supra* párrafo 52), en sus orígenes contempló exclusivamente a individuos particulares, ya que se pretendía tutelar exclusivamente derechos individuales de carácter clásico. Posteriormente, como se ha dicho, al introducirse el amparo contra resoluciones judiciales, la protección se extendió prácticamente a todos los habitantes del país, en relación con los derechos de carácter ordinario, pero siempre de carácter individual.

---

94 *Cf.,* Zaldívar Lelo de Larrea, Arturo, *Hacia una nueva Ley de Amparo,* cit. *supra* nota 66, pp. 65-79.

95 *Cf.,* Entre otros, los estudios recientes de Estrada, Alexei Julio, "La eficacia entre particulares de los derechos fundamentales, (Una presentación del caso colombiano)", y Vega García, Pedro de, "La eficacia frente a particulares de los derechos fundamentales de los derechos fundamentales (La problemática de la *Drittwirkung der grundreche)*", ambos trabajos aparecidos en la obra coordinada por Carbonell, Miguel, Derechos fundamentales y Estado, *Memoria del VII Congreso Iberoamericano de Derecho Constitucional,* UNAM, México 2002, pp. 267-687-707, respectivamente.

132. El liberalismo individualista que se impuso en nuestro país a partir del triunfo del sector liberal radical, predominante en la redacción de la Constitución de 1857, pero que ascendieron al gobierno al terminar la llamada Guerra de Reforma (1857-1861), y posteriormente con la restauración de la República respecto del Imperio de Maximiliano (1867), se discutió por varios años, prácticamente hasta la primera década del siglo XX, sobre la posibilidad de que las llamadas *personas morales*, es decir, las personas jurídicas colectivas, pudiesen interponer el juicio de amparo.

133. Otro obstáculo para el reconocimiento de la legitimación de las personas jurídicas colectivas se apoyó en la llamada Ley de Desamortización de 1856, que con mucho retraso respecto de la conocida Ley Chapelier francesa, desconoció la personalidad de las corporaciones civiles y religiosas, de manera que, por ejemplo, se negó la personalidad jurídica de las comunidades indígenas para interponer el amparo contra los actos de privación de sus propiedades o posesiones que habían sido reconocidas desde las Leyes de Indias, ya que la jurisprudencia de la Suprema Corte sólo admitió la posibilidad de que los afectados pudiesen promover el juicio de amparo como personas individuales, lo que fue una de las causas de la concentración de la tierra, por la indefensión de las citadas comunidades[96]. Sin embargo, para efectos prácticos, y debido a que uno de los postulados del liberalismo individualista era el respeto irrestricto a la propiedad privada, se aceptó la legitimidad de las sociedades mercantiles y civiles para solicitar el juicio de amparo, de acuerdo con la tesis doctrinal de la ficción, en el sentido de que la afectación a dichas personas colectivas se traducían en la de sus integrantes particulares.

134. No obstante, que como es evidente, la Constitución vigente de 5 de febrero de 1917 fue la primera al elevar a nivel de preceptos fundamentales a los derechos de carácter social, que se ha enriquecido posteriormente con la consagración de numerosos derechos económicos y culturales, quedó prácticamente invariable el texto del artículo 107, fracción II, de dicha Carta Federal, respecto de la redacción del artículo 102, de la Ley Fundamental anterior de 1857, y se refiere exclusivamente a *individuos particulares*, no obstante que se ha ampliado considerablemente la tutela no sólo a las que todavía se califican como personas morales de

---

96 En relación de la jurisprudencia de la Suprema Corte que no reconoció la personalidad de las comunidades indígenas, *Cf.*, Vallarta, Ignacio L., *cit. supra* nota 78, Paz, Irineo, 1896, Tomo IV, pp. 1-51 y 323-340.

carácter mercantil y civil, sino también a los diversos grupos sociales, e inclusive a algunas autoridades públicas.

135. En este sentido varios preceptos de la Ley de Amparo vigente regulan expresamente esta ampliación de las personas legitimadas para interponer el juicio de amparo. Así el artículo 8°. se refiere a las personas morales privadas, el 9° a las personas morales de carácter público cuando reclamen sus intereses patrimoniales, y el 76, al consagrar los efectos particulares de las sentencias de amparo a que nos hemos referido anteriormente, establece en su parte relativa que: "Las sentencias que se pronuncien en los juicios de amparo sólo se ocuparán de los *individuos particulares, o de las personas morales privadas u oficiales que lo hubiesen solicitado* (...)"

136. Debido a la incorporación del control de constitucionalidad, la jurisprudencia admitió la posibilidad de que autoridades públicas pudiesen interponer el juicio de amparo ya sea en defensa de sus intereses patrimoniales o bien cuando actuasen al mismo nivel de los particulares, de acuerdo con la doctrina, actualmente superada de la *doble personalidad del Estado.* Todo ello se recogió por la jurisprudencia no siempre de manera precisa, debido a la ausencia de procedimientos adecuados para la tutela de las atribuciones de las diversas autoridades públicas que resultaran afectadas por la conducta de otras. Afortunadamente se amplió la esfera de las llamadas *controversias constitucionales,* reguladas actualmente, de acuerdo con las reformas constitucionales y legales de 1995, por el artículo 105 de la Constitución Federal y de su Ley Reglamentaria, que inclusive introdujeron en las reformas constitucionales y legales de 1995 los llamados *conflictos de atribución,* entre los diversos órganos del Estado, lo que ha permitido plantear las controversias que sólo artificialmente se pretendía dirimir por conducto del juicio de amparo[97].

137. En el Proyecto de la nueva Ley de Amparo se pretende precisar este aspecto tan difícil de la procedencia del juicio de amparo promovido por autoridades públicas, en cuanto su artículo 6° dispone que: "La Federación, los Estados, el Distrito Federal, los municipios o cualquier perso-

---

97 La bibliografía sobre las controversias constitucionales y su relación con el juicio de amparo, es muy amplia, debido a la Suprema Corte ha resuelto a partir de 1995 varios conflictos importantes, por lo que nos limitamos a citar, por su amplitud, la obra de Castro, Juventino, V., *El artículo 105 Constitucional,* 3ª ed., Porrúa, México, 2000, pp. 55-122.

na moral pública podrán solicitar amparo por conducto de los servidores públicos o representantes que señalen las disposiciones aplicables cuando una norma general o acto los afecten *encontrándose en un plano de igualdad con los particulares*". El amparo solicitado por las autoridades públicas se explica por el control de la legalidad, ya que cuando se debaten cuestiones constitucionales los conflictos deben plantearse por conducto de las controversias constitucionales reguladas por la fracción I, del artículo 105 de la Carta Federal.

X. ORGANISMOS JURISDICCIONALES DE PROTECCIÓN

138. Desde la consolidación el juicio de amparo mexicano en los artículos 101 y 102 de la Constitución Federal de 1987, el primero de dichos preceptos otorgó la competencia para conocer de este instrumento protector a los tribunales federales. Si bien el artículo 126 de dicha Carta Suprema, inspirada, como se ha dicho, en el artículo VI de la Constitución de los Estados Unidos, dispuso en su segundo párrafo: "(...) Los jueces de cada Estado se arreglarán a dicha Constitución, leyes y tratados, a pesar de las disposiciones en contrario que pueda haber en las constituciones o leyes de los Estados", la jurisprudencia de la Suprema Corte de Justicia, desde sus primeros años, consideró que los jueces locales no podían intervenir en la tramitación del juicio de amparo, ya que los tribunales federales tenían *el monopolio del conocimiento de este instrumento protector.*

139. No obstante el tiempo transcurrido e innumerables debates de carácter doctrinal[98], nuestro más alto tribunal ha reiterado recientemente su criterio en el sentido de que no existe posibilidad de un control difuso de la inconstitucionalidad de las leyes, el que sólo puede plantearse por medio del amparo contra leyes, y exclusivamente ante los tribunales federales[99].

---

98 *Cf.*, el clásico estudio del ilustre constitucionalista mexicano Martínez Baéz, Antonio, "El indebido monopolio del Poder Judicial de la Federación para conocer de la constitucionalidad de las leyes", en *Revista de la Escuela Nacional de Jurisprudencia*, nº 15, México, julio-septiembre de 1942, pp. 243-253.

99 *Cf.*, tesis jurisprudencial de la Suprema Corte de Justicia, con el título "Control difuso de la inconstitucionalidad de las normas generales. No lo autoriza el artículo 133 constitucional", publicada en la Novena época del *Seminario Judicial de la Federación y su Gaceta*, Tomo X, agosto de 1999, tesis 74/99, p. 5.

140. La integración de los tribunales de la Federación establecida por el artículo 123 de la Constitución Federal de 1824, por jueces de distrito, tribunales de circuito y Suprema Corte de Justicia, de acuerdo con el modelo norteamericano, no ha variado sustancialmente en su estructura, pero se ha modificado esencialmente en su composición. Hemos señalado anteriormente, que al introducirse el derecho de amparo para revisar la legalidad de las resoluciones judiciales de los tribunales del país, tanto locales como federales, se centralizó en estos últimos, y en última instancia en la Suprema Corte de Justicia, la decisión final de todos los asuntos judiciales (ver *supra* párrafo 68), lo cual fue calificado certeramente por el ilustre jurista mexicano Emilio Rabasa en los primeros años del siglo XX, como *tarea imposible*[100].

141. El Constituyente de Querétaro que expidió la Carta Federal vigente de 1917, consideró necesario reiterar el mismo sistema que se había practicado durante la vigencia de la Constitución anterior, aun cuando con algunas limitaciones, como la reducir a una sola instancia (en lugar de las dos anteriores), la tramitación del juicio de amparo contra resoluciones judiciales (ver *supra* párrafo 90). Por ello, la Suprema Corte de Justicia conservó su competencia de decidir en último grado la legalidad del procedimiento y del fondo de todos los asuntos judiciales del país. La evolución posterior hasta las modificaciones constitucionales y legales de 1988 y 1995, se destacó por el esfuerzo permanente, sin éxito apreciable, para reducir el rezago esencialmente en materia de amparo, que afectó a la Suprema Corte de Justicia de México.

142. En un principio se confió al Tribunal en Pleno del más alto tribunal el conocimiento del juicio de amparo, pero en pocos años, en las reformas constitucionales y legales de 1928 y 1934, se dividió la Suprema Corte primero en tres y posteriormente en cuatro Salas según la materia (penal, administrativa, civil y laboral), y se incrementó el número de sus magistrados, de los *once* originales a *veintiuno*, pero ello resultó insuficiente con el tiempo, y las modificaciones posteriores se orientaron esencialmente a la reducción del rezago, que como lo había previsto Emilio Rabasa, hacía imposible la tarea del más alto tribunal de la República.

---

100 *El artículo 14, cit. supra* nota 57, Capítulo XIII, "la imposible tarea de la Corte", pp. 103-110.

143. Las modificaciones más importantes se efectuaron en 1951, al crearse los tribunales colegiados de circuito para auxiliar a la propia Suprema en el conocimiento del juicio de amparo, especialmente el relativo a la impugnación de las resoluciones judiciales, y se crearon varios circuitos en diversas regiones. Además, se estableció una Sala auxiliar de cinco magistrados, con lo cual el número de integrantes aumentó a veintiséis, pero únicamente los miembros de las cuatro Salas numerarias podían integrar el Tribunal en Pleno[101]. En pocos años esa modificación fue insuficiente, fue necesario cambiar los preceptos constitucionales y legales, en 1968, para realizar una nueva distribución de competencias, con el objeto de mantener en la Suprema Corte los asuntos judiciales de mayor importancia jurídica, económica y social, trasladando los demás a los tribunales colegiados de circuito, cuyo número aumentó para ser distribuidos en las regiones más importantes del país[102].

144. Esta evolución culminó con dos importantes reformas constitucionales y legales sobre la estructura del poder judicial federal, particularmente en cuanto su conocimiento de los juicios de amparo. En efecto, el 15 de enero de 1988 se modificó sustancialmente el conocimiento del derecho de amparo, de tal suerte que se atribuyó a la Suprema Corte de Justicia las competencia para conocer del segundo grado de los juicios de amparo en los cuales se planteara una cuestión estrictamente constitucional. Todos los demás asuntos en los cuales se discutiera un problema de legalidad, es decir aplicación de disposiciones legales ordinarias se trasladaron a los tribunales colegiados de circuito y cuyo número se incrementó de manera considerable lo mismo el número de circuitos, y se inició la especialización por materias de algunos de ellos. Lo anterior modificó la tradición implantada desde el siglo anterior en el sentido de que la

---

101 Los citados tribunales colegiados integrados por tres magistrados, se inspiraron en los tribunales de circuito de apelación establecidos en los Estados Unidos en el año de 1891, también con el propósito de auxiliar a la Corte Suprema Federal en el conocimiento de los asuntos de competencia federal. *Cf.,* Brent Swisher, Carl, *El desarrollo constitucional de los Estados Unidos*, trad. de Charny, Hugo, Tomo I, Editorial Bibliográfica Argentina, Buenos Aires 1958, pp. 437-438.

102 *Cf.,* Fix-Zamudio, Héctor, "Ochenta años de evolución del juicio de amparo mexicano", en la obra *Ochenta años de vida Constitucional en México,* UNAM, Cámara de Diputados del Congreso de la Unión, México 1998, pp. 371-430, reproducido en el libro del autor, *Ensayos sobre el derecho de amparo, cit. supra* nota 7, pp. 727-793.

Suprema Corte de Justicia funcionaba esencialmente como un *tribunal federal de casación* y sólo en algunos conocía cuestiones directas de constitucionalidad. Debido a este cambio sustancial, aún cuando conservó su nombre tradicional, la Suprema Corte se transformó en un verdadero *tribunal constitucional desde el punto de vista material*[103].

145. Las reformas constitucionales y legales de 1995 consolidaron la naturaleza de la Suprema Corte de Justicia como tribunal constitucional, ya que por medio de ellas se redujo el número de magistrados de dicho alto tribunal, de *veintiséis* (veintiún numerarios y cinco supernumerarios) a *once*, número más próximo al de los integrantes de la mayoría de los organismos jurisdiccionales especializados en la resolución de conflictos constitucionales. Por otra parte la Corte conservó como función principal la de conocer en segundo grado de los juicios (la primera corresponde a los jueces de distrito y en casos excepcionales a los tribunales colegiados de circuito), en los cuales se plantearan cuestiones estrictamente constitucionales, y además se amplió la esfera de las llamadas *controversias constitucionales*, para comprender no sólo los conflictos de competencia entre las entidades federales, locales y municipales, sino también los llamados conflictos de *atribución* entre los órganos del Estado en sus diversos niveles, y además de introdujo una *acción abstracta de inconstitucionalidad* que pueden interponer el 33% de los integrantes de las legislaturas federales, locales y del Distrito Federal en sus respectivas esferas, y el Procurador General de la República en todos los casos (artículo 105 Constitucional, fracciones I y II, y su Ley Reglamentaria de 11 de mayo de 1995[104].

146. En forma muy resumida podemos afirmar que actualmente el conocimiento del juicio de amparo se divide en *dos grandes sectores*. El primero que podemos considerar como *estrictamente constitucional* corresponde en exclusiva a la Suprema Corte de Justicia en segunda instan-

---

103 Entre otros, Fix-Zamudio, Héctor, "La Suprema Corte como Tribunal Constitucional", en los libros *Las nuevas bases constitucionales y legales del sistema mexicano. La reforma judicial de 1967*, y *Reformas constitucionales de renovación nacional*, ambos publicados en México, Porrúa, México 1987, pp. 345-390 y 495-541, respectivamente.

104 La bibliografía es muy amplia, por lo que citamos únicamente la obra reciente de Castro, Juventino V., *El artículo 105 constitucional*, *cit.*, *supra* nota 97, pp. 123-144.

cia y el segundo relativo al *control de la legalidad secundaria*, que en su mayor parte implica la impugnación de las resoluciones judiciales de todos los tribunales del país, que se atribuye a los tribunales colegiados de circuito, distribuido en las ciudades más importantes del país, cuyo número se ha incrementado de manera considerable, y además un buen número de ellos se ha especializado por materias[105].

---

105 El número actual de juzgados de distrito, tribunales colegiados y circuitos, 242 Juzgados de Distrito y 165 Tribunales Colegiados.

ÍNDICE GENERAL

CAPITULO I
INDEPENDENCIA JUDICIAL

1. NORMAS INTERNACIONALES Y JURISPRUDENCIA
SOBRE INDEPENDENCIA JUDICIAL
ALIRIO ABREU BURELLI

CAPITULO II
JUSTICIA CONSTITUCIONAL

2. EL CONTROL DIFUSO DE LA CONSTITUCIONALIDAD
EN VENEZUELA. EL ESTADO ACTUAL DE LA CUESTIÓN
José Vicente Haro García

3. FIGURAS EMBLEMÁTICAS DE LA JUSTICIA CONSTITUCIONAL EN VENEZUELA

Mariolga Quintero Tirado y Alberto Blanco-Uribe Quintero

4. DECAIMIENTO DE LA ACCIÓN EN LA JURISPRUDENCIA DE LA SALA CONSTITUCIONAL EN VENEZUELA

Ricardo Henríquez La Roche

5. LAS COLISIONES CONSTITUCIONALES Y SU RESOLUCIÓN

Jesús M. Casal H.

6. LA GARANTÍA JURISDICCIONAL DEL MUNICIPIO EN ESPAÑA Y MÉXICO. ESTUDIO COMPARADO

Pedro Torres Estrada / Michael Núñez Torres

7. ALGUNAS ACOTACIONES SOBRE LOS PODERES DE
INTERPRETACIÓN DE LOS JUECES CONSTITUCIONALES A LAS
NORMAS Y PRINCIPIOS CONSTITUCIONALES. INTERPRETACIÓN JU-
RISPRUDENCIAL EN DERECHO VENEZOLANO

ALBERTO BAUMEISTER TOLEDO

8. EL JUEZ CONSTITUCIONAL COMO LEGISLADOR POSITIVO Y LA INCONSTITUCIONAL REFORMA DE LA LEY ORGÁNICA DE AMPARO EN VENEZUELA MEDIANTE SENTENCIAS INTERPRETATIVAS

ALLAN R. BREWER CARÍAS

CAPÍTULO III
JUSTICIA INTERAMERICANA

9. LAS MODALIDADES DE LAS SENTENCIAS DE LA CORTE INTERAMERICANA Y SU EJECUCIÓN
CARLOS AYALA CORAO

www.ingramcontent.com/pod-product-compliance
Lightning Source LLC
Chambersburg PA
CBHW021544210326
41599CB00010B/305